Arbeitsteilige Auftragsabwicklung in der Transportkette

Katrin Coleman

Arbeitsteilige Auftragsabwicklung in der Transportkette

Unternehmensübergreifende Systeme in der See- und Luftfracht

Katrin Coleman
Darmstadt, Deutschland

Dissertation, Technische Universität Darmstadt, 2019

D17

ISBN 978-3-658-26910-4   ISBN 978-3-658-26911-1 (eBook)
https://doi.org/10.1007/978-3-658-26911-1

Die Deutsche Nationalbibliothek verzeichnet diese Publikation in der Deutschen Nationalbibliografie; detaillierte bibliografische Daten sind im Internet über http://dnb.d-nb.de abrufbar.

Springer Gabler
© Springer Fachmedien Wiesbaden GmbH, ein Teil von Springer Nature 2019
Das Werk einschließlich aller seiner Teile ist urheberrechtlich geschützt. Jede Verwertung, die nicht ausdrücklich vom Urheberrechtsgesetz zugelassen ist, bedarf der vorherigen Zustimmung des Verlags. Das gilt insbesondere für Vervielfältigungen, Bearbeitungen, Übersetzungen, Mikroverfilmungen und die Einspeicherung und Verarbeitung in elektronischen Systemen.
Die Wiedergabe von allgemein beschreibenden Bezeichnungen, Marken, Unternehmensnamen etc. in diesem Werk bedeutet nicht, dass diese frei durch jedermann benutzt werden dürfen. Die Berechtigung zur Benutzung unterliegt, auch ohne gesonderten Hinweis hierzu, den Regeln des Markenrechts. Die Rechte des jeweiligen Zeicheninhabers sind zu beachten.
Der Verlag, die Autoren und die Herausgeber gehen davon aus, dass die Angaben und Informationen in diesem Werk zum Zeitpunkt der Veröffentlichung vollständig und korrekt sind. Weder der Verlag, noch die Autoren oder die Herausgeber übernehmen, ausdrücklich oder implizit, Gewähr für den Inhalt des Werkes, etwaige Fehler oder Äußerungen. Der Verlag bleibt im Hinblick auf geografische Zuordnungen und Gebietsbezeichnungen in veröffentlichten Karten und Institutionsadressen neutral.

Springer Gabler ist ein Imprint der eingetragenen Gesellschaft Springer Fachmedien Wiesbaden GmbH und ist ein Teil von Springer Nature
Die Anschrift der Gesellschaft ist: Abraham-Lincoln-Str. 46, 65189 Wiesbaden, Germany

Danksagung

Die vorliegende Promotionsschrift ist im Rahmen meiner Tätigkeit als wissenschaftliche Mitarbeiterin am Fachgebiet Unternehmensführung und Logitsik der TU Darmstadt entstanden. Die Zeit als wissenschaftliche Mitarbeiterin ist von einigen schönen Zwischenerfolgen (z. B. Annahme einer Publikation) aber auch von einigen unerfreulichen Rückschlägen (z. B. Ablehnung eines Projektantrags) geprägt. Dabei reift man nicht nur an den Erfolgen, sondern auch an den Rückschlägen und irgendwann kommt man zu einem Punkt, an dem man es „einfach" durchziehen muss. Ich wusste, dass die Promotion eine Herausforderung werden würde und rückblickend kann ich das auch bestätigen. Auf diesem Weg haben mich viele hilfsbereite Menschen unterstützt, denen ich hiermit gerne aufrichtig Danke sagen möchte.

Zunächst danke ich meinem Doktorvater Prof. Dr. Ralf Elbert. Er hat mir die Möglichkeit gegeben, diesen Weg zu gehen. Bei meinen Vorhaben hat er mich stets unterstützt und den Entwicklungsprozess meiner Promotion kontinuierlich und mit konstruktiver Kritik begleitet. Ich konnte mich jederzeit an ihn wenden, ob Vorbereitungen für Konferenzen, Korrekturschleifen für Publikationen, Abstimmungen im Rahmen der Forschungsprojekte und nicht zuletzt die zahlreichen Gespräche zum Promotionsvorhaben haben mir sehr geholfen, dieses Themen in allen seinen Facetten zu erarbeiten. Außerdem bedanke ich mich bei Prof. Dr. Alexander Benlian für die Übernahme des Koreferats. Sowohl bei der Bearbeitung des gemeinsamen Forschungsprojekts als auch bei den daraus resultierenden Publikationen konnte ich mich stets auf seine fachliche Expertise verlassen. Darüber hinaus gilt mein Dank meinen Kollegen. Hier insbesondere Sören Wallbach für die gemeinsame Arbeit im Forschungsprojekt und den intensiven Austausch im Rahmen der Veröffentlichungsprozesse. Daniel Reinhardt möchte ich für die tatkräftige Unterstützung bei den gefühlt nie enden wollenden Herausforderungen mit der Simulation danken. Fabian Walter, Holger Pontow und Daniel Reinhardt danke ich zudem für die inhaltlichen Vorarbeiten am Fachgebiet Unternehmensführung und Logistik sowie die Beantragung der Forschungsprojekte, an denen ich ansetzen konnte. Außerdem danke ich Holger Pontow und Jan Philipp Müller für die konstruktive Zusammenarbeit in den verschiedenen Forschungsprojekten. Des Weiteren möchte ich auch allen anderen Kollegen für die Zeit am Fachgebiet Unternehmensführung und Logistik danken. Dazu gehören u. a. Cora Bogusch, Jan Tränkner, Torsten Franzke, Dominik Thiel, Jan-Karl Knigge, Anne Friedrich, Tessa Sarnow, Anuschka Hentzelt, Christian Friedrich und Roland Lehner. Ebenso danke ich meinen Abschluss- und Seminararbeitern und insbesondere Sebastian Hering, Janina Creter und Daniel Cramer für die gute Zusammenarbeit.

Die vorliegende Arbeit ist eine publikationsbasierte Monographie, das heißt einige Inhalte wurden bereits in Publikationen veröffentlicht und auf Konferenzen präsentiert. Hierzu zählen u. a. Elbert und Scharf (2016) „The Impact of Order Changes on the Order Process Efficiency in the Maritime Transport Chain" im Rahmen der Annual Conference of the International Association of Maritime Economists (IAME), Elbert, Scharf und Reinhardt

(2017) „Simulation of the Order Process in Maritime Hinterland Transportation: The Impact of Order Release Times" im Rahmen der Winter Simulation Conference (WSC), Elbert, Scharf und Müller (2017) „Logistikstudie der IHK Darmstadt Rhein Main Neckar" sowie Elbert, Scharf und Müller (2017) „The Influence of Digitalisation on the Port Choice Behaviour – An Analysis of Decision-Makers in South-West Germany" im Rahmen der Interdisciplinary Conference on Production, Logistics and Traffic (ICPLT) und Wallbach, Coleman und Elbert (2018) „Factors Inhibiting the Adoption of Cloud Community Systems in Dynamic B2B Networks: The Case of Air Cargo" im Rahmen der International Conference on Information Systems (ICIS).

Die Inhalte stammen zum Großteil aus den beiden öffentlich geförderten Forschungsprojekten „LogIn – Analyse der Akzeptanz von akteursübergreifenden Cargo Community Systemen (CCS) in der Luftfracht" und „ProSee Rhein-Main – Analyse zur Steigerung der Prozesseffizienz im Seehafenhinterland". Diese Projekte (HA-Projekt-Nr.: 534/17-16 und HO 2013/02 1/0455/71188320) wurden aus Mitteln des Landes Hessen und der HOLM-Förderung im Rahmen der Maßnahme „Innovationen im Bereich Logistik und Mobilität" des Hessischen Ministeriums für Wirtschaft, Energie, Verkehr und Landesentwicklung gefördert. Außerdem haben die beiden privatwirtschaftlich geförderten Projekte „Neuauflage der Logistikstudie in der Region Darmstadt Rhein Main Neckar" der Industrie- und Handelskammer Darmstadt Rhein Main Neckar sowie „HiRo – Marktpotenzial von Containertransporten aus dem südwestdeutschen Hinterland" des Hafenbetriebs Rotterdam und Contargo zum Erkenntnisgewinn der vorliegenden Arbeit beigetragen. Ohne den Beitrag der zahlreichen Experten aus Wissenschaft und Praxis im Rahmen der Forschungsprojekte wäre es nicht möglich gewesen, die arbeitsteilige Auftragsabwicklung in Transportketten so tiefgehend zu analysieren. Daher danke ich jedem Einzelnen für den intensiven persönlichen, telefonischen und schriftlichen Austausch und die Bereitschaft, den Forschungsprozess zu unterstützen.

Mein größter Dank gilt meiner Familie. Vor allem meinen Eltern und meinem Bruder sowie meinen Großeltern möchte ich danken, da sie immer ein offenes Ohr hatten und mir viel Kraft gegeben haben. Bei meinen Freunden möchte ich mich für das Verständnis bedanken, da ich häufig keine Zeit für sie hatte. David Coleman und Alexander Biermann danke ich für die konstruktive Kritik und die ausführlichen Korrekturen. Im Besonderen möchte ich mich aber „last but not least" bei meinem Mann, David Coleman, bedanken, der mich durch gute und schlechte Phasen begleitet und mich dabei stets motiviert und unterstützt hat, dieses großartige Ziel der Promotion zu erreichen. Ich freue mich sehr, auf die nun anstehenden, neuen Herausforderungen.

Inhaltsverzeichnis

Abbildungsverzeichnis XI
Tabellenverzeichnis XV
Abkürzungsverzeichnis XVII

1   Einleitung **1**
1.1   Ausgangssituation und Motivation 4
1.2   Untersuchungsgegenstand und Forschungsfragen 7
1.3   Wissenschaftstheoretische Einordnung 11
1.4   Aufbau der Arbeit 15

2   Grundlegender Bezugsrahmen und Stand der Forschung **19**
2.1   Arbeitsteilige Auftragsabwicklung 19
    2.1.1 Prozess der Auftragsabwicklung 22
    2.1.2 Veränderung der Auftragsabwicklungsprozesse durch Informationssysteme ... 29
    2.1.3 Implikationen von Wettbewerb und Dynamik für die Auftragsabwicklung ... 43
2.2   Mehrgliedrige Transportketten 49
    2.2.1 Transportdienstleistungen als soziotechnisches System 53
    2.2.2 Zusammensetzung der Transportkette und Verkehrsträger 60
    2.2.3 Akteure in der Transportkette 64
2.3   Stand der Forschung zur Auftragsabwicklung in der Transportkette 71
    2.3.1 Auswahl und Vorgehensweise bei der systematischen Literaturrecherche ... 72
    2.3.2 Durchführung und Fazit der systematischen Literaturrecherche 77
2.4   Konzeptioneller Bezugsrahmen als inhaltliches Forschungsprogramm ... 98

3   Theoretische Einordnung und Hintergründe **101**
3.1   Auswahl und Begründung der theoretischen Ansätze 101
3.2   Verhaltensökonomische Perspektive 103
    3.2.1 Begrenzte Rationalität 104
    3.2.2 Relational View Theory 105

	3.2.3 Lock-in-Effekt	107
3.3	Informationsökonomische Perspektive	108
	3.3.1 Unvollkommene Information	109
	3.3.2 Transaktionskostentheorie	111
	3.3.3 Order Review/Release-Mechanismus	115
3.4	Innovationsökonomische Perspektive	117
	3.4.1 Diffusionstheorie	118
	3.4.2 Technology-Organizational-Environmental Framework	123
	3.4.3 Netzwerkeffekte	124
3.5	Theoriegeleitete Entwicklung der Propositionen	127
4	**Methodische Herangehensweise und Forschungsdesign**	**133**
4.1	Auswahl und Begründung der Forschungsmethoden	133
4.2	Expertenerhebungen	137
4.3	Deskriptive Datenanalyse	140
4.4	Simulationsbasierte Datenanalyse	143
4.5	Explorative Datenanalyse	148
4.6	Entwicklung des methodischen Forschungsprogramms	152
5	**Empirische Erhebung und Analyse**	**155**
5.1	Status quo und Entwicklungstrends von Auftragsabwicklungssystemen	155
	5.1.1 Untersuchungsgegenstand und Zielsetzung	155
	5.1.2 Datenerhebung	156
	5.1.3 Validierung	160
	5.1.4 Relevanz der Rhein-Main-Region	161
	5.1.5 Relevanz von Informationssystemen für die Auftragsabwicklung	165
	5.1.6 Relevanz der Dynamik für das Buchungsverhalten	169
	5.1.7 Diskussion der Ergebnisse und Propositionen	172
5.2	Asynchrone Auftragsabwicklung am Beispiel der Seefracht	174
	5.2.1 Untersuchungsgegenstand und Zielsetzung	174
	5.2.2 Datenerhebung	177

	5.2.3 Entwicklung des konzeptionellen und computergestützten Modells	181
	5.2.4 Validierung	186
	5.2.5 Entwicklung der Szenarien und Simulationsexperimente	187
	5.2.6 Einfluss der Weiterleitungszeitpunkte auf die Prozesseffizienz	191
	5.2.7 Einfluss der Änderungsverteilung auf die Prozesseffizienz	195
	5.2.8 Einfluss des Zeitpunkts Änderungseingang auf die Prozesseffizienz	197
	5.2.9 Diskussion der Ergebnisse und Propositionen	200
5.3	Synchrone Auftragsabwicklung am Beispiel der Luftfracht	202
	5.3.1 Untersuchungsgegenstand und Zielsetzung	202
	5.3.2 Datenerhebung	206
	5.3.3 Validierung	211
	5.3.4 Entwicklung der Faktoren	212
	5.3.5 Weiterentwicklung TOE(I)-Framework	220
	5.3.6 Einfluss der Faktoren auf Netzwerkeffekte	224
	5.3.7 Diskussion der Ergebnisse und Propositionen	230
5.4	Zusammenfassende Erläuterungen und Beantwortung der Forschungsfragen	232
6	**Fazit**	**239**
6.1	Zusammenfassung der Arbeit	239
6.2	Praktische und theoretische Implikationen der Arbeit	242
6.3	Einschränkungen der Arbeit und Ausblick auf den weiteren Forschungsbedarf	243
Literaturverzeichnis		245

Abbildungsverzeichnis

Abbildung 1: Auftragsabwicklung als zentraler Gegenstandsbereich von Logistiksystemen ... 5

Abbildung 2: Aufbau der Arbeit ... 17

Abbildung 3: Logistikketten, Auftragsketten und Informationsketten ... 21

Abbildung 4: Prozess der Auftragsabwicklung als Auftragszyklus ... 23

Abbildung 5: Durchlaufzeitverzögerung an den Schnittstellen im Auftragsabwicklungsprozess ... 26

Abbildung 6: Ansätze zur Verbesserung von Prozessen in der Auftragsabwicklung ... 28

Abbildung 7: Logistik-Hype-Zyklus 2018 ... 32

Abbildung 8: MSP-Start-ups im Bereich Transport nach Geschäftsmodellen und Verkehrsträgern ... 42

Abbildung 9: Netzwerktypen unter Berücksichtigung der Wettbewerbsstruktur und Dynamik ... 47

Abbildung 10: Transportaufkommen in Deutschland nach Verkehrsträgern ... 49

Abbildung 11: Aufgabenbereiche der Logistik- und Transportdienstleistung ... 55

Abbildung 12: Transportdienstleistung als soziotechnisches System ... 57

Abbildung 13: Verkehrsträger im Vor-, Haupt- und Nachlauf mehrgliedriger Transportketten ... 61

Abbildung 14: Qualitätsbewertung der Veröffentlichungen mittels Exklusionskriterien ... 82

Abbildung 15: Qualitätsbewertung der Veröffentlichungen mittels Titel, Abstract und Volltext Prüfung ... 83

Abbildung 16: VHB-Rankings gesamtes und transportbezogenes „Synthesis Sample" (Anzahl; Prozent) ... 93

Abbildung 17:	Anzahl der relevanten Veröffentlichungen pro Jahr im „Synthesis Sample"	94
Abbildung 18:	Art und Anzahl der Veröffentlichungen im „Synthesis Sample	95
Abbildung 19:	Theoretische Einordnung der Forschungsarbeiten im „Synthesis Sample"	97
Abbildung 20:	Konzeptioneller Bezugsrahmen als inhaltliches Forschungsprogramm	99
Abbildung 21:	Zusammenspiel der theoretischen Teilgebiete und des soziotechnischen Systems	102
Abbildung 22:	Zusammenhänge der Transaktionskostentheorie	112
Abbildung 23:	Adoptions- und Diffusionskurve	119
Abbildung 24:	Zusammenhang zwischen Adoptions- und Assimilationsprozess in einem Unternehmen	122
Abbildung 25:	TOE-Framework und dessen Einfluss auf den Assimilationsprozess eines Unternehmens	123
Abbildung 26:	Zusammenhang von gleich- und wechselseitigen Netzwerkeffekten	126
Abbildung 27:	Zusammenhang und Einfluss von gleich- und wechselseitigen Netzwerkeffekten auf den Diffusionsprozess	127
Abbildung 28:	Verifikation und Validierung im Entwicklungsprozess einer Simulation	147
Abbildung 29:	Übersicht der qualitativen Forschungsmethoden zur explorativen Datenanalyse	149
Abbildung 30:	Multi-Methoden-Forschungsprogramm	153
Abbildung 31:	Bewertung der Standortfaktoren der Region Rhein-Main und Deutschland hinsichtlich Lage und Auslastung (webbasierte Umfrage mit n=128 und Fehlerindikatoren mit 95 %-KI)	163
Abbildung 32:	Bewertung der Standortfaktoren der Region Rhein-Main und Deutschland hinsichtlich der Digitalisierung (webbasierte Umfrage mit n=128 und Fehlerindikatoren mit 95 %-KI)	164

Abbildung 33: Bewertung des Mehrwerts von Investitionen in die Digitalisierung für die Unternehmen (webbasierte Umfrage mit n=128 und Fehlerindikatoren mit 95 %-KI) 167

Abbildung 34: Bewertung zum Grad der Digitalisierung und Koordinationsaufwand (Experteninterviews mit n=30 und Fehlerindikatoren mit 95 %-KI) 168

Abbildung 35: Anteil der genutzten Buchungskanäle und Entwicklungen (Exerteninterviews mit n=30) 169

Abbildung 36: Buchungsverhalten Einzelaufträge vs. Rahmenverträge und deren Laufzeiten (Experteninterviews mit n=30 als Anteil der Aufträge pro Jahr in %) 170

Abbildung 37: Verteilung der Aufträge über Rahmenverträge auf die Buchungskanäle (Experteninterviews mit n=30 als Anteil der Aufträge pro Jahr in %) 171

Abbildung 38: Buchungshorizonte (Experteninterviews mit n=30 als Anteil der Aufträge pro Jahr in %) 172

Abbildung 39 Beziehungen zwischen den Akteuren der Seefracht-Transportkette in der Carrier's Haulage im Vor- und Hauptlauf (Beziehungen gelten für den Nachlauf analog zum Vorlauf) 176

Abbildung 40: Auftragseingang pro Monat von Versendern der Rhein-Main-Region 179

Abbildung 41: Konzeptionelles UML-Modell der asynchronen Auftragsabwicklungsprozesse am Beispiel der Seefracht mittels proprietärer Systeme und EDI 184

Abbildung 42: Computergestütztes Simulationsmodell – Hauptebene 186

Abbildung 43: Computergestütztes Modell – Startoberfläche zur Konfiguration der Parameter 188

Abbildung 44: Zeitpunkt Änderungseingang (früh vs. spät) 190

Abbildung 45: Weiterleitungszeitpunkt (ORR) der Aufträge (Fehlerindikatoren mit 95 %-KI) 192

Abbildung 46: Anzahl verpasster Züge und Kosten pro Auftrag 194

Abbildung 47: Kosten pro Auftrag (ohne ORR von 2 Tagen vor Versandtag) 194

Abbildung 48:	Ergebnisse der Simulation – Änderungsverteilung inkl. linearer Regressionsmodelle	196
Abbildung 49:	Durchschnittliche Kosten pro Auftrag für alle ORR (ohne 2 Tagen vor Versandtag) und Änderungsverteilungen	197
Abbildung 50:	Ergebnisse Simulation – Zeitpunkt Änderungseingang vom Versender	198
Abbildung 51:	Beziehungen zwischen den Akteuren der Luftfracht-Transportkette	204
Abbildung 52:	Konzeptionelles UML-Modell der synchronen Auftragsabwicklungsprozesse am Beispiel der Luftfracht mittels plattformbasierter Systeme (CCS)	210
Abbildung 53:	Übersicht Codes, Faktoren und Themen – Technische und regulatorische Anforderungen	214
Abbildung 54:	Übersicht Codes, Faktoren und Themen – Mentalität und Denkweise	215
Abbildung 55:	Übersicht Codes, Faktoren und Themen – Eigenschaften des Systemanbieters	217
Abbildung 56:	Übersicht Codes, Faktoren und Themen – Wettbewerb	218
Abbildung 57:	Übersicht Codes, Faktoren und Themen – Prozesse	219
Abbildung 58:	TOE(I)-Framework – Erweiterung des TOE-Frameworks um den inter-organisationalen Kontext (I)	220
Abbildung 59:	Zuordnung der Faktoren zum TOE(I)-Framework	222
Abbildung 60:	Netzwerkeffekte – Zuordnung Faktoren zu Kategorien (q_1) und Relevanz innerhalb der Kategorie (q_2)	227
Abbildung 61:	Überblick Einfluss der Faktoren auf Netzwerkeffekte	229

Tabellenverzeichnis

Tabelle 1:	Marktübersicht über die im Einsatz befindlichen Transport Management Systeme	37
Tabelle 2:	Vergleich der Eigenschaften EDI vs. XML für die unternehmensübergreifende Auftragsabwicklung	39
Tabelle 3:	Vergleich und Abgrenzung der Forschungsströme von Unternehmensnetzwerken bis Transportketten	53
Tabelle 4:	Phasen einer systematischen Literaturrecherche	75
Tabelle 5:	Literaturüberblick „Synthesis Sample"	84
Tabelle 6:	Einführung der erweiterten Gütekriterien für die explorative Datenanalyse	151
Tabelle 7:	Übersicht der Interviews zum Status quo und Entwicklungstrends (Validierung und Interpretation der webbasierten Umfrageergebnisse zu den Branchenthemen)	157
Tabelle 8:	Übersicht der Experteninterviews zum Status quo und Entwicklungstrends (Datenerhebung zur Ergründung der Relevanz von Informationssystemen und des Buchungsverhaltens)	159
Tabelle 9:	Übersicht Gruppendiskussionen im Rahmen der Workshops zum Status quo und Entwicklungstrends (Validierung der Experteninterviews zur Relevanz von Informationssystemen und des Buchungsverhaltens)	160
Tabelle 10:	Lokalisationsquotient der Region (Vergleich der Transport- und Logistik-Branche mit anderen Branchen)	162
Tabelle 11:	Lokalisationsquotient der Transport- und Logistik-Branche (Vergleich Rhein-Main zu anderen Regionen)	162
Tabelle 12:	Bewertung des Einflusses verschiedener Trends auf die Geschäftstätigkeit – aktuell und in fünf Jahren (aus der webbasierten Umfrage mit n=128)	165

Tabelle 13:	Einfluss verschiedener Themen hinsichtlich der Digitalisierung – aktuell und in fünf Jahren (webbasierte Umfrage mit n=128)	166
Tabelle 14:	Übersicht der Interviews und der teilnehmenden Beobachtungen zur asynchronen Auftragsabwicklung (Datenerhebung für das Simulationsmodell)	178
Tabelle 15:	Übersicht Gruppendiskussionen im Rahmen der Workshops zur asynchronen Auftragsabwicklung (Daten- und Ergebnisvalidierung sowie Modellverifikation der Simulation)	179
Tabelle 16:	Verteilung der Auftragsbearbeitung und -änderung pro Auftrag und Akteur	180
Tabelle 17:	Konfiguration der fixen Parameter im Simulationsmodell	181
Tabelle 18:	Konfiguration der unabhängigen Variablen im Basisszenario	188
Tabelle 19:	Konfiguration der unabhängigen Variablen für die Simulationsexperimente	189
Tabelle 20:	ANOVA – Überprüfung der Signifikanz der Simulationsergebnisse	199
Tabelle 21:	Übersicht der Experteninterviews zur synchronen Auftragsabwicklung (Datenerhebung zur Exploration der CCS-Diffusion)	208
Tabelle 22:	Übersicht der Gruppendiskussionen im Rahmen der Workshops zur synchronen Auftragsabwicklung (Validierung der Daten und Ergebnisse zur Exploration der CCS-Diffusion)	209
Tabelle 23:	Anwendung erweiterter Gütekriterien zur explorative Datenanalyse	211
Tabelle 24:	Dem inter-organisatorischen Kontext zugeordnete Faktoren mit Beispiel-Zitaten	224

Abkürzungsverzeichnis

ANOVA	Analysis of Variance
ANSI X.12.	American National Standards Institute Accredited Standards Committee X.12.
APS	Advanced Planning and Scheduling
AWB	AirWayBill
B2B	Business to Business
B2C	Business to Consumer
BPMN	Business Process Modeling Notation
BVL	Bundesvereinigung Logistik
C2C	Consumer to Consumer
CCS	Cargo Community System
DOI	Diffusion of Innovations
EDI	Electronic Data Interchange
EDIFACT	Electronic Data Interchange for Administration, Commerce and Transport
ERP	Enterprise Resource Planning
EVU	Eisenbahnverkehrsunternehmen
FF	Forschungsfrage
GSCF	Global Supply Chain Forum
IaaS	Infrastructure as a Service
IHK	Industrie- und Handelskammer
IKT	Informations- und Kommunikationstechnologie
IO	Intermodal-Operateur
IS	Information Systems
IT	Information Technology
KI	Konfidenzintervall
KMU	Kleine und Mittelständische Unternehmen

LKW	Lastkraftwagen
LQ	Lokalisationsquotient
MRP	Material Requirements Planning
MRP II	Manufacturing Resource Planning
MSP	Multi-Sided Platform
OEM	Original Equipment Manufacturer
ORR	Order Review/Release
PaaS	Platform as a Service
PPS	Produktionsplanungssystem
RBV	Resource Based View
RVT	Relational View Theory
SaaS	Software as a Service
SCOR	Supply Chain Operations Reference
SCEM	Supply Chain Event Management
SCM	Supply Chain Management
TAM	Technology Acceptance Model
TKT	Transaktionskostentheorie
TMS	Transport Management System
TOE	Technology-Organizational-Environmental
TUL	Transport-, Umschlag- und Lager
UML	Unified Modeling Language
UTAUT	Unified Theory of Acceptance and Use of Technology
VDI	Verein Deutscher Ingenieure
VHB	Verband der Hochschullehrer für Betriebswirtschaft
WMS	Warehouse Management System
WoS	Web of Science

1 Einleitung

Es ist kurz vor Weihnachten und natürlich sind noch nicht alle Geschenke besorgt. Für immer mehr Menschen ist die Entscheidung klar: Geschenke werden online besorgt. Über zwei Drittel der deutschen Internetnutzer kaufen ihre Weihnachtsgeschenke teilweise oder komplett über Online-Shops.[1] Laut Handelsverband Deutschland erzielen Online-Händler in den letzten beiden Monaten des Jahres ca. 25 % ihres Jahresumsatzes und im Vergleich zu 2017 ist der Online-Weihnachtsumsatz 2018 um 10 % auf ca. 13,4 Milliarden Euro gestiegen.[2] Dieser Trend ist nicht nur im Weihnachtsgeschäft sichtbar. Auch im alltäglichen Leben wickeln Menschen zunehmend ihre Einkäufe über eCommerce[3]-Plattformen[4] wie Amazon ab, über die eine Abwicklung der privaten Aufträge von der Recherche über den Kauf bis zur Bezahlung komplett digital möglich ist.[5] Welches Potenzial gerade im Business-to-Consumer(B2C)-Bereich hinter den Online-Plattformen steckt, zeigt Alibaba mit dem erfolgreichsten Börsengang der Geschichte.[6] In manchen Branchen kommt es dadurch sogar zu einer Kannibalisierung der Produkte, wofür Bücher und Musik prominente Beispiele sind.[7] Dies ist aber nicht die Regel, denn meistens handelt es sich eher um eine ergänzende Dienstleistung als um ein ersetzendes Produkt.[8] Dennoch sieht sich der stationäre Einzelhandel mit sinkenden Umsatzzahlen konfrontiert, was vor allem am Geschäfteschwund in kleineren Orten deutlich wird. Viele Einzelhändler erweitern daher ihr Geschäftsmodell, um an dem wachsenden Online-Anteil zu partizipieren. Auch für die nächsten Jahre zeigt die Entwicklung einen steigenden Trend und verdeutlicht, warum das Thema

---

[1] Hierbei wurden vom 29.10.-07.11.2018 1.023 deutsche Internetnutzer über 18 Jahren befragt (vgl. Statistisches Bundesamt (2018e), S. 1).
[2] Insgesamt liegt der Umsatz bei über 100 Milliarden Euro (vgl. Handelsverband Deutschland (2018), S. 1; Handelsdaten (2018), S. 1).
[3] Das „e" steht dabei für elektronisch und „Commerce" für Handel; es wird auch von Internet- oder Online-Handel gesprochen.
[4] Das Bundeskartellamt definiert Plattformen als zwei- oder mehrseitige Märkte, die als Mittler zwischen zwei oder mehr Nutzergruppen stehen (vgl. Bundeskartellamt (2016), S. 8). Es gibt verschiedene Charakteristika, die eine Plattform spezifizieren. Beispielsweise unterstützt eine Plattform eine oder mehrere Phasen einer Transaktion und ermöglicht die Koordination über Preismechanismen. Sie bietet außerdem eine (virtuelle) Infrastruktur zur Leistungskoordination, hat erkennbare Grenzen, erfordert aktive Zu- und Austritte, verursacht Netzwerkeffekte und wird über IS-Technologien realisiert (vgl. hierzu u. a. Hannappel, Rehm und Roth (2017), S. 1; Hagiu und Wright (2015), S. 4; Schwickert und Pfeiffer (2000), S. 5). Für weitere Informationen sei an dieser Stelle auf Kapitel 2.1.2 verwiesen.
[5] Vgl. Heistermann, Mallée und ten Hompel (2017), S. 20.
[6] Vgl. Mac (2014), S. 1.
[7] Vgl. Standing, Standing, and Love (2010), S. 45; Lewandowski (2006), S. 10.
[8] Vgl. Iansiti and Lakhani (2017), S. 4 f.

© Springer Fachmedien Wiesbaden GmbH, ein Teil von Springer Nature 2019
K. Coleman, *Arbeitsteilige Auftragsabwicklung in der Transportkette*,
https://doi.org/10.1007/978-3-658-26911-1_1

Digitalisierung in den letzten Jahren in Wissenschaft und Praxis zu einem Kernthema geworden ist.[9]

Im Business-to-Business(B2B)-Bereich schreitet die sogenannte „digitale Transformation"[10] wesentlich langsamer voran. Auch wenn bereits seit Beginn der 2010er Jahre die „Ära 4.0"[11] (von der Industrie 4.0 über die Arbeitswelt 4.0 bis hin zur Logistik 4.0) in Deutschland ausgerufen wurde, ist die Umsetzung für Großunternehmen – trotz hohem Finanzvolumen – aufgrund etablierter und inflexibler Organisationsstrukturen ein langwieriger Prozess. Kleine und mittständische Unternehmen verhalten sich zudem aufgrund geringer finanzieller Mittel und personell kleiner Informationstechnik(IT)-Abteilungen zurückhaltend, um das unternehmerische Risiko von Investitionen zu minimieren und warten, bis sich IT-Lösungen am Markt etablieren.[12] Dies verdeutlicht, dass das Bewusstsein zwar steigt, sich allerdings die Digitalisierung von Geschäftsmodellen, Prozessen und Arbeitsweisen nicht von heute auf morgen, sondern nur schrittweise durchsetzt.[13]

Vor allem die Transport- und Logistik-Branche rangiert bei den zahlreichen Studien, die in den vergangenen Jahren zu diesem Thema erschienen sind, meist auf den hinteren Plätzen.[14] Dennoch zeichnen sich auch hier Entwicklungen ab, die die Branche grundlegend verändern könnten. In diesem Zusammenhang wird auch von disruptiven Entwicklungen oder Technologien gesprochen.[15] Ein Beispiel ist der „digitale Spediteur",[16] der zunächst belächelt wurde, aber durch die zunehmende unternehmensinterne Integration von

---

[9] Vgl. hierzu u. a. Elbert und Scharf (2018), S. 199; Benlian et al. (2018), S. 720; Riedl et al. (2017), S. 476; Neumeier (2017), S. 338; Hänninen, Smedlund und Mitronen (2018), S. 152; Bundesministerium für Wirtschaft und Energie (2017), S. 14; Fichman, dos Santos und Zheng (2014), S. 332; ten Hompel, Rehof und Heistermann (2014), S. 8; Schildhauer and Hünnekens (2013), S. 4.

[10] Digitale Transformation wird definiert als „zeitgerechte" Wandlung oder Neuausrichtung von analogen hin zu digitalen Geschäftsmodellen, Prozessen und Arbeitsweisen, um neue Werte zu schaffen und in einer sich verändernden Geschäftswelt wettbewerbsfähig zu bleiben (vgl. Stölzle et al. (2018), S. XVI; Benlian et al. (2018), S. 720; Pagani and Pardo (2017), S. 185.

[11] Auch vierte industrielle Revolution genannt (vgl. Die Bundesregierung (2018); Bundesministeriums für Bildung und Forschung (2018); Bundesministerium für Wirtschaft und Energie (2017); Bundesministerium für Bildung und Forschung (2013)).

[12] Vgl. Elbert et al. (2017), S. 17; Harris, Wang und Wang (2015), S. 93; Beck und Weitzel (2005), S. 315 f.

[13] Vgl. Bharadwaj et al. (2013), S. 472 f. So haben beispielsweise viele Großunternehmen mittlerweile einen Chief Information Officer (CIO) (eher technische Orientierung auf neue Technologien) oder Chief Digital Officer (CDO) (eher organisatorische Orientierung auf neue Geschäftsmodelle) benannt, um dem Thema unternehmensintern und -extern eine hohe Relevanz und Umsetzungskraft beizumessen.

[14] Vgl. hierzu u. a. Grimm and Britze (2018), S. 31, 33 und 37; Rohleder (2017), S. 2 ff.

[15] Vgl. Stölzle et al. (2018), S. 2.

[16] Hierbei werden für die operativen Tätigkeiten des Spediteurs bzw. des Disponenten Plattformen, Datenbanken und Algorithmen zur intelligenten Transportplanung und -steuerung verwendet, um Bündelungspotenziale besser auszunutzen und freie Kapazitäten oder Leerfahrten zu reduzieren (vgl. Stölzle et al. (2018), S. 17).

1 Einleitung

Transport-Management-Systemen und die unternehmensübergreifende „Plattformisierung"[17] nicht mehr ganz abwegig erscheint (zumindest für die Auftragsabwicklung von Standardtransporten, die im Durchschnitt ca. 70 % des Volumens ausmachen).[18] Meist liegt der Fokus allerdings nicht auf den disruptiven, sondern auf den unterstützenden digitalen Lösungen, z. B. zum Informationsaustausch oder zur Sendungsverfolgung,[19] welche sich allerdings auch nur langsam durchsetzen.[20] Gründe für das langsame Voranschreiten dieser digitalen Lösungen im Transport liegen zu einem gewissen Anteil in den Eigenschaften der Transport- und Logistik-Branche begründet:[21]

- Hoher Anteil an kleinen und mittelständischen Unternehmen (KMU)
- Geringe Margen[22]
- Hoher Konkurrenzkampf
- Hohe Dynamik und Fragmentierung
- Hohe Anzahl an Schnittstellen und Heterogenität der Informationssysteme (IS)

Diese und weitere Eigenschaften erschweren die Durchdringung der Digitalisierung, obwohl sich daraus viele Chancen für die Branche ergeben können. Zur Verbesserung der Logistikleistung, welche sich als Verhältnis von System-Output zu System-Input definiert,[23] wird häufig das Ziel der Effizienzsteigerung verfolgt.[24] Die Möglichkeiten dieses Ziel mittels Digitalisierung, z. B. durch den Einsatz von IS-Technologien, zu erreichen, erscheint gerade bei den arbeitsteiligen Prozessen der Auftragsabwicklung in der Transportkette vielseitig vorhanden und theoretisch sinnvoll. In der Literatur wird das Thema in den letzten Jahren verstärkt aufgegriffen und Informationssysteme entwickeln sich langsam

---

[17] Der Begriff „Plattformisierung" verdeutlicht die zunehmende Bedeutung der Plattform für die Kommunikation und Markttransaktionen im Allgemeinen und ist demnach gegeben, wenn Marktstrukturen maßgeblich durch die digitale Plattform bestimmt werden (vgl. Baums, Schössler, and Scott (2015), S. 7). Zur Verdeutlichung dieses Phänomens dienen häufig die bekanntesten Plattformen, auch „Mittelsmänner" des 21sten Jahrhunderts genannt, wie Google, YouTube, Facebook, Instagram, Apple, Amazon, Ebay, Spotify, Netflix, Uber oder Booking.com, welche in den vergangenen Jahren rasant gewachsen sind und sich dieser Trend voraussichtlich auch in den nächsten Jahren weiter fortsetzen wird (vgl. Baums, Schössler, and Scott (2015), S. 99).
[18] Vgl. Mersch (2018), S. 8.
[19] Wichtige englische Begriffe werden in der vorliegenden Arbeit immer nach dem jeweiligen deutschen Begriff in Klammern und Anführungszeichen aufgeführt.
[20] Vgl. u. a. Dürr und Giannopoulos (2002); Huang, Zhang und Jiang (2008); Jakobs, Graham und Lloyd (2001).
[21] Vgl. Pfohl (2010), S. 46 ff.; Bölsche et al. (2008), S. 978.
[22] Die Margen liegen in der Luftfracht bei ca. 3 %, in der Seefracht bei ca. 2 % und im Straßentransport bei zum Teil weniger als 1 % (vgl. hierzu u. a. Kümmerlen and Semmann (2018), S. 8 f.; Bundesamt für Güterverkehr (2018), S. 26; Stölzle et al. (2018), S. 7).
[23] Nach einer Bewertung wird dies häufig auch als Aufwand-Ertrags- bzw. Kosten-Leistungs-Relation angegeben. Diese ergibt sich aus der Rentabilität („return on investment"), das heißt aus dem Quotienten aus erzieltem Gewinn und eingesetztem Kapital (vgl. hierzu u. a. Pfohl (2004), S. 54).
[24] Vgl. Wannenwetsch (2010), S. 12; Pfohl (2004), S. 54.

aber stetig zum „zentralen Nervensystem" von Transportketten.[25] Dennoch ist der Grad der Digitalisierung in der Auftragsabwicklung der Transportkette weiterhin gering.[26] Nicht zuletzt durch den steigenden Fachkräftemangel und die zunehmende Komplexität der vernetzten Transportketten wird vielfach eine Steigerung dieses Grads gefordert, um Potenziale zur Effizienzsteigerung in den Prozessen unternehmensübergreifend zu realisieren.[27] Die Bundesvereinigung Logistik (BVL) e. V. fordert hierzu: „Informationslogistik muss als eigenständiges Forschungs-, Entwicklungs- und Innovationsumfeld begriffen werden mit dem Ziel, Software zu produzieren wie Autos. [...] Die größte strategische Chance besteht darin, die vertikale Integration von Logistik und IT voranzutreiben, verbunden mit den Standortvorteilen in der Logistik [...]. Unternehmen, die nicht die Verbindung von IT und Logistik fokussieren, werden mittelfristig aus dem Wettbewerb ausscheiden."[28] Hierzu leistet die vorliegende Arbeit einen Beitrag und soll neben den Erkenntnissen der empirischen Untersuchung weitere Autoren motivieren, sich diesem aktuellen Thema mit seinen zahlreichen Facetten zu widmen.

1.1 Ausgangssituation und Motivation

Nach der häufig verwendeten flussorientierten Definition setzt sich die Logistik aus dem Güter- und dem Informationsfluss zusammen.[29] Demnach sind neben Gütern auch Informationen relevante Input- bzw. Output-Größen. Der Güterfluss wird dabei durch den Austausch von Informationen ausgelöst, begleitet und abgeschlossen.[30] Diese Informationsfunktion wird durch den Auftragsabwicklungsprozess erfüllt und kann als das „Herzstück" von Logistiksystemen bezeichnet werden (siehe Abbildung 1), da ohne Aufträge kein Transport sowie keine Lagerung oder Verpackung von Gütern stattfindet.[31] Die Auftragsabwicklung ist im Allgemeinen ein Aufgabenbereich zur termingerechten Erfüllung von bestätigten Leistungsverpflichtungen, z. B. Transportaufträgen.[32] Hierbei folgt nach einer Planung die Disposition, die im Rahmen ihres Aufgabenbereichs sowohl eine mengenmäßige Einteilung von externen Aufträgen als auch die terminliche Zuweisung der resultierenden internen Aufträge zu verfügbaren Ressourcen verfolgt.[33] Das zeigt, dass die Disposition – im Gegensatz zur Planung – auf relativ gesicherte Informationen zur Ausführung des Aufgabenbereichs angewiesen ist.

---

[25] Vgl. Feng et al. 2017, S. 551; Harris, Wang und Wang (2015), S. 88.
[26] Vgl. Grimm und Britze (2018), S. 66; Elbert, Scharf und Müller (2017), S. 3; Elbert, Pontow und Benlian (2016), S. 165 f.
[27] Vgl. Heistermann, Mallée und ten Hompel (2017), S. 11.
[28] ten Hompel, Rehof und Heistermann (2014), S. 4 – aus dem Positionspapier der BVL zum Thema Logistik und IT als Innovationstreiber für den Wirtschaftsstandort Deutschland.
[29] Vgl. Koch (2012), S. 6 f.; Pfohl (2010), S. 12; Isermann and Klaus (2008), S. 887.
[30] Vgl. Pfohl (2010), S. 8.
[31] Vgl. Gudehus (2012a), S. 20.
[32] Vgl. Fleischmann et al. (2008), S. 7.
[33] Vgl. Gudehus (2011), S. 3.

1.1 Ausgangssituation und Motivation

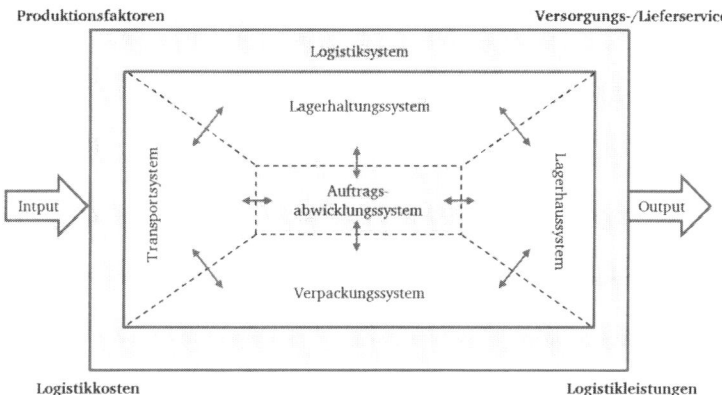

Abbildung 1: Auftragsabwicklung als zentraler Gegenstandsbereich von Logistiksystemen (in Anlehnung an Pfohl (2010), S. 20).

Trotz der zentralen Bedeutung der Auftragsabwicklung liegt der Fokus der Logistikforschung zumeist auf den physischen Prozessen des Güterflusses.[34] Der Informationsfluss im Allgemeinen und die Auftragsabwicklung im Besonderen werden bisher stark vernachlässigt. Wenn wird der Informationsfluss im Allgemeinen in der wissenschaftlichen Literatur untersucht und hinsichtlich des Einsatzes verschiedener IS-Technologien werden meistens ausschließlich Potenziale aufgezeigt, Schwachstellen werden hingegen eher selten thematisiert.[35] Außerdem findet meist eine rein qualitative Auseinandersetzung mit dem Thema statt, eine Quantifizierung wird häufig aufgrund der schwierig vorzunehmenden Zuordenbarkeit von Leistung und Kosten nicht durchgeführt.[36] Speziell bezüglich der Auftragsabwicklung werden theoretische Ansätze meistens nur in der Produktionsplanung[37] (z. B. Entkopplungspunkte), im Supply Chain Management (SCM)[38] (z. B. Sequenzierung bzw. Priorisierung von Aufträgen für die Just-in-Time- oder Just-in-Sequenz-Belieferung) oder in der IS-Forschung (z. B. Diffusion von IS-Technologien)[39] behandelt. In der Logistikfor-

---

[34] Vgl. Cho et al. (2012), S. 803; Klein und Rai (2009), S.735 f.; Klein (2007a), S. 616; Forslund (2006), S. 581; Alt, Gizanis und Österle (2003), S. 3.
[35] Siehe hierzu u. a. Elbert, Pontow und Benlian (2016); Harris, Wang und Wang (2015); Perego, Perotti und Mangiaracina (2011); Almotairi et al. (2011).
[36] Vgl. Fawcett, Magnan und McCarter (2008), S. 42.
[37] Siehe hierzu u. a. Olhager (2012); Grimm (2011); Gebhard (2009); Olhager (2010); Mason-Jones und Towill (1999).
[38] Siehe hierzu u. a. Grimm (2011); Wecker und Wirtz (2007); Zhou and Benton (2007); Alicke (2005); Barratt (2004). Die Ursprünge des Supply Chain Managements, auch Wertschöpfungs- oder Lieferkettenmanagement genannt, liegen seit den frühen 60er Jahren in den USA. Dabei steht neben Aspekten der Produktionsplanung die unternehmensübergreifende Logistikkonzeption im Fokus. Verfolgt wird dabei die gesamtheitliche Betrachtung der Wertschöpfungskette mit u. a. folgender Zielsetzungen: der Abbau von Beständen, die Verkürzung der Durchlaufzeiten, die Gestaltung von Netzwerken und die Ausrichtung auf den Kunden (siehe hierzu u. a. Wannenwetsch (2010), S. 18; Croom, Romano und Giannakis (2000), S. 69).
[39] Siehe hierzu u. a. Wright, Roberts und Wilson (2017); Bala und Venkatesh (2007); Zhu, Kraemer und Xu (2006); Rogers (2003). Für weitere Informationen sei an dieser Stelle auf Kapitel 3.4 verwiesen.

schung findet eine theoretische Fundierung der behandelten Themenkomplexe nur selten statt und stellt somit eine Forschungslücke dar.[40] Zwar können einige Parallelen aus der Produktionsplanung, der SCM- oder IS-Forschung gezogen werden, eine Eins-zu-eins-Übertragung der erforschten Ansätze ist aufgrund der im einleitenden Kapitel aufgelisteten Eigenschaften im Transport nicht möglich und erfordert eine empirische Überprüfung hinsichtlich der Anwendbarkeit und den Umsetzungsmöglichkeiten.

In den letzten Jahrzehnten sind die Anforderungen an den Transport deutlich gestiegen. Anschaulich wird dies wieder durch ein Beispiel im B2C-Bereich. Hier versprechen Dienstleister, Bestellungen der Kunden am selben Tag auszuliefern („same day delivery").[41] Was für den Kunden komfortabel sein kann, stellt für die Auslastung und Effizienz der Transportdienstleistung eine große Herausforderung dar. Auch im B2B-Bereich stellen die zunehmenden Forderungen nach kundenspezifischen Lösungen („customizing") mit immer komplexeren Produkten, die mit hoher Qualität und kurzen Lieferzeiten sowie hoher Termintreue und natürlich niedrigen Preisen transportiert werden sollen, die Auftragsabwicklung vor neue Herausforderungen.[42] Durch die stetig wachsenden Transportmengen sowohl im B2C- (gefördert durch den zunehmenden Online-Handel)[43] als auch im B2B-Bereich (gefördert durch zunehmende globale Lieferketten und Vernetzung von Unternehmen) steigen sukzessive auch die Transport- und Lagerkapazitäten.[44] Beispielsweise kann hierfür die Verzehnfachung der maximalen Containerschiffkapazität innerhalb der letzten 30 Jahre angeführt werden.[45] Die steigende Komplexität und geforderte Flexibilität kann aufgrund des hohen Preis- und Wettbewerbsdrucks im Markt meist nicht alleine durch die Bereitstellung zusätzlicher Kapazitäten erreicht werden. Durch größere Schiffe können demzufolge zwar Skaleneffekte („economies of scale") erreicht werden, allerdings leidet darunter im Gegenzug die Flexibilität der angebotenen Leistungen. Zudem liegt der Engpass meist nicht in den großen Umschlags- und Knotenpunkten, wie z. B. einem Hafen, sondern bei den möglichen Zubringerkapazitäten der verschiedenen Verkehrsträger im Hinterland. Das Hinterland, wo Kapazitäten nicht in gleichem Maße ausgebaut werden können, muss demnach die zusätzlichen Transportmengen mittels gesteigerter Effizienz abwickeln.[46] Das zeigt die Notwendigkeit, bestehende Strukturen und Prozesse im Transport, vor allem im Hinterland, effizienter zu gestalten, was durch den Einsatz verschiedener IS-Technologien erreicht werden kann.[47]

Aufgrund der zahlreichen Beteiligten sowie der heterogenen Systemlandschaf ist eine effiziente Gestaltung der unternehmensübergreifenden Prozesse der Auftragsabwicklung in

---

[40] Vgl. Müller (2005), S. 43.
[41] Vgl. Kille et al. (2016). S. 35.
[42] Vgl. Fuhrberg-Baumann und Müller (1994), S. 1.
[43] Auch der Consumer-to-Consumer (C2C) Bereich kann hier aufgrund der zunehmenden Bedeutung von elektronischen Verkaufs-, Tausch- und Auktionsplattformen mit aufgeführt werden.
[44] Vgl. Koch (2012), S. VII und 70.
[45] Die OOCL Hong Kong ist das größte Containerschiff (Stand 2017) und hat eine Kapazität von über 21.000 Zwanzig Fuß Containern (Twenty Foot Equivalent (TEU)) (vgl. Nonnenmann (2017), S. 1 f.).
[46] Vgl. Pontow (2017), S. 2 ff.; Miodrag (2013), S. 9; Schönknecht (2007), S. 11.
[47] Vgl. Fuhrberg-Baumann und Müller (1994), S. 1.

der Transportkette jedoch nicht einfach zu erreichen. Ziel dieser effizienten Gestaltung ist, die Transportdienstleistung als soziotechnisches System unter den gegebenen Rahmenbedingungen bestmöglich auszuführen. Die drei Bestandteile des soziotechnischen Systems (Mensch, Aufgabe und Technik) beeinflussen dabei maßgeblich die Transportdienstleistung und somit auch die zur Erfüllung notwendige Auftragsabwicklung: Der Mensch muss komplexe Entscheidungen treffen und soll in einem dynamischen und kompetitiven Umfeld mit anderen kooperieren. Hierbei ist er mit arbeitsteiligen Aufgaben betraut, die je nach Organisation und Gestaltung der Prozesse, manuell oder automatisiert erfüllt werden können. Der Mensch wird zur Erfüllung der Aufgabe von der Technik unterstützt, wobei jede eingesetzte IS-Technologien unterschiedliche Vor- und Nachteile bietet. Diese müssen im Einzelnen ergründet werden, um bestehende Prozesse bestmöglich auszuführen (asynchrone Auftragsabwicklung mittels proprietärer Systeme und „Electronic Data Interchange" (EDI)) oder neue Prozesse zu etablieren (synchrone Auftragsabwicklung mittels plattformbasierter Systeme). Hierbei zeigt sich, dass bestehende Herausforderungen meist nicht in den technischen Gegebenheiten oder Umsetzung begründet liegen, sondern je nach Anwendung aus der Interaktion der Menschen im Rahmen ihres arbeitsteiligen Aufgabenumfelds in der Auftragsabwicklung mit unterschiedlichen technischen Systemen entstehen.

Wichtig ist hierbei, dass die Digitalisierung der arbeitsteiligen Auftragsabwicklung in der Transportkette nicht mit einer vollständigen Automatisierung gleichgesetzt werden kann. Die Transport- und Logistik-Branche ist schon immer stark vom Menschen geprägt. Das wird – trotz der voranschreitenden Digitalisierung – auch zunächst so bleiben.[48] Natürlich ergeben sich Prozessschritte, die durch die Digitalisierung automatisiert werden können. Jedoch bleibt der Mensch, also der Planer und Disponent,[49] bei der Auftragsabwicklung in seiner Steuerungs- und Koordinationsrolle aufgrund der Komplexität der Prozesse und der Abhängigkeiten zwischen den Prozessen sowie der Reaktionsfähigkeit auf Unsicherheiten und externe Einflüsse unentbehrlich. Vielmehr stellt sich die Frage: Wie können Menschen (vor allem Planer und Disponenten in der arbeitsteiligen Auftragsabwicklung) im Transport bestmöglich durch die Digitalisierung unterstützt werden? Und warum werden vorteilhafte Technologien nicht oder nur zögerlich in den Arbeitsalltag integriert? Im Rahmen dieser Arbeit sollen diese grundlegenden Leitfragen thematisiert und fallbezogen beantwortet werden. Welche thematischen Schwerpunkte im Rahmen des Untersuchungsgegenstands gesetzt werden und welche Forschungsfragen sich daraus für die vorliegende Arbeit ergeben, wird im nächsten Kapitel dargelegt.

1.2 Untersuchungsgegenstand und Forschungsfragen

Gegenstand der vorliegenden Arbeit ist die empirische Untersuchung der arbeitsteiligen Auftragsabwicklung in der Transportkette. Dabei wird stets die systemseitige Einbindung fokussiert, also inwiefern IS-Technologien bei der Auftragsabwicklung zum Einsatz kommen, was hinsichtlich der Prozesseffizienz verbessert werden kann und warum sich vorteil-

---

[48] Vgl. Kille et al. (2016), S. 92.
[49] Aus Gründen der Lesbarkeit wurde im Text stets die männliche Form gewählt, dennoch bezieht sich die Angabe stets auf Angehörige aller Geschlechtergruppen.

hafte IS-Technologien zur Auftragsabwicklung in der Transportkette nur langsam etablieren. Im Kern geht es dabei stets um die Abwicklung von Transportaufträgen und um eine unternehmensübergreifende Sichtweise. Die unternehmensübergreifende Sichtweise wird durch den Einbezug der Arbeitsteilung im Rahmen der Auftragsabwicklung auf verschiedene Akteure in der Transportkette berücksichtigt. Dadurch können nicht nur unternehmensspezifische, sondern auch unternehmensübergreifende Erkenntnisse gewonnen werden. Dazu wird die Auftragsabwicklung in der vorliegenden Arbeit als aggregierter Prozess betrachtet. Einzelne Prozessschritte werden dazu, in Anlehnung an die bestehende Literatur, sinnvoll zusammengefasst.[50]

Generell ist der Untersuchungsgegenstand der arbeitsteiligen Auftragsabwicklung in der Transportkette ein praxisorientiertes Thema. Unternehmen befassen sich meist sehr individuell und tiefgehend, das heißt auf einem hohen Detaillierungslevel, mit der Ausgestaltung und Umsetzung der Auftragsabwicklungsprozesse für ihre Transportdienstleistungen. Eine aggregierte wissenschaftliche Auseinandersetzung mit dem Thema wird häufig nicht durchgeführt.[51] Eine wissenschaftliche Auseinandersetzung mit dem Informationsfluss in der Transportkette findet zwar bereits statt[52] und die Auftragsabwicklung ist ein zentraler Bestandteil des Informationsflusses,[53] dennoch ist eine gesonderte Betrachtung für den wissenschaftlichen Erkenntnisgewinn notwendig. Denn dadurch werden Prozesse und Interaktionen der beteiligten Akteure nachvollziehbar und Schwachstellen können identifiziert sowie Verbesserungspotenziale abgeleitet werden. Wissenschaftliche Ansätze, welche die Auftragsabwicklung adressieren, stammen meist aus der produktionsnahen SCM-Literatur.[54] Sowohl für die unternehmensinterne als auch für die unternehmensübergreifende Interaktion gelten hier jedoch andere Voraussetzungen und Rahmenbedingungen.[55] Eine Überprüfung der Übertragbarkeit oder Anwendung der Erkenntnisse auf die Transportkette wurde bisher nicht erforscht. Einleitend wird daher zunächst eine Basisforschungsfrage formuliert, um den Stand der Forschung systematisch aufzuarbeiten und eine fundierte theoretische Einordnung zu ermöglichen.[56] Diese Forschungsfrage (FF 0) ist in Anlehnung an den Untersuchungsgegenstand breit formuliert, um auch die Identifikation von relevanter

---

[50] Die Grundlagen, welche als Basis für die empirische Untersuchung dienen, werden zunächst im grundlegenden Bezugsrahmen und Stand der Forschung aus der bestehenden Literatur herausgearbeitet. In der Praxis werden diese natürlich viel granularer erfasst, was auch für die praktische Zusammenarbeit notwendig ist aber an dieser Stelle keinen wissenschaftlichen Mehrwert leisten würde und daher vernachlässigt wird.

[51] Vgl. Datta und Christopher (2011), S. 766; Puettmann und Stadtler (2010), S. 809.

[52] Vgl. hierzu u. a. Elbert, Pontow und Benlian (2016); Harris, Wang und Wang (2015); Perego, Perotti und Mangiaracina (2011).

[53] Vgl. Gudehus (2012a), S. 23.

[54] Vgl. hierzu u. a. Kembro und Selviaridis (2015); Kembro, Selviaridis und Näslund (2014); Croxton (2003); Croxton et al. (2001).

[55] Dies wird im Verlauf der Arbeit weiter konkretisiert, vor allem ist hiermit die meist feste Zusammenarbeit in einer engen Kunden-Lieferanten-Beziehungen gemeint.

[56] Diese Art der Forschungsfrage erscheint zunächst trivial und ist die Basis für jede Forschungsarbeit in ihrem jeweiligen Untersuchungsgegenstand. Dennoch ist die explizite Benennung wichtig und strukturiert die Vorgehensweise bei der Erarbeitung des jeweiligen Forschungsfeldes (vgl. Schryen (2015), S. 309 ff.; Kuckartz (2014), S. 37 und 54; Brink (2013), S. 17).

1.2 Untersuchungsgegenstand und Forschungsfragen

Literatur aus angrenzenden Forschungsdisziplinen zu gewährleisten, und lautet folgendermaßen:

FF 0: Was ist aus der bestehenden Literatur über die arbeitsteilige Auftragsabwicklung in der Transportkette bekannt und wie kann dieser Forschungsbereich theoretisch eingeordnet werden?

Diese einleitende Forschungsfrage zur Erarbeitung des Stands der Forschung und der theoretischen Einordnung des Untersuchungsgegenstands ist rein literaturbasiert und somit vergangenheitsorientiert. Die folgenden drei Forschungsfragen sind die Grundlage für die empirische Untersuchung dieser Arbeit und fokussieren sowohl gegenwartsorientiert die aktuelle Situation (Stand 2018)[57] als auch zukunftsorientiert die Entwicklungstrends (der nächsten fünf Jahre). Auch die erste Forschungsfrage für die empirische Untersuchung basiert auf der Forschungslücke der unzureichenden wissenschaftlichen Auseinandersetzung mit der arbeitsteiligen Auftragsabwicklung in der Transportkette. Die bestehende Literatur deutet zwar darauf hin, dass die Akteure in der Transportkette gerade beim Einsatz von IS Technologie Nachholbedarf haben,[58] inwiefern das aktuell noch zutrifft und wie eine weitere Entwicklung aussieht, lässt sich aus der Literatur allerdings nicht ablesen. Aus diesem Grund soll im Rahmen der empirischen Untersuchung der Status quo sowie die Entwicklungstrends von Auftragsabwicklungssystemen in Transportketten herausgearbeitet werden. Der Fokus liegt hierbei, wie auch in den beiden folgenden Anwendungsfällen, auf der exportstarken Rhein-Main-Region.[59] Wie sich die Auftragsabwicklung aktuell und in den nächsten Jahren hinsichtlich des Einsatzes unterschiedlicher IS-Technologien und unter Berücksichtigung des spezifischen Buchungsverhaltens gestaltet, wird mit der erste Forschungsfrage (FF 1) wie folgt adressiert:

FF 1: Wie gestaltet sich die Auftragsabwicklung in der Transportkette hinsichtlich des Einsatzes unterschiedlicher IS-Technologien und welche Entwicklungen sind zu erwarten?

Wie die Auftragsabwicklung in der Transportkette im Einzelnen organisiert ist, soll daran anschließend in zwei Anwendungsfällen empirisch untersucht werden. Hierbei lassen sich die asynchrone und die synchrone Auftragsabwicklung unterscheiden,[60] denen unterschiedliche Forschungslücken zugrunde liegen. Die asynchrone Auftragsabwicklung, bei der Aufträge schrittweise bzw. nacheinander von den beteiligten Akteuren in einer Transportkette bearbeitet werden, hat sich bereits bis zu einem gewissen Anteil im Markt etabliert. Vor allem in der Seefracht mit großen Transportmengen werden meistens zwischen den

---

[57] Die Erhebungszeiträume werden in Kapitel 5 näher konkretisiert, setzen sich aber generell aus den Erhebungen, die zwischen 2015 und 2018 stattgefunden haben, zusammen. Der Stand wurde auf den Abschluss der empirischen Untersuchung, also 2018, festgelegt.
[58] Vgl. hierzu u. a. Elbert, Pontow und Benlian (2016); Almotairi et al. (2011); Roorda et al. (2010); Tapaninen, Ojala und Menachof (2010).
[59] Vgl. Statistisches Bundesamt (2018d), S. 1. Die nähere Eingrenzung dieser Region findet in Kapitel 5 statt. Für weitere Informationen siehe außerdem Regionalverband FrankfurtRheinMain (2018) sowie Rhein-Main im Internet (2018).
[60] Vgl. Shan und Kumar (2012), S. 3.

Akteuren, die in langfristigen Geschäftsbeziehungen zueinander stehen, proprietärer Systeme und EDI eingesetzt.[61] Zum Einsatz dieser IS-Technologien, die die Prozesse der Auftragsabwicklung unterstützen, gibt es bereits einige Forschungsarbeiten.[62] Die Forschung zeigt eindeutig, dass IS-gestützte Auftrags- und Transportprozesse Kosten reduzieren, die Prozesse verbessern und eine wichtige Quelle sind, um sich von Wettbewerbern abzuheben.[63] Dovbischuk (2016) kritisiert allerdings, dass die positiven wirtschaftlichen Auswirkungen der IS-Technologien qualitativ zwar gründlich herausgearbeitet wurden, quantitative Analysen auf der Basis empirischer Daten mithilfe von mathematischen oder Simulationsmodellen jedoch sehr selten sind.[64] Um diese Forschungslücke zu adressieren, wird im Anwendungsfall am Beispiel der Seefracht eine Simulationsstudie als computergestütztes Abbild der Realität durchgeführt, um Wirkungszusammenhänge zu untersuchen und Potenziale zur Steigerung der Prozesseffizienz zu identifizieren. Daraus ergibt sich die zweite Forschungsfrage (FF 2):

FF 2: Wie kann die Prozesseffizienz bei der asynchronen Auftragsabwicklung mittels proprietärer Systeme und EDI unternehmensübergreifend gesteigert werden?

Die synchrone Auftragsabwicklung, bei der Aufträge gleichzeitig bzw. parallel von den beteiligten Akteuren in einer Transportkette bearbeitet werden können, stellt hingegen eher eine Entwicklungsperspektive dar. Zahlreiche Beispiele zeigen, dass Plattformen zur synchronen Auftragsabwicklung in der Transportkette in der Vergangenheit gescheitert sind oder sich bis heute nicht durchsetzen konnten.[65] Die Untersuchung der Prozesseffizienz wäre demnach ein Schritt zu weit gegriffen, da sich Prozesse zur synchronen Auftragsabwicklung in der Transportkette noch nicht etabliert haben und somit die Datenbasis fehlt. In der Luftfracht werden keine großen Mengen, sondern vor allem wertvolle und zeitkritische Güter transportiert. Daher kommt es hier in besonderem Maße auf Schnelligkeit und eine hohe Prozessqualität an. Dies kann durch eine synchrone Auftragsabwicklung erreicht werden und trotzdem werden plattformbasierte Systeme bisher nur selten genutzt.[66] Die Diffusion und verbreitete Nutzung der Plattformen ist eine grundlegende Voraussetzung für weitere Analysen und damit Gegenstand des zweiten Anwendungsfalls, welcher am Beispiel der Luftfracht erarbeitet wird. In der Literatur wird die Diffusion von IS-Technologien häufig nur auf individueller oder unternehmensinterner Ebene thematisiert.[67] Die unternehmensübergreifende Sichtweise wird hierbei oftmals außer Acht gelassen und stellt eine

---

[61] Vgl. Alt, Gizanis und Legner (2005), S. 79 ff.
[62] Vgl. hierzu u. a. Engel et al. (2016); Dovbischuk (2016); Almotairi et al. (2011); Kim, Jung und Kim (2005); Lee et al. (2000); Premkumar, Ramamurthy und Crum (1997).
[63] Vgl. hierzu u. a. Datta and Christopher (2011); Wong, Lai und Ngai (2009); Li et al. (2006).
[64] Vgl. Dovbischuk (2016), S. 11 f.
[65] Vgl. Stummer und Haurand (2018); Evans und Schmalensee (2010).
[66] Vgl. Christiaanse, Van Diepen und Damsgaard (2004); Christiaanse, Been and van Diepen (1996).
[67] Vgl. hierzu u. a. Molinillo und Japutra (2017); Wright, Roberts und Wilson (2017); Chu und Manchanda (2016); Williams et al. (2009); Zhu, Kraemer und Xu (2006).

Forschungslücke dar.[68] Auch in diesem Kontext findet eine weitestgehend positive Auseinandersetzung zur Förderung der Diffusion statt;[69] warum die Diffusion gehemmt wird, bleibt weitestgehend unerforscht.[70] Außerdem werden bei Plattformen hauptsächlich zweiseitige Märkte oder dyadische Beziehungen und selten mehrseitige Märkte betrachtet, in denen wie in der Transportkette mehrere Akteure über eine Plattform verbunden sind.[71] Auch hier ist aufgrund der abweichenden Gegebenheiten in der Transportkette eine direkte Übertragbarkeit der bestehenden Erkenntnisse, Mechanismen und Faktoren infrage zu stellen und sollte empirisch untersucht werden. Dies soll im Rahmen der dritten Forschungsfrage (FF 3) grundlegend erarbeitet werden:

FF 3: Welche Faktoren beeinflussen die Diffusion plattformbasierter Systeme zur synchronen Auftragsabwicklung und wie kann der Einfluss der Faktoren eingeordnet werden?

Die formulierten Forschungsfragen adressieren die benannten Forschungslücken und sollen in der vorliegenden Arbeit sukzessiv beantwortet werden. Vor allem aus der unternehmensübergreifende Perspektive, die bei der arbeitsteiligen Auftragsabwicklung in der Transportkette eine zentrale Rolle spielt, sind wichtige Erkenntnisse zu erwarten, die einen Beitrag für die Forschung leisten. Auch für die Praxis beinhaltet die vorliegende Arbeit einen Mehrwert, indem aus den zentralen Aussagen unternehmensspezifische und -übergreifende Handlungsempfehlungen abgeleitet werden können. Die Erkenntnisse ergeben sich somit aus der Erfassung und Darstellung des aktuellen Stands und der Entwicklungstrends hinsichtlich des Einsatzes verschiedener IS-Technologien für die Auftragsabwicklung in Transportketten. Darüber hinaus wird gezeigt, wie Prozesse in der asynchronen Auftragsabwicklung effizienter gestaltet werden können und welche Faktoren eine Verbreitung von Plattformen zur synchronen Auftragsabwicklung hemmen bzw. berücksichtigt werden müssen, um den Einsatz entsprechender Plattformen zukünftig zu fördern. Wie sich der für Forschung und Praxis relevante Untersuchungsgegenstand und Erkenntnisgewinn wissenschaftstheoretisch einordnen lassen, soll im Folgenden näher erläutert werden.

1.3 Wissenschaftstheoretische Einordnung

In der vorliegenden Arbeit werden theoretische Hintergründe sowie empirische Erhebungen und Analysen unter Verwendung bestimmter Forschungsmethoden genutzt, um einen Erkenntniszuwachs durch das Adressieren von Forschungslücken und die Beantwortung der Forschungsfragen zu erzielen. Dieses Vorgehen soll nachfolgend wissenschaftstheoretisch eingeordnet werden. Gegenstand der Wissenschaftstheorie ist der systematische Prozess, einen wissenschaftlichen Erkenntniszuwachs durch den Einsatz von Prinzipien und

---

[68] Vgl. hierzu u. a. Pagani and Pardo (2017); Asare, Brashear-Alejandro und Kang (2016); Borgman et al. (2013); Boukef Charki, Charki und Limayem (2011). Wenn die unternehmensübergreifende Sichtweise analysiert wird, werden häufig nur vereinfacht Eins-zu-eins-Verbindungen (z. B. mittels EDI) untersucht (vgl. Markus, Steinfield und Wigand (2006); Kuan und Chau (2001)).
[69] Vgl. hierzu u. a. Delone und Mclean (2017); Petter, DeLone und McLean (2013); Walther et al. (2015).
[70] Vgl. hierzu u. a. Walther et al. (2018); Kembro, Näslund und Olhager (2017); Jede und Teuteberg (2016).
[71] Vgl. hierzu u. a. Benlian, Hess und Buxmann (2009); Hagiu (2006).

Methoden sowie die Eingrenzung von Voraussetzungen und Zielen zu erlangen.[72] Die Wissenschaftstheorie wird auch als Meta-Wissenschaft bezeichnet, der einzelne Substanzwissenschaften oder Teildisziplinen zugeordnet werden können. Dabei kann die Wirtschaftswissenschaft, in der sich die vorliegende Arbeit bewegt, als eigenständige sozialwissenschaftliche Teildisziplin verstanden werden.[73] Die Betriebswirtschaftslehre ist wiederum der Wirtschaftswissenschaft untergeordnet. Im Fokus der Betrachtung stehen Unternehmen und es werden Verhaltensweisen und Interaktionen innerhalb und zwischen Unternehmen behandelt, die in einer wirtschaftlichen Austauschbeziehung zueinander stehen. Dabei werden häufig Kosten-, Ressourcen- sowie Effizienzbetrachtungen verfolgt.[74] Picot et al. (2012) unterscheidet drei Organisationsebenen als Forschungs- oder Erkenntnisgegenstand:[75]

1. Traditionell werden in der betriebswirtschaftlichen Organisationslehre innerbetriebliche, unternehmensinterne oder **intra-organisationale Betrachtungsstandpunkte** verfolgt.
2. Die zwischenbetrieblichen, unternehmensübergreifenden oder **inter-organisationalen Beziehungen** werden hinsichtlich unterschiedlicher Kooperationsformen betrachtet.
3. Außerdem werden die **wettbewerblichen Rahmenbedingungen** behandelt, wobei die intra-organisationale Gestaltungsspielräume und die inter-organisationale Kooperationen durch eine Vielzahl vor-, gleich- und nachgelagerter Unternehmen bestimmt werden.

Für die Untersuchung der arbeitsteiligen Auftragsabwicklung in der Transportkette werden alle drei Organisationsebenen tangiert und sollen in der vorliegenden Arbeit berücksichtigt werden. Als Basis wird mit der arbeitsteiligen Auftragsabwicklung in der Transportkette demnach ein reales Phänomen untersucht, was sowohl theoretisch fundiert als auch empirisch analysiert werden soll. Dieser Untersuchungsgegenstand erlaubt eine Einordnung in die reale Wissenschaftskonzeption im Bereich der angewandten Wissenschaft.[76] Dies verdeutlicht die in der betriebswirtschaftlich orientierten Forschung häufig verwendete Verbindung von zwei wissenschaftstheoretischen Ansätzen: einerseits der Erkenntnisgewinn über die theoretische Wissenschaft, andererseits das heute dominierende angewandte Wissenschaftsverständnis.[77] Hierbei geht es vorrangig um den praktisch relevanten Erkenntnisgewinn auf wissenschaftlicher Basis. Die wissenschaftlichen Erkenntnisse verfol-

---

[72] Vgl. Kornmeier (2007), S. 6.
[73] Vgl. Döring (2015), S. 16.
[74] Hierunter fallen die drei ökonomischen Prinzipien: das Minimierungsprinzip, das heißt Mitteleinsatz bzw. Input-Faktoren bei gegebenem Ergebnis bzw. Output zu minimieren, das Maximierungsprinzip, das heißt bei gegebenen Input-Faktoren maximalen Output zu erreichen und das generelle Extremumprinzip, das heißt ein bestmöglichen Input und Output durch darauf abgestimmte Prozesse mit problemindividuellen Kriterien zu erzielen (vgl. hierzu u. a. Hüttner und Heuer (2004)).
[75] Vgl. Picot et al. (2012), S. 37.
[76] Vgl. Eisend and Kuß (2017); S. 69 ff. Demgegenüber steht die reine Formalwissenschaft, wie die Mathematik, welche hier nicht weiter vertieft werden soll.
[77] Vgl. Kornmeier (2007), S. 22.

1.3 Wissenschaftstheoretische Einordnung

gen demnach das Ziel, als „Mittel zum Zweck" einen realitätsnahen Beitrag zu leisten oder der Realität zu entsprechen.[78] Die Erreichung dieses Ziels erfordert einen intensiven Dialog zwischen Wissenschaft und Praxis.[79] Der Forderung nach einer stärkeren Kontext- oder Praxisorientierung in der Forschung wird mit dem hier zugrunde gelegten angewandten Wissenschaftsverständnis Rechnung getragen.[80] Zudem prägen in der Betriebswirtschaftslehre häufig die starken Überschneidungen mit angrenzenden Forschungsdisziplinen den Erkenntnisgewinn.[81] Auch dies wird in der vorliegenden Arbeit berücksichtigt, indem sowohl theoretische als auch praktische Erkenntnisse der betriebswirtschaftlichen Teildisziplinen der Logistik-, SCM-, Produktions- und IS-Forschung miteinander verknüpft werden.

Des Weiteren ist die Betriebswirtschaftslehre geprägt durch den (geisteswissenschaftlichen) methodischen Konstruktivismus und den (naturwissenschaftlichen) kritischen Rationalismus, was die Generierung und Prüfung von Aussagen zum zentralen Gegenstand des betriebswirtschaftlichen Erkenntnisgewinns postuliert.[82] Der Konstruktivismus geht vornehmlich auf Lorenzen (1974) zurück und beschreibt die Entwicklung oder Rekonstruierung eines wissenschaftlichen Aussagesystems auf der Grundlage der menschlichen Wahrnehmung bzw. des Alltagsverständnisses.[83] Demnach basiert das entwickelte Aussagesystem auf Argumentationen von Menschen, die in dem System (inter-)agieren.[84] Durch die Übertragung in eine einheitliche Wissenschaftssprache können die Aussagen geprüft und miteinander verglichen werden.[85] Die Aussagen können allerdings nicht als endgültig betrachtet werden, da sie von Menschen getätigt wurden.[86] Dies greift der kritische Rationalismus auf, der im Wesentlichen auf Popper (1994) zurückgeht.[87] Diese Denkrichtung verfolgt den Zweck, erklärende Aussagesysteme und beobachtbare Sachverhalte zu vergleichen bzw. zu falsifizieren. Auch eine solche Falsifizierung kann nicht als abschließend, sondern lediglich als vorläufig betrachtet werden.[88] Ziel ist es dabei, neue Aussagen aus bestehenden zu generieren oder bestehende Aussagen zu widerlegen, um im Verlauf der Zeit zu bewährten Aussagen zu gelangen.[89] Kritisiert wird dabei eine zu starke positivistische Orientierung an bereits bestehenden Aussagen, die nur geringe Freiheitsgrade zur Neuentwicklung ermöglicht.[90]

---

[78] Vgl. Kornmeier (2007), S. 22; Fülbier (2004), S. 267.
[79] Vgl. Kießler (1994), S. 64.
[80] Vgl. Tranfield, Denyer und Smart (2003), S. 211; Kießler (1994), S. 64 f.
[81] Vgl. Kornmeier (2007), S. 17 f.
[82] Vgl. Kornmeier (2007), S. 39 ff.; Fülbier (2004), S. 268.
[83] Vgl. Lorenzen (1974), S. 43; Kornmeier (2007), S. 39.
[84] Vgl. Fülbier (2004), S. 269.
[85] Vgl. von Maur (2009), S. 138. Diese einheitliche Wissenschaftssprache wird allerdings aufgrund der möglichen Verzerrungen und Beeinflussung durch den Wissenschaftler auch kritisiert (vgl. von Maur (2009), S. 138 f.).
[86] Vgl. Fülbier (2004), S. 269.
[87] Vgl. Popper (1994).
[88] Vgl. Popper (1994), S. 32.
[89] Vgl. Fülbier (2004), S. 268.
[90] Vgl. Kornmeier (2007), S. 36.

Daran setzt die Explorationsstrategie nach Kubicek (1977) an, welche den zu starken Formalismus als Behinderung des betriebswirtschaftlichen Erkenntnisgewinns bezeichnet und mehr Freiheitsgrade einfordert.[91] Demnach wird wissenschaftliche Forschung als Lernprozess verstanden, wobei Erkenntnisse in einen theoretischen Rahmen eingeordnet werden und zunehmend aussagekräftiger werden.[92] Dieser Lernprozess umfasst gemäß Kubicek (1977) drei Stufen:[93]

- Die **erste** Stufe ist die Erlangung eines Vorverständnisses oder Vorwissens des Wissenschaftlers, welches Forschungsperspektiven basierend auf dem Stand der Forschung und den theoretischen Hintergründen verdeutlicht.
- Die **zweite** Stufe umfasst die Erhebung des Erfahrungswissens, was die Interaktion zwischen Wissenschaft und Praxis erfordert.
- Anschließend sind in einer **dritten** Stufe die Erkenntnisse zu analysieren und neue Annahmen bzw. ein Forschungsausblick abzuleiten.

Für die vorliegende Arbeit kann die Vorgehensweise der Explorationsstrategie als besonders zielführend erachtet werden, um einen Beitrag zum wissenschaftlichen Erkenntnisgewinn zu leisten. Der kritische Rationalismus eignet sich hierfür nicht, da die arbeitsteilige Auftragsabwicklung in der Transportkette weitestgehend unerforscht ist und somit nicht in ausreichendem Maße auf bestehenden Aussagen aufgebaut werden kann. Zudem kann die theoriegeleitete Untersuchung, welche im Konstruktivismus nicht ausreichend mit einbezogen wird, als vorteilhaft für den Erkenntnisgewinn des vorliegenden Untersuchungsgegenstands erachtet werden. Durch die Auswahl und Bezugnahmen zu korrespondierenden Theorien werden die Prinzipien des Erkenntnisgewinns im Rahmen der Wissenschaftstheorie bestimmt. Gerade in der Logistikforschung wird im Gegensatz zur IS-Forschung der Theoriebezug häufig vernachlässigt.[94] Durch diese Verknüpfung wird für den hier sich überschneidenden Untersuchungsgegenstand ein Erkenntnisgewinn erwartet.

Im Kontext der Wissenschaftstheorie beschäftigt sich die Erkenntnislehre (Epistemologie) im Allgemeinen mit den Voraussetzungen, Möglichkeiten und Grenzen des wissenschaftlichen Erkenntnisgewinns.[95] Im Kern geht es dabei darum, wie gültige wissenschaftliche Aussagen bzw. spezifische Aussagensysteme begründet und von falschen Aussagen unterschieden werden können. Dies wird mit der Frage adressiert, auf welchen Wegen und mit welchen Methoden wissenschaftliche Erkenntnisse gewonnen werden können.[96] Dabei können drei zentrale Wege unterschieden werden: die Induktion, die Deduktion und die Abduktion. Unter Induktion wird wissenschaftstheoretisch die Generalisierung von beobachteten Regelmäßigkeiten in der Realität verstanden.[97] Demnach erschließen sich allgemeine Regeln und Theorien durch die Untersuchung von Einzelfällen und es werden

---

[91] Vgl. Kubicek (1977), S. 13.
[92] Vgl. Kubicek (1977), S. 13.
[93] Vgl. Kubicek (1977), S. 16 f.
[94] Vgl. Müller (2005), S. 43.
[95] Vgl. Döring und Bortz (2016), S. 35; Gregor (2006), S. 612.
[96] Vgl. Döring und Bortz (2016), S. 35.
[97] Vgl. Eisend and Kuß (2017), S. 60.

Schlussfolgerungen vom Speziellen auf das Allgemeine getroffen.[98] Im Gegensatz dazu spricht man bei der Ableitung von fallspezifischen Aussagen, auch Propositionen für die qualitative Forschung oder Hypothesen für die quantitative Forschung genannt, aus allgemeingültigen Regeln oder Theorien von Deduktion.[99] Hierbei werden Schlussfolgerungen vom Allgemeinen auf das Spezielle gezogen.[100] Die abgeleiteten Aussagen dienen der Überprüfung in einem Einzelfall hinsichtlich deren Zutreffens auf die theoretische Basis. Bei weitgehender Übereinstimmung spricht man von einer Bestätigung der Regel oder Theorie, anderenfalls kommt man zur Ablehnung (Falsifikation) der jeweiligen Aussage und stellt ggf. die zugrunde liegende Theorie infrage.[101] Die Abduktion startet ähnlich wie bei der Induktion mit dem Speziellen.[102] Im Unterschied zur Induktion wird allerdings nicht durch ein systematisches Vorgehen nach Mustern und verallgemeinerbaren Erkenntnissen gesucht, sondern es findet durch neue Merkmalskombination und gedanklich kreative Sprünge die Definition von neuen Aussagen statt.[103] In der vorliegenden Arbeit wird weitestgehend ein deduktives Schließen verfolgt, da alle Erkenntnisgewinne theoriebasiert bzw. -geleitet sind. Bei der explorativen Datenanalyse kommen dennoch Aspekte des induktiven Schließens zum Tragen, da durch die im Einzelnen herausgearbeiteten Erkenntnisse eine theoretische Weiterentwicklung vorgeschlagen wird. Wie die vorliegende Arbeit im Einzelnen aufgebaut ist wird im Folgenden vorgestellt.

1.4 Aufbau der Arbeit

Zusammenfassend konnte in diesem ersten Kapitel der vorliegenden Arbeit die Thematik eingeleitet und abgegrenzt werden. Dazu wurden die Ausgangssituation und die Motivation aufgezeigt. Außerdem wurden der Untersuchungsgegenstand spezifiziert, die Forschungslücken aufgezeigt und daraus die Forschungsfragen abgeleitet. Aus der anschließend wissenschaftstheoretischen Einordnung konnten schließlich wichtige Erkenntnisse für die weitere Vorgehensweise gewonnen werden.

Entsprechend der Explorationsstrategie wird in Kapitel 2 zunächst der Grundstein für das Verständnis der vorliegenden Arbeit erarbeitet. Der grundlegende Bezugsrahmen, der die Definition wichtiger Begrifflichkeiten und die Erläuterung von Zusammenhängen beinhaltet, wird in Kapitel 2.1 hinsichtlich der arbeitsteiligen Auftragsabwicklung und in Kapitel 2.2 hinsichtlich der mehrgliedrigen Transportketten geschaffen. In Kapitel 2.3 werden diese beiden inhaltlichen Stränge zusammengetragen und der Stand der Forschung mittels systematischer Literaturrecherche umfassend dargelegt. Abschließend wird in Kapitel 2.4 der konzeptionelle Bezugsrahmen basierend auf den Erkenntnissen der vorherigen Kapitel vorgestellt. Dieser konzeptionelle Bezugsrahmen dient als inhaltliches Forschungspro-

---

[98] Vgl. Gutenschwager et al. (2017), S. 20; Döring und Bortz (2016), S. 35.
[99] Vgl. Mayring (2002), S. 12.
[100] Vgl. Döring und Bortz (2016), S. 35.
[101] Vgl. Eisend and Kuß (2017), S. 60.
[102] Die Abduktion wird häufig im Zusammenhang der Hermeneutik verwendet, was auslegen oder übersetzen bedeutet, und sich mit der Interpretation von Texten beschäftigt (vgl. Kelle, Reith und Metje (2013), S. 55 f.)
[103] Vgl. Döring und Bortz (2016), S. 35.

gramm, welches sich stark an der Aufteilung und Formulierung der drei Forschungsfragen orientiert.

In Kapitel 3 wird die vorliegende Arbeit theoretisch eingeordnet und es werden die relevanten Hintergründe aufgearbeitet. Aufgrund der deduktiven Vorgehensweise dient die theoretische Einordnung neben der inhaltlichen Einordnung aus dem vorherigen Kapitel als Basis für die theoriegeleitete empirische Untersuchung. Dazu werden in Kapitel 3.1 eine Auswahl der relevanten theoretischen Fundierung sowie eine Begründung für die jeweilige Auswahl geliefert. Wie bei Transportdienstleistungen im Allgemeinen, so ist die arbeitsteilige Auftragsabwicklung in der Transportkette im Speziellen abhängig von den im soziotechnischen System definierten Aspekten Mensch, Aufgabe und Technik. Hiernach richtet sich die Auswahl der theoretischen Grundlagen und begründet deren Zusammenhänge und Relevanz für den Untersuchungsgegenstand. Dementsprechend werden in den Kapiteln 3.2, 3.3 und 3.4 die relevanten theoretischen Hintergründe – das heißt Ansätze, Mechanismen und Effekte – der verhaltens-, informations- und innovationsökonomischen Perspektive erläutert. In Kapitel 3.5 werden daraus für jede der drei untersuchungsrelevanten Forschungsfragen drei theoriegeleitete Annahmen bzw. Propositionen entwicklet, welche in der empirischen Untersuchung hinsichtlich ihres Wahrheitsgehalts überprüft werden sollen.

Wie die Forschungsfragen einschließlich der Propositionen methodisch untersucht werden sollen, wird in Kapitel 4 näher bestimmt. Auch hier wird zunächst die Auswahl der Methoden und deren Begründung in Kapitel 4.1 thematisiert. In Kapitel 4.2 werden zunächst die gewählten Erhebungsmethoden vorgestellt. Ein Großteil der erhobenen Daten basiert auf Experteninterviews. Dazu wurden unterschiedliche Methoden zur Datenerhebung verfolgt, um die Schwerpunkte jeder Forschungsfrage oder Proposition präzise zu adressieren, diese werden hier zusammenfassend dargestellt. Die Methoden der Datenanalyse werden anschließend in den Kapiteln 4.3, 4.4 und 4.5 vorgestellt. Hier werden die Vorgehensweise und die relevanten Methoden der deskriptiven, simulationsbasierten und explorativen Datenanalyse herausgestellt, welche in der empirischen Untersuchung zum Einsatz kommen. In Kapitel 4.6 werden die verwendeten Methoden in einem methodischen Forschungsprogramm zusammengetragen, welches sich auch wieder stark an der Aufteilung und Formulierung der drei Forschungsfragen orientiert.

Die empirische Untersuchung inklusive der Erhebungen und Analysen wird in Kapitel 5 umfassend beschrieben. Nachdem zunächst in Kapitel 5.1 der Status quo und Entwicklungstrends der Auftragsabwicklungssysteme in der Transportkette erarbeitet werden, werden in den Kapitel 5.2 und 5.3 die beiden Anwendungsfälle zur asynchronen Auftragsabwicklung am Beispiel der Seefracht und die synchrone Auftragsabwicklung am Beispiel der Luftfracht erforscht. Abschließend werden in Kapitel 5.4 die zentralen Erkenntnisse zusammengetragen und die Forschungsfragen beantwortet.

Abschließend wird in Kapitel 6 ein Fazit gezogen. Dazu werden die Erkenntnisse der vorliegenden Arbeit zusammengefasst (Kapitel 6.1), Implikationen für Forschung und Praxis hervorgehoben (Kapitel 6.2) sowie Einschränkungen der Arbeit und der weitere Forschungsbedarf aufgezeigt (Kapitel 6.3). Zusammenfassend ist der Aufbau der Arbeit in Abbildung 2 anschaulich dargestellt.

1.4 Aufbau der Arbeit

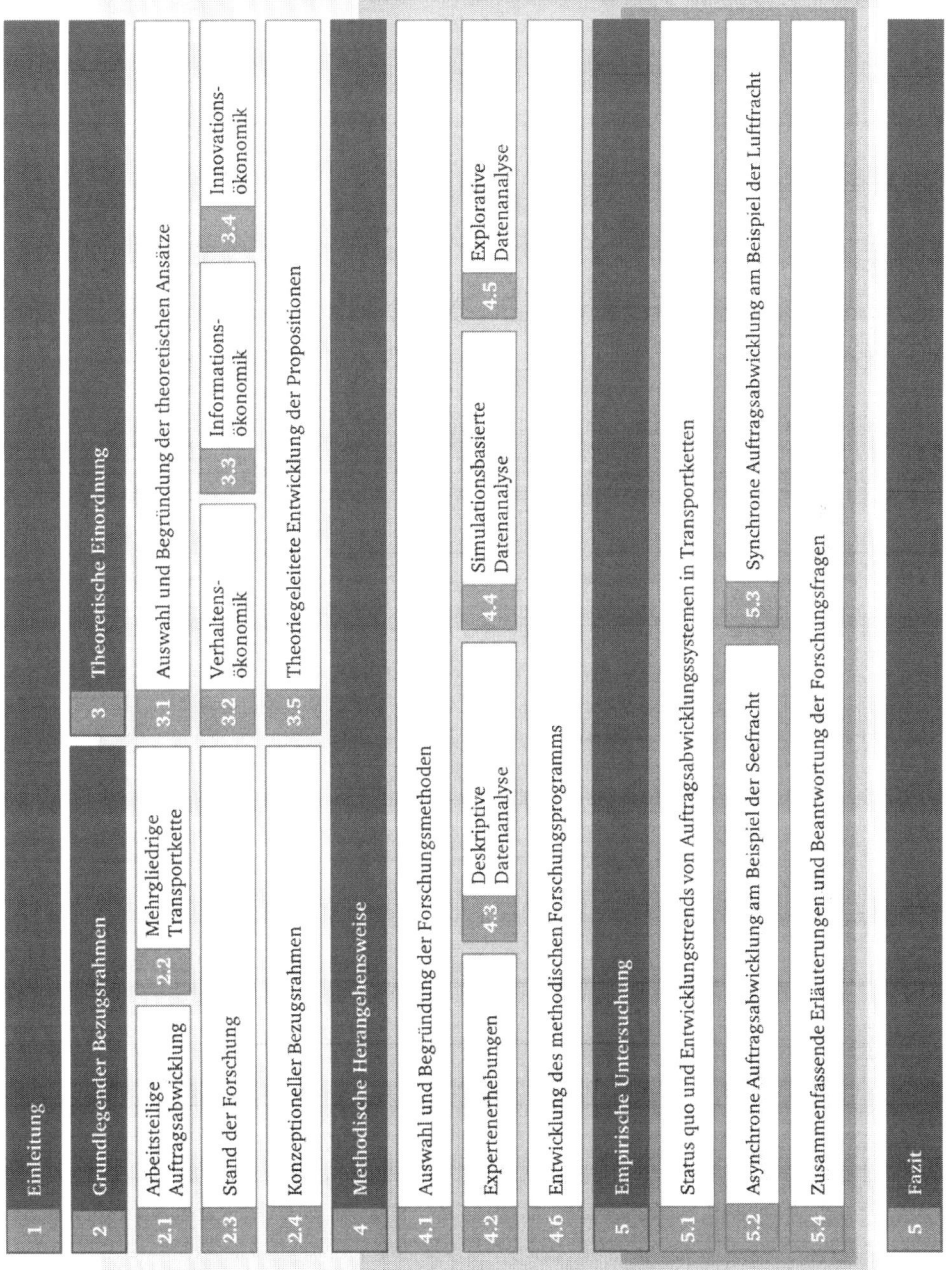

Abbildung 2: Aufbau der Arbeit (eigene Darstellung).

2 Grundlegender Bezugsrahmen und Stand der Forschung

Um die arbeitsteilige Auftragsabwicklung in der Transportkette grundlegend zu erfassen, werden im Folgenden die inhaltlichen Hintergründe skizziert. Wenn verschiedene Ausprägungen und Eigenschaften bestehen, werden diese vorgestellt sowie darauf verwiesen, auf welchen Rahmen sich die vorliegende Arbeit bezieht. Hierzu werden zunächst die arbeitsteilige Auftragsabwicklung und die mehrgliedrige Transportkette getrennt voneinander beschrieben, bevor sie zusammengeführt werden und der Stand der Forschung in einer systematischen Literaturrecherche erarbeitet wird. Zusammenfassend wird dies im konzeptionellen Bezugsrahmen dargestellt und dient als inhaltliches Forschungsprogramm für die vorliegende Arbeit.

2.1 Arbeitsteilige Auftragsabwicklung

Eine Studie des etablierten Marktforschungsinstituts Advanced Market Research, durchgeführt und veröffentlicht von Johnson (2007), besagt, dass eine Verbesserung der Prozesse in der Auftragsabwicklung um 1 % eine Gewinnsteigerung von 1 % zur Folge hat.[104] Ob diese Eins-zu-eins-Beziehung die Realität wirklich abbildet, bleibt kritisch zu hinterfragen, da die Verbesserungen von bestehenden Prozessen häufig zunächst hohe Investitionen erfordern und sich Effizienzgewinne erst zeitverzögert realisieren und meist im Nachhinein nicht mehr direkt zuzuordnen sind.[105] Dennoch bleibt festzuhalten, dass eine Verbesserung der Prozesse in der Auftragsabwicklung (z. B. im Sinne des „Lean Management")[106] sich zu einem großen Teil direkt auf die Leistungsfähigkeit (Flexibilität und Wirtschaftlichkeit) eines Unternehmens auswirkt und somit für jedes Unternehmen erstrebenswert ist und kontinuierlich geprüft werden sollte.[107] In einer weiteren in den USA und Europa durchgeführten Studie von Johnson (2003) wird offengelegt, dass zu Beginn der 2000er Jahre die Unternehmen im Durchschnitt 5,2 Systeme für alle Prozessschritte der Auftragsabwicklung eingesetzt haben. Dies bezieht sich nur auf die unternehmensinternen Systeme. Betrachtet man den Prozess ganzheitlich, d. h. unternehmensübergreifend, erhöht sich diese Zahl entsprechend. Außerdem werden laut dem Autor trotz der zentralen Relevanz nur 19 % des Budgets in die Auftragsabwicklung, beispielsweise in neue Technologien, investiert.[108] Die Ursache hierfür liegt in der Querschnittsfunktion der Auftragsabwicklung begründet, welche einer klaren Zuordnung zu bestimmten Unternehmenseinheiten entgegensteht.

---

[104] Vgl. Kirche und Srivastava (2010), S. 125; Johnson (2007), S. 21.
[105] Vgl. Hendricks, Singhal und Stratman (2007), S. 65 f.
[106] Vgl. Okongwu et al. (2012), S. 584 f. Unter Lean-Management wird ein Ansatz zur Prozessverbesserung verstanden, bei dem Verschwendungen minimiert und Prozesse harmonisiert werden.
[107] Vgl. Gabler, Agnihotri und Moberg (2014), S. 248.
[108] Vgl. Alt, Gizanis und Legner (2005), S. 80; Johnson (2003), S. 223.

© Springer Fachmedien Wiesbaden GmbH, ein Teil von Springer Nature 2019
K. Coleman, *Arbeitsteilige Auftragsabwicklung in der Transportkette*,
https://doi.org/10.1007/978-3-658-26911-1_2

Es gibt sowohl aus der praxisorientierten als auch aus der wissenschaftlichen Literatur zahlreiche Beispiele, die belegen, dass die Auftragsabwicklung eine wirtschaftlich hohe Relevanz besitzt aber bisher nicht ausreichend Aufmerksamkeit erlangt hat. Zum Teil ist die Abgrenzung schwierig, da nicht jede Art des Informationsaustauschs der Auftragsabwicklung zuzuordnen ist. Die Auftragsabwicklung aber der wichtigste Bestandteil des Informationsflusses ist und entscheidend auf den Güterflusses einwirkt.[109] Die Definitionen eines Auftrages oder der Auftragsabwicklung variieren häufig, je nach Anwendungsgebiet. Generell kann der Auftrag als Grundlage des Informationsflusses bezeichnet werden.[110] Zu unterscheiden ist zwischen dem externen (Kunden-)Auftrag als unternehmensübergreifendes Bindeglied und dem internen Auftrag als unternehmensinternes Bindeglied, aus denen sich verschiedene Vorgaben und Handlungsanweisungen für verschiedene Unternehmensbereiche ableiten lassen. Die Auftragsabwicklung wird allgemein als dezentraler Aufgabenbereich zur termingerechten Durchführung und Erfüllung von bestätigten Leistungsverpflichtungen (Aufträgen) definiert.[111] Dabei gibt es verschiedene Differenzierungen dahingehend, durch welche (dezentralen) Bereiche die Aufträge abgewickelt werden. Pfohl (2010) unterscheidet beispielsweise die technische und die kaufmännische Auftragsabwicklung.[112] Andere unterscheiden die strategische oder administrative, die taktische oder dispositive und die operative Ebene der Auftragsabwicklung.[113] Diese Ebenen werden entweder durch administrative und planende oder durch operative Leistungsstellen ausgeführt, wobei eine Leistungsstelle jeder Bereich sein kann, der zur Durchführung und Erfüllung der Aufträge beiträgt. Gudehus (2012a) differenziert abhängig davon, ob die Vorgänge in planenden oder operativen Leistungsstellen stattfinden und ob materielle oder immaterielle Objekte vorrangig beteiligt sind, zwischen der Produktions- und Logistikcttc, der Auftragskette und der Informationskette.[114] Die Abgrenzung dieser drei Ketten ist in Abbildung 3 zusammenfassend dargestellt.

Die Produktions- oder Logistikkette setzt sich aus einer Reihe operativer Leistungsstellen zusammen, die von materiellen Objekten durchlaufen werden. Ein- und ausgehende Objekte sind Material, Güter oder Sendungen, die sich im Verlauf des Prozesses räumlich, zeitlich oder physisch verändern. Der Durchfluss durch eine Produktions- und Logistikkette wird als Material- oder Güterfluss bezeichnet. Eine Informationskette setzt sich analog aus einer Reihe von planenden Leistungsstellen zusammen, die von Daten oder Informationen durchlaufen wird. Der Durchsatz ein- und ausgehender Objekte einer Informationskette ist immateriell und wird Daten- oder Informationsfluss genannt. Die Auftragskette ist eine Kombination der beiden Erstgenannten und setzt sich aus planenden und operativen Leistungsstellen zusammen, die von externen und internen Aufträgen durchlaufen wird. In den planenden Leistungsstellen werden die Aufträge angenommen und bearbeitet. In den

---

[109] Vgl. Gudehus (2012a), S. 20; Pfohl (2010), S. 8.
[110] Vgl. Pfohl (2010), S. 70.
[111] Vgl. Fleischmann et al. (2008), S. 7.
[112] Vgl. Pfohl (2010), S. 44.
[113] Vgl. Gudehus (2012a), S. 46; Scholl et al. (2008), S. 35; Ferstl und Stadtler (2008), S. 182 und Vastag und Hellingrath (2008), S. 426.
[114] Vgl. Gudehus (2012a), S. 22 f.

2.1 Arbeitsteilige Auftragsabwicklung

operativen Leistungsstellen lösen die Aufträge die Erzeugung von Produkten oder Dienstleistungen aus. In eine Auftragskette fließen Aufträge, also immaterielle Objekte, hinein und es kommen Material, Güter oder Sendungen, also materielle Objekte, heraus. Der Güterfluss der Produktions- und Logistikkette wird somit in der Regel von einer Auftragskette ausgelöst und vom Informationsfluss einer Informationskette begleitet.[115]

	Produktions-/Logistikketten	Auftragsketten	Informationsketten	
Input:	materielle Objekte	immaterielle Objekte	immaterielle Objekte	
	Material Güter Sendungen	Kundenaufträge Transportaufträge Lageraufträge	Wissen Informationen Daten	
	↓	↓	↓	
	operative Leistungsstelle	planende Leistungsstelle	planende Leistungsstelle	Legende:
	↓	↓	↓	⌐ ¬ Fokus
	operative Leistungsstelle	operative Leistungsstelle	planende Leistungsstelle	→ Güterfluss
	↓	↓	↓	······▶ Informationsfluss
	Material Güter Sendungen	Material Güter Sendungen	Informationen Daten Aufträge	
Output:	materielle Objekte	materielle Objekte	immaterielle Objekte	

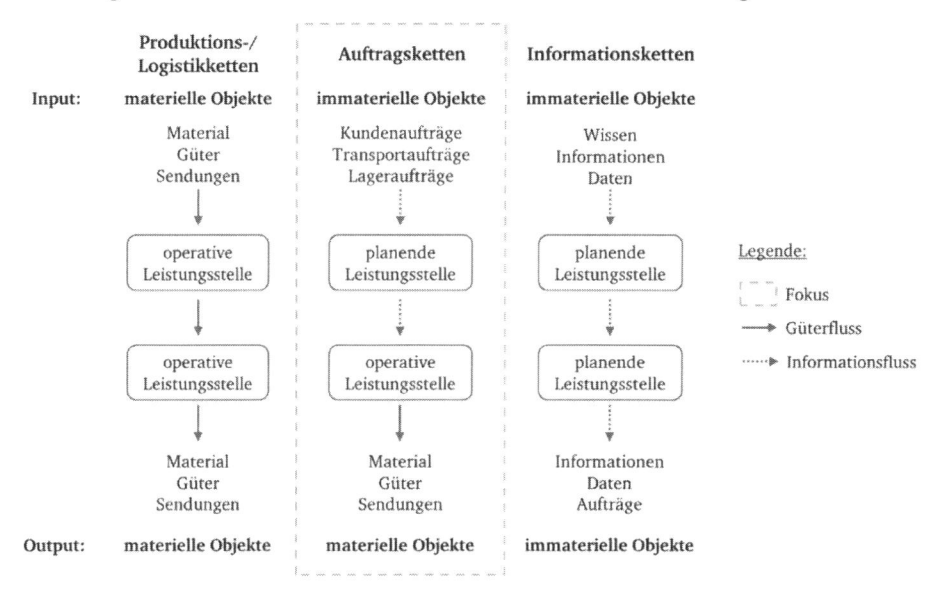

Abbildung 3: Logistikketten, Auftragsketten und Informationsketten (in Anlehnung an Gudehus (2012a), S. 23).

Hierbei ist es wichtig, die Begriffe Daten, Informationen und Wissen voneinander abzugrenzen.[116] Während Daten in unbearbeiteter Form vorliegen und eine gute Verbreitungsfähigkeit besitzen, ist Wissen im Allgemeinen durch einen hohen Verarbeitungsgrad und eine schlechte Verbreitungsfähigkeit charakterisiert; Informationen liegen dazwischen und können beide Ausprägungsformen in abgeschwächter Form annehmen.[117] Zudem spielt die Verarbeitungsfähigkeit von Daten, Informationen oder Wissen, welche durch Lerneffekte stimuliert wird, eine wichtige Rolle und wird auch als Absorptionsfähigkeit oder absorptive Kapazität bezeichnet.[118] Im Folgenden werden vor allem die Begriff Daten und Informationen verwendet. Daten werden hauptsächlich im Zusammenhang mit unverarbeiteten Rohdaten oder den eigens erhobenen empirischen Daten (als Grundlage für die Analysen)

---

[115] Vgl. Gudehus (2012a), S. 22 f.
[116] Im Englischen wird hier außerdem zwischen „knowledge" und „know-how" unterschieden: „Since know-how involves knowledge that is tacit, sticky, complex and difficult to codify, it is difficult to imitate and transfer" (Dyer und Singh (1998), S. 665).
[117] Vgl. Bazarhanova, Yli-huumo und Smolander (2018), S. 3; Picot et al. (2012), S. 252; Gregor (2006), S. 616.
[118] Vgl. Picot et al. (2012), S. 252.

verwendet. Informationen, also aggregierte, aufbereitete und zum Teil interpretierte Daten, werden hingegen vornehmlich hinsichtlich des Untersuchungsgegenstands verwendet und stehen als Synonym für Transportaufträge und alle damit verbundenen Dokumente, die im Rahmen des Auftragsabwicklungsprozesses weitergegeben und verarbeitet werden. Nach dieser grundlegenden Einordnung der Begriffe Aufträge und Auftragsabwicklung soll nun im Folgenden zunächst der Prozess der Auftragsabwicklung näher spezifiziert werden, bevor die Veränderung des Prozesses durch Informationssysteme und durch die Implikationen seitens der Wettbewerbssituation, der Dynamik und aus den Unsicherheiten auf die Auftragsabwicklung bzw. auf den Prozess und den Einsatz verschiedener IS-Technologien erläutert wird.

2.1.1 Prozess der Auftragsabwicklung

Durch den Auftrag und die Auftragsabwicklung wird ein Gut von einem indeterminierten zum determinierten Gut.[119] Dabei gilt, je umfangreicher und genauer Informationen zur Art des Gutes und zum Güterflusses vorliegen, desto besser kann das Gut determiniert werden. Dies verdeutlicht zum einen nochmals die starke Verflechtung der Auftragsabwicklung in den Güter- und Informationsfluss und zum anderen den Entwicklungsprozess, den ein Auftrag im Zuge seiner Durchführung bis zur Erfüllung durchlebt. Häufig wird die zentrale Bedeutung der Auftragsabwicklung für die operativen Geschäftsprozesse, hier nur Prozesse genannt, in den Mittelpunkt gestellt.[120] Dennoch ist es wichtig, sich zunächst einen ganzheitlichen Überblick über den Prozess der Auftragsabwicklung zu verschaffen. Die Auftragsabwicklung umfasst dabei als Querschnittsfunktion sämtliche Unternehmensbereiche, die entweder direkt mit der Leistungserstellung befasst sind oder als angrenzender Bereich den Prozess administrativ unterstützen.[121] Zusätzlich zu Planung und Disposition stehen somit auch die Organisation, Steuerung und Kontrolle im Fokus.[122] Neben den vorbereitenden Maßnahmen von Aufträgen in der Planung, zu denen die Anbietersichtung und -auswahl sowie die Ausschreibungsverfahren und die Leistungsbewertung gehören, werden die Aufträge in der Disposition sowohl auf taktischer als auch auf operativer Ebene erstellt, übermittelt, bearbeitet, geändert und überwacht.[123] Diese zentralen Prozessschritte sind bei jeder Auftragsabwicklung zu erfüllen und stehen daher auch in der weiteren Ausarbeitung im Fokus. Abgeschlossen wird der Auftragsabwicklungsprozess mit der Erfüllung und Fakturierung sowie einer Leistungsbewertung. Die Ergebnisse der Leistungsbewertung beeinflussen im Optimalfall die Folgeaufträge.[124] Daher kann der Prozess der Auftragsab-

---

[119] Vgl. Pfohl (2010), S. 8.
[120] Vgl. Fuhrberg-Baumann und Müller (1994), S. 17 f.
[121] Vgl. Pfohl (2010), S. 71 f.
[122] Vgl. Stock und Lambert (2001), S. 146 f.
[123] Vgl. Croxton (2003), S. 21 f.
[124] Dieser kreisschließende Aufgabenbereich im Prozess der Auftragsabwicklung wird häufig nicht in der Literatur aufgeführt und es ist meistens nur von einer Leistungsbewertung die Rede, der Bezug und Einfluss auf Folgeaufträge wird meist nicht getroffen (vgl. Croxton (2003), S. 21 f.). Somit wird der Prozess häufig nur als Vektor bestehend aus den einzelnen Teilaufgaben und nicht wie hier als Zyklus dargestellt (vgl. Pfohl (2010), S. 71; Gizanis (2006), S. 66 ff.).

2.1 Arbeitsteilige Auftragsabwicklung

wicklung ganzheitlich als Auftragszyklus verstanden werden, welcher in Abbildung 4 dargestellt ist. Der Grund für die Vorlagerung der Anbieterauswahl ist, dass diese Schleife nicht für jeden Auftrag durchlaufen werden muss. Wenn beispielsweise Rahmenverträge mit einzelnen Anbietern abgeschlossen werden, wird dieser Teil des Auftragszyklus nur zu bestimmten Zeitpunkten durchlaufen und nicht für jeden Auftrag erneut.

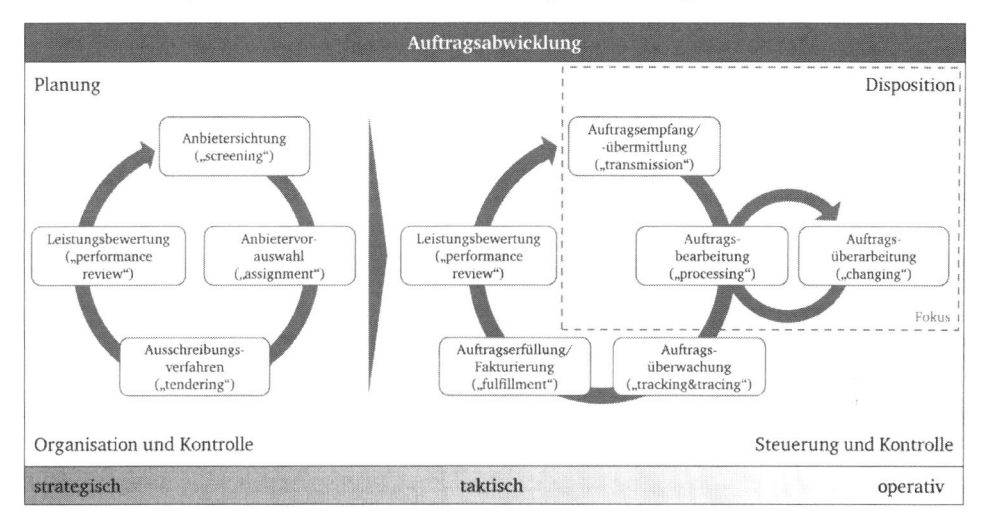

Abbildung 4: Prozess der Auftragsabwicklung als Auftragszyklus (eigene Darstellung; in Anlehnung an Croxton (2003), S. 21 f. und Stock und Lambert (2001), S. 146 f.).

Die einzelnen Prozessschritte der Auftragsabwicklung lassen sich auf unterschiedlichen Aggregationsstufen abbilden. Je detaillierter diese dargestellt sind, desto stärker wird der Bezug zum jeweiligen Anwendungsfall. In der Literatur wurden hierzu verschiedene Rahmenwerke („frameworks") bzw. Modelle entwickelt, die die Aggregationsstufen und Prozessschritte zusammenbringen und standardisieren, um diese unternehmensübergreifend für unterschiedliche Unternehmen praktikabel und vergleichbar zu machen. Die wohl bekanntesten sind das Supply Chain Operations Reference (SCOR)-Modell und das Global Supply Chain Forum (GSCF) Framework.[125]

Das SCOR-Modell, entwickelt vom Supply Chain Council,[126] beschreibt die Prozesse der Auftragsabwicklung und dient als standardisierter Leitfaden zur Umsetzung und Analyse der Prozesse.[127] Die Prozesse werden auf unterschiedlichen Aggregationsebenen definiert und sind durch Leistungskennzahlen ergänzt.[128] Dabei basiert das Modell auf den fünf

---

[125] Für einen Überblick der genannten und weitere Modelle aus diesem Bereich siehe Grubic, Veza und Bilic (2011), S. 849 ff. oder Müller (2005), S. 27 ff.
[126] Das Supply Chain Council (SCC) wurde 1996 von der Non-Profit Organisation Advanced Market Research und 69 Unternehmen gegründet. 2007 waren es bereits über 1.000 Unternehmen (vgl. Stadtler, Kilger und Meyr (2015), S. 33).
[127] Die Ausführungen beziehen sich auf SCOR-Modell Version 11.0, siehe SCC (2012).
[128] Vgl. Stadtler, Kilger und Meyr (2015), S. 33 ff.

grundlegenden Prozessen (Ebene 1: „process types"): „plan", „source", „make", „deliver" und „return". Diese werden in Befähigungs-, Planungs- und Ausführungsprozesse unterschieden und können aufgrund der standardisierten Prozessbausteine für unterschiedliche Branchen modelliert werden. Ebene 2 („process categories") definiert Teilprozesse und stellt zwischen diesen Verknüpfungen her. Ebene 3 („process elements") dient der Dokumentation einzelner Prozessschritte und damit verbundene Eingangs- und Ausgangsinformationen. Ebene 4 („implementations") stellt die höchste Detaillierungsebene dar. Hierzu gibt es wenige Referenzinhalte. Unternehmen sind stattdessen angehalten, eine eigene Arbeitsweise aufzunehmen und zu konkretisieren. Zusätzlich werden standardisierte Leistungskennzahlen definiert, um Schwachstellen aufzuzeigen und eine unternehmensübergreifende Analyse oder einen Vergleich („benchmarking") zu ermöglichen. Dies zeigt bereits, dass das SCOR-Modell sehr stark auf die praxisorientierte Umsetzung und Analyse ausgerichtet ist, um die Potenziale des Models auszuschöpfen. Der Fokus liegt hier demnach stärker auf der praktischen Integration als auf der wissenschaftlichen Erforschung.[129] Außerdem ist das SCOR-Modell sehr stark auf Produkt Supply Chains ausgereichtet.

Das GSCF adressiert diese beiden Punkte. Zum einen bezieht er stärker die Integration des Dienstleistungsbereichs mit ein.[130] Zum anderen dient das Framework der standardisierten Beschreibung der Prozesse und zur Verwendung in Forschung und Praxis.[131] Ursprünglich entwickelt wurde es von Cooper, Lambert und Pagh (1997) und weiterentwickelt von Croxton et al. (2001) und Lambert, García-Dastugue und Croxton (2005).[132] Das GSCF umfasst acht Prozesse: „customer relationship management", „customer service management", „demand management", „order fulfillment", „manufacturing flow management", „supplier relationship management", „product development and commercialization" und „returns management".[133] Jeder der acht Prozesse ist funktions- und unternehmensübergreifend angelegt. Außerdem wird jeder Prozess untergliedert sowohl in strategische Teilprozesse, in denen der Handlungsrahmen des Managements definiert wird, und in operative Teilprozesse, in denen die Anwendung und Umsetzung operationalisiert wird. Jeder Teilprozess wiederum ist durch unterschiedliche Aktivitäten beschrieben. Damit umfasst das Framework folgende Komponenten, die die einzelnen Prozesse unterstützen: Planung und Kontrolle, Organisations- und Arbeitsstruktur, Güter- und Informationsfluss, Managementmethoden, Macht- und Führungsstruktur, Risiko- und Vergütungsstruktur sowie Kultur und Einstellung.[134] Dies zeigt die umfassende Spannbreite des Frameworks auf, was

---

[129] Es sei darauf verweisen, dass es natürlich auch Anwendungen des SCOR-Modells in der Forschung gibt (z. B. Bendriss, Benabdelhafid und Cedex (2011), nichtsdestotrotz liegt der Schwerpunkt eher auf der Praxis als auf der Forschung (vgl. SCC (2012), S. i.2).

[130] In diesem Zusammenhang wird in der Literatur häufig von „servitised products" gesprochen, siehe hierzu u. a. Johnson und Mena (2008).

[131] Vgl. Grubic, Veza und Bilic (2011), S. 850; für einen weiteren Anwendungsfall siehe außerdem Marchesini und Alcântara (2016).

[132] Das GSCF wurde 1994 gegründet und das Framework erstmalig 1996 vorgestellt. Für weitere Details siehe Cooper, Lambert und Pagh (1997); Croxton et al. (2001); Lambert, García-Dastugue und Croxton (2005).

[133] Für eine detaillierte Ausführung und Definition aller Prozesse siehe u. a. Lambert, García-Dastugue und Croxton (2008), S. 115 f.; Lambert, García-Dastugue und Croxton (2005), S. 27 f.

[134] Vgl. Lambert, García-Dastugue und Croxton (2005), S. 29; Cooper, Lambert und Pagh (1997), S. 7.

2.1 Arbeitsteilige Auftragsabwicklung

zum einen ein Alleinstellungsmerkmal und Stärke ist, aber zum anderen auch eine Herausforderung und Schwäche darstellt, da durch die vielen Interaktionen zwischen den Teilprozessen eine schrittweise Implementierung erschwert wird.[135] Durch die stärkere Dienstleistungsorientierung und die etablierte Verwendung in der Forschung baut die vorliegende Arbeit auf dem GSCF auf und betrachtet im Detail hauptsächlich den Prozess der Auftragsabwicklung („order fulfillment").[136] Der zuvor beschriebene Auftragszyklus basiert auf diesem Prozess und kann somit als Grundlage für diese Arbeit angesehen werden. Die im Einzelnen betrachteten Prozesse werden in den empirischen Kapiteln aufgegriffen und fallspezifisch konkretisiert.

Dabei werden spezifische inhaltliche Aspekte der Aufträge nicht weiter thematisiert, da diese für die Untersuchung keine weitere Relevanz besitzen. Grundlegend bleibt festzuhalten, dass Aufträge bzw. die später betrachteten Transportaufträge branchen- oder bereichsübergreifend ähnlich aufgebaut sind. So enthalten die Auftragsdokumente in der Regel Auftragsnummer und -datum, Kundennummer und -adresse, Artikelnummer und -bezeichnung, Menge des Artikels und Preise (ggf. einschließlich Verkaufsbedingungen und Rabatte), Transportmittel, Versandanschrift sowie ein Liefertermin.[137] In Jugović, Hadžić und Ogrizović (2009) findet sich eine Übersicht, welche Dokumente für die Auftragsabwicklung im Allgemeinen und welche Daten bei welchen Dokumenten benötigt werden.[138]

Als Leistungskennzahl wird u. a. die für die Auftragsabwicklung benötigte Zeit verwendet, welche ein wesentlicher Bestandteil der Lieferzeit darstellt.[139] Diese entsteht nicht nur während der physischen Bewegung der Güter zwischen Verlade- und Empfangspunkt, sondern umfasst auch die notwendige Zeit, die für die zuvor stattfindenden Kommunikationsvorgänge und für die Bearbeitung der Auftragsdokumente benötigt wird. Um die Bedeutung der Auftragsabwicklung für die Lieferzeit deutlich zu machen, wird anstelle des Begriffs Lieferzeit in der Literatur auch der Begriff Auftragsperiode verwendet.[140] Diese Kennzahl wird zentral von der Effizienz der Auftragsabwicklungsprozesse beeinflusst.[141] Im Rahmen der Effizienz wird beispielsweise bewertet, inwiefern die Prozesse der Auftragsabwicklung durch Koordination verbessert werden können. Dabei ist es wichtig, zunächst die Effizienz von der Effektivität abzugrenzen. Während die Effektivität „nur" darüber Aufschluss gibt, ob man die richtigen Aufgaben erledigt, um das gesteckte Ziel zu erreichen, sagt die Effizienz etwas darüber aus, wie man die Aufgaben erledigt, um möglichst schnell und mit geringem Aufwand zum Ziel zu kommen.[142] Trotz der hohen Relevanz für Forschung und Praxis werden die Herausforderungen der Auftragsabwicklungsprozesse sowie die Potenziale zur Verbesserung der Prozesseffizienz hinsichtlich u. a.

---

[135] Für eine Gegenüberstellung des SCOR Models und des GSCF Frameworks sowie eine kritische Betrachtung beider Ansätze siehe auch Lambert, García-Dastugue und Croxton (2005), S. 37 ff.
[136] Dieser Prozessschritt wurde im Detail von Croxton (2003) entwickelt und beschrieben.
[137] Vgl. Pfohl (2010), S. 71.
[138] Vgl. (Jugović, Hadžić und Ogrizović 2009), S. 230 ff.
[139] Vgl. Pfohl (2010), S. 72.
[140] Vgl. Pfohl (2010), S. 72.
[141] Vgl. Picot et al. (2012), S. 31 f.
[142] Vgl. Okongwu et al. (2012), S. 584.

Durchlaufzeiten und Kosten unternehmensintern und -übergreifend nicht ausreichend analysiert.[143] Der Grund für die hohe Relevanz dieser Kennzahl ist vor allem die Querschnittsfunktion der Auftragsabwicklung, welche die unternehmensinterne und -übergreifende Zusammenarbeit erfordert. Gerade die Auseinandersetzung mit der unternehmensübergreifenden Zusammenarbeit ist jedoch auch hinsichtlich der Koordination der Schnittstellen erforderlich. Eine mangelhafte Koordination kann zu einer reduzierten Leistungsfähigkeit („performance") führen.[144] Eine große Anzahl an Schnittstellen führt somit aufgrund der steigenden Komplexität zu einem höheren Aufwand und somit zu Effizienzverlusten oder umgekehrt zu hohen Effizienzsteigerungspotenzialen. Abbildung 5 verdeutlicht dies schematisch anhand einer Schnittstelle zwischen zwei Akteuren, wie es aufgrund von Doppelarbeit zu Ineffizienzen, d. h. Durchlaufzeitverzögerungen, in der Auftragsabwicklung kommt.

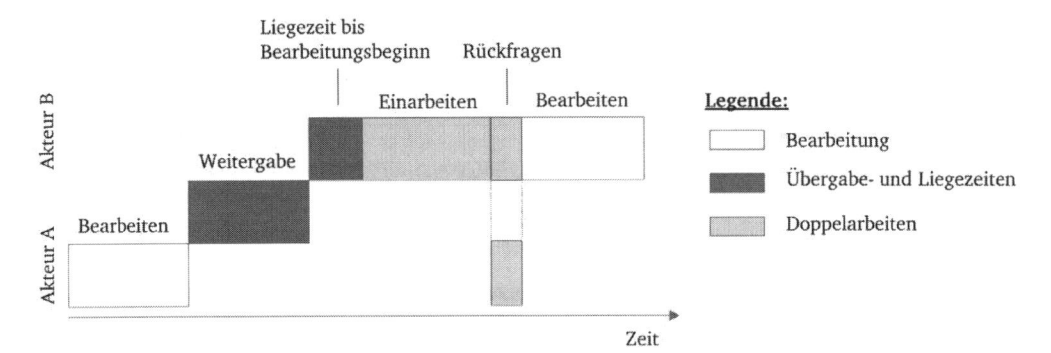

Abbildung 5: Durchlaufzeitverzögerung an den Schnittstellen im Auftragsabwicklungsprozess (in Anlehnung an Fuhrberg-Baumann und Müller (1994), S. 4).

Die hohe Anzahl an Schnittstellen ergibt sich aus der Querschnittsfunktion bzw. der Arbeitsteilung in der Auftragsabwicklung. Allgemein bedeutet Arbeitsteilung laut Wirtschafts- und Organisationstheorie die Zerlegung einer Arbeitseinheit in mindestens zwei Bestandteile oder Teilaufgaben.[145] Hierbei kann eine Teilung auf unterschiedliche Personen (Aufgabenzerlegung), Unternehmen (Berufsspaltung) oder Regionen (territoriale Arbeitszerlegung) vorgenommen werden.[146] Dies zeigt, dass die Arbeitsteilung als grundlegendes Organisationsprinzip einer modernen, vernetzten Industrie nur sinnvoll ist, wenn die verteilten Arbeitsbestandteile durch entsprechende Koordination aufeinander abgestimmt werden, damit trotz der Teilung eine Einheitlichkeit und Verbindung der Arbeitseinheiten gesichert bleibt. Demnach bewirkt die Arbeitsteilung zum einen Abhängigkeiten der einzelnen Akteure und zum anderen wird im wirtschaftlichen Sinne die Produktivität

---

[143] Vgl. Klein und Rai (2009), S. 736.
[144] Vgl. Arshinder, Kanda und Deshmukh (2008), S. 317 ff.
[145] Vgl. Picot et al. (2012), S. 3.
[146] Vgl. Vogt und Piekenbrock (2018), S. 1.

2.1 Arbeitsteilige Auftragsabwicklung

gesteigert.[147] In der Betriebswirtschaftslehre ist hierbei auch häufig von Spezialisierung der Produzenten oder Dienstleistern auf bestimmte Güter oder Dienstleistungen die Rede.[148] Bei der betrieblichen Arbeitsteilung wird meist von der Aufteilung einzelner Leistungsprozesse in verschiedene Teilprozesse oder Arbeitsabläufe gesprochen. Dabei werden die Artteilung und die Phasenteilung unterschieden. Bei der Artteilung übernimmt der Mensch oder das Betriebsmittel nur einen Teil des Arbeitsablaufs, mit dem Ziel, die Mengenleistung oder Qualität zu erhöhen. Bei der Phasenteilung, z. B. Projektarbeit, wird hingegen der zeitliche Arbeitsablauf in verschiedene Phasen gegliedert, z. B. Planung, Durchführung und Evaluation, mit dem Ziel, unterschiedlichen Anforderungen an die Qualifikation oder Aufteilung der Kosten auf verschiedene Funktionsbereiche gerecht zu werden. Weiterhin kann die Teilung von Arbeit in komplementäre oder sich überlappende Einheiten unterschieden werden, hiernach ergibt sich der Grad an notwendiger Koordination.

Um die Zusammenhänge einordnen zu können, spielt der Betrachtungsfokus eine entscheidende Rolle. Man unterscheidet in Ablauf- und Aufbauorganisation. Bei der Aufbauorganisation stehen die Aufgabenträger einzelner Teilaufgaben und die Schnittstellen bzw. die zwischen ihnen herrschenden Beziehungen im Vordergrund. Bei der Ablauforganisation hingegen stehen die Teilaufgaben bzw. die Leistungsprozesse, die sich räumlich und zeitlich bei und zwischen den Aufgabenträgern vollziehen, im Mittelpunkt.[149] Picot et al. (2012) zeigt auf, dass die betriebswirtschaftliche Organisationslehre hinsichtlich der zu starken Innenorientierung weiterhin ergänzungsbedürftig ist. Unternehmen lassen sich nicht isoliert anhand interner Prozesse ohne Berücksichtigung der Außenwelt beschreiben, sondern nur unter Einbeziehung anderer Unternehmen und deren Rahmenbedingungen.[150] Daraus ergeben sich typische Schwachstellen in der Auftragsabwicklung: Beispielsweise ist die Koordination mit hohem Aufwand verbunden, meist geprägt durch lange Kommunikationswege und keine klare (durchgängige) Auftragsverantwortung sowie mangelnde Transparenz und eine fehlende Leistungskontrolle.[151] Daraus ergibt sich die Forderung nach dezentralen und eigenverantwortlich handelnden Einheiten mit einem Fokus auf Koordination, Kommunikation, Verantwortung, Transparenz und Leistungskontrolle, was in der Literatur häufig als kooperative oder dezentrale Auftragsabwicklung („collaborative order management" oder „distributed order management") bezeichnet wird.[152]

---

[147] Der Ursprung der Arbeitsteilung wird Adam Smith (1776) mit dem Kapitel „The division of labour" aus seinem Werk „The Wealth of Nations" zugesprochen (vgl. Picot et al. (2012), S. 3.). Die Produktivität wird laut Smith gesteigert durch die Spezialisierung und somit Förderung der spezifischen Geschicklichkeit einzelner Arbeiter, die Zeitersparnis (Stecknadelprinzip) und technischen Fortschritt (einzelne Teile des Prozesses können leichter verbessert werden als der Gesamtprozess). Siehe hierzu Manis (2005), S. 21 ff.

[148] Vgl. Picot et al. (2012), S. 3. Spezialisierung wird in der am stärksten ausgeprägten Form auch Taylorismus genannt, d. h. Teilung der Arbeit in kleinste Einheiten, zu deren Bewältigung häufig nur geringe Denkvorgänge zu leisten sind und die aufgrund des geringen Umfangs schnell und repetitiv wiederholt werden können (vgl. Bartscher, Meier und Nissen (2018), S. 1 f.).

[149] Vgl. Picot et al. (2012), S. 28.

[150] Vgl. Picot et al. (2012), S. 29.

[151] Vgl. Fuhrberg-Baumann und Müller (1994), S. 3.

[152] Vgl. hierzu u. a. Gizanis (2006), S. 27 ff.; Alt et al. (2002), S. 70; Fuhrberg-Baumann und Müller (1994), S. 2 f.

Zur Realisierung einer Effizienzsteigerung der Auftragsabwicklungsprozesse lassen sich verschiedene Herangehensweisen unterscheiden. Diese sind in Abbildung 6 veranschaulicht. Insgesamt ergeben sich durch den Einsatz dieser Methoden zur Verbesserung der Prozesse in der Auftragsabwicklung laut Wildemann (2010) große Potenziale, um z. B. die Durchlaufzeit um bis zu 40 % und die Bearbeitungszeit um bis zu 30 % zu reduzieren.[153] Bei der Beschleunigung geht es um eine reine Erhöhung der Durchführungsgeschwindigkeit der Prozesse. Diese kann nur erreicht werden, wenn der ausgehende Effizienzgrad gering ist. Bei zunehmender Effizienzsteigerung müssen daher einer der folgenden Methoden zum Einsatz kommen. Die Integration beinhaltet eine „Verschlankung" der Prozesse, indem bestimmte Schritte sinnvoll konsolidiert werden. Bei der Parallelisierung werden voneinander unabhängige Prozessschritte gleichzeitig oder mit einer gewissen zeitlichen Überschneidung durchgeführt, um die benötigte Zeit der gesamten Auftragsperiode zu reduzieren. Der Regelkreis strukturiert die Prozesse in Lernprozesse und verfolgt das Ziel, durch eine Untergliederung der Lernprozesse in kleinere Lernziele die gesamte Prozesseffizienz zu steigern. Bei der Synchronisierung schließlich werden die Prozessschritte von einer traditionellen, asynchronen Informationsweitergabe und -verarbeitung hin zu einer simultanen, synchronen Abwicklung entwickelt. Die Synchronisierung, die im Verlauf der Arbeit weiterverfolgt werden soll, wird vor allem durch den Einsatz von IS-Technologien, welche generell aus einer Hardware- und einer Softwarekomponente bestehen, ermöglicht.[154]

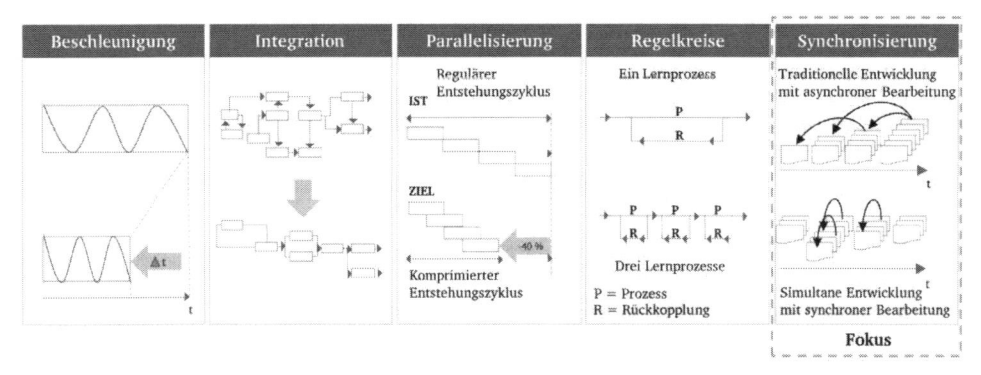

Abbildung 6: Ansätze zur Verbesserung von Prozessen in der Auftragsabwicklung (in Anlehnung an Wildemann (2010), S. 105).

Giannopoulos (2004) hebt hervor, dass IS-Technologien Verzögerungen in der Auftragsabwicklung um 30 %, hauptsächlich durch weniger Fehler, reduzieren können.[155] Die Potenziale der Fehlervermeidung in der Auftragsabwicklung durch IS-Technologien werden auch von Boyson, Corsi und Verbraeck (2003) thematisiert. Die Autoren kommen zu dem Schluss, dass der Austausch von Echtzeit-Informationen über unternehmensübergrei-

---

[153] Vgl. Wildemann (2010), S. 105 ff.
[154] Vgl. Rogers (2003), S. 13.
[155] Vgl. Giannopoulos (2004), S. 314.

2.1 Arbeitsteilige Auftragsabwicklung

fende Plattformen zu weniger Fehlern und Fehlbestellungen, geringeren Vorlauf- und Durchlaufzeiten sowie einer Reduzierung von Beständen und einer besseren Ressourcenauslastung der Akteure führt.[156] Andere Wissenschaftler führen dies weiter und postulieren, dass durch diese Einsparungen die Auftrags- und Lagerkosten insgesamt um 10 bis 35 % gesenkt werden können.[157] Dies kann laut den Autoren über elektronisch verteilte Auftrags- und Statusdaten sowie durch gemeinsam durchgeführte Transport- und Routenplanungen und Echtzeitverfügbarkeitsanfragen erreicht werden. Informationssysteme bilden hierbei die notwendige Grundlage, um diese Aktivitäten zu etablieren und die Potenziale entsprechend zu realisieren. Im folgenden Kapitel werden die Möglichkeiten und Veränderungen, die sich durch den Einsatz verschiedener IS-Technologien für die Auftragsabwicklung ergeben, vertieft.

2.1.2 Veränderung der Auftragsabwicklungsprozesse durch Informationssysteme

Shaikh und Karjaluoto (2015) heben einen Satz hervor, der die Relevanz der Informationssysteme auch für die vorliegende Arbeit sehr zutreffend beschreibt: „Computers have been considered as one of the most important inventions in the 20th century [...] and future technology trends exclusively emphasize enhancement in human-computer interaction."[158] Dieses Zitat verdeutlicht, dass im Zusammenhang mit IS-Technologien in irgendeiner Form die Mensch-Technik-(hier: Computer-)Interaktion immer mitberücksichtigt werden muss.[159] Sartell (2013) unterstreicht dies mit seiner Analyse über die Entwicklung zukünftiger Technologien: „The future of technology is, ironically, all too human."[160] Der Grad variiert, vor allem bei Technologien, die hauptsächlich der Automatisierung dienen und mit deren Hilfe der Anteil menschlicher Arbeit minimiert werden soll. Bei der Digitalisierung hingegen steht meist die Interaktion bzw. die Funktion als Mensch-unterstützende Technologie im Vordergrund.[161] Trotz der hohen Relevanz, tun sich Unternehmen dennoch schwer mit der Integration,. Laut Schmidt et al. (2001) werden ca. 25 % aller IS-Projekte unvollständig abgebrochen oder frühzeitig beendet. Außerdem liegen bis zu 80 % der durchgeführten IS Projekte am Ende über ihrem geplanten Budget, wobei durchschnittliche IS-Projekte ihre Budgets um ca. 50 % übersteigen. Den Autoren zufolge sind drei Viertel aller großen IS „operative Ausfälle", weil sie entweder nicht wie angegeben funktionieren oder

---

[156] Vgl. Boyson, Corsi und Verbraeck (2003), S. 179.
[157] Vgl. Alt et al. (2002), S. 70.
[158] Shaikh und Karjaluoto 2015, S. 546; ursprünglich aus Wang und Nelson (2014), S. 82. Sinngemäße Übersetzung: „Computer gelten als eine der wichtigsten Erfindungen des 20. Jahrhunderts [....] und zukünftige Technologietrends legen den Schwerpunkt ausschließlich auf die Verbesserung der Mensch-Computer-Interaktion."
[159] Technik und Technologie werden häufig als Synonyme verwendet. Technik bezieht sich allerdings stärker auf die Hardware, während sich die Technologie stärker mit der Softwarekomponente, Umsetzung und Verfahrensweisen beschäftigt. Der Fokus im Folgenden liegt dementsprechend eher auf der Technologie als auf der Technik an sich.
[160] Sartell (2013), S. 4. Sinngemäße Übersetzung: „Die Zukunft der Technologie liegt paradoxerweise komplett beim Menschen."
[161] Vgl. Ferstl und Stadtler (2008), S. 189.

nicht genutzt werden.[162] Es ist daher von zentraler Bedeutung zu verstehen, welche IS-Technologien wann und wie zum Einsatz kommen sollten, damit diesen Risiken entgegengewirkt und die oben genannten Potenziale realisiert werden können.

IS dienen der Definition nach im Allgemeinen zur Lenkung einer Leistungserstellung und werden durch ein Architekturmodell charakterisiert und strukturiert.[163] Von besonderer Bedeutung für die Architektur eines IS sind die Interaktionsmechanismen zwischen verschiedenen Systemkomponenten, die eine Kommunikation 1:1, 1:n oder m:n ermöglichen. Hierbei sind Sende- und Empfangsoperatoren über einen gemeinsamen Datenspeicher gekoppelt.[164] So können Aufgaben durch IS im Rahmen der Mensch-Technik-Interaktion systematisch aufgeteilt werden. Der Mensch übernimmt beispielsweise die Aufgabensteuerung, während die IS-Technologie die Aufgabe entsprechend durchführt.[165] Demnach dient die IS-Technologie der Digitalisierung der Auftragsabwicklung. Diese kommt allerdings nur zum Einsatz, wenn sie den beteiligten Unternehmen einen Nutzen stiftet.[166] In der Literatur wurde die zunächst langsame Durchdringung der IS mit dem Produktivitätsparadoxon („productivity paradox") von Solow (1987) erklärt.[167] Das Produktivitätsparadoxon beschreibt die mangelnde Belegbarkeit der Produktivitätssteigerungen durch die Investition in IS.[168] Das Paradoxon gilt zwar generell als überstanden,[169] beeinflusst aber weiterhin die IS-Forschung, welche dank des Paradoxons über eine Betrachtung rein technischer Faktoren hinausgeht.[170] Nach Laudon, Laudon und Schoder (2010) stiften IS einen Nutzen, in dem sie durch die Verbesserung der bestehenden Prozesse oder Umsetzung neuer Prozesse zu Effizienzsteigerungen führen; dabei werden diese Prozesse durch die Unterstützung von Managemententscheidungen beschleunigt, wodurch sich ihre Qualität verbessert.[171]

In den vergangenen Jahren sind viele Studien zum Thema Digitalisierung der Auftragsabwicklung in unterschiedlichen Branchen von Forschungsinstitutionen, Beratungshäusern, Systemlieferanten oder Verbänden erschienen.[172] Dennoch gibt es keine allgemeingültige Begriffsdefinition. Ursprünglich leitet sich der Begriff von der Digitaltechnik und der elektronischen Datenverarbeitung ab. Die wohl grundlegendste Abgrenzung des Begriffs liegt in der Perspektive begründet. Zu unterscheiden sind zum einen der Einsatz von IS-

---

[162] Vgl. Schmidt et al. (2001), S. 6. Die Studie ist zwar relativ alt und aufgrund der Erfahrungswerte der vergangenen Jahre kann davon ausgegangen werden, dass sich die Anteile zum positiven reduziert haben. Dennoch verdeutlicht die Studie sehr eindrücklich die Relevanz sich mit Thematik auseinanderzusetzen, um aus den vergangenen hohe negativen Anteilen zu lernen.
[163] Vgl. Ferstl und Stadtler (2008), S. 181.
[164] Vgl. Ferstl und Stadtler (2008), S. 182 f.
[165] Vgl. Ferstl und Stadtler (2008), S. 190.
[166] Vgl. Petter, DeLone und McLean (2013), S. 40.
[167] Vgl. Solow (1987), S. 36.
[168] Vgl. Laudon, Laudon und Schoder (2010), S. 39.
[169] Vgl. Dedrick, Gurbaxani und Kraemer (2003), S. 22.
[170] Vgl. Laudon, Laudon und Schoder (2010), S. 40.
[171] Vgl. Laudon, Laudon und Schoder (2010), S. 839.
[172] Vgl. hierzu u. a. Stölzle et al. (2018); Rohleder (2017); Heistermann, Mallée und ten Hompel (2017); Kersten et al. (2017) ; Sturm, Junghanns und Eichstedt (2014).

2.1 Arbeitsteilige Auftragsabwicklung

Technologien[173] im und zwischen Unternehmen („Digitales nutzen") und zum anderen die Transformation der Unternehmen selbst durch die Wandlung oder Neuausrichtung der Geschäftsmodelle, Prozesse und Arbeitsweisen in einem Unternehmen („digital werden").[174] Digitalisierung kann demnach als durchgängige Computerisierung und Vernetzung sowie technische Voraussetzung für die sogenannten „4.0-Anwendungen" bzw. die Automatisierung angesehen werden.[175]

Außerdem bezieht sich Digitalisierung auf die Prozesse, Inhalte oder Objekte, die früher primär (oder vollständig) physisch oder analog angelegt waren und nun primär (oder vollständig) elektronisch oder digital vorhanden und weiterverwertbar sind. Die Digitalisierung von Prozessen, z. B. der Auftragsabwicklung, führt neben möglichen Effizienzsteigerungen u. a. dazu, dass Prozesse besser anpassbar werden. Vorteilhafte Auswirkungen von digitalisierten Inhalten, z. B. Stammdaten der Auftragspartner, sind beispielsweise die Möglichkeiten, unbegrenzt Kopien zu erstellen, Kosteneinsparungen bei der Speicherung, Duplizierung und Übertragung zu realisieren sowie die stetigen Verbesserungen beim Suchen, Analysieren und Korrigieren von Inhalten. Die Digitalisierung von Objekten ermöglicht neue Funktionalitäten. So können z. B. Aufträge durch die neuen Eigenschaften wie dem Programmieren, Adressieren, Kommunizieren, Speichern und Rückverfolgen problemlos verändert werden. Dies verdeutlicht ansatzweise die Reichweite der Digitalisierung und zeigt, dass durch die Veränderung der Prozesse, Inhalte und Objekte sich auch die Geschäftsmodelle verändern können. Auch hier werden meist analoge Prozesse nicht komplett ersetzt, sondern sie dienen als Entscheidungsunterstützung mit einem variierenden Grad der Digitalisierung.[176]

Der Grad der Digitalisierung wird grundsätzlich durch mehrere Eigenschaften bestimmt.[177] Dabei ist zu beachten, dass sich nicht jede Eigenschaft bei allen IS-Technologien wiederfinden muss. Es müssen lediglich mehrere Merkmale vorhanden sein,[178] damit der Einsatz von relevanten IS-Technologien zielgerichtet stattfinden und eine Steigerung des Grads der Digitalisierung erreicht werden kann. Die Steigerung des Grads der Digitalisierung ist dabei kein Selbstzweck, sondern sollte immer angemessen für den jeweiligen Anwendungsfall („use case") gewählt werden, mit dem Ziel durch die Digitalisierung z. B. die Prozesseffizienz zu verbessern. Die folgenden Eigenschaften bestimmen den Grad der Digitalisierung:[179]

- **Vernetzungsfähigkeit**: Möglichkeit, aktiv Informationen mit anderen Teilnehmern und Geräten ohne externen Eingriff auszutauschen

---

[173] In der Literatur werden in diesem Zusammenhang häufig auch Synonyme wie Informations- und Kommunikationstechnologie (IKT), IT Lösungen, Digitalisierungswerkzeuge („tools"), o. ä. verwendet.
[174] Vgl. Stölzle et al. (2018); S. 2.
[175] Siehe hierzu auch der „Industry 4.0 Maturity Index" von Schuh et al. (2017).
[176] Vgl. Fichman, dos Santos und Zheng (2014), S. 333; Yoo (2010), S. 215 f.
[177] Vgl. Stölzle et al. (2018), S. 3.
[178] Die Autoren der Studie definieren nicht im Detail, wie viele oder welche Kombination an Eigenschaften vorliegen müssen, da dies je nach Unternehmen und Aufgabengebiet variieren kann.
[179] Vgl. Stölzle et al. (2018), S. 3.

- **Nutzung offener Netzwerke**: Möglichkeit der Kommunikation über öffentliche, internetbasierte Kanäle
- **Anwendung dezentraler Datenerfassung**: automatisierte Umgebungserfassung durch Sensorik, Codeträger und Lesegeräte
- **Veränderlichkeit der Daten**: Berücksichtigung der hohen Dynamik relevanter Daten und Datenstrukturen
- **Eigenständigkeit der Entscheidungsfindung**: dezentrale Entscheidungsfindung auf Prozessebene, abhängig von dezentraler Datenerfassung
- **Bereitstellung und Nutzung geteilter Ressourcen**: geeignete Zuteilungsstrategien ermöglichen den Zugriff auf gemeinsam genutzte, alternative Ressourcen
- **Mensch-Technik-Interaktion**: Berücksichtigung der Interaktion des Menschen mit den Systemen durch innovative oder zumindest benutzerfreundliche Schnittstellen
- **Relevanz für den Anwendungsfall**, z. B. die Auftragsabwicklung in der Transportkette: Merkmale zur Ausrichtung und Abgrenzung von Lösungen anderer Bereiche (z. B. Verwaltung)

Angelehnt an den jährlich erscheinen Gartners Hype-Zyklus („hype cycle"), der Technologien bei der Einführung in verschiedene Phasen der öffentlichen Aufmerksamkeit einordnet, lokalisiert der Logistik-Hype-Zyklus innovative Technologien aus dem Logistikbereich.[180] Der Logistik-Hype-Zyklus für das Jahr 2018 ist in Abbildung 7 dargestellt.[181]

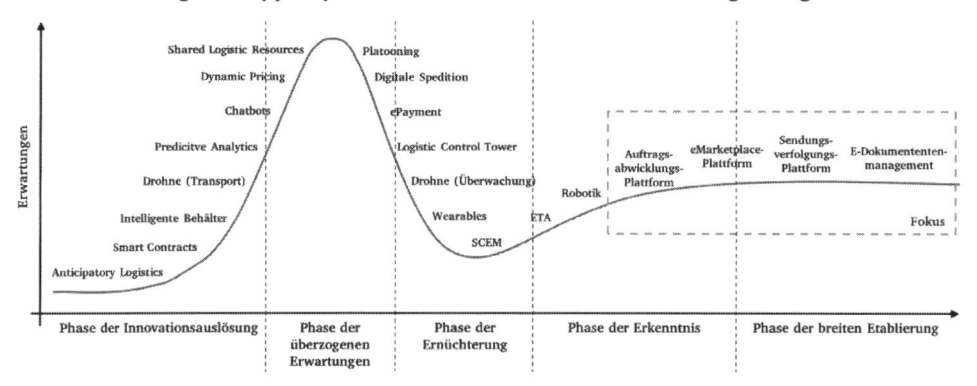

Abbildung 7: Logistik-Hype-Zyklus 2018 (in Anlehnung an Stölzle et al. (2018), S. 42).

Für die Kategorisierung wurden zudem der Reifegrad und der Wertbeitrag verschiedener IS-Technologien eingeordnet und bewertet. Es zeigt sich, dass der Reifegrad bei den meisten IS-Technologien weiterhin eher gering bis mittelmäßig ist und großes Entwicklungspotenzial bietet. Der Wertbeitrag der erhobenen IS-Technologien wird hauptsächlich

---

[180] Vgl. (vgl. Stölzle et al. (2018), S. 41.
[181] Die Positionierung der Technologien im Hype-Zyklus basiert laut Autoren auf 12.799 Artikeln (01.01.2003-31.07.2018) aus 38 Fachzeitschriften sowie 27 Experteninterviews (vgl. Stölzle et al. (2018), S. 42).

2.1 Arbeitsteilige Auftragsabwicklung

beim Einsatz im operativen Geschäft gesehen.[182] Zudem werden eine verbesserte Informationslage und Kosteneinsparungen, auch hier vor allem in operativen aber auch in unterstützenden, administrativen Prozessen verortet.[183] Dabei können die IS-Technologien aus dem Hype-Zyklus vier Kategorien zugeordnet werden: (1) Grundlagen, (2) physische, (3) virtuelle und (4) hybride IS-Technologien.[184]

(1) Den Grundlagen sind zunächst IS-Technologien zugeordnet, welche nicht im Hype-Zyklus abgebildet sind, da sie die Basistechnologie für andere Werkzeuge bilden. Hierzu zählen u. a. Netzwerke, Cloud Services, Analyseverfahren und Algorithmen oder Blockchains („distributed ledgers"). Die vorliegende Arbeit baut vor allem auf den Grundlagen Netzwerke und Cloud Services auf, welche bei der unternehmensinternen und -übergreifenden Auftragsabwicklung zum Einsatz kommen. Weiterführende Analyseverfahren und Algorithmen, worunter z. B. die Automatisierung komplexer Entscheidungslogiken durch Big Data Analysen zu verstehen ist, sowie die Blockchain-Technologie übersteigen den Betrachtungsrahmen und können als anschlussfähige Themenbereich dieser Arbeit betrachtet werden. Beispielsweise werden aktuell partielle Anwendungsfälle der Auftragsabwicklung in der Transportkette mit der Blockchain Technologie in diversen Forschungsprojekten analysiert. Bis diese Technologie allerdings umfassend den Auftragsabwicklungsprozess abdecken kann, wird noch einige Zeit vergehen.[185] (2) Physische IS-Technologien sind direkt mit dem physischen Objekt verbunden und unterstützen direkt den Materialfluss (z. B. Robotik, Wearables, Platooning, Intelligente Behälter). Diese spielen für die vorliegende Arbeit keine bzw. eine untergeordnete Rolle. (3) Virtuelle IS-Technologien kommen hingegen ohne physische Bestandteile aus und bilden hauptsächlich den Informationsfluss sowie unterstützende, administrative Prozesse ab (z. B. eDokumentenmanagement, ePayment, Chatbots, Smart Contracts, Supply Chain Event Management (SCEM), Logistics Control Tower). Vor allem das eDokumentenmanagement im Rahmen der Auftragsabwicklung rückt in den folgenden Analysen immer wieder in den Fokus. (4) Wie der Begriff bereits andeutet, bedienen sich hybride IS-Technologien der physischen und virtuellen Eigenschaften (z. B. Plattformen, Estimated Time of Arrival, Digitale Spedition, Shared Logistics Resources, Anticipatory Logistics). Die verschiedenen Arten von Plattformen befinden sich aktuell in der Phase der Erkenntnis bzw. der breiten Etablierung. Andere Innovationen die den Gedanken noch etwas weitertragen und sich disruptiv auf bestehende Geschäftsmodelle auswirken, wie beispielsweise der digitale Spediteur oder Smart Contracts einschließlich der Blockchain-Technologie, sind hingegen noch weiter vorne im Hype-Zyklus angesiedelt. Auch hier gibt es immer wieder Überschneidungspunkte in den folgenden Analysen. So werden zwar keine eMarketplaces oder Matching-Plattform im reinen Sinne thematisiert, wohl aber sogenannte mehrseitige Plattformen zur Abwicklung der Auftragsprozesse, welche zum Teil das Zusammenführen von Angebot

---

[182] Vgl. Stölzle et al. (2018), S. 35.
[183] Vgl. Stölzle et al. (2018), S. XXII.
[184] Für weitere Informationen und Definitionen aller genannten Digitalisierungswerkzeuge siehe Stölzle et al. (2018), S. 11 ff. Hierauf beziehen sich auch die weiteren Ausführungen dieses Abschnitts.
[185] Vgl. Rohleder (2017), S. 9.

und Nachfrage als Bestandteil der Auftragsabwicklung umfassen. Gleiches gilt für Plattformen, die sich originär mit Telematik bzw. Sendungsverfolgung befassen, aber auch als Teil der Auftragsabwicklung gesehen werden können. Auch der digitale Spediteur wird tangiert, beschäftigt sich allerdings im Zentrum eher mit der Veränderung der Geschäftsmodelle der Akteure, was infolge der digitalisierten Prozesse, Inhalte und Objekte, welche hier zunächst im Fokus stehen, als eine Fortführung der hier fokussierten Analysen betrachtet werden könnte.

Der Zeitpunkt der Einführung einer Technologie spielt dabei eine nicht unerhebliche Rolle. Es ist daher wichtig zu wissen, in welcher Phase sich eine IS-Technologie zum Zeitpunkt der Integration befindet. Ein Unternehmen muss hier die Entscheidung treffen, ob es bereit ist, mit einem frühen Einstieg („early bird" oder „first mover") das Risiko des Scheiterns einzugehen oder sich mit sicherheitsorientiertem Handeln, aber geringerem Potenzial zur Differenzierung durch einen späten Einstieg („late follower") positioniert.[186] Um Potenziale, wie Kosteneinsparungen oder Prozesseffizienzsteigerung, neuer IS-Technologien sinnvoll zu bewerten, können verschiedene Zielgrößen verwendet werden. Besonders eignet sich hierfür z. B. die Betrachtung der Transaktionskosten, welche durch sich verändernde Koordinationsmechanismen oder eine veränderte Risikoverteilung zwischen den Akteuren beeinflusst werden.[187]

Wie sich gezeigt hat, zählt die Auftragsabwicklung zu den wichtigsten operativen Prozessen und Ineffizienzen in diesem Prozess haben direkte Auswirkungen auf das Service Level, die Auftragsdurchlaufzeiten sowie Auftragsausführungskosten. Daher haben einige IS-Technologien in den vergangenen zwei Jahrzehnten eine enorme Entwicklung erfahren, um den Prozess der Auftragsabwicklung weiter zu verbessern.[188] Die großen Potenziale haben dazu geführt, dass vor allem produzierende Unternehmen massiv in die Einführung von Enterprise Resource Planning (ERP)-Systemen investiert haben, was bereits zu erheblichen Verbesserungen in der Auftragsabwicklung innerhalb von Unternehmen über die Grenzen einzelner Unternehmensbereiche hinweg geführt hat. ERP-Systeme sind jedoch nicht für den Austausch von Auftragsinformationen über Unternehmensgrenzen hinweg geeignet. Unternehmensübergreifende Lösungen wie z. B. der elektronische Datenaustausch („electronic data interchange", EDI), setzen sich nur langsam durch. Meist fehlt es an verbreiteten Standardlösungen und vor allem an den Schnittstellen bestehen weiterhin große Verbesserungspotenziale für die unternehmensübergreifenden Prozesse der Auftragsabwicklung.[189] Aktuell zeigt sich ein fragmentiertes Bild und ein hoher Bedarf an Integration einzelner IS-Technologien, um Verbesserungspotenziale realisieren zu können.[190] Im Folgenden sollen die wichtigsten IS-Technologien für die unternehmensinternen (intraorganisationale Auftragsabwicklungssysteme) und unternehmensübergreifenden (inter-

---

[186] Vgl. Stölzle et al. (2018), S. 5; Bharadwaj et al. (2013), S. 477.
[187] Vgl. Stölzle et al. (2018), S. 4 f. und 40 ff.
[188] Vgl. hierzu u. a. Harris, Wang und Wang 2015; Perego, Perotti und Mangiaracina 2011; Giannopoulos (2004). Für eine Übersicht einzelner Systeme siehe auch Pfohl (2004), S. 16.
[189] Vgl. Shan und Kumar (2012), S. 1.
[190] Vgl. Alt, Gizanis und Legner (2005), S. 78.

organisationale Auftragsabwicklungssysteme) Prozesse der Auftragsabwicklung im Einzelnen vorgestellt werden.[191] Die E-Mail als asynchroner Kommunikationskanal kann dabei sowohl den unternehmensinternen als auch den -übergreifenden IS-Technologien zum Informationsaustausch im Rahmen des Auftragsabwicklungsprozesses zugeordnet werden. Dieser Push-Technologie wurde mit voranschreitender synchroner oder Echtzeit-Kommunikationsmöglichkeiten schön häufig eine abnehmende Relevanz zugesprochen. Diese Prognose hat sich bis heute nicht bewahrheitet und die E-Mail stellt weiterhin den wichtigsten Kommunikationskanal zum Informationsaustausch in der Geschäftswelt dar.[192]

Intra-organisationale Auftragsabwicklungssysteme

Zu Beginn der Computernutzung in den 1960er Jahren wurden IS-Technologien als Insellösungen bzw. Anwendungssysteme für die Durchführung einzelner Aufgaben konstruiert.[193] In den 70er Jahren konnten integrierte Anwendungssysteme innerhalb eines Unternehmens bereits bereichsübergreifende Aufgaben verarbeiten und einzelne Teilaufgaben automatisieren. Inzwischen können integrierte Anwendungssysteme theoretisch den gesamten operativen Bereich eines Unternehmens für die Auftragsabwicklung umfassen und zudem entscheidungsunterstützende Funktionen für das Management übernehmen.[194] In der Praxis ist das allerdings nur selten der Fall, vor allem bei KMU.[195] Die Auftragsabwicklung findet meist traditionell asynchron statt, das heißt Teilaufgaben werden nach einer fest organisierten Reihenfolge abgearbeitet, in proprietären, das heißt im Eigentum des Unternehmens befindlichen Systemen. Generell können die in der unternehmensinternen Auftragsabwicklung eingesetzten IS-Technologien in Planungs- und Verwaltungssysteme sowie Dispositions- und Steuerungssysteme unterteilt werden.[196]

Planungs- und Verwaltungssysteme übernehmen die (zum Teil strategischen und vor allem taktischen) Prozessschritte am Anfang und am Ende des Auftragsabwicklungsprozesses sowie die administrativ unterstützenden Prozesse. Außerdem kommen diese im Allgemeinen auch im Vertrieb, Einkauf, Finanz- und Rechnungswesen sowie Personalwesen und Unternehmensplanung zum Einsatz und ermöglichen somit eine unternehmensweite Integration. Während die Planungsprogramme u. a. den benötigte Bedarfe und die Belegungen von Ressourcen und Kapazitäten ermitteln, führen Verwaltungssysteme die Kostenrechnung durch, erstellen Rechnungen und übernehmen die Leistungs- und Qualitätskon-

---

[191] Als wichtig wurden diese IS-Technologien eingestuft und herausgearbeitet, die häufig im Zusammenhang mit der Auftragsabwicklung in der Transportkette in der bestehenden Literatur genannt und analysiert wurden (siehe hierzu u. a. Harris, Wang und Wang (2015); Almotairi et al. (2011); Inkinen, Tapaninen und Pulli (2009); Alt, Gizanis und Legner (2005); Giannopoulos (2004)).
[192] Vgl. Gimenez (2006), S. 156.
[193] Vgl. Ferstl und Stadtler (2008), S. 191.
[194] Vgl. Ferstl und Stadtler (2008), S. 191.
[195] Vgl. Andrey und Reinaldo (2018), S. 1.
[196] Vgl. Gudehus (2012a), S. 50. System bedeutet dabei nicht, das jedes ein alleinstehendes System darstellt. Meistens stellen sie Subsysteme dar, die sich in ein übergeordnetes System einordnen. Sie werden daher auch Programme, Applikationen oder Anwendungen genannt.

trolle sowie die Vergütung.[197] Beispiele sind Warenwirtschaftssysteme wie Enterprise Resource Planning (ERP) und Advanced Planning and Scheduling (APS).[198] Gerade das ERP als funktionsübergreifendes System ermöglicht ein dezentrales eDokumentenmanagement und ist meist die Basistechnologie für jede Art der Transaktion. Außerdem ermöglicht es die Umsetzung anderer digitaler Innovationen in einem Unternehmen.[199] Größte Schwachstelle der ERP Systeme ist die Kommunikation mit anderen Systemen und Unternehmen.[200] Sie können zwar über EDI verknüpft werden, beschränken sich allerdings hauptsächlich auf den Informationsaustausch in eine Fließrichtung. Übergreifende Planung sowie Rückkopplung sind somit nicht möglich. Der Anspruch von APS ist, dieses Defizit der ERP-Systeme zu adressieren. APS-Systeme sind modular aufgebaut und beinhalten Algorithmen für eine engpassorientierte Planung sowie ein simultane Prüfung von vor- und nachgelagerten einzuhaltenden Restriktionen und vorhandenen Kapazitäten.[201] Der Fokus der APS liegt demnach in der Entscheidungsunterstützung und hat nicht den Anspruch, ein ERP für die unternehmensinterne Auftragsabwicklung zu ersetzen.[202]

Dispositions- und Steuerungssysteme generieren entsprechend der Dispositionsstrategien aus externen interne Aufträge, führen Bestände, verwalten Lagerplätze, erzeugen Nachschubvorschläge, lösen Bestellungen aus, registrieren die Auslastung von Transportmitteln, Anlagen und Betriebsmitteln, führen Tourenplanungen durch und erfassen Leistungsergebnisse der operativen Ebene.[203] Beispiele hierfür sind u. a. Systeme der Materialbedarfsplanung (Material Requirements Planning (MRP) bzw. Manufacturing Resource Planning (MRP II)), Produktionsplanungssysteme (PPS) bis hin zu Warehouse Management Systemen (WMS) oder Transport Management Systemen (TMS).[204] Während die Systeme zur Materialbedarfs- und Produktionsplanung sich verstärkt im vergangenen Jahrzehnt in der produzierenden Industrie etabliert haben, sind Lager- und Transportmanagementsysteme häufig immer noch in der Entwicklungsphase. Sogar Transportdienstleister, z. B. Spediteure, sind zum Teil erst im Aufbau eigener WMS oder TMS und haben ihre Investitionen in den letzten Jahren verstärkt. Dennoch ermöglichen diese Systeme meist eine rein asynchrone Auftragsabwicklung und können kurzfristige Änderungen nur begrenzt verarbeiten.[205] Eine Marktübersicht über bereits im Einsatz befindliche TMS ist in Tabelle 1 dargestellt. Die meisten Anbieter dieser Systeme sind KMU und vor allem regional tätig. Selbst im Geschäft mit internationalen See- und Luftfrachtspediteuren werden hier meist proprietäre, standortbezogene Lösungen angeboten.[206]

---

[197] Vgl. Gudehus (2012a), S. 50.
[198] Für eine weitere Ausführung dieser und weiterer Systeme siehe u. a. Müller (2005), S. 116 ff.
[199] Vgl. Stadtler, Kilger und Meyr (2015), S. xxvi.
[200] Vgl. Stadtler, Kilger und Meyr (2015), S. 12.
[201] Vgl. Müller (2005), S. 118.
[202] Vgl. Stadtler, Kilger und Meyr (2015), S. 12.
[203] Vgl. Gudehus (2012a), S. 50.
[204] Für eine weitere Ausführung dieser und weiterer Systeme siehe u. a. Müller (2005), S. 116 ff.
[205] Vgl. Greenwood et al. (2009), S. 2.
[206] Vgl. DVZ (2018), S. 1.

2.1 Arbeitsteilige Auftragsabwicklung

Tabelle 1: Marktübersicht über die im Einsatz befindlichen Transport Management Systeme (in Anlehnung an DVZ (2018), S. 1).

Name	Land	Luft	See	Markteinführung	Anzahl aktive Installationen	Anzahl aktive User
BluJay's TMS	Vollumfänglich	Vollumfänglich	Vollumfänglich	2000	17.000	80.000
CargoSoft TMS	Erweitert	Vollumfänglich	Vollumfänglich	1990	450	10.000
TransWarePro	Vollumfänglich	Erweitert	Vollumfänglich	2015	54	2.500
Cargo Online	Basis	Vollumfänglich	Vollumfänglich	1993	500	9.000
LBASE 7	Vollumfänglich	Erweitert	Erweitert	2017	110	12.500
Scope	Basis	Vollumfänglich	Vollumfänglich	2008	350	5.000
SAP TM	Erweitert	Vollumfänglich	Vollumfänglich	2010	100	k. A.
CarLo	Vollumfänglich	Erweitert	Erweitert	1999	900	12.000
Die Speditionssoftware	Erweitert	Vollumfänglich	Vollumfänglich	2002	250	2.500
CargoWise One	Erweitert	Vollumfänglich	Vollumfänglich	1994	7.000	k. A.
cTRANS	Vollumfänglich	Erweitert	Erweitert	2017	k. A.	k. A.
Log-O	Vollumfänglich	Erweitert	Vollumfänglich	2015	4	10.000
intertrans	Vollumfänglich	Erweitert	Erweitert	2011	300	3.000

Vereinzelt greifen auch die genannten TMS Anbieter auf cloudbasierte Datenbanken zu, z. B. cTRANS. Die Mehrheit stellen allerdings rein lokale bzw. proprietäre Lösungen dar. Das verdeutlicht, dass cloudbasierte Lösungen für die unternehmensinterne Auftragsabwicklung aktuell nur selten zum Einsatz kommen. Sie werden daher im folgenden Abschnitt im Rahmen der inter-organisationalen Auftragsabwicklungssysteme ausführlicher dargestellt.

Inter-organisationale Auftragsabwicklungssysteme

Als Basistechnologie oder Grundlage für die unternehmensübergreifende Auftragsabwicklung dienen Netzwerke.[207] Diese bilden die digitale Infrastruktur für den Datenaustausch. Im Festnetz wird Glasfaser- und Kupferkabel unterschieden, im Mobilfunk ist nach 4G aktuell die weitere Verbreitung der 5G-Technologie in Planung. Neben öffentlichen Netzwerken („Wide Area Network" (WAN)), über die in Verbindung mit Datenübertragungsraten und Netzabdeckung gesprochen wird, haben vor allem lokale Kommunikationsnetzwer-

---

[207] Auch wenn Netzwerke hier für die inter-organisationale Auftragsabwicklung als Basistechnologie angeführt sind, spielen sie bei der unternehmensinternen Auftragsabwicklung gleichermaßen eine wichtige Rolle.

ke („Local Area Network" (LAN)) eine zentrale Bedeutung für die Auftragsabwicklung. Die traditionelle, kabelgebundene Datenübertragung (Ethernet) wird hier durch die kabellose Datenübertragung ergänzt bzw. ersetzt. Etablierte Standards (z. B. WLAN oder Bluetooth) versuchen hierbei, einen Kompromiss zwischen Reichweite und Datenübertragungsrate zu finden.[208]

Unter Verwendung dieser Netzwerke als Basistechnologie finden in der unternehmensübergreifenden Auftragsabwicklung virtuelle und hybride Technologien Anwendung. Diese ermöglichen entweder eine asynchrone und synchrone Auftragsabwicklung mit den beteiligten Akteuren. Die bekanntesten systemseitigen Umsetzungen sind EDI für die asynchrone Auftragsabwicklung und (cloudbasierte) Plattformen für die synchrone Auftragsabwicklung. Bei beiden spielen die Nutzung und Verbreitung von Standards eine wichtige Rolle.[209] In der Wissenschaft hat sich dazu ein eigener Forschungszweig entwickelt, der sich sowohl technologieunabhängig als auch -spezifisch mit der Nutzung und Verbreitung von IS-Standards beschäftigt.[210] Die Existenz eines einheitlichen Standards in einer Branche erhöht im Allgemeinen die Flexibilität und sichert nicht nur den Austausch zwischen den bereits systemseitig verbundenen Akteuren, sondern ermöglicht auch eine ungehinderte Weiterentwicklung.[211]

Die wohl bekannteste Möglichkeit des asynchronen Informationsaustauschs ist der elektronische Datenaustausch via EDI.[212] EDI kann definiert werden als eine Form der unternehmensübergreifenden Kommunikation, bei der geschäftsrelevante Informationen (z. B. Aufträge) elektronisch zwischen eigenständigen Unternehmen ausgetauscht werden.[213] Grundsätzlich ist das klassische EDI eine Direktanbindung zwischen zwei Unternehmen (Punkt-zu-Punkt-Verbindung).[214] Investitions- und Betriebskosten sind dabei relativ hoch, was für KMU häufig eine Herausforderung darstellt, weshalb sich der Aufbau der Schnittstellen hauptsächlich bei Großunternehmen in langfristigen Geschäftsbeziehungen lohnt.[215] Bei einem Wechsel des Geschäftspartners oder bei opportunistischem Verhalten können die Investitionen schnell zu sogenannten „sunk costs" werden.[216] Für den Aufbau wird ein proprietäres System (z. B. ein ERP) bei den beteiligten Unternehmen vorausgesetzt und die Übermittlung geschieht über Import- und Exportschnittstellen durch den Einsatz definierter Übermittlungsstandards.[217] EDI-Nachrichten, was die Übermittlung einer Information darstellt, werden folglich durch eine zwischen den beteiligten Unternehmen vereinbarte

---

[208] Vgl. Stölzle et al. (2018), S. 13.
[209] Vgl. Steinfield, Markus und Wigand 2011, S. 76 f.
[210] Vgl. hierzu u. a. Bala und Venkatesh (2007); Steinfield, Markus und Wigand (2011); Markus, Steinfield und Wigand (2006); de Vries, Verheul und Willemse (2003); Tassey (2000).
[211] Vgl. Müller (2005), S. 212 f.
[212] Für die Entwicklung von EDI sowie weiterführende Informationen siehe auch Hsieh und Lin (2004).
[213] Vgl. Kischporski (2017); S. 3; Müller (2005), S. 114.
[214] Vgl. Kischporski (2017); S. 6.
[215] Vgl. Kuan und Chau (2001), S. 508.
[216] Vgl. Christiaanse, van Diepen und Damsgaard (2004), S. 154; Lee et al. (2000), S. 142.
[217] Dies verdeutlicht den proprietären Grundgedanken von EDI (vgl. Christiaanse, van Diepen und Damsgaard (2004), S. 154.

2.1 Arbeitsteilige Auftragsabwicklung

Norm strukturiert und in ein kompatibles Format gebracht, was eine direkte Weiterverarbeitung der übertragenen Informationen ermöglicht. Beispiele für solche branchenneutrale EDI-Nachrichtenstandards sind „Electronic Data Interchange for Accounting, Commerce and Transport" (EDIFACT)[218] sowie „American National Standards Institute Accredited Standards Committee X.12." (ANSI X.12.).[219] Die Tatsache, dass es verschiedene, in Konkurrenz zueinander stehende EDI-Standards gibt, erschwert die Verbreitung von EDI.

Ein anderer Standard, der durch den verstärkten Einsatz webbasierter Lösungen begünstigt wird und die Schwachstelle der bei EDI notwendigen Investitionen in Eins-zu-eins-Verbindungen adressiert, ist „eXtended Markup Language" (XML).[220] Für den Einsatz von XML ist kein spezielles Netzwerk oder eine Übersetzungssoftware notwendig. XML als offenes, textbasiertes Format kann über das Internet ausgetauscht werden.[221] Dadurch liegen keine besonderen Anforderungen an die Hardware sowie die vorhandene Netzinfrastruktur vor. Dennoch oder gerade wegen der vielen Freiheitsgrade, die XML ermöglicht, schreitet auch hier die Verbreitung des Standards für die Auftragsabwicklung nur langsam voran. Hier werden die notwendigen Eigenschaften zur synchronen Auftragsabwicklung umgesetzt, da beispielsweise keine batchorientierte Übertragung, als gesammelte Datenpakete wie bei den EDI-Standards, notwendig ist.[222] Die Eigenschaften von EDI, welche eine asynchrone Auftragsabwicklung zur Folge haben, und XML, welche eine synchrone Auftragsabwicklung ermöglichen, werden einander in Tabelle 2 gegenübergestellt.

Tabelle 2: Vergleich der Eigenschaften EDI vs. XML für die unternehmensübergreifende Auftragsabwicklung (eigene Darstellung; in Anlehnung an Chong und Ooi (2008), S. 532 und Sherif (2007), S. 204).

Eigenschaften	EDI	XML
Verbindung	Punkt-zu-Punkt (1:1)	Punkt-zu-Mehrpunkt (1:n)
Schnittstellen Konfiguration	Statisch und manuell	Dynamisch und automatisch
Gegenstand der Standardisierung	Nachrichten	Methoden, Architekturen, Prozesse, Objekte,...
Technische Übertragung	Manuell	Automatisch
Ausführungen / Synchronisation	Batchbasiert	Transaktionsbasiert
Orchestrierung der Ausführung / Synchronisation	Manuell	Automatisch

Es gibt auch Ansätze, bei denen EDI mit XML verbunden werden, was gerade für KMU interessant sein könnte, da dadurch die EDIFACT-Standards abgelöst werden.[223] Dennoch

---

[218] EDIFACT stellt den bekanntesten und auf internationaler Ebene verbreitetsten EDI Standard dar. Entwickelt wurde er unter der Schirmherrschaft der Vereinten Nationen als UN/EDIFACT (vgl. Kischporski (2017), S. 19).
[219] ANSI X.12. stellt das nordamerikanische Äquivalent dar (vgl. Kischporski (2017); S. 21).
[220] Auch hier getrieben durch verschiedene Institutionen zur Verbreitung des Standards, z. B. GS1 oder RosettaNet.
[221] Vgl. Hsieh und Lin (2004), S. 72 f.
[222] Vgl. Chong und Ooi (2008), S. 532.
[223] Vgl. Sherif (2007); Hsieh und Lin (2004).

wird es XML auch in Zukunft neben dem klassischen EDI geben.[224] Neue Technologien basieren häufig auf XML, es gibt allerdings auch eine Vielzahl weiterer standardisierter Protokolle, welche den webbasierten Informationsaustausch zwischen Unternehmen ermöglichen.[225] Auch wenn XML sowie weitere Standards eine synchrone Auftragsabwicklung ermöglichen, so sind im Anschluss die proprietären Systeme, wie ein ERP, meist nicht für eine unternehmensübergreifende Echtzeit-Informationsverarbeitung geeignet. Daher kommen Plattformen zum Einsatz, um die synchrone Auftragsabwicklung nicht nur in der Übertragung, sondern auch systemseitig beim Sender wie beim Empfänger umzusetzen.

Unter Plattform kann im Allgemeinen die erweiterbare Codebasis eines softwarebasierten Systems verstanden werden, das Kernfunktionen bereitstellt und sich meist aus mehreren Modulen („add-on" Software-Subsystemen) zusammensetzt sowie über Schnittstellen die Kommunikation mit mehreren Unternehmen gleichzeitig ermöglicht (Punkt-zu-Mehrpunkt oder Mehrpunkt-zu-Mehrpunkt).[226] Außerdem setzt sich eine Plattform aus unterschiedlichen Plattformseiten zusammen, wobei sich die jeweiligen Seiten durch die beteiligten Interessengruppen (hier: Akteure) ergeben.[227] In der Literatur wird meist die einfachste Form einer zweiseitigen Plattform („two-sided platform"), häufig mit den Akteuren Verkäufer und Käufer, analysiert.[228] Diese Plattformen werden durch das Zusammenbringen von Angebot und Nachfrage auch Matching-Plattformen oder eMarketplaces genannt. In den vergangenen Jahren hat sich die Forschung auf mehrseitige Plattformen („multi-sided platforms", MSP) ausgeweitet.[229] In der Literatur wird das aus dem Zusammenspiel und der ständigen Weiterentwicklung der Plattform, der Module und der beteiligten Akteure entstehende System häufig auch als Verbund- oder Ökosystem bezeichnet.[230]

MSP koordinieren die Auftragsabwicklung von mehr als zwei Akteuren, die in einer Geschäftsbeziehung zueinander stehen und miteinander Aufträge abwickeln.[231] In der Literatur wird zudem bereits in der Definition von MSP die Existenz der plattformspezifischen Netzwerkeffekte hervorgehoben, die aufgrund ihrer selbstverstärkenden Effekte eine zentrale Rolle bei der Verbreitung eines MSP – auch Diffusion genannt – einnehmen.[232] Zudem ist die Beteiligung von Geschäftspartnern, mit denen man gleichzeitig zusammenarbeitet und konkurriert, auch ein Charakteristikum der MSP.[233] Beispiele wie die MSP von

---

[224] Vgl. Sherif (2007), S. 197.
[225] Für eine Übersicht und weitere Informationen siehe Sherif (2007), S. 199 ff.
[226] Vgl. Tiwana, Konsynski und Bush (2010), S. 676. Für einen Literaturüberblick zum Thema Plattformen siehe auch Standing, Standing und Love (2010).
[227] Vgl. Bundeskartellamt (2016), S. 8.
[228] Vgl. hierzu u. a. Stummer und Haurand (2018); Chu und Manchanda (2016); Jullien (2011); Evans und Schmalensee (2007).
[229] Vgl. hierzu u. a. Wan et al. (2017); Hein et al. (2016); Hagiu und Wright (2015); Evans (2013).
[230] Vgl. Zhu und Liu (2018), S. 2622; Parker, van Alstyne und Jiang (2017), S. 256; Aarikka-Stenroos und Ritala (2017), S. 24; Tiwana, Konsynski und Bush (2010), S. 676.
[231] Vgl. Parker, van Alstyne und Choudary (2016), S. 14 ff.; Evans (2002), S. 325.
[232] Vgl. Bundeskartellamt (2016), S. 9; Hagiu und Wright (2015), S. 4 f.; Eisenmann, Parker und van Alstyne (2011), S. 1270. Für die Definition und weitere Erläuterungen zum Thema Netzwerkeffekte sei an dieser Stelle auf Kapitel 3.4.3 verwiesen.
[233] Vgl. Zhu und Liu (2018), S. 2627. In Kapitel 2.1.3 wird hierzu das Phänomen „Co-opetition" aufgegriffen.

Alibaba zeigen anhand des erfolgreichsten Börsengangs der Geschichte auf der einen Seite das enorme wirtschaftliche Potenzial, das zum Teil in diesen Plattformen steckt.[234] Auf der anderen Seite beinhalten diese Plattformen auch große wirtschaftliche oder existenzielle Gefahren. So scheiterte beispielsweise die Predix Plattform von General Electric im Jahr 2017, obwohl das Unternehmen bereits mehr als 4 Milliarden Dollar in die Entwicklung und in den Einsatz der Plattform investiert hatte.[235] Auch in der Transportkette gibt es viele positive – das heißt erfolgreiche – (z. B. Traxon/Champ) und negative – das heißt gescheiterte – (z. B. Reuters) Beispiele solcher MSP.[236] Außerdem gibt es zahlreiche Start-ups, die versuchen, in diesem Bereich Fuß zu fassen. Die Anzahl der MSP Start-ups, ausgewertet nach verschiedenen Geschäftsmodellen und Verkehrsträgern, ist in Abbildung 8 dargestellt. Diese versuchen mit unterschiedlichen Geschäftsmodellen, entweder die gesamte Auftragsabwicklung abzubilden oder als Vermittlungsplattform Angebot und Nachfrage zusammen zu bringen (eMarketplace) oder über ihre Plattform die Tourenplanung und Sendungsverfolgung („tracking and tracing") der Güter zu verbessern. Die jeweiligen Dienstleistungen werden für unterschiedliche Verkehrsträger (Straße und Schiene (Land) sowie Luft und See)[237] am Markt angeboten.[238] Die Auswertung zeigt, dass viele Plattformen (hier insgesamt 46) versuchen, sich am Markt durchzusetzen.[239] Allerdings ist ähnlich wie in anderen Bereichen (z. B. mit eBay oder Amazon) auch zu erwarten, dass in den nächsten Jahren die Selektion bzw. Konzentration auf wenige Plattformen steigt. Es zeigt sich, dass die Plattformen im Transport im Allgemeinen bislang auf keine weitreichende Akzeptanz stoßen und daher nur langsam angenommen werden.[240] Wie sich die Plattformen auf Dauer am Markt behaupten können – unabhängig davon, ob sie von einem Start-up, einem etablierten Softwareanbieter oder einem Akteur der Branche gegründet werden – stellt aus der momentanen ex ante Perspektive weiterhin eine Unbekannte dar. Wissenschaftler fordern daher verstärkt, die Faktoren, die die Netzwerkeffekte und damit die Diffusion solcher MSP beeinflussen, zu untersuchen.[241]

---

[234] Vgl. Mac (2014), S. 1.
[235] Vgl. Scott (2017), S. 2.
[236] Vgl. Christiaanse, Been und van Diepen (1996), S. 418 ff.; Christiaanse und Damsgaard (2000), S. 10 f.
[237] Hierbei sind Mehrfachnennungen möglich, d. h. über eine Plattform werden zum Teil Transportdienstleistungen für den Land-, Luft- und Seeverkehr gleichzeitig anboten.
[238] Die Zuteilung erfolgte nach dem gesetzten Fokus der Start-upS. Eine trennscharfe Zuteilung ist meistens nicht möglich, da sich die angebotenen Leistungen überschneiden. Wenn ein Unternehmen zum Geschäftsmodell Auftragsabwicklung zugeteilt wurde, kann das Leistungsspektrum trotzdem Angebote aus den Bereich eMarketplace und Sendungsverfolgung enthalten.
[239] Diese Auswertung erhebt keinen Anspruch auf Vollständigkeit und gilt hauptsächlich für in Deutschland angebotene Leistungen.
[240] Vgl. Sales (2017), S. 40.
[241] Vgl. u. a. Schreieck und Wiesche (2017), S. 1727 f.; Hein et al. (2016), S. 2.

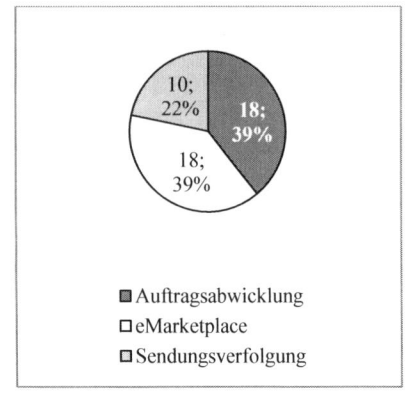

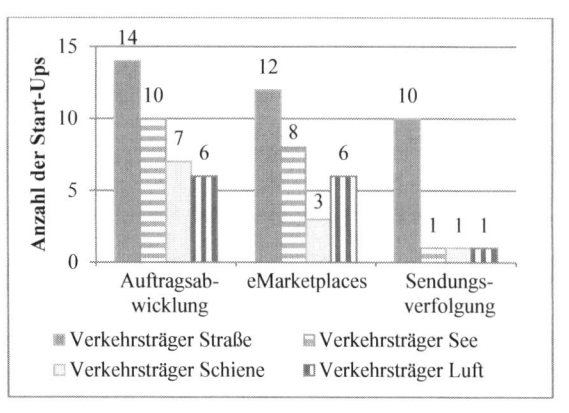

Abbildung 8: MSP-Start-ups im Bereich Transport nach Geschäftsmodellen und Verkehrsträgern (eigene Darstellung).

Häufig werden die Plattformen als Cloud-Lösungen angeboten.[242] Ziel von Cloud Computing oder Cloud Services als virtuelle Basistechnologie ist die flexible, bedarfsgerechte Bereitstellung von Soft- und Hardware. Etwas allgemeiner formuliert wird in der Literatur auch von einer Virtualisierung der IT-Leistungen über das Internet gesprochen.[243] Dabei ergeben sich drei unterschiedliche Ausprägungsformen: „Infrastructure as a Service" (IaaS) stellt Ressourcen wie Speicher oder Rechenleistung zur Verfügung, „Platform as a Service" (PaaS) bietet Entwicklungsumgebungen im Internet und bei „Software as a Service" (SaaS) werden Programme und Anwendungen online abgerufen. Insbesondere Cloud Computing bietet Unternehmen Möglichkeiten, Effizienz und Flexibilität zugleich zu steigern.[244] In Forschung und Praxis ist es unbestritten, dass Cloud-Systeme verschiedene Vorteile bieten, wie z. B. Kosteneinsparungen und Prozessverbesserungen.[245] Insbesondere das in der empirischen Untersuchung betrachtete Cargo Community System (CCS) ist für den Einsatz innerhalb einer speziellen, abgegrenzten Nutzergruppe konzipiert.

Generell lassen sich verschiedenartige Cloud-Lösungen unterscheiden: „public" (öffentlicher Zugang für die Allgemeinheit), „private" (ausschließliche Nutzung für einzelne Unternehmen, Geschäftseinheiten oder Personen), „hybrid" (Mischformen der beiden zuerst genannten) und „community" (Aufgaben- oder Projekt-bezogener Zugriff und Nutzung durch einen bestimmten Nutzerkreis, bestehend aus verschiedener Unternehmen mit einem gemeinsamen, meist geschäftlichen Interesse).[246] Das Eigentum an der Cloud kann bei einem Drittanbieter, einer Institution, einem einzelnen Unternehmen oder einer (Unternehmens-)Gemeinschaft, die die Cloud nutzen, oder einer Kombination dieser Möglichkeiten

---

[242] Dies begründet sich in der zunehmenden Entkopplung von der klassischen technisch-gekoppelten Server-Applikations-Betrachtungsweise (vgl. Krcmar et al. (2018), S. 320).
[243] Vgl. Hsu und Lin (2016), S. 791; Cámara, Fuentes und Marín (2015), S. 427; Pal und Karakostas (2013), S. 104 ff.
[244] Vgl. Benlian et al. (2018), S. 730; Oliveira, Thomas und Espadanal (2014), S. 497.
[245] Vgl. Oliveira, Thomas und Espadanal (2014), S. 498.
[246] Vgl. Krcmar et al. (2018), S. 10 f.

liegen.[247] Meistens wird bei den Plattformen ein SaaS angeboten. Die eMarketplaces als reine Vermittlungsbörse stellen dabei entweder öffentliche oder hybride Clouds dar. Für die Sendungsverfolgung und für die Auftragsabwicklung werden oft private oder Community Clouds eingesetzt.[248] Gerade bei der Auftragsabwicklung bieten die Community Clouds die Möglichkeit, ohne Medienbrüche mit vielen anderen Unternehmen zusammenzuarbeiten und eine synchrone Auftragsabwicklung zu realisieren.

Auch wenn es insgesamt viele Möglichkeiten zum Einsatz von Informationssystemen zur unternehmensübergreifenden Auftragsabwicklung gibt, zeigt sich, dass der Bereich Transport bei diesem Thema im Vergleich zu anderen Branchen (z. B. Versicherungs-, Finanz und Bankensektor sowie Handel) weiterhin rückständig ist und große Verbesserungspotenziale bestehen, um die Zusammenarbeit zwischen den Akteuren zu verbessern und somit die Prozesseffizienz zu steigern.[249] Eine Studie von Grimm und Britze (2018) belegt, dass die Transport- und Logistik-Branche auf Platz 10 von 11 beim Einsatz von Software zur Organisation von administrativen Prozessen steht.[250] Rechnungen werden in der Branche laut der Studie nur zu 13 % komplett in elektronischer Form erstellt und nur zu 4 % elektronisch empfangen.[251] Außerdem gestaltet sich bei nur 5 % der Unternehmen der Branche der administrative Prozesse komplett papierlos.[252] Gründe dafür lassen sich zum einen in der Wettbewerbsstruktur der Branche und zum anderen in der Dynamik der Auftragsabwicklungsprozesse finden. Wie diese Aspekte zustande kommen und welche Auswirkung sie auf die Auftragsabwicklung im Allgemeinen haben, soll im Folgenden erörtert werden.

2.1.3 Implikationen von Wettbewerb und Dynamik für die Auftragsabwicklung

Für die Ausgestaltung der Auftragsabwicklung und die Entscheidung darüber, durch welche IS-Technologien die Auftragsabwicklung bestmöglich unterstützt werden kann, ist es wichtig zu verstehen, wie die Unternehmen zueinander stehen (Wettbewerb und Kooperation) und in welchem Umfeld die betrachteten Unternehmen interagieren (Dynamik und Unsicherheit). Dafür sollen zunächst die Bedeutungen der einzelnen Begriffe im vorliegenden Kontext herausgearbeitet werden, um dadurch ein Verständnis für die Ursache-Wirkungs-Zusammenhänge zu entwickeln.

---

[247] Vgl. Mell und Grance (2011), S. 3.
[248] Teilweise können die Clouds auch hybride Formen annehmen, wenn bestimmte Inhalte wie Fahrpläne öffentlich zugängig sind, Preise hingegen nur privat zwischen Einzelnen verhandelt und angegeben werden.
[249] Vgl. u. a. Almotairi et al. (2011), S. 199 ff.; Perego, Perotti und Mangiaracina (2011), S. 471 ff.; Harris, Wang und Wang (2015), S. 88 ff.
[250] Insgesamt 42 % der befragten Unternehmen (mit n=1.106) aus Transport und Logistik beziehen Software zur Organisation von administrativen Prozessen aus der Cloud (32 % haben angegeben es zu planen). Im Vergleich Unternehmen aus dem Bereich Maschinen- und Anlagenbau nutzen bereits über 63 % Cloud Lösungen (23 % planen es) (vgl. Grimm und Britze (2018), S. 55).
[251] Vgl. Grimm und Britze (2018), S. 60 und 63.
[252] Vgl. Grimm und Britze (2018), S. 67.

Der Wettbewerb innerhalb einer Branche ergibt sich aus den herrschenden Marktstrukturen und beschreibt, wie die Unternehmen dieser Branche zueinander stehen.[253] Farahani et al. (2014) stellte die Eigenschaften dieser Marktstrukturen auf einem Kontinuum von monopolistisch über oligopolistisch bis hin zu polypolistisch dar.[254] Danach sind beispielsweise Marktanteile, Markteintrittsbarrieren und Preiskontrolle bei monopolistischen Strukturen hoch und bei polypolistischen gering.[255] Außerdem können drei Wettbewerbsrichtungen unterschieden werden:[256]

1. Zwischen Unternehmen auf **verschiedenen** Wertschöpfungsebenen einer Liefer- oder Transportkette (vertikaler Wettbewerb zwischen Unternehmen verschiedener Akteure)
2. Zwischen Unternehmen auf der **gleichen** Wertschöpfungsebenen einer Liefer- oder Transportkette (horizontaler Wettbewerb zwischen Unternehmen gleicher Akteure)
3. Zwischen **ganzen** Transportketten

Durch die wachsende Kooperation und Vernetzung zwischen Unternehmen steigt die Komplexität in diesen entstehenden Ökosystemen.[257] So hat sich in den vergangenen Jahren ein neuer Forschungszweig zum Thema „Co-opetition" herausgebildet.[258] Dieser untersucht die Strukturen und Gegebenheiten, die entstehen, wenn Unternehmen miteinander im Wettbewerb stehen und gleichzeitig kooperieren. Interessant ist dies für die spätere Betrachtung der Akteure in der Transportkette, da es auch hier häufig zu Kompetenz- und Leistungsüberschneidungen der Akteure kommt, was eine zusätzliche Herausforderung für den Informationsaustausch darstellt.[259]

Die Kooperation kann von einer allgemeinen Geschäftsbeziehung abgegrenzt werden und unterscheidet sich von dieser hauptsächlich in puncto Intensität und Länge. Dabei treffen in beiden Fällen mindestens zwei wirtschaftlich und rechtlich selbstständige Akteure eine Absprache hinsichtlich Zielsetzung sowie Art und Weise der Leistungserfüllung. Bei der Kooperation wird meistens eine langfristige Zusammenarbeit verfolgt, im Gegensatz zur Geschäftsbeziehung, die auch kurzfristig sein kann.[260] Laut einer Studie von Lavie (2007), welche die steigende Bedeutung von kooperativen Beziehungen seit Ende der 1990er Jahre

---

[253] Vgl. Saeedi et al. (2017), S. 13. Für einen Literaturüberblick und weitere Informationen der Forschungsströmungen im Bereich Wettbewerb in der Transportkette siehe u. a. Lagoudis, Theotokas und Broumas (2017); Merkel (2017); Álvarez-SanJaime et al. (2015); Meersman, Voorde und Vanelslander (2010); Wan, Zhang und Li (2018); Perego, Perotti und Mangiaracina (2011). Für weitere Informationen zum Forschungsstrom Wettbewerb der IT Plattform siehe u. a. Yu und Chaturvedi (2001); Caillaud und Jullien (2003); Zhao et al. (2009); Bardey, Cremer und Lozachmeur (2014).
[254] Vgl. Farahani et al. (2014), S. 94.
[255] Vgl. Farahani et al. (2014), S. 102.
[256] Vgl. Farahani et al. (2014), S. 114; (Rezapour, Zanjirani Farahani, und Drezner 2011), S. 1784.
[257] Vgl. Pagani und Pardo 2017), S. 185; Datta und Christopher (2011), S. 765.
[258] Siehe hierzu u. a. Zhu und Liu (2018); Mathias et al. (2018a, 2018b); Pitelis, Desyllas und Panagopoulos (2017); Gnyawali und Park (2011).
[259] Vgl. Klein (2007a), S. 611.
[260] Vgl. Vahrenkamp und Siepermann (2012), S. 16 ff.

verdeutlicht, stieg der Anteil kooperativer Aktivitäten in der US-Softwareindustrie von 1990 bis 2001 von 32 % auf über 95 % an.[261] Häufig kommt es bei der Kooperation zu geschäftspartnerspezifischen Investitionen, was die Zusammenarbeit weiter intensiviert.[262] Picot et al. (2012) führt diese Definitionen noch etwas weiter und definiert eine Kooperation als langfristige, vertraglich festgelegte Zusammenarbeit, welche die gemeinsame Nutzung materieller und immaterieller Ressourcen von zwei oder mehreren rechtlich selbstständig bleibenden Unternehmen verfolgt.[263]

Auch der Begriff Kollaboration geht von seiner Wortbedeutung in eine ähnliche Richtung. In den Wirtschaftswissenschaften wird der Begriff häufig wertneutral für eine Form der Zusammenarbeit verwendet. Häufig wird der Begriff im Zusammenhang mit einer Zusammenarbeit zwischen Wettbewerbern verwendet, was der ursprünglichen Bedeutung etwas näher kommt, welche die Zusammenarbeit mit dem „Feind" beschreibt.[264] Unternehmen agieren demnach in ihren Märkten nicht ausschließlich in kompetitiver Weise, sondern bündeln Ressourcen mit anderen vertikalen oder horizontalen Akteuren.[265] Unter Ressourcen sind in diesem Zusammenhang verschiedene Unternehmensmerkmale wie Fähigkeiten, Kompetenzen, organisationale Prozesse, Unternehmensattribute, Informationen oder Wissen zu verstehen.[266] Entsprechend der Annahme der Nutzenmaximierung werden Unternehmen sich nur dann auf eine Kooperation einlassen, wenn sie dadurch einen höheren Nutzen erwarten als ohne eine solche Zusammenarbeit.[267] Auch im Folgenden werden die Begriffe Zusammenarbeit und Kooperation als Synonyme verwendet, die nicht zwingend eine vertragliche Festigung der langfristigen Zusammenarbeit erfordern. Die Gefahr von opportunistischem Verhalten bleibt wegen der intensiven wechselseitigen Abhängigkeiten zwischen den Partnern meist relativ gering.[268] Je nach Intensität der Zusammenarbeit und Zusammengehörigkeitsgefühl zwischen den Unternehmen kann ein Gemeinschaftsgedanke, das heißt eine eigene Partner- oder Netzwerkkultur, entstehen (integrative Effekte).[269]

Ein wichtiger Aspekt, um die bestmögliche Form der Zusammenarbeit in der Auftragsabwicklung in einem gegebenen Umfeld zu wählen, ist die Kenntnis über verschiedene Leitungsstrukturen („governance structure") innerhalb der geschäftlichen, unternehmensübergreifenden Beziehungen.[270] Provan und Kenis (2008) unterscheiden dabei im Wesent-

---

[261] Vgl. Lavie (2007), S. 1188.
[262] Vgl. Pfohl (2010), S. 283.
[263] Vgl. Picot et al. (2012), S. 242.
[264] Vgl. Asawasakulsorn (2015), S. 201. Ursprünglich wurde der Begriff Kollaboration häufig im Zusammenhang mit Krieg und Besatzung verwendet. Dies ist heutzutage allerdings nicht mehr der Fall und eine wertneutrale Verwendung des Begriffs hat sich weitestgehend durchgesetzt.
[265] Vgl. Li, Negenborn und de Schutter (2015), S. 78.
[266] Im vorliegenden Betrachtungsfokus geht es vornehmlich um Ressourcen die im Zusammenhang mit dem Informationsfluss stehen, nicht um Rohstoffe oder sonstige eher Güter-bezogenen Ressourcen. Für weitere Informationen siehe Picot et al. (2012), S. 243 und 252 f.
[267] Vgl. Picot et al. (2012), S. 243 f.
[268] Vgl. Picot et al. (2012), S. 274.
[269] Vgl. Picot et al. (2012), S. 274.
[270] Vgl. Provan und Kenis (2008), S. 229.

lichen zwei Formen:[271] Zum einen eine zentrale Leitungsstruktur („lead-organization governed network structure"), bei der ein fokales Unternehmen die Führungsrolle übernimmt und eine zentrale Entscheidungsgewalt ausübt.[272] Als prominentes Beispiel wird hierfür häufig die Automobilindustrie angeführt, wobei die produzierenden Unternehmen („original equipment manufacturers", OEM) meist eine große Marktmacht ausüben und eine führende Rolle in ihren Wertschöpfungsketten einnehmen.[273] Zum anderen eine dezentrale Leitungsstruktur („participant governed network structure"), bei der es keine hierarchischen Führungsstrukturen gibt. Alle Unternehmen sind gleichgestellt und können somit Entscheidungen und Entwicklungsrichtungen stärker mitbestimmen. Klassisches Beispiel hierfür ist die Transportkette. Hier gibt es, je nach Größe und Reichweite, zwar auch Unterschiede zwischen den Akteuren, aber es gibt meist nicht einen einzelnen Akteur, der die Marktmacht besitzt, Entscheidungen alleine durchzusetzen.[274] Im Zusammenhang mit der Diffusion von Plattformen für die Auftragsabwicklung wird dieser Aspekt häufig aufgegriffen, da sich die Durchsetzung in einem Markt mit fokalen Unternehmen und zentraler Entscheidungsgewalt einfacher gestaltet als in den Märkten ohne fokales Unternehmen. Als erfolgreiches Beispiel aus der chemischen Industrie kann an dieser Stelle die Plattform Elemica aufgeführt werden, wobei in der Literatur das Durchsetzen der Plattform eng mit dem treibenden Interesse und der Entscheidungsgewalt der produzierenden Chemieunternehmen in Verbindung gebracht wird.[275]

Gerade dieses Beispiel verweist auf das sehr routinierte Netzwerk in der Chemiebranche, das aus langfristig angelegten, vertraglich fixierten Kooperationen in gewachsenen Wertschöpfungsketten besteht. Dynamische Strukturen innerhalb eines Netzwerks ergeben sich hingegen vor allem in polypolistischen Märkten, das heißt es sind viele Unternehmen in einem Markt tätig, die einem intensivem Wettbewerb unterliegen und meist keine zentrale Leitungsstruktur haben. Diese sind geprägt durch hohe Nachfrageschwankungen und es müssen hohe Pufferbestände und -kapazitäten vorgehalten werden, um die Unsicherheiten auszugleichen. Generell wird die Dynamik in einer Branche durch strategische und operative Aspekte geprägt. Strategische Aspekte sind dabei die Formen der Zusammenarbeit, die bei einer hohen Dynamik im Extremfall eher kurzfristig mit sehr vielen, wechselnden Geschäftspartnern vorliegt, und die Art der angebotenen Produkte oder Dienstleistungen, die bei einer hohen Dynamik im Extremfall durch ihre hohe Substituierbarkeit gekennzeichnet sind.[276] Operative Aspekte ergeben sich aus den Herausforderungen der Geschäftsaktivitäten, die aufgrund der hohen Unsicherheiten in der Nachfrage und weiteren

---

[271] Für weitere Erläuterungen siehe auch Provan und Kenis (2008), S. 234 f.
[272] Ein fokales Unternehmen kann dabei zentral verschiedene administrative und strategische oder auch operative Aufgaben übernehmen oder koordinieren, z. B. die Planung von Aufträgen, Kapazitäten und Beständen für eine gesamte Transportkette. Ein aktuelles Beispiel aus dem Logistik-Hype-Cycle ist der Logistics Control Tower.
[273] Vgl. u. a. Childerhouse et al. (2003).
[274] Beispielsweise hat der Spediteur meist ein größeres Durchsetzungsvermögen als ein LKW-Transporteur. Der Spediteur ist aber auch Dienstleister und wiederum abhängig von den jeweiligen Frachtführern, usw.
[275] Vgl. u. a. Son und Benbasat (2007), S. 57; Christiaanse, Sinnecker und Mossinkoff (2001), S. 422.
[276] Vgl. Economides und Katsamakas (2006), S. 1057 f.

2.1 Arbeitsteilige Auftragsabwicklung

umfeldbedingten Einflüssen, wie z. B. dem Wetter, eine schnelle Reaktionsfähigkeit erfordern.[277] In Abbildung 9 sind die verschiedenen Netzwerktypen, die sich aus den Dimensionen der Wettbewerbsstruktur bzw. Leitungsstruktur mit und ohne fokales Unternehmen sowie der herrschenden Dynamik ergeben, in einer Matrix zusammengetragen. In den roten Kästen sind jeweils Ursachen oder Gegebenheiten eines Netzwerktyps über einen Pfeil zu den entsprechenden Wirkungszusammenhängen bzw. Implikationen für das Management verbunden. Grau hinterlegt sind die Konstellationen, die häufiger auftreten. So gibt es in routinierten Netzwerken häufiger ein fokales Unternehmen oder Akteure, die die zentrale Leitung übernehmen und bei dynamischen Netzwerken sind polypolistische Strukturen mit einer hohen Fluktuation und ohne fokales Unternehmen wahrscheinlicher.[278]

	Routiniertes B2B-Netzwerk	Dynamisches B2B-Netzwerk
Steuerung ohne fokales Unternehmen	Geringe Nachfrageunsicherheit → Niedrige Pufferbestände/-kapazitäten; Komplementäre Produkte/Dienstleistungen → Prozessinnovationen; Dezentrale Entscheidungsfindung → Netzwerk bewältigen	Hohe Nachfrageunsicherheit → Hohe Pufferbestände/-kapazitäten; Substitutive Produkte/Dienstleistungen → Produkt- und Technologieinnovationen; Dezentrale Entscheidungsfindung → Netzwerk bewältigen
Steuerung mit fokalem Unternehmen	Geringe Nachfrageunsicherheit → Niedrige Pufferbestände/-kapazitäten; Komplementäre Produkte/Dienstleistungen → Prozessinnovationen; Zentrale Entscheidungsfindung → Netzwerk managen	Hohe Nachfrageunsicherheit → Hohe Pufferbestände/-kapazitäten; Substitutive Produkte/Dienstleistungen → Produkt- und Technologieinnovationen; Zentrale Entscheidungsfindung → Netzwerk managen
	Auftragsabwicklung mittels proprietärer Systeme und EDI	Auftragsabwicklung mittels plattformbasierter Systeme

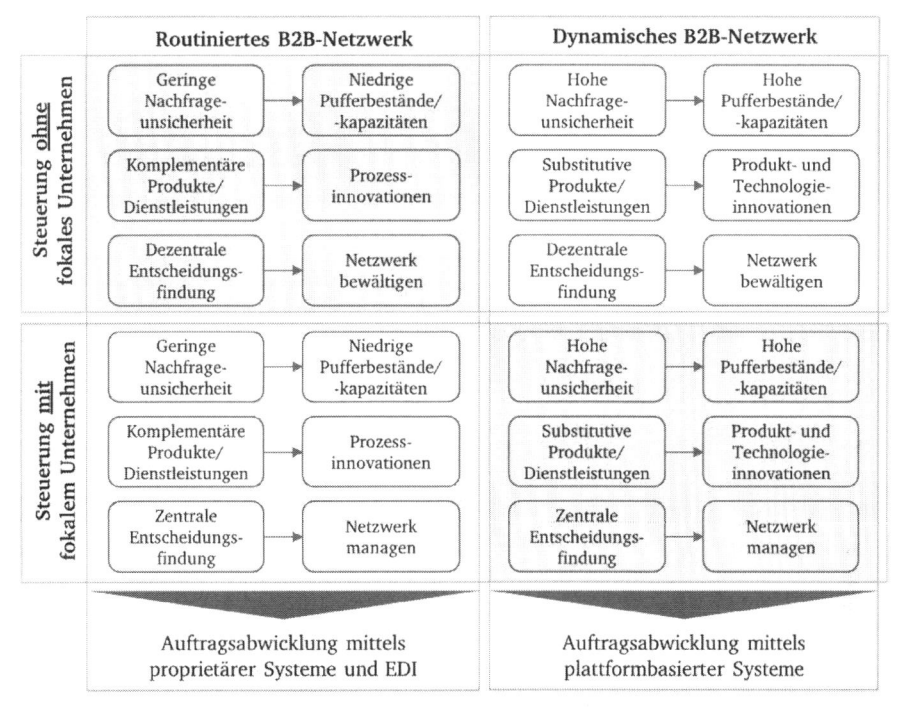

Abbildung 9: Netzwerktypen unter Berücksichtigung der Wettbewerbsstruktur und Dynamik (eigene Darstellung; in Anlehnung an Müller (2005), S. 47 und Harland et al. (2001), S. 25).

Sowohl routinierte als auch dynamische Netzwerke lassen sich demnach als effiziente Form der Unsicherheitsbewältigung in einem kompetitiven Umfeld mit oder ohne fokales Unternehmen beschreiben.[279] Im Allgemeinen impliziert Unsicherheit einen Mangel an Vorhersagbarkeit oder die Abwesenheit von Mustern und wird allgemein definiert als der Grad, in

---

[277] Vgl. Kutvonen, Metso und Ruokolainen (2005), S. 594.
[278] Vgl. hierzu auch Müller (2005), S. 47 ff. und Harland et al. (2001), S. 25.
[279] Vgl. Picot et al. (2012), S. 271 und 274.

dem das Auftreten einer Reihe von Alternativen unter Berücksichtigung verschiedener Ereignisse und deren relative Eintrittswahrscheinlichkeit eingeschätzt werden.[280] Der Einfluss von Unsicherheit spielt eine große Rolle für die Auftragsabwicklung und erhöht somit den Bedarf der Leistungsüberwachung durch Balanced Scorecards, Benchmarking und Leistungsindikatoren („key performance indikators"), etc.[281] Nach Roe, Xu und Song (2015) können Unsicherheiten in drei Kategorien eingeteilt werden und zwar in Angebots-, Nachfrage- und Prozessunsicherheiten.[282] Fynes, de Búrca und Marshall (2004) unterscheiden zudem umfeldbedingte und Technologieunsicherheiten.[283] Der Austausch von Informationen dient hierbei als Mittel zur Verringerung dieser Unsicherheiten und Technologien, auch wenn Technologien selbst eine Unsicherheitsquelle sein könne. Dieser Austausch erleichtert – basierend auf den ausgetauschten Informationen – die Identifikation von Ursache-Wirkungs-Beziehungen und unterstützt die Erreichung eines bestimmten Ergebnisses.[284] In Anlehnung an die Kategorisierung und Charakterisierung von Wettbewerb und Dynamik in einem Netzwerk ergibt sich als Schlussfolgerung, dass für routinierte Unternehmensnetzwerke eher der Einsatz von proprietären Systemen und EDI geeignet ist, während in dynamischen Netzwerken plattformbasierte Systeme vorteilhaft sein können.[285] Das Wort „eher" deutet bereits an, dass hier jedoch immer eine fallspezifische Betrachtung notwendig ist und keine allgemeingültigen Aussagen getroffen werden können.

Unabhängig davon, welche Technologie im Einzelfall in der unternehmensübergreifenden Auftragsabwicklung zum Einsatz kommt, nimmt der Anteil eingesetzter IS-Technologien insgesamt zum digitalen oder sogar automatisierten Austausch von Informationen in der B2B-Kommunikation stetig zu.[286] Gründe dafür sind die zuvor erläuterten Gegebenheiten von Wettbewerb und Dynamik, welche die Notwendigkeit verdeutlichen, mit der zunehmenden Komplexität, den Interdependenzen und der Integrität der Prozesse fertig zu werden und vor allem an den Schnittstellen Potenziale zur Effizienzsteigerung realisieren zu können.[287] Wie bereits erwähnt, liegt die Transportkette hier im Vergleich zu anderen Branchen zurück.[288] Transportaufträge oder Auftragsänderungen werden auch heute noch häufig manuell per E-Mail, Fax oder Telefon übermittelt. Dies führt zu einem hohen Aufwand für die Planer und Disponenten, die die transportbezogenen Aktivitäten auf Basis der Auftragsinformationen und entsprechenden Auftragsänderungen planen und koordinieren. Die hohe Anzahl an Auftragsänderung kann durch die Wettbewerbssituation in der Transportkette erklärt werden. Transportdienstleistungen der Akteure lassen sich häufig nur schwer differenzieren und daher ist die Bindung an einen Akteur meistens eher gering bzw.

---

[280] Vgl. Rogers (2003), S. 6; Fynes, de Búrca und Marshall (2004), S. 179.
[281] Vgl. Roe, Xu und Song (2015), S. 16 f.
[282] Vgl. Roe, Xu und Song (2015), S. 17.
[283] Vgl. Fynes, de Búrca und Marshall (2004), S. 183.
[284] Vgl. Rogers (2003), S. 13.
[285] Vgl. Asare, Brashear-Alejandro und Kang (2016), S. 6.
[286] Vgl. Barrett, Davidson und Vargo (2015), S. 135.
[287] Vgl. Barrett, Davidson und Vargo (2015), S. 136; Pagani und Pardo (2017), S. 185 f.
[288] Vgl. hierzu u. a. Harris, Wang und Wang (2015); Almotairi et al. (2011); Inkinen, Tapaninen und Pulli (2009); Saldanha (2006).

es besteht eine hohe Wechselbereitschaft in einem sehr kompetitiven Umfeld. Einzelne Akteure haben hier in der Regel nicht die Marktmacht, um die Zusendung kurzfristiger Auftragsänderungen zu sanktionieren oder die Nutzung bestimmter IS-Technologien verpflichtend durchzusetzen. Die Details und Abgrenzung der Transportkette werden im Folgenden vertieft.

2.2 Mehrgliedrige Transportketten

In den vergangenen Jahren nimmt das Transportaufkommen aufgrund der zunehmenden globalen Vernetzung weltweit stetig zu.[289] Dieser Trend zeigt sich auch für Deutschland. In Abbildung 10 ist das Transportaufkommen für Deutschland der letzten zehn Jahre nach Verkehrsträgern aufgeführt. Die Details zu den einzelnen Verkehrsträgern werden im Verlauf dieses Kapitels noch einmal detaillierter aufgegriffen. An dieser Stelle soll zunächst nur der steigende Trend festgehalten werden. Die Wachstumsraten liegen nach der Finanz- und Wirtschaftskrise 2008, die sich mit Zeitverzug im Transportaufkommen im Jahr 2009 bemerkbar gemacht hat, weitestgehend stetig im niedrigen einstelligen Bereich.[290] Das hört sich zunächst wenig an, stellt bei dem Gesamtvolumen allerdings zunehmend eine Herausforderung für die bestehende Verkehrsinfrastruktur dar.

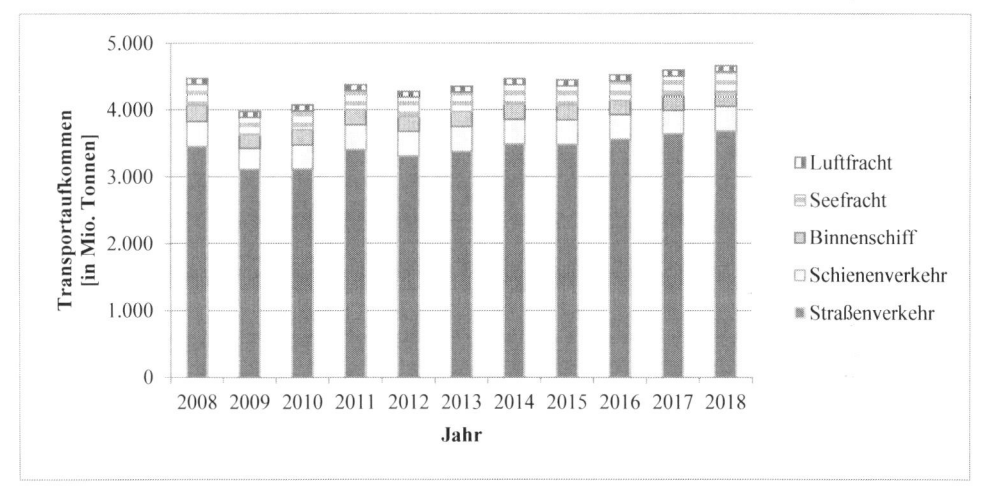

Abbildung 10: Transportaufkommen in Deutschland nach Verkehrsträgern (eigene Darstellung; in Anlehnung an Statistisches Bundesamt (2018b, 2018c); Bundesministerium für Verkehr und digitale Infrastruktur (2014)).

---

[289] In 2017 ist der Welthandel um 3,6 % im Vergleich zum Vorjahr gestiegen, was doppelt so hoch im Vergleich zu 2016 ist. Das größte Wachstum im Jahr 2017 verzeichnete dabei die Luftfracht mit einer Wachstumsrate von 9 %, die Seefracht wuchs im gleichen Zeitraum um 4,8 % (vgl. OECD und ITF (2018), S. 1).
[290] Vgl. hierzu u. a. Statistisches Bundesamt (2018b, 2018c); Bundesministerium für Verkehr und digitale Infrastruktur (2014).

Der Ausbau ist langfristig für alle Verkehrsträger unumgänglich, diese Projekte sind allerdings sehr langwierig. Das steigende Transportaufkommen muss demnach kurzfristig durch Effizienzsteigerungen und dadurch möglich werdende verbesserte Kapazitätsauslastungen abgedeckt werden.[291] Die Untersuchung der Auftragsabwicklung gerade in mehrgliedrigen Transportketten mit vielen Akteuren und Schnittstellen bietet hierzu bisher nicht erschlossene Möglichkeiten.

Unter Transport ist zunächst ganz generell das Befördern von Gütern[292] und der dazugehörigen Informationen[293] im Auftrag einzelner Wirtschaftsteilnehmer und Unternehmen zu verstehen.[294] Der Transport, auch Transportlogistik oder Gütertransport genannt, kann somit der Mikrologistik zugerechnet werden und beschäftigt sich mit der Ortsveränderung von Gütern mittels unterschiedlicher Transportmittel.[295] Davon lässt sich der Verkehr unterscheiden, der der Makrologistik zugeordnet werden kann und sich übergeordnet mit den gesamtwirtschaftlichen Verkehrsströmen von vor allem Personen und Gütern beschäftigt.[296] Dieser soll im Folgenden allerdings nicht weiter betrachtet werden soll. Die Mikrologistik, im Folgenden nur Logistik genannt, als zielgerichtete Überbrückung von Raum (Transport), Zeit (Lagerung) und Anordnungen (Kommissionierung) wird häufig mit der sechs R-Regel definiert: Die Bereitstellung und Verteilung der richtigen Objekte in der richtigen Menge zur richtigen Zeit am richtigen Ort in der richtigen Qualität zu richtigen Kosten zur Verwendung bzw. Bedürfnisbefriedigung.[297] Ein logistisches System wird dabei durch Knoten, z. B. Umschlags- und Lagerorte, und Kanten oder Verbindungslinien zwischen den Knoten, z. B. Transportketten und -wege, verstanden.[298] In der vorliegenden Arbeit wird zwar der Fokus auf die Transportkette gelegt, dennoch sind in der Empirie zum Teil auch Akteure, die hauptsächlich dem Umschlag bzw. der Lagerung zugeordnet werden können, vertreten, da diese Akteure auch einen Teil der Transportkette darstellen. Deren operativer Fokus im Bereich Umschlag und Lager wird allerdings nicht vertiefend thematisiert, da der Fokus auf dem Informationsfluss, genauer gesagt der arbeitsteiligen Auftragsabwicklung in der Transportkette, liegt. Des Weiteren kann der inner- und außerbetriebliche

---

[291] Vgl. hierzu u. a. Feng et al. (2017), S. 551; Inkinen, Tapaninen und Pulli (2009), S. 813 f.; Hesse und Rodrigue (2004), S. 180.
[292] Güter können dabei alle Halb- und Fertigwaren, Ressourcen, Materialien und Endprodukte sein. Der Güterfluss umschließt somit den Material- und Warenfluss (vgl. Gudehus (2012b), S. 1 und 605).
[293] Wie zuvor eingeführt sind Informationen verarbeitete Daten oder Daten mit Informationsgehalt und hier immer im Zusammenhang mit der Auftragsabwicklung zu sehen. Das heißt alle Informationen, die zur Auftragsabwicklung notwendig sind und ausgetauscht werden.
[294] Der Transport von Personen wird hier nicht weiter betrachtet, wird aber bei den gängigen Definitionen des Transports stets mit aufgeführt (vgl. Gudehus (2012b), S. 915).
[295] Vgl. Clausen (2013), S. 3.
[296] Vgl. Clausen (2013), S. 3.
[297] Vgl. Pfohl (2010), S. 3; Fleischmann et al. (2008), S. 11. Während ursprünglich von der vier-R-Regel gesprochen wurde, wird heutzutage von der sechs oder sieben-R-Regel und manchmal sogar von der R+-Regel gesprochen.
[298] Vgl. Fleischmann et al. (2008), S. 3.

2.2 Mehrgliedrige Transportketten

Transport unterschieden werden.[299] Für die vorliegende Arbeit ist der Letztgenannte relevant, da es um die externen Aufträge in der unternehmensübergreifenden, arbeitsteiligen Auftragsabwicklung in der Transportkette geht. Nach der weit verbreiten flussorientierten Definition von Transport können Material- und Informationsfluss unterschieden werden, welche durch entsprechende Prozesse abgebildet und spezifiziert werden.[300] Nach Pfohl (2004) lässt sich grundlegend sagen, dass die Funktion der Logistik sowohl in der Planung als auch in der Durchführung von effizienten, unternehmensübergreifenden Güterflüssen und den damit zusammenhängenden Informationsflüssen zur anforderungsgerechten Versorgung von Kundenanforderungen besteht.[301] Gudehus (2012a) stellt die Effizienzforderung direkt an den Anfang seiner Definition: „Effizientes Bereitstellen der geforderten Mengen benötigter Objekte in der richtigen Zusammensetzung zur rechten Zeit am richtigen Ort."[302]

Nach DIN 30781 ist die Transportkette im Allgemeinen eine Folge von technisch und organisatorisch miteinander verknüpften Vorgängen, die im weiteren Sinne alle Transferprozesse eines Transportguts zwischen Quelle und Senke umfasst.[303] Bei der Transportkette, ähnlich wie beim SCM,[304] hat sich in der existierenden Literatur der Bezug zur „Kette" etabliert. Von einigen Wissenschaftlern wird dies kritisiert, da es sich in der Realität häufig um Netzwerke handelt und nicht um Ketten in ihrer reinen Form. In der Literatur hat sich aus dieser Kritik heraus zwischenzeitlich der Begriff „netchain" herausgebildet.[305] Die Idee dabei ist, den Kettengedanken im Zuge der Flussrichtung von Gütern und Informationen beizubehalten und gleichzeitig Elemente der Netzwerkforschung stärker zu integrieren. Auch wenn sich der zusammengesetzte Begriff nicht durchsetzen konnte, ist die inhaltliche Zusammenführung auch für die vorliegende Arbeit sehr sinnvoll. Wie in der Literatur wird auch in dieser Arbeit weitestgehend der Begriff Kette verwendet und steht sinnbildlich für

---

[299] Während es beim innerbetrieblichen Transport wie der Name bereits andeutet, um den Transport innerhalb von Gebäuden oder Unternehmen geht, findet der außerbetriebliche Transport zwischen Unternehmen unter Nutzung von (öffentlicher) Verkehrsinfrastruktur statt (vgl. Schönknecht (2009), S. 10).

[300] Vgl. Pfohl (2010), S. 14. Weitere Definitionsansätze beschreiben die Lebenszyklusorientierung, was das Objekt in allen Phasen des Lebenszyklus stärker in den Fokus rückt, oder die Dienstleistungsorientierung, wobei eine Konzentration auf alle immateriellen Aktivitäten zur Erfüllung einer Dienstleistung stattfindet (vgl. Pfohl (2010), S. 12 ff.).

[301] Vgl. Pfohl (2004), S. 4.

[302] Gudehus (2012a), S. 1.

[303] Vgl. Forschungs-Informations-System für Mobilität und Verkehr (2018), S. 2.

[304] In der Literatur gibt es hierzu verschiedene Definitionsansätze, z. B. „Als Supply Chain Management (SCM) kann die Planung, Steuerung und Kontrolle des gesamten Material- und Dienstleistungsflusses, einschließlich der damit verbundenen Informations- und Geldflüsse, innerhalb eines Netzwerks von Unternehmen [...] verstanden werden, die in aufeinanderfolgenden Stufen der Wertschöpfungskette an der Entwicklung, Erstellung und Verwertung von Sachgütern und/oder Dienstleistungen partnerschaftlich zusammenarbeiten, um Effektivitäts- und Effizienzsteigerungen zu erreichen", (Hahn (2000), S. 9) oder „SCM versteht sich als eine strategische, kooperationsorientierte und unternehmensübergreifende (oder integrationsorientierte) (Logistik-)Managementkonzeption, die zu einer Verbesserung der Logistikleistung auf allen Stufen der Supply Chain führt" (Kotzab (2000), S. 27).

[305] Vgl. hierzu u. a. Denolf et al. (2015); Omta, Trienekens und Beers (2002, 2001); Lazzarini, Chaddad und Cook (2001).

die Zusammenarbeit von Unternehmen zwecks Erstellung einer gemeinsamen Leistung.[306] Zudem werden Ansätze der Netzwerkforschung berücksichtigt. Dies ist vor allem hinsichtlich der Untersuchung einer synchronen Auftragsabwicklung sinnvoll, da hierbei die sukzessive Flussrichtung vor- und nachgelagerter Akteure durch eine plattformbasierte Auftragsabwicklung durchbrochen wird. Netzwerkforschung stammt aus der Sozialwissenschaft und hat Ende der 1980er Jahre Einzug in die betriebswissenschaftliche Literatur gefunden. Allgemein ist ein Netzwerk ein Geflecht aus ökonomischen, politischen und sozialen Beziehungen zwischen Individuen oder Organisationen. Dementsprechend sind B2B-Netzwerke Unternehmensnetzwerke oder Geflechte von mehr oder weniger selbstständigen Unternehmen. In der Literatur gibt es für diese B2B-Netzwerke keine einheitliche Terminologie. Vielmehr ist eine starke Heterogenität der Erklärungsansätze festzustellen.[307] Ziel dieser Netzwerke ist es, neben der Steigerung der Effizienz und Effektivität der unternehmensübergreifenden Arbeitsabläufe sich ein Wettbewerbsvorteil gegenüber Unternehmen außerhalb des Netzwerks zu verschaffen.[308] Abzugrenzen hiervon sind B2B Communities (Geschäfts- oder Interessengemeinschaften).[309] Während es bei Netzwerken häufig um strategische Kooperationen (vertikal entlang der Wertschöpfungskette und horizontal auf derselben Stufe der Wertschöpfungskette) geht, bestehen Interessengemeinschaften aus Unternehmen, die in einer losen Verbindung zueinanderstehen und gleiche ökonomische Interessen verfolgen. Vorzugsweise ist somit die Teilnahme an einer geschäftlichen Interessengemeinschaft ökonomisch motiviert und soll der Steigerung der persönlichen oder unternehmerischen Effizienz dienen. Der Begriff Communities wird in der Literatur häufig eng mit Kommunikation der Mitglieder über elektronische Medien verknüpft. Somit können diese als Zusammenschluss von Unternehmen verstanden werden, die gemeinsame Werte und Interessen teilen und die meist mittels IS-Technologien interagieren.[310]

In Tabelle 3 werden die unterschiedlichen Forschungsströme zu Unternehmensnetzwerken, Interessengemeinschaften, Supply Chain Management und Transportketten noch einmal abgegrenzt und kurz zusammengefasst. Auffällig ist die allgemein geringe theoretische Fundierung in diesem Bereich. Durach, Kembro und Wieland (2017) beschreiben dieses Phänomen als „geliehene theoretische Brille", die in diesen Forschungsdisziplinen häufig aufgesetzt wird, um unterschiedliche Forschungsfragen zu beantworten.[311] Das deutet bereits an, dass in der Literatur häufig keine klare Abgrenzung, sondern eine Vermischung der Forschungsströme stattfindet.[312] Auch in der vorliegenden Arbeit ist dies der Fall, da wichtige Erkenntnisse und etablierte Ansätze aus den angrenzenden Forschungsströmen

---

[306] Vgl. Müller (2005), S. 12.
[307] Vgl. Müller (2005), S. 34. Neben der Interessengemeinschaften („communities of interests") oder Geschäftsgemeinschaften („business communities"), lassen sich Phantasiegemeinschaften („communities of phantasy") unterscheiden. Diese sollen hier allerdings nicht weiter vertieft werden. Für weitere Ausführungen der grundlegenden Ansätze siehe auch „Dynamic Network Concept" von Miles und Snow (1984), „Strategic Networks" von Jarillo (1993) und „Management von Netzwerken" von Sydow (2010).
[308] Vgl. Jarillo (1993), S. 9 f.
[309] Vgl. Müller (2005), S. 211.
[310] Vgl. Müller (2005), S. 211.
[311] Vgl. Durach, Kembro und Wieland (2017), S. 68.
[312] Vgl. hierzu u. a. Sydow (2010); Müller (2005).

eingesetzt und im Kontext der Transportkette auf ihre Anwendbarkeit getestet werden sollen. Auch wenn Ansätze aus den angrenzenden Forschungsdisziplinen im Verlauf der Arbeit zum Einsatz kommen, soll der Fokus dennoch auf den Transportketten liegen. In den folgenden Kapiteln werden hierzu die Grundlagen erarbeitet. Zunächst wird die Transportdienstleistung als soziotechnisches System beschrieben. Im Anschluss werden die unterschiedlichen Verkehrsträger sowie die zur Auftragsabwicklung in der Transportkette interagierenden Akteure vorgestellt.

Tabelle 3: Vergleich und Abgrenzung der Forschungsströme von Unternehmensnetzwerken bis Transportketten (eigene Darstellung; in Anlehnung an Müller (2005), S. 43).

Charakteristika	B2B / Unternehmensnetzwerk	Virtuelle Unternehmen / Interessengemeinschaft	Supply Chain Management	Transportkette
Kooperationsdauer	Langfristig, auf dauerhafte Kooperation angelegt	Kurzfristig, auf losen, zeitlich begrenzten Austausch angelegt	Mittel- bis langfristig angelegt	Kurz-, mittel- und langfristig angelegt
Beziehung zwischen den Partnern	Nur auf aktive Beziehungen ausgelegt	Auf aktive und inaktive Beziehungen ausgelegt	Nur auf selektive, aktive Beziehungen ausgelegt	Nur auf aktive Beziehungen ausgelegt
Einsatz von IS-Technologien	IS als wichtiges Element	IS als unverzichtbares (Basis-) Element	IS als wichtiges Element	IS als (zunehmend) wichtiges Element
Theoretische Fundierung	Gering, meist hinsichtlich der Kooperationsformen, transaktionsbasierte Ansätze	Gering, meist IS-basierte Ansätze, wie die Diffusionstheorie, und nicht hinsichtlich der Kooperationsformen	Gering, meist hinsichtlich der Kooperationsformen, ressourcen-, transaktions- oder interaktionsbasierte Ansätze	Gering, meist hinsichtlich der Kooperationsformen, ressourcen-, transaktions- oder interaktionsbasierte Ansätze

2.2.1 Transportdienstleistungen als soziotechnisches System

Allgemein ist die Transportdienstleistung eine sachzielorientierte, entgeltliche Handlung eines Transportdienstleisters im Auftrag eines anderen Wirtschaftsteilnehmers und dient der Raumüberbrückung von Gütern und den dazugehörigen Informationen.[313] Der Definition nach ist die Transportdienstleistung ein immaterielles Gut, woraus sich besondere Eigenschaften ergeben:[314] (1) Transportdienstleistungen sind nicht lager- oder speicherbar.[315] Das bedeutet, dass die Erstellung nicht vom Absatz getrennt werden kann. Häufig ist der Kunde

---

[313] Vgl. Gudehus (2012b), S. 1.
[314] Vgl. Winter (2013), S. 56; Pfohl (2010), S. 24; Gudehus (2012b), S. 1098. Dienstleistungen können auch nach tätigkeits-, prozess-, ereignis- oder potentialorientiert Merkmalen definiert werden (vgl. Bruhn und Meffert (2012), S. 312). Für die vorliegende Problemstellung ist allerdings die Abgrenzung zu materiellen Gütern zweckmäßig.
[315] Dies ist zu unterscheiden von der Lagerung einzelner Güter im Transportprozess, was als Dienstleistung an sich auch nicht lager- oder speicherbar ist, sondern nur durchgeführt werden kann, wenn das Transportgut vor Ort ist.

sogar in den Wertschöpfungsprozess eingebunden, wodurch sich eine zusätzliche Variabilität bzw. Unsicherheit ergibt.[316] (2) Transportdienstleistungen sind als Ergebnis intangibel. Das heißt am Ende des Dienstleistungsprozesses liegt kein materiales Gut vor, das veräußert werden kann. Ein materielles Gut ist zwar Teil bzw. Gegenstand des Transportprozesses, stellt aber nicht das Ergebnis des Transportprozesses dar. Dies wird auch als Integration eines externen Faktors, hier des Transportguts, bezeichnet.[317] (3) Der Schutz vor Imitation stellt bei Transportdienstleistungen eine besondere Herausforderung dar, da sich Dienstleistungen im Allgemeinen aufgrund der Immaterialität nur selten patentieren lassen. Dies erklärt die hohe Substituierbarkeit der Transportdienstleistung und damit den intensiven Wettbewerb im Transportsektor.[318] (4) Die Transportdienstleistung ist ein klassisches Erfahrungs- oder Vertrauensgut. Eine Bewertung der Qualitätseigenschaft im Vorfeld beruht meist auf Erfahrungen oder Empfehlungen. Es entstehen hohe Suchkosten, um einen passenden Dienstleistungsanbieter zu identifizieren und dennoch bleibt vor der Erbringung der Dienstleistung ein wahrgenommenes Risiko bestehen. Dies wird auch als Dienstleistungsparadoxon bezeichnet, da Dienstleistungen im Moment des Konsums erbracht werden und somit ist eine Beurteilung der Qualität erst nach Inanspruchnahme möglich, wenn keine Rückgabe mehr möglich ist.[319] (5) Die Transportdienstleistung als bedarfsgerechte Bereitstellung von Gütern erfordert die Integration von individuellen Kundenbedürfnissen.[320] Hierdurch wird eine gewisse Flexibilität des Transportprozesses gefordert. Mit standardisierten Lösungen lassen sich zwar die großen Transportvolumina abwickeln, eine hohe Kundenbindung erreicht man allerdings mit individualisierten Dienstleistungen. Hierbei können Basis- und Mehrwertleistungen unterschieden werden. Unter die Basisleistungen fallen meist die reinen Transport, Umschlag und Lager (TUL)-Funktionen. Mehrwertleistungen beinhalten hingegen individuelle oder innovative Leistungen, wie z. B. die Konfektionierung[321] oder die Integration von 3D-Druck.[322] In der Praxis findet häufig auch eine Kombination von Basis- und Mehrwertleistungen, z. B. bei der Just-in-Time oder Just-in-Sequenz Belieferung, statt.[323] Außerdem ergeben sich Besonderheiten, da zum einen die Transportdienstleistungen an Gütern erbracht werden, die das Eigentum anderer sind.[324] Zum anderen ist die Höhe und Struktur des Leistungsbedarfs sowie der Zeitpunkt der

---

[316] Vgl. Picot et al. (2012), S. 277.
[317] Vgl. Picot et al. (2012), S. 277.
[318] Der Dienstleistungsanbieter kann solche Isolationsmechanismen zum Schutz vor Imitation durch Reputationseffekte oder Generierung von Wechselkosten oder erzielen (vgl. Picot et al. (2012), S. 277 f.).
[319] Vgl. Picot et al. (2012), S. 277.
[320] Vgl. Pfohl (2004), S. 4.
[321] Konfektionierung ist die letzte Stufe eines Produktionsprozesses, bevor die Ware an den Kunden übergeht. Hierbei werden die in Serie hergestellten Waren den auftragsbezogenen Anforderungen entsprechend fertiggestellt, aufbereitet oder zusammengestellt. Auch das Beilegen länderspezifischer Bedienungsanleitungen ist eine mögliche Aufgabe der Konfektionierung (vgl. Winter (2013), S. 57).
[322] Vgl. Alt (2017), S. 289. 3D-Druck ist ein Produktionsverfahren, bei dem computergesteuert Material Schicht für Schicht aufgetragen wird und so kostengünstige, dreidimensionale Werkstücke, Muster oder Endprodukte entstehen.
[323] Vgl. Winter (2013), S. 57 f.
[324] Vgl. Gudehus (2012b), S. 1099.

2.2 Mehrgliedrige Transportketten

Inanspruchnahme in der Regel bei Vertragsabschluss noch nicht genau bekannt.[325] Daraus folgt, dass Dienstleister flexibel Kapazitäten vorhalten müssen, was die hohe Fixkostenbelastung der Anbieter verdeutlicht und auch als Fixkostendilemma bezeichnet wird.[326]

Diese Charakteristika verdeutlichen, dass die Festlegung der Rahmenbedingungen, der Leistungsbereitschaft, der Haftung und anderer Vertragsbedingungen große Sorgfalt erfordert.[327] Die Herausforderung ergibt sich zudem aus der Abhängigkeit des Dienstleisters bei der Leistungserbringung vom Auftragsgeber. Wenn der Auftraggeber die externen Ressourcen, also das Transportgut, nicht bereitstellt bzw. die Kapazitäten nicht wie vereinbart abfragt, können die Kapazitäten nicht wie geplant ausgelastet werden. Für eine wirtschaftliche Nutzung und Auslastung der vorhandenen Kapazitäten ist somit ein systematisches und dynamisches Management unerlässlich.[328] Die erforderlichen Aufgabenbereiche einer Transportdienstleistung lassen sich in die Kategorien strategisch und operativ untergliedern. Diese sind in Abbildung 11 dargestellt.

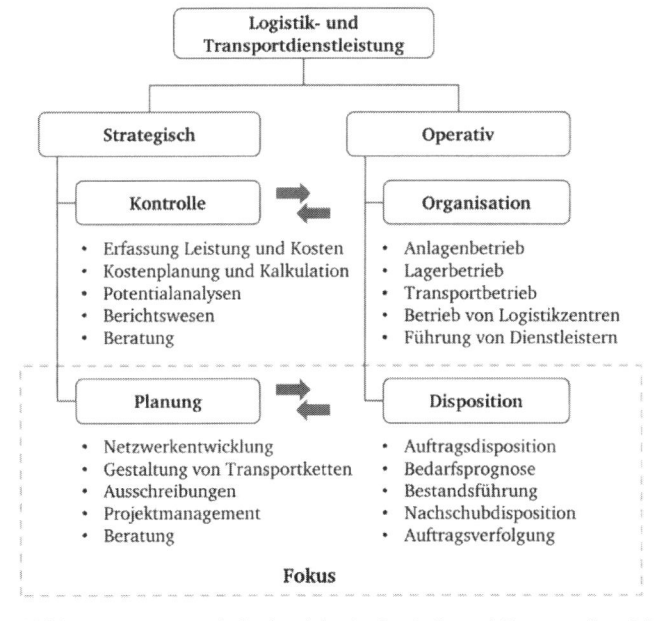

Abbildung 11: Aufgabenbereiche der Logistik- und Transportdienstleistung (eigene Darstellung; in Anlehnung an Gudehus (2012a), S. 47 und 58).

Um einen umfassenden Eindruck zu bekommen, ist in Abbildung 11 eine Liste möglicher Logistik- und Transportdienstleistungen aufgeführt. Je nachdem, welcher Akteur die

---

[325] Vgl. Gudehus (2012b), S. 1099.
[326] Vgl. Gudehus (2012a), S. 157 ff.
[327] Vgl. Gudehus (2012b), S. 1099.
[328] Vgl. Gudehus (2012a), S. 157; Bogusch (2016), S. 31.

Dienstleistungen durchführt, variieren die Schwerpunkte der Aufgabenbereiche. Dieser Aspekt wird später bei der Erklärung der einzelnen Akteure im Einzelnen noch einmal aufgegriffen und stärker differenziert. Strategische und operative Aufgabenbereiche sollten stets im Austausch stehen und sich gegenseitig ergänzen. In der Abbildung ist dies mit den roten Pfeilen symbolisiert. Dabei dienen strategische Arbeitsergebnisse meist als Input für die operativen Aufgabenbereiche und umgekehrt dienen die operativen Arbeitsergebnisse als Input für die strategischen Aufgabenbereiche. Der Fokus in den empirischen Untersuchungen liegt vor allem auf der strategischen Planung und der operativen Disposition.

Generell können zwei- und mehrseitige Dienstleistungen unterschieden werden.[329] Dies ist abhängig von der Anzahl beteiligter Akteure. Wenn die Aufteilung der Dienstleistung über die Dienstleister-Kunde-Beziehung hinausgeht, entstehen durch Arbeitsteilung komplementäre Dienstleistungsfragmente, die zusammengesetzt eine mehrseitige Dienstleistung ergeben. Die Transportdienstleistung ist meistens mehrseitig und entsteht durch die Zusammenarbeit mehrerer Dienstleister und Sub-Dienstleister. Bei den Transportdienstleistern werden Einzel-, Verbund- oder Systemdienstleister unterschieden.[330] Einzelleistungen beinhalten meist reine TUL-Funktionen und werden z. B. von Transporteuren angeboten. Die Anbieter dieser Leistungen werden auch „second party logistics provider" (2PL) genannt.[331] Verbunddienstleistungen sind auftragsspezifische Leistungen, die meist prozessbegleitende Komponenten, z. B. die Sendungsverfolgung, beinhalten. Diese Anbieter, z. B. Spediteure, werden häufig auch „third party logistics provider" (3PL) genannt. Systemdienstleistungen, wie sie beispielsweise von Kontraktlogistikern angeboten werden, umfassen den Betrieb von kompletten Frachtsystemen oder Logistikzentren inklusive der Administration von Beschaffungs-, Bereitstellungs- und Distributionssystemen. Diese Anbieter können je nach Umfang des Aufgabenbereichs entweder auch als 3PLs oder als „fourth party logistics provider" (4PL) bzw. „lead logistics provider" bezeichnet werden.[332] Dies zeigt bereits, dass sich die Anbieterkategorien meist nicht eindeutig voneinander abgrenzen oder kategorisieren lassen und es häufig zu Überschneidungen in ihrem Leistungsspektrum kommt.

Unabhängig vom Leistungsspektrum des Anbieters ergeben sich Transportdienstleistungen aus den Bestandteilen Mensch, Aufgabe und Technik.[333] Nach Pfohl (2004) werden diese auch Gestaltungsvariablen genannt, mit einem direktem Einfluss auf die Effizienz von

---

[329] Vgl. Picot et al. (2012), S. 279 f.
[330] Vgl. Scholz-Reiter, Toonen und Windt (2008), S. 583 ff.
[331] Der Vollständigkeit halber ist unter einem „first party logistics provider" ein Unternehmen zu verstehen, das seine Logistikleistungen selbst erbringt und kein Dienstleister zum Einsatz kommt. Dieser Begriff, ähnlich wie 2PL ist allerdings in der Literatur wenig gebräuchlich (vgl. Scholz-Reiter, Toonen und Windt (2008), S. 587).
[332] Der Begriff 4PL ist relative neu und sehr stark von der Beratungsbranche geprägt. Hierunter werden meist integrierte „end-to-end" Lösungen verstanden, die dem Kunden angeboten werden. Hierbei findet eine vollständige Integration des Güter- und Informationsflusses über einen Anbieter statt, der sich meist hauptsächlich auf die Administration, Koordination und Steuerung fokussiert und über keine eigenen Logistikressourcen verfügen (vgl. Scholz-Reiter, Toonen und Windt (2008), S. 587).
[333] Je nach Autor wird hier zudem noch die Organisation abgegrenzt. In der vorliegenden Arbeit bettet sich die Aufgabe in die jeweilige Organisationsstruktur ein und wird daher nicht gesondert aufgeführt.

2.2 Mehrgliedrige Transportketten

Transportdienstleistungen bzw. ganzen Logistiksystemen.[334] Der Anteil variiert je nach Dienstleistung, aber in den meisten Fällen tragen alle drei Bestandteile zur Erbringung der Transportdienstleistung in irgendeiner Form bei. Daher können Transportdienstleistungen als soziotechnisches System beschrieben werden. Das Zusammenspiel der drei Bestandteile Mensch, Aufgabe und Technik ist in Abbildung 12 dargestellt. Die Transportdienstleistung wird hier zunächst durch die Auftragsabwicklung in der Transportkette (Aufgabe) bestimmt. Diese wird durch die Planer und Disponenten (Mensch) der unterschiedlichen Transportdienstleiter unter Einsatz unterschiedlicher Auftragsabwicklungssysteme (Technik) durchgeführt. Durch die Flexibilität des Menschen und die Effizienz der Technik entsteht eine Symbiose, das heißt ein Mehrwert durch die Interaktion, von Mensch und Technik im soziotechnischen System.[335]

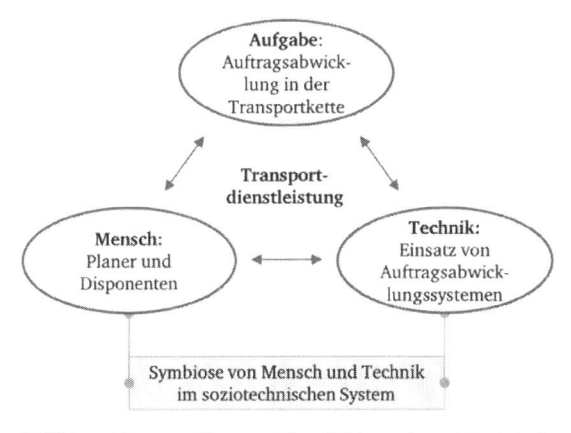

Abbildung 12: Transportdienstleistung als soziotechnisches System (eigene Darstellung).

Wie eingangs erwähnt, spielt der Mensch in der Logistik im Allgemeinen trotz der technischen Weiterentwicklung weiterhin eine zentrale Rolle. Bei der Auftragsabwicklung in der Transportkette sind vor allem die Planer und Disponenten involviert.[336] Dies sind weder Ausbildungsberufe noch existieren dedizierte Berufsbilder für diese Tätigkeitsfelder. Es gibt ausschließlich punktuelle Qualifizierungsmöglichkeiten im Bereich Fort- und Weiterbildung.[337] Dennoch werden sie als „Kernstück der Logistik" bezeichnet, da von ihnen die Kenntnis, Beherrschung und Kontrolle aller Bewegungs- und Lagervorgänge erwartet wird und sie somit das „Gehirn" der logistischen Prozesse darstellen.[338] Sie werden nicht nur in

---

[334] Vgl. Pfohl (2004), S. 27.
[335] In den produktionsnahen Forschungsdisziplinen wird diese Symbiose im Rahmen der „Mensch-Maschine-Interaktion" untersucht (vgl. Bauernhansl et al. (2018), S. 55; Vogel-Heuser, Bauernhansl und Hompel (2017), S. 45 ff.).
[336] Die ausführenden Tätigkeiten wie beispielsweise LKW-Fahrer sind auch Teil der Auftragsabwicklung in der Transportkette, werden hier aber nicht weiter betrachtet.
[337] Vgl. Bösseler (2000), S. 7.
[338] Vgl. Bösseler (2000), S. 7. Die zentrale Bedeutung von Planern und Disponenten ist an die Definition von Logistik der UN/ECE (2001), die die Logistik als „Organisation und Überwachung des Warenflusses im weitesten Sinne." (UN/ECE (2001), S. 24) definiert, angelehnt.

der Logistik-, sondern auch in Produktion, Handel und anderen Dienstleistungsbereichen eingesetzt. Während der Planer einen strategischen und taktischen Fokus hat, ist der Disponent für den operativen Part in der Auftragsabwicklung in der Transportkette zuständig. Das Wissen erarbeitet sich der Planer oder Disponent in seinem Tagesgeschäft. Dies unterstreicht die hohe Relevanz der Berufserfahrung der Planer und Disponenten und wie wichtig es ist, Humankapital langfristig aufzubauen. Humankapital kann als personengebundener Wissensbestandteil definiert werden, die entweder allgemeiner Natur sind (z. B. Führerschein) oder spezifisch an einen Arbeitgeber gebunden sind und somit nicht transferiert werden können (z. B. Kenntnisse der Betriebsabläufe).[339] In der Realität ist dies schwer zu differenzieren und häufig kann Humankapital als branchenspezifisch angesehen werden.[340] Erst durch die Bündelung verschiedener Fähigkeiten und Erfahrungen wird das Humankapital für ein Unternehmen wertvoller als für ein anderes. Aufgrund des Fachkräftemangels sehen sich Unternehmen damit konfrontiert, mehr für die Arbeitgeberattraktivität unternehmen zu müssen und investieren zunehmend neben dem spezifischen auch in das allgemeine Humankapital. Allerdings steigern Mitarbeiter dadurch ihren Marktwert und sind zunehmend auch für Konkurrenten interessant. Die Fluktuation stellt für die Unternehmen der Branche zunehmend eine Herausforderung dar, da die Einarbeitung in den Aufgabenbereich meist sehr zeitintensiv ist.[341]

Die Aufgabenbereiche werden durch Prozesse definiert,[342] die sich in eine bestimmte Organisationsstruktur einordnen. Aus den unterschiedlichen Organisationsstrukturen und Aufgaben ergeben sich die verschiedenen Geschäftsmodelle der Akteure,[343] die sich über die Zeit hinweg verändern. Dies wird maßgeblich durch die Globalisierung und zunehmende Vernetzung, Veränderungen der Anforderungen an den Transport[344] und die technische Weiterentwicklung getrieben. Die Überschneidung der Aufgabenbereiche zur Erfüllung der Transportdienstleistung erfordert meist eine unternehmensübergreifende Zusammenarbeit. Hier zeigt sich auch die hohe Relevanz von Standards.[345] Einheitliche Prozesse und Formulare erleichtern beispielsweise die unternehmensübergreifende Zusammenarbeit und können die Transaktionskosten erheblich senken.[346] Dies wird durch den Einsatz von Auftragsabwicklungssystemen verstärkt.

Die Auftragsabwicklungssysteme können auch als technische Hilfsmittel beschrieben werden.[347] Durch die technischen Weiterentwicklungen der IS-Technologien, die in der

---

[339] Vgl. Picot et al. (2012), S. 74.
[340] Vgl. Picot et al. (2012), S. 74.
[341] Nach Bösseler (2000) beträgt die (unternehmensspezifische) Einarbeitungszeit für eine erfolgreiche Tätigkeit als Disponent ein Jahr und mehr (vgl. Bösseler (2000), S. 112 f.).
[342] Zum Prozess der Auftragsabwicklung sei an dieser Stelle auf Kapitel 2.1.1 verwiesen.
[343] Vgl. Roorda et al. (2010), S. 19.
[344] Geringere Lagerhaltung, Just-In-Time Lieferungen und insgesamt eine Entwicklung von Push- zu Pull-Lieferungen getrieben durch Kundenaufträge (vgl. hierzu u. a. Roorda et al. (2010), S. 19).
[345] Vgl. Steinfield, Markus und Wigand (2011), S. 76 f.; Rodón und Sesé (2010), S. 640 f.; Venkatesh (2006), S. 500 f.; Beck und Weitzel (2005), S. 313 ff.
[346] Vgl. Delfmann et al. (2008), S. 938.
[347] Welche IS-Technologien in der Auftragsabwicklung im Einzelnen zum Einsatz kommen, wurde bereits in Kapitel 2.1.2 erarbeitet.

2.2 Mehrgliedrige Transportketten

Auftragsabwicklung zum Einsatz kommen, können die Herausforderungen der unternehmensübergreifenden Zusammenarbeit immer besser adressiert werden. Beispielsweise kann durch die IS-Technologien der manuelle Aufwand (verursacht durch den Informationsaustausch per E-Mail, Fax oder Telefon) reduziert werden und somit die Prozesseffizienz gesteigert werden.[348] Auch hier wird die hohe Relevanz von Standards deutlich. Ob standardisierte Schnittstellen oder Datenformate, der Grad der technischen Standardisierung entscheidet häufig über die Praktikabilität und den Nutzen einer IS-Technologie.[349] Genau hier ergibt sich im Transport eine große Diskrepanz. Die Technik ist häufig sehr viel weiter als die Anwendungen in der Praxis.[350] Die Verbände und Vereine der Branche, wie beispielsweise die GS1[351] im Allgemeinen für Wertschöpfungsketten oder die IATA[352] für die Luftfracht, definieren zwar Standards, können aber eine branchenweite Durchsetzung und verbindliche Nutzung häufig nicht erzwingen. Sobald bei einzelnen Unternehmen die Nachteile überwiegen (z. B. wenn Investitionen höher als die Gewinnerwartungen sind), ist eine Durchsetzung der Standards als Gestaltungsempfehlung nicht zu erwarten.

Die Herausforderung der unternehmensübergreifenden Durchsetzung einer Technik liegt zudem häufig in einem falschen Verständnis begründet. So werden IS-Technologien zu oft als Lösungen und nicht als Wegbereiter oder unterstützendes Element angesehen, wofür zunächst bestimmte Strukturen und Prozesse etabliert werden müssen, mit denen dann eine Ausschöpfung der Potenziale möglich wird. Dennoch wird bei organisatorischen und personellen Versäumnissen häufig die Technik für ein Scheitern oder eine schlechte Leistungen („performance") verantwortlich gemacht.[353] In einer Studie von Fawcett et al. (2007) bestätigt sich jedoch das Phänomen, dass häufig nicht die Technik sondern die Menschen das „Problem" bei der Implementierung neuer IS-Technologien darstellt. Sie verdeutlichen, dass sich technische Schwierigkeiten deutlich einfacher lösen lassen, als dass es gelingt, menschliches Verhalten zu verändern oder zu steuern.[354] Damit schließt sich der Kreis und es wird deutlich, dass kein Bestandteil des soziotechnischen Systems getrennt von den anderen betrachtet werden darf. Für eine Weiterentwicklung der Transportdienstleistung reicht es meist nicht aus, nur einen Bestandteil, z. B. die Technik, weiterzuentwickeln. Gleichzeitig müssen im Rahmen der Aufgabe Prozesse angepasst werden und Menschen, die die Aufgaben unterstützt von der Technik ausführen sollen, instruiert und geschult werden. Dies gilt für alle Transportdienstleistungen gleichermaßen, unabhängig vom

---

[348] Vgl. Giannopoulos (2004), S. 302 ff.
[349] Vgl. Inkinen, Tapaninen und Pulli (2009), S. 811; Chong und Ooi (2008), S. 530 f.; Alt, Gizanis und Legner (2005), S. 81.
[350] Vgl. Harris, Wang und Wang (2015), S. 91.
[351] GS1 ist eine privatwirtschaftliche Organisation, die globale Standards zur Verbesserung von Wertschöpfungsketten gestaltet. Beispielsweise entwickeln sie Codes zur eindeutigen Kennzeichnung von Anlagen, Behältern, Dokumenten und anderen Geschäftsobjekten.
[352] Die International Air Transport Association (IATA) ist der Dachverband der Fluggesellschaften und möchte als Branchenverband Standards für die Luftfahrt definieren. Beispielsweise sorgen die IATA-Codes für eindeutig identifizierbare Flughäfen, Fluggesellschaften und Flugzeugtypen (vgl. Frye (2013), S. 229).
[353] Vgl. Fawcett et al. (2007), S. 367.
[354] Vgl. Fawcett et al. (2007), S. 367.

Verkehrsträger oder von den Akteuren. Dennoch ergeben sich hier einige strukturelle Unterschiede für die Transportkette, welche im Folgenden eingeführt werden sollen.

2.2.2 Zusammensetzung der Transportkette und Verkehrsträger

Primäre Aufgabe der Transportdienstleistung besteht in der Ortsveränderung der zu transportierenden Güter mithilfe verschiedener Verkehrsträger bzw. Transportmittel.[355] In der Literatur werden die Begriffe Verkehrsträger und Transportmittel häufig nicht eindeutig voneinander abgegrenzt. Unter Verkehrsträger ist im weitesten Sinne zunächst die Verkehrsinfrastruktur, das heißt z. B. die Straße, gemeint, das dazugehörige Transportmittel ist der LKW, usw.[356] Der Modal Split gibt an, wie sich die Transporte auf die Verkehrsträger verteilen.[357] Dabei können Transporte entweder ungebrochen durch eingliedrige Transportketten, das heißt Direktverkehr ohne Wechsel des Verkehrsträgers,[358] oder durch mehrgliedrige Transportketten unter Nutzung mehrerer Verkehrsträger durchgeführt werden.[359] Wenn mehrere Verkehrsträger zum Einsatz kommen, kann der Transport generell als gebrochen oder multimodal bezeichnet werden.[360] Wenn mehrere Verkehrsträger und kein Wechsel des Transportgefäßes stattfinden, handelt es sich um eine intermodale Transportkette.[361] Der Kombinierte Verkehr ist Teil des Intermodalen Verkehrs; hierbei findet der Hauptlauf kontinental auf der Schiene oder mit dem Binnenschiff statt und der Vor- bzw. Nachlauf auf der Straße wird so kurz wie möglich gehalten.[362]

Je nachdem, wo sich die Transportquelle und -senke befinden, kann demnach der kontinentale oder inter-kontinentale Transport unterschieden werden.[363] Der kontinentale, z. B. innereuropäische, Transport wird meist als Direkt- oder Kombinierter Verkehr über die Verkehrsträger Straße, Schiene oder Binnenschiff abgewickelt.[364] Der Fokus der vorliegenden Arbeit liegt auf dem inter-kontinentalen Transport, welcher meist als intermodaler oder multimodaler Verkehr in Form der See- oder Luftfracht durchgeführt wird. Interkontinentale Landtransporte wie die Seidenstraße (Bahnverbindung zwischen China und Europa) nehmen zwar an Bedeutung zu, werden hier aber nicht weiter betrachtet. Die See- und die Luftfracht setzen sich dabei aus den landseitigen Verkehrsträgern Straße, Schiene oder Binnenschiff im Vorlauf (und analog im Nachlauf) sowie den Verkehrsträgern der

---

[355] Vgl. hierzu u. a. Pfohl (2010), S. 9; Koch (2012), S. 66. Für einen Vergleich der Verkehrsträger siehe außerdem Koch (2012), S. 93.

[356] Dabei werden ortsfeste (z. B. Förderbänder oder Rollenbahnen) oder fahrbar Transportmittel unterschieden (vgl. Domschke (1997), S. 1095). Fahrbare Transportmittel, auch Fahrzeuge genannt, sind Straßenfahrzeuge (z. B. der LKW), Schienenfahrzeuge (z. B. die Eisenbahn), Wasserfahrzeuge (z. B. See- und Binnenschiffe) und Luftfahrzeuge (z. B. Flugzeuge) (vgl. Pfohl (2010), S. 128 f. und 154 ff.; Domschke (1997), S. 1095).

[357] Die Entwicklung der Anteile der einzelnen Verkehrsträger am Modal Split wird jährlich vom Bundesamt für Güterverkehr veröffentlicht (siehe hierzu u. a. Bundesamt für Güterverkehr (2018), S. 8).

[358] Vgl. Muschkiet (2013), S. 192 f.

[359] Vgl. Pfohl (2010), S. 152.

[360] Vgl. UN/ECE (2001), S. 16; Muschkiet (2013), S. 192 f.

[361] Vgl. UN/ECE (2001), S. 17.

[362] Vgl. UN/ECE (2001), S. 18.

[363] Vgl. Deutsch (2013), S. 42 f.

[364] Vgl. Kaffka (2013), S. 262.

2.2 Mehrgliedrige Transportketten

See- und Luftfracht im Hauptlauf zusammen. Schematisch sind diese in Abbildung 13 dargestellt.

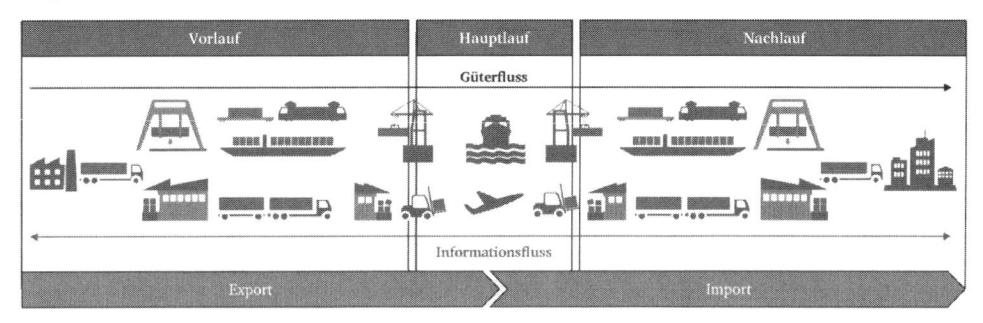

Abbildung 13: Verkehrsträger im Vor-, Haupt- und Nachlauf mehrgliedriger Transportketten (eigene Darstellung; in Anlehnung an Pontow (2017), S. 77; Walter (2015), S.16; Elbert, Walter und Grig (2012), S. 177).

Der Begriff mehrgliedrig ergibt sich aus der Unterteilung der Transportkette in Vor-, Haupt- und Nachlauf. Dementsprechend kann hier von einer dreigliedrigen Transportkette gesprochen werden. Beim Hauptlauf wird die größte Transportdistanz überbrückt.[365] Vor- und Nachlauf bilden den export- bzw. importseitigen Hinterlandtransport mit einer geringeren Distanz, wozu je nach Entfernung und Netzabdeckung die Verkehrsträger Straße, Schiene oder Binnenschiff einzeln oder in Kombination gewählt werden.[366] In der vorliegenden Arbeit sollen die Auftragsabwicklungssysteme am Beispiel der See- und Luftfracht untersucht werden. Der Vorlauf wird jeweils im Detail betrachtet, da aufgrund der Multi- bzw. Intermodalität viele Akteure beteiligt sind und dies aufgrund der vielen Schnittstellen, und heterogenen Systeme, etc. zu besonderen Herausforderungen für die arbeitsteilige Auftragsabwicklung führt.[367] Die Abläufe der Seefracht und des intermodalen Hinterlandtransports sowie der Luftfracht und des straßengebunden Hinterlandtransports werden im Folgenden näher beleuchtet, bevor die einzelnen Akteure vorgestellt werden.

Seefracht und der intermodale Hinterlandtransport

Die Seefracht wird häufig mit einem Anteil von über 80 % des weltweiten Transportvolumens als Rückgrat der globalen Wirtschaftsentwicklung bezeichnet.[368] In den letzten vier Dekaden stieg das maritime Frachtvolumen durchschnittlich um jährlich ca. 3 % auf über 10,3 Mrd. Tonnen, wovon über 20 % auf Containertransporte entfallen.[369] Der containeri-

---

[365] Vgl. u. a. Sorgenfrei (2013).
[366] Vgl. Rodrigue und Notteboom (2012), S. 5.
[367] Für weitere Informationen und einen Literaturüberblick siehe u. a. (Harris, Wang und Wang (2015); Perego, Perotti und Mangiaracina (2011).
[368] Vgl. Lam (2011), S. 366; Saurí und Martín (2011), S. 1038; Valentine, Benamara und Hoffmann (2013), S. 226.
[369] Vgl. UNCTAD (2017), S. 5 f. Neben den 20 % für Containertransporte, entfallen ca. 30 % auf Öl und Gas sowie ca. 30 % auf „Dry Bulk" (wie Eisen oder Kohle). Die restlichen 20 % umfassen alle übrigen Transporte.

sierte Transport ist der am schnellsten wachsende Bereich[370] und er ist in den vergangenen Jahren jährlich überdurchschnittlich um ca. 5 % gestiegen.[371] In jüngster Zeit hat sich das Forschungsinteresse zum Thema Seefracht verstärkt in Richtung maritimes Hinterland verschoben. Der Grund hierfür ist zum einen die Relevanz des Hinterlands, da der Hinterlandtransport zwar nur 10 % der Transportdistanz, aber durchschnittlich ca. 80 % der Transportkosten in der Seefracht ausmachen.[372] Zum anderen zeigt der zunehmende Kapazitätsengpass im Hinterland, dass Prozesse am Hafen und deren Umschlagsmengen zentral von effizienten Anbindungen an das Hinterland abhängen.[373] Die Größe der Containerschiffe und damit die Menge der gleichzeitig abzufertigenden Container im Hafen sind entsprechend der wachsenden Transportmengen in den vergangenen Jahren kontinuierlich gestiegen[374] und verdeutlichen die größer werdenden Anforderungen an den Güterfluss. Zudem steigen die Kundenanforderungen hinsichtlich z. B. der Zuverlässigkeit und Pünktlichkeit, was die Notwendigkeit von effektiven und effizienten Prozessen im Güterfluss weiter verdeutlicht.[375] Halim, Kwakkel und Tavasszy (2016) kritisieren den enormen Kontrast und Nachholbedarf des Hinterlands in Punkto Effizienz.[376] Um der steigenden Komplexität und den wachsenden Anforderungen gerecht zu werden, müssen daher neben dem Güterfluss auch die Prozesse im Informationsfluss hinsichtlich der Effizienz verbessert werden.[377]

Aufgrund der hohen Relevanz steht bei der Untersuchung der Seefracht der Containertransport im Fokus. Im Hauptlauf werden die Container mit Containerschiffen von einem Ausgangs- zu einem Ziel- bzw. Eingangs-Seehafenterminal transportiert.[378] Der Vorlauf startet beim Versender und endet im Ausgangs-Seehafenterminal, während der Nachlauf entsprechend am Eingangs-Seehafenterminal beginnt und beim Empfänger endet. Der Vorlauf unter Berücksichtigung des intermodalen Transports erfolgt in der Regel durch die Kombination der Verkehrsträger Straße und Schiene oder Straße und Binnenschiff. Der

---

[370] Vgl. Valentine, Benamara und Hoffmann (2013), S. 232.
[371] Vgl. UNCTAD (2017), S. 6. Die jährliche Steigerung um 5 % bezieht sich auf die Jahre 2005 – 2016. Im Jahr 2016 ist das Containervolumen um ca. 4 % im Vergleich zum Vorjahr angestiegen. Im Jahr 2009 gab es aufgrund der Weltwirtschaftskrise einen Rückgang von ca. 10 %. In den Jahren 1980 bis 2005 betrug das durchschnittliche jährliche Wachstum von Containertransporten sogar rund 12 %.
[372] Vgl. Halim, Kwakkel und Tavasszy (2016), S. 368; OECD und ITF (2009), S. 55.
[373] Schiffskapazitäten sind in den vergangen Jahren auf bis zu 23.000 TEU pro Schiff angestiegen. Entsprechend haben sich die Prozesse am Hafen schneller entwickelt, auch hinsichtlich der IKT Integration (vgl. hierzu u. a. van der Horst und de Langen (2008); van der Horst und van der Lugt (2014, 2011)).
[374] Die größten Containerschiffe können mittlerweile über 21.000 TEU transportieren, z. B. OOCL Hong Kong (21.413 TEU), Munich Maersk (20.568 TEU) oder CMA CGM Antoine de Saint Exupéry (20.600 TEU). Wenn man hierbei annimmt, dass 10.000 TEU für einem Hafen sind, bedeutet dies 6.000 Kranungen und ca. 19 Ganzzüge (1.400 TEU bei 14 % Anteil Schiene), 31 BiSchis (3.100 TEU bei 31 % Anteil BiSchi), 1.560 LKW (ca. 1,6TEU/LKW bei einem Anteil von 25 % Straße und 10 Feederschiffe (3.000 TEU bei ca. 300 TEU/Feeder und einem Anteil von 30 %) (Kalkulation des Hafens Rotterdam (2017)). Außerdem haben die Konsolidierungsbestrebungen der Reedereien (2M, Ocean Alliance und THE Alliance) in den vergangenen Jahren dazu geführt, seeseitig größere Skaleneffekte (Economies of Scale) zu realisieren.
[375] Vgl. Ruiz-Aguilar et al. (2016), S. 19.
[376] Vgl. Halim, Kwakkel und Tavasszy (2016), S. 368.
[377] Vgl. Perego, Perotti und Mangiaracina (2011), S. 457 ff.
[378] Vgl. Elbert und Walter (2010), S. 13.

2.2 Mehrgliedrige Transportketten

Containertransport beginnt am Verlade- oder Versandtag beim Versender[379] mit der Bereitstellung eines beladenen Containers. Beladene Container werden in der Regel per LKW zum Hinterlandterminal transportiert. Dort werden sie umgeschlagen und vom Hinterlandterminal per Bahn oder Binnenschiff zum Seehafenterminal transportiert. Am Seehafenterminal werden die Container auf das geplante Containerschiff umgeschlagen. Der Nachlauf verläuft meist analog zum Vorlauf auch entweder über Direkttransporte oder wie beschrieben über den intermodalen Transport.

Luftfracht und der straßengebundene Hinterlandtransport

Die Luftfracht macht prozentual hinsichtlich der jährlich transportierten Menge nur einen Anteil von ca. 1 %[380] aus, hinsichtlich des transportierten Wertes liegt der Anteil jedoch deutlich höher bei ca. 30 %.[381] Der Grund dafür ist, dass Luftfracht die teuerste und schnellste Transportalternative darstellt und somit zumeist für hochwertige und zeitkritische Güter gewählt wird.[382] Beispiele sind pharmazeutische Wirkstoffe und Medikamente sowie Ersatzteile, um teure Produktionsstillstände zu vermeiden. Hieraus ergeben sich die hohen Qualitäts- und Sicherheitsanforderungen.[383] Luftfrachtsendungen werden mit dem Flugzeug meist auf zwei Arten befördert: Entweder in reinen Frachtflugzeugen als sogenannte Frachterfracht oder in Passagiermaschinen als sogenannte Beiladefracht bzw. Bellyfracht.[384] Der Anteil der Bellyfracht an der gesamten Luftfracht beträgt weltweit ca. 47 %.[385] Niedrige Margen und die hohe Dynamik haben dazu geführt, dass – trotz der hohen Qualitäts- und Sicherheitsanforderungen – die Prozesse in den letzten Jahren weitestgehend gleich geblieben sind. Zudem führt der intensive Wettbewerb unter den beteiligten Akteuren dazu, dass weiterhin große Ineffizienzen im Informationsfluss vorhanden sind.[386] Dies wurde bereits von Christiaanse, Been und van Diepen (1996) hervorgehoben, da die Güter ca. 78 % der Transportzeit damit verbringen, auf die nächsten Prozessschritte am Flughafen zu warten, was zu einem großen Teil auf die ineffiziente Kommunikation zwischen den Beteiligten zurückzuführen ist.[387]

---

[379] In der Forschung wird der Versender in der Seefracht häufig auch Verlader genannt. Da dieser häufig bereits die Güter in den Leecontainer verlädt. In der Luftfracht wird hingegen nur von Versender gesprochen, da die Verladung und Konsolidierung meist beim Spediteur stattfindet. Für eine einheitliche Begriffsverwendung ist daher im Folgenden hauptsächlich von Versender oder Versandtag die Rede. Eine weitere Unterscheidung, z. B von Versand- und Verladetag, ist für die vorliegende Arbeit nicht notwendig. Für weitere Informationen siehe Muschkiet und Ebel (2013), S. 126 bzw. Kapitel 2.2.3.

[380] Je nach Statistik variiert der Anteil von 1 bis 5 % (siehe u. a. Statistisches Bundesamt (2016); Bundesministerium für Verkehr und digitale Infrastruktur (2014); Hoffmann und Kumar (2013); Statistisches Bundesamt (2008).

[381] Vgl. Hoffmann und Kumar (2013), S. 38.

[382] Vgl. Feng, Li und Shen (2015), S. 263; Forster und Regan (2003), S. 52.

[383] Vgl. Arnold et al. (2008), S. 757 f.

[384] Vgl. Bundesverband der Deutschen Luftverkehrswirtschaft (2016), S. 2.

[385] Interkontinental herrschen hier allerdings große Unterschiede: Asien – Nordamerika 20 %, Asien – Europa 28 % und Europa – Nordamerika 57 % des Luftfrachtaufkommens werden per Bellyfracht transportiert (vgl. Bundesverband der Deutschen Luftverkehrswirtschaft (2016), S. 2).

[386] Vgl. Harris, Wang und Wang (2015), S. 88; Forster und Regan (2003), S. 54.

[387] Vgl. Christiaanse, Been und van Diepen (1996), S. 419.

Auch hier startet der Transport mit dem Vorlauf beim Versender, der durch den Luftfrachtbrief („AirWayBill", AWB) initiiert wird.[388] Hier werden Paletten oder lose Ware vom Transportdienstleister abgeholt, umgeschlagen und bis zur fertigen Luftfrachtpalette oder -containern konsolidiert. Auch hier ist der Vorlauf von einer Vielzahl an beteiligten Akteuren geprägt. Während in der Seefracht der große, zentrale Umschlagspunkt jeweils der Seehafen darstellt, so ist es hier der Flughafen, welcher auch Luftfrachthub genannt wird. Im Hauptlauf erfolgt dann der Transport entsprechend vom Ausgangs- zum Eingangs-Luftfrachthub und es schließt sich der Nachlauf bis zum Empfänger an. Der Unterschied ist hierbei, dass Vor- und Nachlauf meist nicht als intermodaler Transport, sondern nur als straßengebundener (häufig aber trotzdem gebrochener, da mehrere Umschlagsknotenpunkte im Hinterland integriert sein können) Transport durchgeführt werden.[389] Der Grund hierfür ist die hohe Zeitkritikalität der Güter.[390] Während bei der Luftfracht ein Transport – je nach Priorität – zwischen einem und sechs Tagen dauert, sind es bei der Seefracht durchschnittlich ca. drei bis vier Wochen.[391] Beide Transportketten sind trotz der operativen Unterschiede stark geprägt durch die Fragmentierung bzw. Arbeitsteilung in der Auftragsabwicklung. Vor allem um die zentralen Umschlagsknotenpunkte siedeln sich viele Akteure an. Aus welchen Akteuren sich die Transportkette im Einzelnen zusammensetzt, wird im folgenden Kapitel beschrieben.

2.2.3 Akteure in der Transportkette

Die Beteiligung mehrerer Akteure bei der Planung und Durchführung von Transportdienstleistungen in der mehrgliedrigen Transportkette führt zu einer sehr heterogenen und fragmentierten Struktur, die die unternehmensübergreifende Zusammenarbeit erschwert.[392] Zudem gibt es bei den angebotenen Dienstleistungen der Akteure viele Überschneidungen und daher lassen sich Akteure zum Teil nur schwer voneinander abgrenzen.[393] Dennoch ist es von zentraler Bedeutung, die einzelnen Rollen der Akteure und die Interaktion zwischen den Akteuren zu verstehen, um Verhaltensweisen nachvollziehen und antizipieren zu können. Im Folgenden sollen die Akteure entlang der mehrgliedrigen Transportkette unter Berücksichtigung ihrer jeweiligen Hauptaufgaben beschrieben werden. Unterschiede, die sich aus den unterschiedlichen Verkehrsträgern ergeben, werden akteursspezifisch aufgegriffen und entsprechende Transportkonzepte erläutert.

---

[388] Vgl. Frye (2013), S. 243.
[389] Vgl. Frye (2013), S. 230.
[390] Vgl. Sales (2017), S. 3.
[391] Vgl. Sales (2017), S. 178. Ein Zug von China nach Europa über die Seidenstraße liegt in etwa genau in der Mitte, was die zunehmende Bedeutung erklärt.
[392] Vgl. Roorda et al. (2010), S. 18.
[393] Vgl. Roorda et al. (2010), S. 19.

2.2 Mehrgliedrige Transportketten

Versender/Verlader

Zu Beginn der Transportkette steht immer ein Versender, in der Seefracht auch Verlader genannt.[394] Dieser ist meist der originäre Auftraggeber, der, zunächst allgemein gesprochen, einen Transportdienstleister beauftragt, die jeweiligen Güter von der Transportquelle zur -senke zu transportieren. Der Empfänger am Ende der Transportkette kann dabei entweder das gleiche oder ein anderes Unternehmen sein. Mit Versendern können generell vom Rohstofflieferanten über Zwischenhändler, produzierende Unternehmen bis hin zum Handel alle Industrie-, Handels- und Dienstleistungsunternehmen subsummiert sein, die Transporte nachfragen und somit als Auftraggeber für die Transportdienstleistung auftreten.[395] Ziel der Transportkette sollte es sein, die Anforderungen der Versender nach termingerechten, unbeschädigten, möglichst schnellen und kostengünstigen Transporten zu erfüllen. Dies ist nicht immer möglich, da sich diese Kriterien zum Teil gegenseitig widersprechen, z. B. bei der Kombination „schnell" und „kostengünstig". Aus Sicht des Versenders gehört der Transportprozess, gerade wenn der Transport an Dienstleister vergeben wird und nicht selbst organisiert wird, zur Beschaffung bzw. zum Einkauf.[396] Je nach Unternehmen werden unterschiedliche Kanäle für die Auftragsvergabe genutzt. Dies soll im Detail in Kapitel 5.1 untersucht werden. Die Versender vergeben die Transportaufträge entweder an Spediteure (Merchant's Haulage) oder direkt an einen Frachtführer (Carrier's Haulage).

In der Merchant's Haulage beauftragt der Versender in der Regel einen Spediteur mit der Organisation und Koordination der Transportkette, während in der Carrier's Haulage der Frachtführer (Reeder oder Luftfrachtgesellschaft) die Transportaufträge direkt vom Versender erhält und die gesamte Transportdienstleistung vom Versender bis zum Empfänger („door-to-door" oder „end-to-end" Services) anbietet.[397] In diesem Fall ist der Frachtführer nicht nur für den Hauptlauf zuständig, sondern koordiniert auch den Hinterlandtransport im Vor- und Nachlauf. In der Seefracht wird von ca. 32 % Carrier's Haulage und 68 % Merchant's Haulage gesprochen.[398] In der Luftfracht gab es bisher fast ausschließlich Merchant's Haulage. Der Anteil der Carrier's Haulage nimmt jedoch sowohl in der See- als auch in der Luftfracht zu. Die Frachtführer des Hauptlaufs wollen verstärkt die Organisation und Netzwerksteuerung im Hinterland übernehmen, um sich vom Wettbewerb zu differenzieren, durchgehende Lösungen anzubieten und ein besseres Service Level und somit eine höhere Netzwerkstabilität anzubieten.[399] Maersk spricht in diesem Zusammen-

---

[394] Dies wurde bereits in Kapitel 2.2.2 aufgegriffen, da der Versender in der Seefracht meist bereits die Beladung des Leercontainers übernimmt, wird dieser häufig auch Verlader genannt (vgl. Muschkiet und Ebel (2013), S. 126). Im Folgenden wird für die See- und Luftfracht der Begriff Versender verwendet.
[395] Vgl. Pfohl (2010), S. 264.
[396] Vgl. Fleischmann et al. (2008), S. 12.
[397] Vgl. Nabais et al. (2015), S. 279; Iannone (2012), S. 1426; Elbert und Walter (2010), S. 12; Arnold et al. (2008), S. 742.
[398] Vgl. Reimann (2018), S. 13. Hierbei wird die Carrier's Haulage nur von Versender mit extrem hohem Transportaufkommen gewählt.
[399] Vgl. Lam (2011), S. 366.

hang von dem Anspruch, ein Container-Integrator zu werden.[400] Der Integrator ist ansonsten hauptsächlich aus dem Kurier-, Express- und Paketdienst-Bereich bekannt (DHL, UPS, FedEx etc.) und bietet genau diese durchgängigen „door-to-door" Lösungen mit einheitlichem System und einer hohen „end-to-end" Transparenz erfolgreich an.[401] Auch in der Luftfracht sehen Luftfrachtgesellschaften zunehmend die Potenziale bzw. Wettbewerbsbedrohung durch die Integratoren und steigen vor allem seit Anfang 2018 verstärkt in das Carrier's Haulage Geschäftsmodell ein.[402] Dies wird vor allem durch die Entwicklung der Plattformen und eMarketplaces ermöglicht. Hierüber können die Luftfrachtgesellschaften selbst, ohne weitere Zwischenhändler, ihre (Rest-)Kapazitäten über den Spotmarkt anbieten.[403] Dies verdeutlicht, dass durch die Digitalisierung der direkte Zugang zu den Versendern vereinfacht wird und sich somit die Geschäftsmodelle auch etablierter Akteure in der Transportkette verändern.

Frachtführer Reeder/Luftfrachtgesellschaft

Gesetzlich ist der Frachtführer nach HGB § 407(1) definiert. Durch den Transportauftrag bzw. Frachtvertrag wird der Frachtführer dazu verpflichtet, das Transportgut zum Bestimmungsort zu befördern. Der Frachtführer in der Seefracht ist der Reeder und in der Luftfracht die Luftfrachtgesellschaft. Auch können beispielsweise die Transporteure im Hinterland als Frachtführer bezeichnet werden. Hier beziehen sich die Frachtführer jedoch nur auf den im Hauptlauf zuständigen Frachtführer („carrier"). Bei den angebotenen Dienstleistungen können Liniendienste, die nach festen Fahrplänen und Routen durchgeführt werden, und Gelegenheitsverkehre, die auch Charterverkehre genannt werden und durch individuelle Fahrpläne und Routen gekennzeichnet sind, unterschieden werden.[404] Der Liniendienst stellt sowohl in der Seefracht als auch in der Luftfracht die Regel dar,[405] auch wenn Charterverkehre in der Luftfracht häufiger vorkommen als in der Seefracht. Aufgrund des steigenden Wettbewerbs, kam es sowohl in der See- als auch in der Luftfracht in den vergangenen Jahren zu einigen Zusammenschlüssen, um weitere Mengen- und Fixkostendegressionseffekte zu realisieren.[406] Allerdings wird deutlich, dass sich auch in Zukunft keine erheblich größeren Margen durch die reine Transportfunktion ergeben werden. Dies erklärt die Verschiebung der Geschäftsmodelle und die zunehmenden Tätigkeiten der Frachtführer im Bereich der Carrier's Haulage oder anderen Zusatzleistungen (Leercontainermanagement, Sendungsverfolgung, etc.) im Hinterland. Demnach bestehen zum einen Kunden-Lieferanten-Beziehungen zwischen den Frachtführern und den Dienstleistern im Hinterland, zum anderen treten die Frachtführer durch die Ausweitungen des Leistungsspektrums zunehmend auch in Konkurrenz zu den Akteuren im Hinterland.[407]

---

[400] Vgl. Reimann (2018), S. 13.
[401] Vgl. Koch (2012), S. 187 f.
[402] Die Zusammenhänge wurden in Interviews mit Experten erörtert und bestätigt.
[403] Vgl. Lufthansa Cargo (2018), S.1.
[404] Vgl. Schieck (2008), S. 207 f.
[405] Vgl. Schieck (2008), S. 208.
[406] Vgl. Pontow (2017), S. 80 f.
[407] Vgl. Pontow (2017), S. 82.

Spediteur

Der Spediteur ist gesetzlich in HGB § 453(1) definiert und verpflichtet sich durch den Speditionsvertrag zum Transport eines Gutes. Der Speditionsvertrag ist ein Dienstleistungsvertrag nach BGB §§ 61 ff. Der ursprüngliche Gedanke ist dabei, dass der Spediteur verschiedene Frachtführer mit dem Transport unterbeauftragt.[408] Die heutigen Tätigkeiten des Spediteurs gehen allerdings darüber hinaus.[409] Man unterscheidet die Spedition im Selbsteintritt (Transport wird durch eigene Fahrzeuge des Spediteurs durchgeführt), die Fixkostenspedition (Komplettpreis für Transport- und Zusatzleistungen) und die Sammelladungsspedition (Konsolidierung einer Sammelladung verschiedener Versender für einen Frachtführer).[410] Nähere Konkretisierungen der jeweiligen Pflichten eines Spediteurs ergeben sich aus den „Allgemeinen Deutschen Spediteurbedingungen" sowie den individuellen Verträgen. Durch die koordinierende und zusammenführende Rolle in der Transportkette (auch „one-stop-shopping" genannt),[411] hat der Spediteur in der Vergangenheit von der Intransparenz profitiert und es war seine Aufgabe, notwendige Informationen zusammenzutragen. Dies ist ein Grund, warum sich die Spediteure nur sehr zögerlich auf die Möglichkeiten der IS-Technologien einlassen, da sie ihr Geschäftsmodell bedroht sahen. Außerdem erklärt dies, warum sich Spediteure von ihrem reinen Vermittlungs- und Koordinationsgeschäft entfernen und verstärkt Zusatzleistungen (im Bereich Lagerhaltung, Bestandsmanagement etc.) anbieten.[412] Dies verdeutlicht das zunehmende Bewusstsein, dass der Einsatz von IS-Technologien, die Integration digitaler Prozesse und der unternehmensübergreifende elektronische Informationsaustausch eine Notwendigkeit darstellen, um als Spediteur zukünftig wettbewerbsfähig zu bleiben.[413]

Intermodal-Operateur

Ein Intermodal-Operateur[414] ist ein Unternehmen, das entweder Transportfahrzeuge, z. B. LKW, Züge und Binnenschiffe, besitzt oder über feste Kapazitäten verfügt und diese als intermodale Transportdienstleistung anbietet.[415] Transportanfragen gehen, je nach Organisation der Transportkette, meistens über den Versender, Frachtführer oder Spediteur ein.[416] Dabei werden die intermodalen Routen so ausgewählt, dass eine vom Auftraggeber vorgegebene Zielfunktion unter Berücksichtigung der kundenspezifischen Anforderungen (z. B. ein bestimmtes Schiff im Seehafen zu erreichen), der verfügbaren Kapazitäten und Frequenzen der Transportmittel im Hinterland, der Gegebenheiten des Verkehrsnetzwerks und

---

[408] Vgl. Arnold et al. (2008), S. 734.
[409] Vgl. Walter (2015), S. 21.
[410] Vgl. Arnold et al. (2008), S. 734.
[411] Vgl. Pontow (2017), S. 88; Merk und Notteboom (2015), S. 29.
[412] Vgl. Cepolina und Ghiara (2013), S. 204.
[413] Vgl. Zijm et al. (2016), S. 9 und 313 f.; Cepolina und Ghiara (2013), S. 204.
[414] In der Literatur und je nach Fokus zum Teil auch Kombi-, KV-, Schienen-, Binnenschiff-Operator oder auch nur (Transport-)Operator genannt (siehe hierzu u. a. Pontow (2017), S. 79; Reis et al. (2013), S. 17; Gronalt et al. (2011), S. 38; Tyssen (2010), S. 35).
[415] Vgl. Li, Negenborn und de Schutter (2015), S. 78; Grig (2011), S. 87 f.
[416] Vgl. van der Horst und de Langen (2008), S.113.

der Verkehrsbedingungen erfüllt wird.[417] Zielfunktion des Intermodal-Operateurs ist, die Transportdistanz per LKW möglichst gering zu halten und eine längere Transportdistanz zwischen Hinterland- und Seehafenterminal mit dem Güterzug oder Binnenschiff zurückzulegen.[418] Dies verdeutlicht, dass der Intermodal-Operateur hauptsächlich eine planende und koordinierende Rolle in der Transportkette einnimmt. Meistens besitzt der Intermodal-Operateur keine eigenen Transportfahrzeuge, sondern verfügt über fixe und variable Transportkapazitäten, die bei den Transporteuren und Eisenbahnverkehrsunternehmen anfragt und eingekauft werden.[419] Vor allem mit den Eisenbahnverkehrsunternehmen werden Transportkapazitäten langfristig verhandelt und kurzfristige Nachfrageänderungen können nur bedingt angepasst werden. Das bedeutet, der Intermodal-Operateur trägt das Auslastungsrisiko.[420] Auch hier zeigen sich Leistungsüberschneidungen, wenn beispielsweise Intermodal-Operateure eigene Waggons und Lokomotiven besitzen und sie auf diese Weise mit den Eisenbahnverkehrsunternehmen in Konkurrenz treten.[421] Die straßengebundenen Kapazitäten der Transporteure lassen sich hingegen kurzfristiger und variabler gestalten. Allerdings sorgen auch hier zunehmende Engpässe, verursacht durch einen sich verschärfenden Mangel an LKW-Fahrern, für eine eingeschränkte Flexibilität.[422] Die operative Durchführung der Transporte liegt dann meist bei den folgenden ausführenden Akteuren.

LKW-Transporteur

Ein Transporteur kann im Allgemeinen jegliche Art von Frachtführer für jeden Verkehrsträger darstellen. Da andere Frachtführer bereits erläutert wurden, liegt der Fokus hier auf dem straßengebundenen LKW-Transporteur. Dieser Transporteur kann je nach Organisation der Transportkette vom Versender, Frachtführer, Spediteur oder Intermodal-Operateur beauftragt werden. Dieser spielt sowohl im Vorlauf der See- als auch in der Luftfracht eine wichtige Rolle und übernimmt die Gestellung eines Leercontainers in der Seefracht bzw. die Verladung der Paletten für die Luftfracht beim Versender und bringt diese zum nächsten Umschlagsterminal oder Konsolidierungslager (wenn kein Direktverkehr vorliegt). Während er je nach Transportdistanz im Vorlauf der Seefracht nach Möglichkeit nur für kurze Distanzen und die Feinverteilung „auf der letzten Meile" zuständig ist,[423] übernimmt der LKW-Transporteur meist den kompletten Transport im Vorlauf der Luftfracht.[424] Als Grund wurde hier bereits die Zeitkritikalität im vorherigen Kapitel angesprochen.[425] Auch der Luftfrachtersatzverkehr („Road Feeder Service") wird komplett über LKW-Transporteure abgewickelt.[426] Der Anspruch ist zwar, aus Gründen der Nachhaltigkeit, des

---

[417] Vgl. Li, Negenborn und de Schutter (2015), S. 78.
[418] Vgl. Pontow (2017), S. 84 f.
[419] Vgl. Hildebrand (2008), S. 68.
[420] Vgl. Walter (2015), S. 22.
[421] Vgl. Saeedi et al. (2017), S. 13.
[422] Vgl. Kümmerlen und Semmann (2018), S. 8.
[423] Vgl. Kaffka (2013), S. 262.
[424] Vgl. Frye (2013), S. 243.
[425] Vgl. Kapitel 2.2.2; Sales (2017), S. 3.
[426] Vgl. Frye (2013), S. 243.

Fahrermangels oder der Kosteneinsparpotenziale den Anteil der LKW-Transporteur gering zu halten, trotzdem ist der Anteil am gesamten Transportaufkommen weiterhin sehr hoch.[427]

Eisenbahnverkehrs-/Binnenschifffahrtsunternehmen

Eisenbahnverkehrsunternehmen können sowohl öffentliche als auch privatwirtschaftliche Unternehmen sein. Diese bieten Eisenbahnverkehrsleistungen auf den Schienenwegen von Eisenbahninfrastrukturunternehmen an und befassen sich hauptsächlich mit der Traktion, also der Fortbewegung von Schienenfahrzeugen.[428] Um diese Leistung anbieten zu können, müssen Trassen vom Eisenbahninfrastrukturunternehmen beschafft werden. Unter Trasse ist die räumliche und zeitliche Inanspruchnahme der Eisenbahninfrastruktur zu verstehen.[429] Vor allem im Vorlauf der Seehäfen in der europäischen Hamburg-Le Havre Range[430] werden am häufigsten Shuttle-Züge im Direktzugverkehr angeboten.[431] Direktzüge zeichnen sich dadurch aus, dass sie ohne Halt zwischen zwei Terminals verkehren.[432] Dabei pendeln Shuttle-Züge immer mit derselben Wagenausstattung, unabhängig von der Transportnachfrage, zwischen zwei Terminals.[433] Bei Blockzügen wird die Anzahl der Waggons an die Transportnachfrage angepasst, was zu einem höheren Rangieraufwand führt.[434] Bei der Vermarktung von ganzen Zügen[435] an andere Akteure, häufig an Intermodal-Operateure, gibt das Eisenbahnverkehrsunternehmen das Auslastungsrisiko ab. Auch wenn diese beiden Akteure häufig eng zusammenarbeiten, stehen sie zum Teil auch in Konkurrenz zueinander, gerade wenn der Intermodal-Operateur schienengebundene Transportdienstleistungen eigenständig erbringt.[436] Das Pendent zum Eisenbahnverkehrsunternehmen

---

[427] Vgl. Statistisches Bundesamt (2018b, 2018c); Bundesministerium für Verkehr und digitale Infrastruktur (2014). Vor allem bei besonderen Transportanforderungen, wie z. B. Kühlung, bieten weder Güterzug noch Binnenschiff eine wirkliche Alternativen zum LKW-Transport.

[428] Vgl. Walter (2015), S. 23.

[429] Vgl. Gronalt et al. (2011), S. 39. Die Buchung der Trassen erfolgt typischerweise mit jährlich und ist dem zur Folge wenig flexibel.

[430] Hierzu gehören neben den wichtigsten europäischen Häfen Rotterdam, Hamburg und Antwerpen auch die Häfen Seebrügge, Gent und Ostende in Belgien, Le Havre, Dünkirchen und Rouen in Frankreich, Amsterdam und Seeland in den Niederlanden sowie Bremerhaven, Cuxhaven, Emden und Wilhelmshaven in Deutschland (vgl. Notteboom (2008), S. 76 f.).

[431] Vgl. Notteboom (2008), S. 76.

[432] Von den Direktzügen lassen sich Hub-and-Spoke Systeme abgrenzen, bei denen in einem Hub ein zusätzlicher Umschlag bzw. die Feinverteilung auf andere Züge/LKW zum Weitertransport in das Hinterland stattfinden. Der größte Rangierbahnhof Deutschlands und der zweitgrößte der Welt ist in Maschen, was südlich von Hamburg an der Bahnstrecke Hannover-Hamburg liegt (vgl. Meier, Sender und Voll (2013), S. 162 f.).

[433] Vgl. Ballis und Golias (2004), S. 423.

[434] Vgl. Ballis und Golias (2004), S. 423.

[435] In Mitteleuropa beträgt die maximale Gesamtlänge des Güterzuges, festgelegt von der International Union of Railways, in der Regel 750 m. Die Länge der Überholgleise in Deutschland bewirkt eine Einschränkung der Gesamtzuglänge im Schienengüterverkehr, die bei max. 740 m liegt (vgl. Meier, Sender und Voll (2013), S. 162).

[436] Vgl. Li, Negenborn und de Schutter (2015), S. 78.

ist das Binnenschifffahrtsunternehmen.[437] Diese haben in Deutschland zunehmend ihre Verkehre auf den Rhein verlagert und bedienen die Westhäfen, da die Wasserstraßen über die Elbe nicht durchgängig für den Güterverkehr ausgebaut sind.[438] Das heißt die Wahl des Verkehrsträgers Schiene oder Binnenschiff ist häufig eine Frage der Ausgangs-/Eingangs-Seehäfen sowie eine Abwägung zwischen Transportdauer und -kosten.[439] Zunehmende Extremwetterereignisse und dadurch bedingtes Hoch- und Niedrigwasser sind mitverantwortlich für den rückläufigen Anteil des Binnenschiffs in den letzten Jahren.[440]

Terminal- und Lagerbetreiber

Bei den Terminal- und Lagerbetreibern ist eine stärkere Differenzierung zwischen See- und Luftfracht notwendig. In der Seefracht besteht die zentrale Aufgabe der Terminalbetreiber im Hinterland als auch im Seehafen in den Umschlagsdienstleistungen.[441] Dazu gehören das seeseitige Laden und Löschen von Binnen- und Hochseeschiffen und der landseitige Umschlag von LKW und Bahn sowie die Zwischenlagerung.[442] Da die Kosten der Lagerung an den Umschlagterminals meistens sehr hoch sind, wird hierbei grundsätzlich die Zielsetzung verfolgt, Lagerzeiten an den Terminals gering zu halten. Als weitere Dienstleistungen können Kontrolldienstleistungen sowie das Packen und Auflösen von Containern angeboten werden.[443] Auch hier zeigt sich beispielsweise durch die vertikale Integration der Reeder, dass diese zwar häufig die größten Auftragsgeber darstellen, aber aufgrund ihrer Investitionsaktivitäten auch als Konkurrenten auftreten.[444] In der Luftfracht besteht die zentrale Aufgabe der Lagerbetreiber im Hinterland als auch an den Luftfrachthubs in der Konsolidierungsdienstleistung. Durch eine optimale Ausnutzung des Gewicht-Volumen-Verhältnisses auf den Luftfrachtpaletten erzielt der Dienstleister entsprechend seine Marge.[445] Auch hier werden Lagerleistungen häufig aufgrund der zeitlichen Restriktionen nur kurzfristig in Anspruch genommen. Im Hinterland werden die Konsolidierungslager („consolidation hubs") zumeist von Spediteuren betrieben. Am Luftfrachthub gibt es auch Konsolidierungslager von Spediteuren, aber hauptsächlich werden die Lager mit direktem Zugang zum Vorfeld von Handling-Agenten betrieben. Die Handling-Agenten konsolidieren Güter von verschiedenen Spediteuren und bringen die fertigen Luftfrachtpaletten zum Vorfeld, wo sie anschließend von den Bodenverkehrsdiensten in die Flugzeuge der Luftfrachtgesellschaften verladen werden.

Zum Teil etablieren sich weitere Dienstleister oder Zwischenhändler zwischen den vorgestellten Akteuren in der Transportkette, die allerdings im Zuge der Digitalisierung zuneh-

---

[437] Auch Binnenschifffahrtsreedereien genannt. Für eine Übersicht der Akteure in der Binnenschifffahrt siehe Muschkiet (2013), S. 190 ff.
[438] Vgl. Bundesamt für Güterverkehr (2018), S. 38; Muschkiet (2013), S. 183.
[439] Vgl. Schönknecht (2007), S. 142.
[440] Vgl. Bundesamt für Güterverkehr (2018), S. 34 f.
[441] Vgl. Biebig, Althof und Wagener (2008), S. 236.
[442] Vgl. Pontow (2017), S. 82.
[443] Vgl. Biebig, Althof und Wagener (2008), S. 237.
[444] Vgl. Pontow (2017), S. 83 f.; Merk und Notteboom (2015), S. 29.
[445] Vgl. Feng, Li und Shen (2015), S. 265.

mend an Bedeutung verlieren und auch hier nicht weiter betrachtet werden. In der Seefracht wurde in den vergangenen Jahren vor allem in den Seehäfen, nicht zuletzt auch aufgrund des steigenden Wettbewerbs, stark in die Digitalisierung der Prozesse und Abläufe investiert.[446] Im Hinterland herrscht hier weiterhin großer Nachholbedarf.[447] Ähnlich ist dies bei den Luftfrachthubs.[448] Auch diese sind häufig nicht auf dem neusten Stand der Technik und geraten zunehmend unter Zugzwang, um den steigenden Anforderungen der Versender gerecht zu werden sowie den Planern und Disponenten der jeweiligen Akteure durch eine Reduktion der Komplexität die Arbeit zu erleichtern. Nachdem nun die wichtigsten Begriffe erklärt wurden, sollen im folgenden Kapitel die Themenbereiche zusammengebracht werden, indem der Stand der Forschung zum Thema Auftragsabwicklung in der Transportkette systematisch mittels Literaturrecherche aufgearbeitet wird.

2.3 Stand der Forschung zur Auftragsabwicklung in der Transportkette

Wie sich in den Grundlagen gezeigt hat, spielt die Koordination besonders in arbeitsteiligen Auftragsabwicklungsprozessen eine zentrale Rolle. Zudem bietet der Einsatz von IS-Technologien in den Prozessen viele Verbesserungspotenziale, vor allem in einem durch intensiven Wettbewerb und Dynamik geprägten Umfeld. Dass diese Gegebenheiten in der Transportkette vorzufinden sind, zeigte sich nicht nur durch schwer differenzierbare Transportdienstleistung an sich, sondern auch durch die starke Fragmentierung der mehrgliedrigen Transportketten auf verschiedene Verkehrsträger, hinter denen wiederum mehrere Akteure stehen, die in unterschiedlichen Konstellationen und Verantwortlichkeiten zusammenarbeiten und zum Teil gleichzeitig zueinander in Konkurrenz stehen. Hier wird das Dilemma sichtbar, in dem die Akteure stecken. Durch die hohe Arbeitsteilung zwischen verschiedenen Akteuren in der Transportkette erhöht sich der Bedarf an unternehmensübergreifender Koordination, die aber aufgrund der Wettbewerbssituation und Dynamik nicht einfach umzusetzen ist.[449] Neben diesen herausgearbeiteten Grundlagen sollen diese Gegebenheiten im Folgenden mittels systematischer Literaturrecherche forschungsseitig eingefangen und dokumentiert werden, was in diesem Bereich bereits erforscht wurde bzw. welche relevanten Forschungslücken bestehen. Der im Folgenden wie auch in der gesamten Arbeit betrachtete Literaturkorpus ergibt sich dabei zum einen aus der stetigen Verfolgung aktueller Veröffentlichungen.[450] Es wurden Push-Benachrichtigungen auf verschiedenen wissenschaftlichen Suchportalen eingerichtet,[451] die wöchentlich und themenspezifisch über neue Veröffentlichungen informierten und so eine kontinuierliche Verfolgung mögli-

---

[446] Vgl. hierzu u. a. Heilig, Lalla-Ruiz und Voß (2017); Carlan, Sys und Vanelslander (2016); Lee, Tongzon und Kim (2016); Duin und Hauge (2014).
[447] Vgl. hierzu u. a. Harris, Wang und Wang (2015); Almotairi et al. (2011); Inkinen, Tapaninen und Pulli (2009); Saldanha (2006).
[448] Vgl. hierzu u. a. Feng, Pang und Lodewijks (2015); Christiaanse, van Diepen und Damsgaard (2004); Christiaanse und Damsgaard (2000).
[449] Vgl. de Langen und Douma (2010a), S. 262.
[450] Diese ergeben sich aus der Zeit der wissenschaftlichen Tätigkeit am Fachgebiet Unternehmensführung und Logistik im Zeitraum von 2014 bis 2018.
[451] Hierzu zählen u. a. Elseviers ScienceDirect Message Center oder Menedley Suggest.

cher relevanter Veröffentlichungen ermöglichten. Zum anderen wurde die angesprochene systematische Literaturanalyse durchgeführt, welche im Folgenden vorgestellt und durchgeführt wird, um sicherzugehen, dass der Literaturkorpus die wichtigsten Veröffentlichungen und Erkenntnisse der vergangenen Jahre abdeckt.

2.3.1 Auswahl und Vorgehensweise bei der systematischen Literaturrecherche

In der betriebswirtschaftlich orientierten Forschung besteht Einigkeit darüber, dass Literaturrecherchen eine zentrale Grundlage für die empirische Forschung darstellen.[452] Dabei kann die Literaturrecherche selbst eine eigenständige Forschungsarbeit („standalone review") oder ein integrativer Teil einer Forschungsarbeit („background review") darstellen.[453] In der vorliegenden Forschungsarbeit trifft das Zweitgenannte zu. Diese Form der Literaturrecherche wird methodisch zumeist als unstrukturierte, traditionelle (auch konventionelle, nicht-systematische oder narrative) Literaturrecherche durchgeführt. Traditionell bedeutet, sich einen Überblick über einen breiten Forschungsbereich mit relativ allgemeinen Forschungsfragen zu erschließen, ohne im Vorfeld einen konkreten Suchprozess oder Qualitätskriterien für eine anschließende Qualitätsbewertung festzulegen.[454] Kritisiert wird dabei die willkürliche Auswahl der Literatur, gefolgt von der Behauptung, dass damit keine hohe Aussagekraft bzw. Qualität zum Stand der Forschung erreicht werden kann.[455] Dieser Kritik soll in der vorliegenden Forschungsarbeit begegnet werden, indem keine traditionelle sondern eine systematische Literaturrecherche durchgeführt wird. Des Weiteren haben sich neben der systematischen und der traditionellen Literaturrecherche noch die meta-analytische und die meta-synthetische Literaturrecherchen etabliert.[456] Eine Meta-Analyse erarbeitet quantitative Zusammenhänge in Daten oder Ergebnissen von bestehenden Forschungsarbeiten, während in der Meta-Synthese diese Zusammenhänge qualitativ entwickelt werden. Diese weiteren Formen der Literaturrecherche werden hier der Vollständigkeit halber erwähnt, aber im Verlauf der Arbeit nicht weiter berücksichtigt.

Der zentrale Unterschied zwischen der traditionellen und der systematischen Literaturrecherche liegt in der methodischen Vorgehensweise. Während die Vorgehensweise bei der traditionellen Form sehr flexibel gestaltbar ist, wobei die genaue Herangehensweise der Wissenschaftler meist intransparent bleibt und Ergebnisse somit nicht reproduzierbar sind, gibt es bei der systematischen Literaturrecherche definierte Prozessschritte, die die Vorgehensweise transparent und die Ergebnisse reproduzierbar machen.[457] Ursprünglich kam die

---

[452] Vgl. Tranfield, Denyer und Smart (2003), S. 211 ff.; Cooper (1989); S. 11.
[453] Vgl. Jesson, Metheson und Lacey (2012), S. 9; Okoli und Schabram (2010), S. 2 f.; vom Brocke et al. (2015), S. 207.
[454] Innerhalb der traditionellen Literaturrecherche können weitere Typen unterschieden werden, z. B. die kritische („critical approach"), konzeptionelle („conceptual reviews"), „state-of-the-art" und expertenbasierte Literaturrecherchen sowie „scoping reviews" oder „scoping studies". Für die Definitionen und weitere Erläuterungen der Typen siehe Jesson, Metheson und Lacey (2012), S. 76 ff.
[455] Vgl. vom Brocke et al. (2015), S. 9; Dybå, Dingsøyr und Hanssen (2007), S. 225.
[456] Für eine Übersicht und weitere Differenzierungen verschiedener Typen der Literaturrecherche siehe u. a. Bandara et al. (2015), S. 156; Danson und Arshad (2014), S. 3 f.; Jesson, Metheson und Lacey (2012), S. 11.
[457] Vgl. Jesson, Metheson und Lacey (2012), S. 73 ff.; Dybå, Dingsøyr und Hanssen (2007), S. 226.

systematische Literaturanalyse hauptsächlich in quantitativen Forschungsbereichen bzw. im Anwendungsgebiet der Medizin zum Einsatz.[458] Jedoch werden auch in der betriebswirtschaftlichen Forschung mehr qualitativ hochwertige, systematische Literaturrecherchen gefordert, um falsche Interpretationen („interpretation biases") als Resultat einer unstrukturierten Vorgehensweise („process biases") auszuschließen.[459] In den vergangenen Jahren wurden dazu in der Fachliteratur verstärkt Ansätze veröffentlicht, wie die systematische Literaturrecherche in anderen Anwendungsgebieten, wie der betriebswirtschaftlichen Forschung[460] im Allgemeinen sowie der IS-[461] oder SCM- bzw. Logistikforschung[462] im Speziellen, zum Einsatz kommen kann. Dabei kristallisieren sich vor allem zwei grundlegende Unterschiede zum ursprünglichen Einsatz heraus, die eine Abwandlung der Vorgehensweise rechtfertigen: Zum einen muss es für die betriebswirtschaftliche Forschung möglich sein, neben der quantitativen auch qualitative Studien in der systematischen Literaturanalyse zu berücksichtigen (ontologische Annahme: Was ist die Forschungsrealität?).[463] Dieser Forderung kann man entsprechen, indem gerade bei explorativer Forschung begründete und protokollierte Abweichungen von der festgelegten methodischen Vorgehensweise zulässig sind.[464] Zum anderen ist die betriebswirtschaftliche Forschung ergebnisorientiert, das heißt die Datenbasis wird oft nicht mitveröffentlicht, und es gibt häufig keine standardisierten (Ergebnis-)Berichtsstrukturen, was die Vergleichbarkeit und somit das Herstellen von Zusammenhängen erschwert (epistemologische Annahme: Wie kommt es zum Erkenntnisgewinn über die Forschungsrealität?).[465] Dies hat zur Folge, dass Qualitätskriterien schwer zu definieren sind und eine Qualitätsbeurteilung häufig nur implizit basierend auf der Bewertung („ranking" oder „impact factor") der Fachzeitschrift („journal") möglich ist und nicht explizit über die Bewertung des jeweiligen Forschungsbeitrags („paper"),[466] wie es in den klassischen Anwendung der systematischen Literaturrecherche gefordert wird.[467] Diese Herausforderungen der systematischen Literaturrecherche verdeutlichen, dass es keine klare Grenze zwischen der traditionellen und der systematischen Literaturrecherche gibt. Einige Autoren schlagen daher vor, die beiden Methoden als

---

[458] Vgl. Tranfield, Denyer und Smart (2003), S. 209 f.; Durach, Kembro und Wieland (2017), S. 67.
[459] Vgl. Dybå, Dingsøyr und Hanssen (2007), S. 226. Den „publication bias" kann allerdings auch eine systematische Literaturrecherche nicht verhindern. Dieser entsteht aufgrund der Tatsache, dass Publikationen eher bei überraschenden, positiven als bei negativen Ergebnissen veröffentlicht werden, da diese als „interessanter" empfunden werden. Dies ist allerdings eher ein allgemeines Problem der Forschung und nicht der methodischen Vorgehensweise. Für weitere Informationen, wie der „publication bias" gering gehalten werden kann, beispielsweise durch Berücksichtigung von grauer Literatur, siehe Kitchenham (2004), S. 8.
[460] Vgl. Denyer und Tranfield (2009); Tranfield, Denyer und Smart (2003).
[461] Vgl. Okoli (2015); Brereton et al. (2007); Fettke (2006); Levy und Ellis (2006).
[462] Vgl. Durach, Kembro und Wieland (2017); Croom, Romano und Giannakis (2000).
[463] Vgl. Durach, Kembro und Wieland (2017), S. 68 und 74; Schryen (2015), S. 286 ff.
[464] Vgl. Tranfield, Denyer und Smart (2003), S. 211.
[465] Vgl. Tranfield, Denyer und Smart (2003), S. 216; Durach, Kembro und Wieland (2017), S. 68; Gregor (2006), S. 612. Weitere Unterschiede sind beispielsweise die zum Teil unterschiedlich gewählte oder geringe theoretische Fundierung der Forschungsarbeiten (theoretische Annahme). Für eine Zusammenfassung weiterer Unterschiede und deren Konsequenzen für die Anwendung der systematischen Literaturrecherche siehe Tranfield, Denyer und Smart (2003), S. 213 und Durach, Kembro und Wieland (2017), S. 68 ff.
[466] Vgl. Tranfield, Denyer und Smart (2003), S. 216.
[467] Vgl. Jesson, Metheson und Lacey (2012), S. 116 f.

Endpunkte eines Kontinuums zu betrachten.[468] Okoli und Schabram (2010) empfehlen, für die Literaturrecherchen nach dem Grad der Systematisierung eher eine „mehr-oder-weniger" systematische anstelle einer „entweder-oder" Kategorisierung zu wählen. Im Folgenden wurde genau diese Vorgehensweie als die für den konkreten Forschungsgegenstand am besten geeignete ausgewählt. Aufgrund der beschriebenen Herausforderungen handelt es sich nicht um eine Reinform der systematischen Literaturrecherche, sondern es müssen Einschränkungen beispielsweise hinsichtlich der Qualitätskriterien und -beurteilung gemacht werden.

Die generelle Zielsetzung einer Literaturrecherche ist es, einerseits einen Überblick über den Forschungsbereich zu geben und dabei relevante Forschungslücken zu identifizieren und andererseits eine fundierte theoretische Einordnung des Forschungsbereichs zu ermöglichen.[469] Kitchchham (2004) beschreibt die Notwendigkeit einer systematischen Literaturrecherche für die vorliegende Arbeit sehr passend: „A systematic review in a PhD thesis should identify the existing basis for the research student's work and make it clear where the proposed research fits into the current body of knowledge."[470] Dabei stellt die systematische Literaturrecherche einen iterativen Prozess dar, um einen Daten- bzw. Literaturkorpus zu identifizieren, der das Forschungsfeld möglichst umfassend und präzise wiedergibt.[471] Dies verdeutlicht das Spannungsfeld, in dem sich eine Literaturrecherche bewegt, nämlich zwischen einer umfassenden Darstellung von Forschungsarbeiten im betrachteten und angrenzenden Forschungsbereichen (hohe Anzahl identifizierter Veröffentlichungen) und einer präzisen Erfassung von relevanten Forschungsarbeiten (hoher Anteil relevanter Veröffentlichungen im Literaturkorpus).[472]

Der Literaturkorpus wird zu einem erheblichen Maße von der Auswahl der Datenbanken bestimmt. Grundsätzlich lassen sich Bibliothekskataloge und Fachdatenbanken unterscheiden. Beide Datenbanken sind heutzutage meist elektronisch zugänglich. Der Unterschied der beiden Datenbanken liegt in der Verfügbarkeit verschiedenartiger Quellen. Der Bibliothekskatalog dient als Nachweisinstrument, in dem die verfügbare Literatur von Bibliotheken erfasst ist.[473] Dadurch liegt der Schwerpunkt meist auf Büchern. Fachdatenbanken hingegen fokussieren eher den Zugang zu wissenschaftlichen Fachzeitschriften sowie zu den darin veröffentlichten Artikeln.[474] Allerdings verschwimmen diese Unterscheidungen zunhemends, da Bibliothekskataloge verstärkt den Zugang zu Fachzeitschriften und Arti-

---

[468] Vgl. Danson und Arshad (2014), S. 38; Jesson, Metheson und Lacey (2012), S. 10 f.; Okoli und Schabram (2010), S. 5; King und He (2005), S. 666 ff.
[469] Vgl. Templier und Paré (2015), S. 6.
[470] Kitchenham (2004), S. 6. Sinngemäße Übersetzung: „Eine systematische Literaturrecherche in einer Dissertation sollte die bestehende Grundlage für die Arbeit identifizieren und deutlich machen, wo die vorgeschlagene Forschung in den aktuellen Wissensstand passt."
[471] Vgl. Kitchenham (2004), S. 3.
[472] Vgl. Hek und Langton (2000), S. 40.
[473] Hierbei ist zum Teil der Zugang zu eBooks in Gänze oder ausschnittsweise möglich. Meistens sind jedoch nur relevante Buchinformationen mit dem entsprechenden verfügbaren Ort (Bibliothek) hinterlegt (vgl. Lewandowski (2006), S. 72).
[474] Vgl. Jesson, Metheson und Lacey (2012), S. 32); Lewandowski (2006), S. 72.

2.3 Stand der Forschung zur Auftragsabwicklung in der Transportkette

keln bieten und Fachdatenbanken das Auffinden von Büchern ermöglichen. Außerdem bieten Suchmaschinen wie Google Scholar Informationen verschiedenartiger Quellen über eine einzige Schnittstelle zu den unterschiedlichen Datenbanken und erleichtern somit die Suche. Die Suchmaschinen eignen sich vor allem zu Beginn für eine Initialsuche, um einen Überblick zu erlangen und erste relevante Forschungsarbeiten zu identifizieren. Zudem eignen sich diese Suchmaschinen für einen schnellen und zielgerichteten Zugang zu ausgewählten Forschungsarbeiten und werden für die Vorwärts- und Rückwärtssuche eingesetzt. Die Vorgehensweise der systematischen Literaturrecherche orientiert sich an Kitchenham et al. (2009) und Durach, Kembro und Wieland (2017). Die Phasen sind in Tabelle 4 zusammengefasst und kommen im folgenden Kapitel entsprechend zum Einsatz.

Tabelle 4: Phasen einer systematischen Literaturrecherche (eigene Darstellung; in Anlehnung an Kitchenham et al. (2009) und Durach, Kembro und Wieland (2017)).

Phase		Beschreibung und relevante Schritte innerhalb der Phasen
1	Definition Forschungsfrage	- Abgrenzung des Forschungsbereichs („context") - Formulierung der Forschungsfrage(n) (im Spannungsfeld: allgemein/umfassend vs. speziell/präzise) - Begründung der Relevanz zur Durchführung
2	Festlegung Suchprozess und -algorithmus (Qualitätskriterien)	- Methodische und inhaltliche Konkretisierung der Suche („content") durch Festlegung der Datenbanken, Schlagworten, Inklusions- und Exklusionskriterien, etc. - Anlegen eines Rechercheprotokolls
3	Durchführung Literaturextraktion	- Anwendung des strukturierten Suchprozesses - Extraktion der potenziell relevanten Literatur („baseline sample")
4	Durchführung Qualitätsbewertung	- Anwendung der Qualitätskriterien (Inklusion und Exklusion), z. B. sukzessive in Titel, Abstract, Volltext - Selektion der relevanten Literatur („synthesis sample")
5	Analyse relevanter Literaturkorpus	- Anwendung von z. B. Codierungsverfahren, um Zusammenhänge zu erkennen und schrittweise zu kategorisieren - Entwicklung der Synthese durch Zusammenfassen oder Integrieren verschiedener Erkenntnisse der relevanten Literatur - Entwicklung von Propositionen, die die neuen Zusammenhänge, Mechanismen und Erkenntnisse präzisieren
6	Dokumentation Ergebnisse	- Beschreibung und Diskussion der Erkenntnisse - Vergleich mit den zu Beginn getroffenen Annahmen - Bezugnahme und Beantwortung der Forschungsfrage(n) - Präsentation bzw. Veröffentlichung der Ergebnisse

Nachdem der Forschungsbereich hinreichend abgegrenzt und die Forschungsfrage(n) formuliert sind, erfolgt in der ersten Phase auch eine erste Dokumentation zur Begründung der Relevanz der Durchführung. Wird hierbei festgestellt, dass eine systematische Literaturrecherche nicht notwendig ist, sollte diese aufgrund der aufwendigen Vorgehensweise auch nicht durchgeführt werden. Inhaltlich sollte zudem geprüft werden, ob nicht bereits eine systematische Literaturrecherche in diesem Bereich vorliegt, die als Basis genutzt werden kann und keine Erneuerung erfordert. Dies verdeutlicht, dass es bereits in Phase 1 notwendig ist, einen ersten groben Überblick über den Forschungsbereich zu erlangen und Forschungslücken zu identifizieren. In der zweiten Phase wird der Suchprozess konkretisiert. Auch in dieser Phase können bei der systematischen Literaturrecherche unterschiedliche methodische Vorgehensweisen integriert werden. Neben der reinen Stichwortsuche ist die Schneeballsuche (auch Vorwärts- und Rückwärtssuche genannt) die am häufigsten verwendete, ergänzende Methode.[475] Bei den als relevant identifizierten Forschungsarbeiten werden die angegebenen Quellen auf weitere relevante Arbeiten untersucht (Rückwärtssuche). Bei der Vorwärtssuche wird bei den relevanten Forschungsarbeiten die Funktion der Suchmaschinen „zitiert von" genutzt, um weitere aktuellere Quellen zu identifizieren. Außerdem werden neben dem methodischen Suchprozess Kriterien bestimmt, die die inhaltliche Erschließung des Forschungsbereichs ermöglichen. Hierzu werden Datenbanken, Schlagworte sowie Inklusions- und Exklusionskriterien festgelegt und in einem Rechercheprotokoll dokumentiert. Dieses Rechercheprotokoll sollte bereits im Verlauf der ersten Phase, spätestens zum Ende der zweiten Phase, angelegt werden, um die gesamte Vorgehensweise sowie alle Einschränkungen bezüglich des Suchprozesses und -algorithmus zu dokumentieren. In Phase drei kommt es dann zur Anwendung des Suchprozesses und -algorithmus. Hierbei werden alle potenziell relevanten Forschungsarbeiten extrahiert und ergeben das „Baseline Sample". Dieses ist, je nachdem, ob der Fokus eher auf einer umfassenden oder auf einer präzisen Suche liegt, meist umfangreich und muss in der nächsten Phase vier qualitativ gesichtet und bewertet werden. Schrittweise werden nicht relevante Forschungsarbeiten durch weitere Bestimmung und Anwendung der Exklusionskriterien in Titel, Abstract und/oder Volltext aus dem Sample ausgeschlossen. Am Ende dieser Phase bleibt das „Synthesis Sample" übrig, welches der folgenden Analyse zugrunde liegt. Die Phase fünf zur Analyse kann je nach Erkenntnisgewinn sehr unterschiedlich ausgestaltet sein. Der Fokus kann eher zeitlicher, methodischer, theoretischer oder inhaltlicher Natur sein.[476] Bei einem zeitlichen Literaturüberblick geht es eher um die historische Entwicklung von Forschungsarbeiten zu einem Thema (Wie hat sich ein Thema im Zeitverlauf weiterentwickelt?). Während es bei einem methodischen Literaturüberblick eher um die einzelnen Methoden und deren Einsatz in bestimmten Gebieten geht (Welche Methoden kommen bei dem untersuchten Thema zum Einsatz?), geht es bei dem theoretischen Fokus eher darum, wie ein Thema theoretisch eingeordnet werden kann (Welche Theorien kommen zum Einsatz?). Beim inhaltlichen Überblick steht die inhaltliche Analyse der relevanten Forschungsarbeiten im Fokus (Welche Erkenntnisse sind bekannt und können in welcher Weise zusammengefasst oder strukturiert werden?). Unter Anwendung verschiedener Codierungsverfahren wird beabsichtigt, inhaltlich sinnvolle Zusammenhänge zu erkennen und aufzuzeigen. Die meisten Literaturrecherchen stellen Mischformen dar. Dennoch ist es wichtig zu definieren, worauf der Fokus liegt, da daraus unterschiedliche Herangehensweisen folgen können. Am häufigsten werden zeitliche Literaturrecherchen unter Berücksichtigung der methodischen und/oder theoretischen Einordnung durchgeführt. Die inhaltliche Analyse stellt die aufwendigste Form dar, da es meist nicht nur um eine Zusammenfassung der vorhandenen Forschungsarbeiten, sondern um die Entwicklung neuer Erkenntnisse aus der bestehenden Literatur geht. In allen Formen der Analyse wird am Ende eine Synthese oder Proposition formuliert, die Entwicklungen und Forschungslücken aufzeigt, die in der

---

[475] Vgl. Brink (2013), S. 53 f.
[476] Vgl. Schryen (2015), S. 296.

zukünftigen Forschung analysiert werden sollen. In der letzten, sechsten Phase werden alle Erkenntnisse dokumentiert, diskutiert und veröffentlicht. Dieser Schritt dient der weiteren Validierung und legitimiert somit die Erkenntnisse und die getroffenen Schlussfolgerungen.

Trotz der strukturierten Vorgehensweise bei einer systematischen Literaturrecherche kann es zu systematischen Fehlern oder Verzerrungen („biases") in den unterschiedlichen Phasen kommen. Das heißt, Wissenschaftler können trotz gleicher Rahmenbedingungen, die in den Phasen 1 und 2 festgelegt werden, zu unterschiedlichen Ergebnissen kommen. Verzerrungen kommen vor allem in den Phasen 3 bis 5 vor. Die vier häufigsten Verzerrungen sind der „sampling bias", der „selection bias", der „within-study bias" und der „expectancy bias". Der „sampling bias" (Phase 3) umfasst den „retrieval bias" (es werden nicht alle relevanten Veröffentlichungen gefunden) und den „publication bias" (es werden häufig nur positive oder überraschende Ergebnisse veröffentlicht) und bedeutet, dass die extrahierte Literatur die bestehende Literatur nicht repräsentativ wiedergibt. Der „selection bias" (Phase 4) beinhaltet den „inclusion criteria bias" (unvollständige oder fehlerhafte Wahl der Inklusionskriterien) und den „selector bias" (subjektive oder fehlerhafte selektive Integration von nicht-relevanter Literatur) und besagt, dass der relevante Literaturkorpus nicht vollständig ist. Der „within-study bias" und der „expectancy bias" können beide vor allem in Phase 5 vorkommen. Beim „within-study bias" kommt es zu Fehlern bei der Analyse durch z. B. fehlerhafte Durchführung der Codierung und bei dem „expectancy bias" ist die Synthese subjektiv beeinflusst von den bewussten oder unbewussten Ergebnisvorstellungen der Wissenschaftler. Um diese Verzerrungen zu vermeiden, ist das Bewusstsein der möglichen Einflüsse von Relevanz und die ständige Überprüfung und Validierung zwischen Wissenschaftlern notwendig.[477] Wie in der vorliegenden Arbeit vorgegangen wurde, um diese Verzerrungen weitestgehend zu vermeiden, ist in der folgenden Durchführung dokumentiert.

2.3.2 Durchführung und Fazit der systematischen Literaturrecherche

Im Folgenden ist die Durchführung der sechs Phasen der systematischen Literaturrecherche dokumentiert und am Ende zusammengefasst.

Phase 1: Definition der Forschungsfrage

Aus den vorherigen Beschreibungen der Grundlagen ergibt sich der Forschungsbereich. Die arbeitsteilige Auftragsabwicklung in der Transportkette bewegt sich als Untersuchungsgegenstand allgemein im Umfeld der betriebswirtschaftlichen Forschung und im Detail in der Logistik- und IS-Forschung. Mit der Forschungsfrage für die systematische Literaturrecherche sollen zwei Ziele verfolgt werden: Erstens, einen Überblick über aktuellen Stand der bestehenden Literatur zu erlangen und dadurch relevante Forschungslücken aufzudecken, und zweitens, um eine theoretische Einordnung zu ermöglichen. Damit diese Ziele mit der systematischen Literaturrecherche erreicht werden kann, wurde die Forschungsfrage (FF 0) wie folgt definiert:

---

[477] Vgl. Durach, Kembro und Wieland (2017), S. 76 f.

FF 0: Was ist aus der bestehenden Literatur über die arbeitsteilige Auftragsabwicklung in der Transportkette bekannt und wie kann dieser Forschungsbereich theoretisch eingeordnet werden?

Die Forschungsfrage wird an dieser Stelle allgemein gehalten, damit die Literatur für die vorliegende Arbeit möglichst umfassend erschlossen wird. Mit der transparenten Vorgehensweise wird den Empfehlungen entsprochen, für diese Art der Forschungsarbeit eine systematische Literaturrecherche durchzuführen.[478] Zunächst sollen mit dem ersten Teil der Forschungsfragen der Stand der Forschung und einzelne Forschungslücken herausgearbeitet werden. Zur Beantwortung des zweiten Teils der Forschungsfrage sollen Hinweise für eine theoretische Einordnung in der relevanten Literatur identifiziert werden, die inhaltliche Aufarbeitung erfolgt allerdings hauptsächlich in Kapitel 3.

Phase 2: Festlegung des Suchprozesses und der Qualitätskriterien

Bei der systematischen Literaturrecherche sollen Suchprozess und -algorithmus einschließlich der Qualitätskriterien möglichst konkret vor Beginn der Recherche festgelegt werden. Diese Phase ist jedoch nicht bei Beginn der Literaturextraktion abgeschlossen, sondern als iterativer Prozess zu verstehen. Es werden mehrere Testläufe durchgeführt (auch „scoping study" genannt), um die Literatur möglichst zielorientiert zu extrahieren und relevante Quellen für das „Baseline Sample" zu erhalten.[479] Dazu dient vor allem die Festlegung der Datenbanken, Schlagworte und Inklusionskriterien. Viele Exklusionskriterien hingegen ergeben sich sogar erst in der Phase der Qualitätsbewertung. Nach der ersten Sichtung der extrahierten Literatur ergeben sich sukzessiv weitere Ausschlusskriterien, wodurch die Quellen sinnvoll eingegrenzt werden können. Diese Kriterien werden an den jeweils relevanten Phasen weiter ausgeführt und konkretisiert.

Für die systematische Literaturrecherche werden an dieser Stelle die Datenbanken Business Source Premier (mit der gängigen Kurzform des Anbieters EBSCO bezeichnet) von EBSCOhost,[480] Scopus von Elsevier[481] und Web of Science (WoS) von Clarivate Analy-

---

[478] Vgl. Jesson, Metheson und Lacey (2012), S. 1; Okoli und Schabram (2010), S. 37; Kitchenham (2004), S. 6 und 22.
[479] Vgl. Kembro, Näslund und Olhager (2017), S. 81.
[480] Über EBSCOhost können verschiedene Datenbanken durchsucht werden. Für die wirtschaftswissenschaftlichen Forschung im Allgemeinen kann vor allem Business Source Premier als eine der wichtigsten Literatur- und Zitations-Datenbanken angesehen werden, welche vor allem die Suche nach Fachzeitschriften und Konferenzbeiträgen ermöglicht (vgl. EBSCOhost (2018), S. 1).
[481] Scopus ist die größte Literatur- und Zitations-Datenbank (vgl. Farahani et al. (2014), S. 95) und enthält wissenschaftlich Fachzeitschriften, Konferenzbeiträge und Bücher (vgl. Elsevier (2017a), S. 1). Die Datenbank zeichnet sich durch eine hohe Interdisziplinarität auS. Durch einen eigenen Begutachtungsprozess einer unabhängigen Stelle wird zudem die Qualität jeder Publikation vor der Aufnahme in die Datenbank sichergestellt (vgl. Elsevier (2017b), S. 1).

tics[482] ausgewählt. Diese stellen in der betriebswirtschaftlichen Forschung im Allgemeinen sowie in der Logistik- und IS-Forschung im Speziellen die meist verwendeten Datenbanken dar und ermöglichen den Zugriff auf einen Großteil der relevanten Literatur.[483] Google Scholar wurde bewusst nicht für die systematische Literaturrecherche verwendet, da der Anteil an nicht relevanten Veröffentlichungen sehr hoch ist. Allerdings wurde es für die Initialrecherche im Rahmen der „scoping study" eingstzt, wobei die Schlagworte für die Literaturrecherche ermittelt wurden.[484] Um einen Mittelweg für eine möglichst umfassend, aber dennoch präzise Suche abzudecken, werden sowohl weit gefasste Schlagworte, z. B. „Informationsfluss", als auch enger gefasste Schlagworte, z. B. „EDI", verwendet. Zudem wurden in den für die systematische Literaturrecherche gewählten Datenbanken verschiedene Begriffskonstellationen und Schreibweisen mit den spezifischen Operatoren und Suchelementen kombiniert, um so den Suchalgorithmus schrittweise zu präzisieren. In allen drei Datenbanken wurden die unterschiedlichen Einstellungen genutzt, um nach Titel, Zusammenfassungen und Schlüsselbegriffen zu suchen. Exemplarisch wird an dieser Stelle der Scopus Suchalgorithmus aufgeführt:

(TITLE-ABS-KEY ((interorgani?ational OR interfirm OR intercompany OR "inter organi?ational" OR "inter firm" OR "inter company" OR interact* OR cooperat* OR "business to business" OR b2b OR dyadic OR "multi sided" OR network OR community)) AND TITLE-ABS-KEY (("order process*" OR "order ful?fillment" OR "order management" OR "information flow" OR "data transfer" OR "transport order" OR "shipping order" OR booking)) AND TITLE-ABS-KEY (("supply chain" OR logistic* OR transport* OR freight OR cargo OR shipping OR dispatcher OR scheduler))) OR cargo OR shipping OR dispatcher OR scheduler)))

In den zahlreichen Testläufen der „Scoping Study", um den Suchalgorithmus zu schärfen, wurden zudem IS-bezogene Begriffe („system", „platform", „cloud" etc.) mit einer weiteren Und-Verknüpfung getestet. Da allerdings genau diese Frage analysiert werden soll, nämlich ob sich bestehende Forschungsarbeiten mit IS-Themen und mit welchen Technologien im Detail beschäftigen, wurden hier keine weiteren Begriffe zur Einschränkung des „Baseline Samples" getroffen. Die Schlagworte bestehen aus daher ausschließlich aus den folgenden drei Bereichen, um den festgelegten Untersuchungsgegenstand möglichst umfassend abzudecken:

1. **Begriffe zur Arbeitsteilung**, um die unternehmensinterne und -übergreifende Zusammenarbeit wiederzugeben
2. **Begriffe zur Auftragsabwicklung**, um die prozessbezogenen Schlagworte zur Auftragsabwicklung darzustellen

---

[482] Web of Science, ursprünglich Web of Knowledge erstellt vom Institute for Scientific Information (ISI), danach von Thomson Reuters und nun von Clarivate Analytics betrieben, stellt eine sehr umfangreife und interdisziplinäre Literatur- und Zitations-Datenbank. Auch hier sind neben Fachzeitschriften, u. a. Konferenzbeiträge und Bücher hinterlegt (vgl. Clarivate Analytics (2018), S. 1). Der Fokus liegt allerdings stark auf Fachzeitschriften.
[483] Vgl. Bandara et al. (2015), S. 162.
[484] Vgl. Tranfield, Denyer und Smart (2003), S. 215; Jesson, Metheson und Lacey (2012), S. 24, 76 und 108.

3. **Begriffe zur Transportkette**, die die transportbezogenen Begriffe umfassen

Die Inklusions- und Exklusionskriterien, die u. a. im Rechercheprotokoll dokumentiert werden, grenzen neben den Schlagworten den Forschungsbereich näher ein, um im Rahmen der Qualitätsbewertung schließlich vom „Baseline Sample" zum „Synthesis Sample" zu kommen. Die Exklusionskriterien wurden dabei sukzessive entwickelt und bei jeder Sichtung weiter konkretisiert und ausgebaut. Gerade die Definition von Themengebieten, die aus dem Sample ausgeschlossen werden können, wurde im Verlauf der Sichtung stetig erweitert. Daraus ergibt sich eine Liste an Exklusionskriterien:[485]

- **Identifikation/Lesbarkeit**: Quellen, bei denen kein Titel oder Abstract in den Suchergebnissen sowie die angegebenen Informationen nicht in Englisch oder Deutsch verfügbar sind
- **Duplikate/Dokumententyp**: Mehrfachnennung der gleichen Quellen sowie wenn der Dokumententyp unklar ist, es sich außerdem um graue Literatur, Vorträge, Zeitungsartikel oder Schriften eines Autors über sein eigentliches Werk handelt[486]
- **Andere Themengebiete im Namen des Journals/Titels**: Wenn andere Themengebiete, z. B. Medizin oder Landwirtschaft, im Namen der Fachzeitschrift oder dem Titel vorkommen
- **Nicht-fokussierte Logistik-, Transport oder Technik-Themen im Titel/Abstract**: Themengebiete, die zwar in den betrachteten Forschungsbereich fallen, z. B. Transport, aber thematisch in der vorliegenden Arbeit nicht näher untersucht werden, z. B. urbane oder Lagerthemen
- **Jahr**: Alle Quellen, die vor dem Jahr 2000 veröffentlicht worden ist[487]

Phase 3: Durchführung der Literaturextraktion

Die Literaturextraktion der systematischen Literaturrecherche wurde am Montag, den 23.07.2018 durchgeführt. Hier wurden die Suchergebnisse in allen drei verwendeten Datenbanken extrahiert und in das Literaturverwaltungsprogramm Citavi 6.0 importiert. Im Anschluss wurden alle gefundenen Artikel („Baseline Sample") in einer Excel-Tabelle für die weitere Selektion bzw. Durchführung der Qualitätsbewertung extrahiert. Insgesamt wurden hierbei 15.990 Quellen erfasst, davon 7.824 aus EBSCO, 6.019 aus Scopus und 2.147 aus WoS.

---

[485] Die Exklusionskriterien können im Detail auch der Abbildung 14 entnommen werden.
[486] Hierbei ist anzumerken, dass z. B. graue Literatur oder Vorträge ansonsten in dieser Arbeit auch Berücksichtigung finden, nur hier im Rahmen der systematischen Literaturrecherche ausgeschlossen wurden, um möglichst viele begutachtete und hochwertige Quellen zu identifizieren.
[487] Das Veröffentlichungsjahr wurde erst am Ende gefiltert, da dadurch auch weiterhin die Möglichkeit besteht, die zuvor als relevante identifizierte Literatur, welche vor dem Jahr 2000 veröffentlicht wurde, zu screenen. Die Listen wurden nach jeder Sichtung getrennt gespeichert, um auch später bei Bedarf noch einmal auf die Samples, wie beispielsweise Quellen vor 2000, zugreifen zu können.

2.3 Stand der Forschung zur Auftragsabwicklung in der Transportkette   81

Phase 4: Durchführung der Qualitätsbewertung

Die schrittweise Durchführung der Qualitätsbewertung ist detailliert in Abbildung 14 dargestellt. Bevor die Titel und Abstracts auf Relevanz geprüft werden konnten, wurden zunächst fünf grobe Sichtungsphasen durchgeführt. Hierbei kamen die in Phase 2 gewählten Exklusionskriterien zum Einsatz. Der Grund, warum diese Selektion nicht bereits in den Datenbanken eingestellt und die entsprechende Literatur im Vorfeld herausgefiltert wurde, ist die nicht einheitlich gestaltete Konfiguration der Suchmasken in den einzelnen Datenbanken.[488] Durch die nachträgliche Elimination konnte eine konsistente und einheitliche Exklusion sichergestellt werden. Nach der sukzessiven Elimination von Quellen anhand der Exklusionskriterien sind insgesamt 1.509 Quellen im Sample verblieben.

Um die verbleibende Anzahl an Quellen auf deren Relevanz zu überprüfen, wurden im nächsten Schritten Titel, Abstracts sowie der Volltext geprüft (siehe Abbildung 15). Nach der Sichtung der Titel sind 540 Quellen im Sample verblieben, welche in vier Kategorien nach Relevanz eingeteilt wurden: hoch, mittel und gering relevante Quellen sowie Grundlagen-Literatur. In der Grundlagen-Literatur sind größtenteils Bücher und Buchbeiträge enthalten und sie dienen eher dem allgemeinen thematischen Verständnis als dem Zweck, den Stand der Forschung aufzuarbeiten. In der Kategorie „gering relevante Literatur" sind Quellen enthalten, die keine zentrale Relevanz besitzen (themenspezifische Konzepte oder konkrete Technologien z. B. zum Themenkomplex eCommerce),[489] aber aus bestimmten Gründen nicht aus dem Sample gelöscht wurden (ggf. spätere inhaltliche Prüfung möglich). Die Kategorien hoch und mittel relevante Literatur wurden dann in der nächsten Sichtungsphase der Abstracts berücksichtigt und geprüft. Insgesamt sind nach der Sichtung der Abstracts und des Volltexts 74 Quellen übrig geblieben. Diese 74 Quellen wurden durch 21 Quellen ergänzt, die durch die Schneeballsuche innerhalb der 74 Quellen als weitere wichtige Quellen identifiziert werden konnte. Somit umfasst das „Synthesis Sample" insgesamt 95 relevante Quellen, welche in der folgenden Phase analysiert werden.

---

[488] Beispielsweise bei der Einschränkung der Themengebiete gibt es auf den verwendeten Datenbanken keine einheitlichen Kategorien, daher wurden die nicht relevanten Themengebiete (z. B. Medizin) erst bei der Qualitätsbewertung eliminiert.

[489] Der eCommerce bzw. Online-Handel beschäftigt sich meist ausschließlich mit der Käufer-Verkäufer Beziehungen (Lee, Pak und Lee (2003), S. 351; Delfmann, Albers und Gehring (2002), S. 214) und mit den beschriebenen eMarketplaces als reine Angebots-Nachfrage Plattform (vgl. Zhao et al. (2009), S. 105) und wird daher von der Betrachtung ausgeschlossen.

Anzahl Quellen	Kriterien zur Eliminierung nicht rel. Quellen	Datenbank		
		EBSCO	SCOPUS	WoS
"Baseline Sample" (15.990)		7.824	6.019	2.147
	Identifikation/Lesbarkeit: Fehlende Autoren/Titel, Sprache (nicht engl. oder dt.)	492	252	0
Nach 1. Sichtung (15.246)		7.332	5.767	2.147
	Duplikate: Alle Spalten, Autor AND Titel, DOI, ISBM,...	3.756	2.903	1.421
	Dokumententyp: Vortrag, Zeitungsartikel, Schriften eines Autors, graue und unklare Dokumententypen	29	34	0
Nach 2. Sichtung (7.103)		3.547	2.830	726
	Themengebiete im Journal: medi* (incl. media/medicine/medical), health/surgi*/epilep*/epidem*/*urol*/sex*, physic*, nuclear, botany, molecular/enzym Geriatric, care, bio*, mechanic*, clinic, energy/clima*, chemic*, water/oil, wireless, bank/finan*/account*, agri* ...)	247	207	148
	Themengebiete im Titel: Wie zuvor	177	198	76
Nach 3. Sichtung (6.050)		3.123	2.425	502
	Nicht fokussierte Logistik-/Transport- und Technikthemen im Titel: urban, traffic, routing, military, travel, green/sustainable/carbon, civil/public/social, tourism, vehicle, congestion, warehouse, vehicle2vehicle, warehouse, stock, inventory, customer (ohne customer order), product/s (ohne production), security, sensor, satellite, tracing, tracking, vendor managed inventory/VMI, bus, reverse, mobile (ohne automobile), telematic, electric, pick, video, emergency, critical infrastructure, passenger, mobility, rfid/radio, lifecycle, procurement/purchasing/price, overbooking, bandwith, outsourcing, temperature, robot, TCP, high-speed, configurtaion, supplier selection, forcast/demand	2.203	1.582	331
Nach 4. Sichtung (1.934)		920	843	171
	Jahr: Vor 2000 veröffentlicht	284	121	20
Nach 5. Sichtung (1.509)		636	722	151

Abbildung 14: Qualitätsbewertung der Veröffentlichungen mittels Exklusionskriterien (eigene Darstellung.).

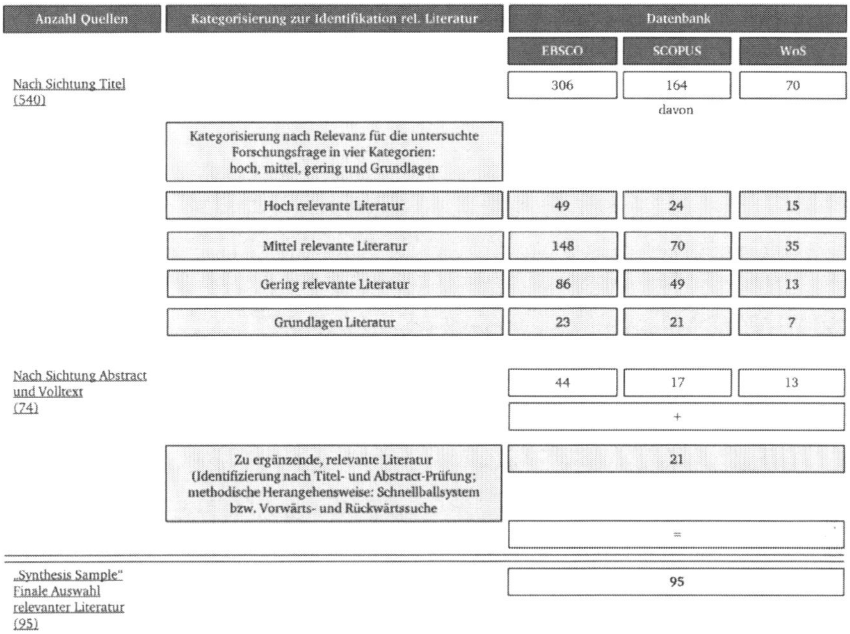

2.3 Stand der Forschung zur Auftragsabwicklung in der Transportkette

Anzahl Quellen	Kategorisierung zur Identifikation rel. Literatur	Datenbank EBSCO	SCOPUS	WoS
Nach Sichtung Titel (540)		306	164	70
			davon	
	Kategorisierung nach Relevanz für die untersuchte Forschungsfrage in vier Kategorien: hoch, mittel, gering und Grundlagen			
	Hoch relevante Literatur	49	24	15
	Mittel relevante Literatur	148	70	35
	Gering relevante Literatur	86	49	13
	Grundlagen Literatur	23	21	7
Nach Sichtung Abstract und Volltext (74)		44	17	13
			+	
	Zu ergänzende, relevante Literatur (Identifizierung nach Titel- und Abstract-Prüfung; methodische Herangehensweise: Schnellballsystem bzw. Vorwärts- und Rückwärtssuche)	21		
			=	
„Synthesis Sample" Finale Auswahl relevanter Literatur (95)		95		

Abbildung 15: Qualitätsbewertung der Veröffentlichungen mittels Titel, Abstract und Volltext Prüfung (eigene Darstellung).

Phase 5: Analyse relevanter Literaturkorpus

In Tabelle 5 sind alle 95 Quellen aufgeführt, die nach der Qualitätsbewertung als thematisch hoch relevant eingestuft wurden und somit im „Synthesis Sample" enthalten sind. Die Zusammenfassung der Erkenntnisse soll im Folgenden dokumentiert und analysiert werden. Hierbei sollen der Stand der Forschung und die identifizierte Forschungslücken sowie eine erste theoretische Einordnung, basierend auf dem „Synthesis Sample" erfolgen. Die hohe Anzahl an Quellen im „Synthesis Sample" begründet sich in dem breit gehaltenen Untersuchungsfokus der systematischen Literaturrecherche. Wenn man den Fokus enger fasst und nur Quellen mit Bezug zur Transportkette im engeren Sinne (Ausschluss von z. B. Supply Chain) betrachtet, bleiben 31 Quellen (ca. ein Drittel) übrig. Es zeigt sich allerdings, dass es gerade bei der Analyse der Auftragsabwicklung sinnvoll ist, die angrenzenden Forschungsbereiche im Sample zu lassen, damit die dort verfolgten Ansätze auf ihre Übertragbarkeit überprüft werden können. Auch Forschungsarbeiten, die sich im Umfeld von KMU bewegen, können für die weitere Betrachtung von großer Bedeutung sein, da auch hier eine Übertragbarkeit bestimmter Ansätze denkbar ist, denn die Unternehmen der Transportbranche lasen sich zum größten Teil den KMU zuordnen.

Tabelle 5: Literaturüberblick „Synthesis Sample" (eigene Darstellung).

ID	Autor(en)	Jahr	Titel	Journal/Konferenz/Buch	Dokumententyp
1	Andrey, J. F. Reinaldo, D.	2018	Order Fulfillment Information System for Small Medium Business	Journal of Business and Audit Information Systems	Journal
2	Kakhki, M. D.; Nemati, H.; Hassanzadeh, F.	2018	A Virtual Supply Chain System for Improved Information Sharing and Decision Making	International Journal of Business Analytics	Journal
3	Mathias, B. D.; et al.	2018	An identity perspective on coopetition in the craft beer industry	Strategic Management Journal	Journal
4	Tămășilă, M.; Proștean, G.; Diaconescu, A.	2018	Order management empowering entrepreneurial partnerships in the context of new technologies	IOP Conference Series: Materials Science and Engineering	Tagungsband
5	Aarikka-Stenroos, L.; Ritala, P.	2017	Network management in the era of ecosystems: Systematic review and management framework	Industrial Marketing Management	Journal
6	Coronado Mondragon, A. E.; Coronado Mondragon, C. E.; Coronado, E. S.	2017	ICT adoption in multimodal transport sites: Investigating institutional-related influences in international seaports terminals	Transportation Research Part A: Policy and Practice	Journal
7	Elbert, R.; Pontow, H.; Benlian, A.	2017	The role of inter-organizational information systems in maritime transport chains	Electronic Markets	Journal
8	Heilig, L.; Lalla-Ruiz, E.; Voss, S.	2017	Digital Transformation in Maritime Ports: Analysis and a Game Theoretic Framework	Netnomics	Journal
9	Kembro, J.; Näslund, D.; Olhager, J.	2017	Information sharing across multiple supply chain tiers: a Delphi study on antecedents	International Journal of Production Economics	Journal
10	Lukinskiy, V.; Shulzhenko, T.	2017	Logistic Systems Efficiency Increase Based on the Supply Chains Integration	Procedia Engineering	Tagungsband
11	Maestrini, V.; et al.	2017	Supply chain performance measurement systems: A systematic review and research agenda	International Journal of Production Economics	Journal
12	Pagani, M.; Pardo, C.	2017	The impact of digital technology on relationships in a business network	Industrial Marketing Management	Journal
13	Wasesa, M.	2017	Agent-based Inter-organizational Systems in Advanced Logistics Operations	Buch (Monographie)	
14	Asare, A. K.; et al.	2016	B2B technology adoption in customer driven supply chains	Journal of Business and Industrial Marketing	Journal
15	Carlan, V.; Sys, C.; Vanelslander, T.	2016	How port community systems can contribute to port competitiveness: A cost-benefit framework	Research in Transportation Business and Management	Journal
16	DiFebbraro, A.; Sacco, N.; Saeednia, M.	2016	An agent-based framework for cooperative planning of intermodal freight transport chains	Transportation Research Part C: Emerging Technologies	Journal

2.3 Stand der Forschung zur Auftragsabwicklung in der Transportkette

ID	Autor(en)	Jahr	Titel	Journal/Konferenz/Buch	Dokumententyp
17	Dovbischuk, I.	2016	Information and Communication Technologies in freight transport: a taxonomy of applications and key barriers	Proceedings of the Annual Conference of the International Association of Maritime Economists	Tagungsband
18	Engel, R.; et al.	2016	Analyzing inter-organizational business processes	Information Systems and eBusiness Management	Journal
19	Hsu, C. L.; Lin, J. C. C.	2016	Factors affecting the adoption of cloud services in enterprises	Information Systems and eBusiness Management	Journal
20	Jede, A.; Teuteberg, F.	2016	Towards cloud-based supply chain processes: Designing a reference model and elements of a research agenda	International Journal of Logistics Management	Journal
21	Kauremaa, J.; Tanskanen, K.	2016	Designing interorganizational information systems for supply chain integration: a framework	International Journal of Logistics Management	Journal
22	Liu, Z.; Prajogo, D.; Oke, A.	2016	Supply Chain Technologies: Linking Adoption, Utilization, and Performance	Journal of Supply Chain Management	Journal
23	Mochalin, S. M.; et al.	2016	Problems of inter-organizational interaction of participants in motor transport cargo shipments	Indian Journal of Science and Technology	Journal
24	Nyrkov, A.; et al.	2016	Providing the integrity and availability in the process of data transfer in the electronic documents management systems of transport clusters	International Conference on Industrial Engineering, Applications and Manufacturing	Tagungsband
25	Penteado Marchesini, M. M.; Chicarelli Alcântara, R. L.	2016	Logistics activities in supply chain business process	The International Journal of Logistics Management	Journal
26	Zhang, X.; van Donk, D. P.; van der Vaart, T.	2016	The different impact of inter-organizational and intra-organizational ICT on supply chain performance	International Journal of Operations and Production Management	Journal
27	Harris, I.; Wang, Y.; Wang, H.	2015	ICT in multimodal transport and technological trends: Unleashing potential for the future	International Journal of Production Economics	Journal
28	Kembro, J.; Selviaridis, K.	2015	Exploring information sharing in the extended supply chain: an interdependence perspective	Supply Chain Management: An International Journal	Journal
29	Lee, S. L.; et al.	2015	Electronic data interchange adoption from technological, organisational, environmental perspectives	International Journal of Business Information Systems	Journal
30	Roh, J. J.; Hong, P.	2015	Taxonomy of ERP integrations and performance outcomes: an exploratory study of manufacturing firms	Production Planning and Control	Journal
31	Seo, Y. J.; Dinwoodie, J.; Roe, M.	2015	Measures of supply chain collaboration in container logistics	Maritime Economics and Logistics	Journal
32	Shaikh, A. A.;	2015	Making the most of information	Computers in Human	Journal

ID	Autor(en)	Jahr	Titel	Journal/Konferenz/Buch	Dokumententyp
	Karjaluoto, H.		technology & systems usage: A literature review, framework and future research agenda	Behavior	
33	Shih, H. P.; Lai, K. H.; Cheng, T. C. E.	2015	Examining structural, perceptual, and attitudinal influences on the quality of information sharing in collaborative technology use	Information Systems Frontiers	Journal
34	Ascencio, L. M.; et al.	2014	A collaborative supply chain management system for a maritime port logistics chain	Journal of Applied Research and Technology	Journal
35	Feng, F.; Pang, Y.; Lodewijks, G.	2014	An intelligent agent-based information integrated platform for hinterland container transport	Internat. Conference on Service Operations and Logistics, and Informatics	Tagungsband
36	Kembro, J.; Selviaridis, K.; Näslund, D.	2014	Theoretical perspectives on information sharing in supply chains: a systematic literature review and conceptual framework	Supply Chain Management: An International Journal	Journal
37	Wang, Z.; Liu, Y.	2014	Information sharing system for logistics service supply chains based on XML	Internat. Conference on Service Systems and Management	Tagungsband
38	Cao, Q.; Gan, Q.; Thompson, M. A.	2013	Organizational adoption of supply chain management system: A multi-theoretic investigation	Decision Support Systems	Journal
39	Shaik, M. N.; Abdul-Kader, W.	2013	Interorganizational information systems adoption in supply chains: a context specific framework	International Journal of Information Systems and Supply Chain Management	Journal
40	Achilleos, A. P.; et al.	2012	Enterprise COllaboration and INteroperability (COIN) platform: Two case studies in the marine shipping domain	International Conference on Web Information Systems Engineering	Beitrag in Buch (Sammelwerk)
41	Hazen, B. T.; Overstreet, R. E; Cegielski, C. G.	2012	Supply chain innovation diffusion: going beyond adoption	International Journal of Logistics Management	Journal
42	Prajogo, D.; Olhager, J.	2012	Supply chain integration and performance: The effects of long-term relationships, information technology and sharing, and logistics integration	International Journal of Production Economics	Journal
43	Sivadas, E.; Holmes, T. L.; Dwyer, F. R.	2012	Interorganizational Information Systems and Business-to-Business Relationships: System Characteristics, Assistance, Performance, Satisfaction, and Commitment Model	Journal of Marketing Channels	Journal
44	Almotairi, B.; et al.	2011	Information flows supporting hinterland transportation by rail: Applications in Sweden	Research in Transportation Economics	Journal

2.3 Stand der Forschung zur Auftragsabwicklung in der Transportkette

ID	Autor(en)	Jahr	Titel	Journal/Konferenz/Buch	Dokumententyp
45	Asare, A. K.; et al.	2011	The role of channel orientation in B2B technology adoption	Journal of Business and Industrial Marketing	Journal
46	Chwesiuk, K.	2011	Integrated computer system of management in logistics	Archives of Transport	Journal
47	Datta, P. P.; Christopher, M.	2011	Information sharing and coordination mechanisms for managing uncertainty in supply chains: a simulation study	International Journal of Production Research	Journal
48	Hajdul, M.; Cudzilo, M.	2011	One common framework for information and communication systems in transport and logistics - Case study	Information Technologies in Environmental Engineering	Beitrag in Buch (Sammelwerk)
49	Lu, H. L.; Huang, G. Q.; Yang, H. D.	2011	Integrating order review/release and dispatching rules for assembly job shop scheduling using a simulation approach	International Journal of Production Research	Journal
50	Perego, A.; Perotti, S.; Mangiaracina, R.	2011	ICT for logistics and freight transportation: a literature review and research agenda	International Journal of Physical Distribution and Logistics Management	Journal
51	Yu, C.	2011	Research and design of logistics management system based on internet of things	International Conference on Artificial Intelligence, Management Science and Electronic Commerce	Tagungsband
52	De Ugarte, B. S.; et al.	2010	Engineering change order processing in ERP systems: an integrated reactive model	European Journal of Industrial Engineering	Journal
53	Kirche, E. T.; Srivastava, R.	2010	Real-time order management with supplier capacity reservation	International Journal of Manufacturing Technology and Management	Journal
54	Yu, X.; Li, P.; Li, S.	2010	Research on data exchange between heterogeneous data in logistics information system	Internat. Conference on Communication Systems, Networks and Applications	Tagungsband
55	Zhang, G. P.; et al.	2010	Modeling the relationship between EDI implementation and firm performance improvement with neural networks	Transactions on Automation Science and Engineering	Tagungsband
56	Alarcon, F.; et al.	2009	A conceptual framework for modelling the collaborative order management process	International Conference on Interoperability for Enterprise Software and Applications	Tagungsband
57	Inkinen, T.; Tapaninen, U.; Pulli, H.	2009	Electronic information transfer in a transport chain	Industrial Management and Data Systems	Journal
58	Jugovic, T. P.; Hadzic, A. P.; Ogrizovic, D.	2009	Importance and effects of the electronic documents implementation in the service of logistics-forwarder operator	Journal of Maritime Studies	Journal
59	Ke, W.; et al.	2009	How do mediated and non-mediated power affect electronic supply chain management system adoption? Mediating	Decision Support Systems	Journal

ID	Autor(en)	Jahr	Titel	Journal/Konferenz/Buch	Dokumententyp
			effects of trust and institutional pressures		
60	Loong, A. Y. C.; Ooi, K. B.; Sohal, A.	2009	The relationship between supply chain factors and adoption of e-Collaboration tools: An empirical examination	International Journal of Production Economics	Journal
61	Mahdavi, I.; et al.	2009	Agent-based web service for the design of a dynamic coordination mechanism in supply networks	Journal of Intelligent Manufacturing	Journal
62	Narayanan, S.; Marucheck, A. S.; Handfield, R. B.	2009	Electronic Data Interchange: Research Review and Future Directions	Decision Sciences	Journal
63	Yaseen, S. G.; Omoush, K. S.	2009	The critical success factors of web-based supply chain collaboration adoption: An empirical study	Utilizing Information Technology Systems Across Disciplines	Beitrag in Buch (Sammelwerk)
64	Loong, A. C. Y.; Keng-Boon, O.	2008	Adoption of interorganizational system standards in supply chains - An empirical analysis of RosettaNet	Industrial Management and Data Systems	Journal
65	Nurmilaakso, J. M.	2008	Adoption of e-business functions and migration from EDI-based to XML-based e-business frameworks in supply chain integration	International Journal of Production Economics	Journal
66	Bala, H.; Venkatesh, V.	2007	Assimilation of interorganizational business process standards	Information Systems Research	Journal
67	Gustafsson, I.	2007	Interaction between transport, infrastructure, and institutional management – Case study of a port community system	Transportation Research Record	Journal
68	Klein, R.; Rai, A.; Straub, D. W.	2007	Competitive and cooperative positioning in supply chain logistic relationships	Decision Sciences	Journal
69	Lai, F.; et al.	2007	On network externalities, e-business adoption and information asymmetry	Industrial Management and Data Systems	Journal
70	Sherif, M. H.	2007	Standardization of business-to-business electronic exchanges	Internat. Conference on Standardization and Innovation in Information Technology	Tagungsband
71	Yin, M.; Wang, X.; Zhang, R.	2007	Study on standardization and optimization of information system in container logistics	Internat. Conference on Wireless Communications, Networking and Mobile Computing	Tagungsband
72	Da Silveira, G. J. C.; Cagliano, R.	2006	The relationship between interorganizational information systems and operations performance	International Journal of Operations & Production Management	Journal
73	Li, J.; et al.	2006	A strategic analysis of inter	Decision Support Systems	Journal

2.3 Stand der Forschung zur Auftragsabwicklung in der Transportkette

ID	Autor(en)	Jahr	Titel	Journal/Konferenz/Buch	Dokumententyp
			organizational information sharing		
74	Saldanha, J. P.	2006	Choosing the right information coordinating mechanism for the international ocean shipping process	Buch	(Monographie)
75	Venkatesh, V.	2006	Where to go from here? Thoughts on future directions for research on individual-level technology adoption with a focus on decision making	Decision Sciences	Journal
76	Alt, R..; Gizanis, D.; Legner, C.	2005	Collaborative order management: toward standard solutions for inter-organisational order management	International Journal of Technology Management	Journal
77	Beck, R.; Weitzel, T.	2005	Some economics of vertical standards: integrating SMEs in EDI supply chains	Electronic Markets	Journal
78	Kim, S. W.; Jung, R.; Kim, M. S.	2005	Frameworks on new XML/EDI system for B2B shipping companies in Korea	Internat. Conference on Software Engineering Research, Management and Applications	Tagungsband
79	Lambert, D. M.; García-D., S. J.; Croxton, K. L.	2005	An Evaluation of Process-Oriented Supply Chain Management Frameworks	Journal of Business Logistics	Journal
80	Martinez Sanchez, A.; Perez Perez, M.	2005	EDI and the Moderator Effect of Interorganizational Cooperation in the Supply Chain	Journal of Organizational Computing and Electronic Commerce	Journal
81	Mei, Z.; Dinwoodie, J.	2005	Electronic shipping documentation in China's international supply chains	Supply Chain Management: An International Journal	Journal
82	Abid, C.; D'Amours, S.; Montreuil, B.	2004	Collaborative order management in distributed manufacturing	International Journal of Production Research	Journal
83	Christiaanse, E.; van Diepen, T.; Damsgaard, J.	2004	Proprietary versus internet technologies and the adoption and impact of electronic marketplaces	Journal of Strategic Information Systems	Journal
84	Giannopoulos, G. A.	2004	The application of information and communication technologies in transport	European Journal of Operational Research	Journal
85	Hsieh, G.; Lin, B.	2004	Impact of standardization on EDI in B2B development	Industrial Management and Data Systems	Journal
86	Murtaza, M. B.; Gupta, V.; Carroll, R. C.	2004	E-marketplaces and the future of supply chain management: opportunities and challenges	Business Process Management Journal	Journal
87	Power, D.; Simon, A.	2004	Adoption and diffusion in technology implementation: a supply chain study	International Journal of Operations and Production Management	Journal
88	Christiaanse, E.; Markus, M. L.	2003	Participation in Collaboration Electronic Marketplaces	Proceedings of 36th Hawaii International Conference on System Sciences	Tagungsband

ID	Autor(en)	Jahr	Titel	Journal/Konferenz/Buch	Dokumententyp
89	Croxton, K. L.	2003	The Order Fulfillment Process	The International Journal of Logistics Management	Journal
90	Hausman, A.; Stock, J. R.	2003	Adoption and implementation of technological innovations within long-term relationships	Journal of Business Research	Journal
91	Patterson, K. A.; Grimm, C. M.; Corsi, T. M.	2003	Adopting new technologies for supply chain management	Transportation Research Part E: Logistics and Transportation Review	Journal
92	Chau, P. Y. K.; Jim, C. C. F.	2002	Adoption of electronic data interchange in small and medium-sized enterprises	Journal of Global Information Management	Journal
93	Choy, C. L.; Lee, C. Y.	2001	Multi-agent based virtual enterprise supply chain network for order management	Internat. Conference on Management of Engineering and Technology	Tagungsband
94	Kuan, K. J.; Chau, Y. K.	2001	A perception-based model for EDI adoption in small businesses using a technology-organization-environment framework	Information and Management	Journal
95	Mollenkopf, D.; White, M.; Zwart, A.	2001	EDI adoption in New Zealand firms: Understanding proactive vs. reactive adoption behaviour	Journal of Marketing Channels	Journal

Bei Durchsicht der Quellen im „Synthesis Sample" ist besonders auffällig, dass alle Forschungsarbeiten in irgendeiner Form IS-Aspekte tangieren. Diese Feststellung bestätigt, dass im Forschungsbereich der arbeitsteiligen Auftragsabwicklung in der Transportkette im weiteren Sinne in den vergangenen Jahren zunehmend bzw. vorrangig IS-Themen behandelt wurden. Dabei werden u. a. folgende Fragestellungen thematisiert: Wie verändern sich Geschäftsmodelle[490] oder -prozesse[491] durch IS und welchen Einfluss hat hierbei die Technologie,[492] wie werden neue Technologien für die Auftragsabwicklung angenommen[493] und welche Chancen bieten bestimmte Technologien[494] oder auch welche Auswirkung haben diese auf die Leistungsfähigkeit oder Effizienz.[495]

Diese Fragestellungen verdeutlichen bespielhaft, welche Themen häufig betrachtet werden. Daraus können jedoch auch einige Forschungslücken aufgedeckt werden. Zum Beispiel wird in den Forschungsarbeiten häufig behauptet, dass durch die Zusammenarbeit eine bessere Leistungsfähigkeit der gesamten Transportkette erreicht wird, was zu besseren

---

[490] Vgl. Kakhki, Nemati und Hassanzadeh (2018).
[491] Vgl. (Elbert, Pontow und Benlian (2016); Cao, Gan und Thompson (2013); Xin Yu, Ping Li und ShuFen Li (2010).
[492] Vgl. Asare, Brashear-Alejandro und Kang (2016); Harris, Wang und Wang (2015); Shaikh und Karjaluoto (2015); Patterson, Grimm und Corsi (2003).
[493] Vgl. Hazen, Overstreet und Cegielski (2012); Perego, Perotti und Mangiaracina (2011); Narayanan, Marucheck und Handfield (2009); Venkatesh (2006).
[494] Vgl. Jede und Teuteberg (2016); Achilleos et al. (2012); Giannopoulos (2004).
[495] Vgl. Maestrini et al. (2017); Liu, Prajogo und Oke (2016); Zhang, van Donk und van der Vaart (2016); Seo, Dinwoodie und Roe (2015).

2.3 Stand der Forschung zur Auftragsabwicklung in der Transportkette

wirtschaftlichen Ergebnissen für jeden Akteur führen kann.[496] Eine Quantifizierung findet allerdings häufig nicht statt. Das zeigt, dass die Auswirkungen auf die Leistungsfähigkeit oder Effizienz noch nicht ausreichend erforscht sind und es in diesem Zusammenhang weiteren Forschungsbedarf gibt. Gerade im SC-Kontext wird häufig ein Zusammenhang zur Leistungsfähigkeit auf abstrakter Ebene hergestellt.[497] Konkretere Indikatoren werden jedoch häufig nicht benannt und bieten somit Ansatzpunkte für weitere Forschung.[498]

Außerdem zeigt sich, dass Chancen, vor allem hinsichtlich bestimmter Technologien (z. B. EDI, Plattformen), häufiger als Herausforderungen herausgearbeitet werden.[499] Dies bestätigen auch Kembro und Näslund (2014), die eine stärkere kritische Auseinandersetzung mit dem Thema fordern. Neben dem Erforschen von Chancen von Technologien können vor allem Risiken weitere Einblicke liefern. Fragestellungen z. B. zu hemmenden Faktoren und deren Auswirkung auf die Diffusion der Technologie können die Erkenntnisse der fördernden Faktoren sinnvoll ergänzen.[500]

Neben dem IS-Schwerpunkt ist die unternehmensübergreifende Zusammenarbeit in den meisten Quellen des „Synthesis Samples" Kernbestandteil und auch hier werden unterschiedliche Aspekte der Kooperation untersucht. Dennoch besteht in diesem Zusammenhang weiterhin Forschungsbedarf. Zum einen werden häufig nur dyadische Beziehungen (Auftraggeber und Auftragnehmer) betrachtet.[501] Aufgrund der statischen Betrachtung werden dabei vor allem diejenigen Aspekte vernachlässigt, die sich aus den Dynamiken ergeben. Zudem sind Wettbewerbsaspekte meist komplett ausgeblendet. In manchen Forschungsarbeiten im Bereich SCM ist der Betrachtungsrahmen – weiterhin stark vereinfacht – erweitert auf drei Akteure (Zulieferer, Hersteller und Kunde).[502] In der Forschung werden Dynamiken hierbei stärker fokussiert (z. B. Ursache und Wirkung des Bullwhip Effektes),[503] wettbewerbliche Aspekte bleiben jedoch auch bei diesem Ansatz meist unberücksichtigt. Durch die starke Vereinfachung wird die in der Realität herrschende Komplexität (z. B. hinsichtlich des Phänomens zur „Co-opetition") bisher nicht ausreichend in den vorliegenden Forschungsarbeiten berücksichtigt.[504]

---

[496] Vgl. Almotairi et al. (2011).
[497] Vgl. u. a. Maestrini et al. (2017); Engel et al. (2016); Liu, Prajogo und Oke (2016); Zhang, van Donk und van der Vaart (2016); Prajogo und Olhager (2012); da Silveira und Cagliano (2006).
[498] Vgl. Wasesa (2017), S. 26.
[499] Vgl. Jede und Teuteberg (2016); Kembro, Selviaridis und Näslund (2014).
[500] Vgl. Kembro, Näslund und Olhager (2017).
[501] Vgl. u. a. Tămășilă, Proștean und Diaconescu (2018); Lukinskiy, Lukinskiy und Shulzhenko (2017); Sivadas, Holmes und Dwyer (2012); da Silveira und Cagliano (2006); Klein und Rai (2009).
[502] Vgl. u. a. Kembro, Selviaridis und Näslund (2014).
[503] Unter dem Bullwhip Effekt versteht man, das Aufschaukeln der Nachfrageschwankungen entlang der Wertschöpfungskette, welche aufgrund von lokaler Informationsverarbeitung und Nachfrageprognosen, Losgrößenbildung, Preisfluktuationen und Rationierungen zustanden kommen. Für eine detailliertere Definition und weitere Grundlagen siehe u. a. Elbert und Scharf (2015); Lee, Padmanabhan und Whang (1997).
[504] Vgl. u. a. Tămășilă, Proștean und Diaconescu (2018); Shih, Lai und Cheng (2015); Chong, Ooi und Sohal (2009).

Betrachtet man die 31 Quellen, die sich im engeren Sinne konkret mit der Auftragsabwicklung in der Transportkette beschäftigen, zeigt sich auch hier eine Vielzahl behandelter Forschungsschwerpunkte. Zum einen gibt es Quellen, welche die Transportkette nicht näher spezifizieren und diese eher allgemein behandeln bzw. einen Überblick zu den verschiedenen Verkehrsträgern und ihrer Auftragsabwicklung geben.[505] Zum anderen beschäftigen sich über die Hälfte der identifizierten Quellen mit der maritimen Transportkette[506] oder dem intermodalen Hinterlandtransport, meist als Vorlauf der maritimen Transportkette.[507] Die Luftfracht steht hingegen eher selten im Fokus der Betrachtung.[508]

In dem relativ neuen Forschungsstrom zum Thema Synchromodalität[509] geht es vor allem darum Verkehrsträger in Echtzeit, je nach Vorteilhaftigkeit, zu wechseln.[510] Dies bietet in der Theorie viel Potenzial, um die Transportkette zu flexibilisieren und den Transport hinsichtlich der Kosten, Auslastung oder Nachhaltigkeit zu verbessern. In der Realität ist man jedoch noch weit entfernt von der Umsetzung solcher Ansätze, nicht zuletzt aufgrund des geringen Digitalisierungs- und VernetzungsGrads. Auch andere Ansätze zur Unterstützung der dispositiven Aufgaben hin zu einer flexiblen Planung und Durchführung von Transporten mit verschiedenen Verkehrsträgern (z. B. Blockchain-Technologie), setzt eine unternehmensinterne und -übergreifende Digitalisierung und Vernetzung voraus.[511] Viele dieser Ansätze zeigen, dass die Technik häufig vorhanden ist und viele Chancen bietet. Die Herausforderungen liegen eher im Bereich der Organisation bzw. Aufgabe und bei den beteiligten Menschen und müssen weiter ergründet werden.[512]

Bei näherer Betrachtung der Quellen, die sich mit der Auftragsabwicklung in der Transportkette beschäftigen, zeigt sich, dass vor allem die unternehmensübergreifenden Prozesse bisher nicht sehr tiefgehend erforscht wurden und somit weitere Forschungstätigkeiten erfordern.[513] In der vorhandenen Grundlagen-Literatur werden zwar u. a. Vorgehensweise und Interdependenzen beschrieben sowie die hohe Relevanz der Auftragsabwicklung für die Transportkette bestätigt,[514] jedoch spiegelt sich dies nicht in der Forschung wider. Ein Grund hierfür könnte z. B. sein, dass Prozesse der Auftragsabwicklung meist individuell

---

[505] Vgl. u. a. Tămășilă, Proștean und Diaconescu (2018); Dovbischuk (2016); Zhihong Wang und Liu (2014); Perego, Perotti und Mangiaracina (2011).

[506] Vgl. u. a. Coronado Mondragon, Coronado Mondragon und Coronado (2017); Heilig, Lalla-Ruiz und Voß (2017); Mei und Dinwoodie (2005).

[507] Vgl. u. a. Elbert, Pontow und Benlian (2016); di Febbraro, Sacco und Saeednia (2016); Harris, Wang und Wang (2015); Almotairi et al. (2011).

[508] Hier ist keine explizite Quantifizierung möglich. Wenn dann ist die Luftfracht in den Quellen zumeist nur als ein Teil der Transportkette enthalten, welche die verschiedenen Verkehrsträger beleuchtet (vgl. u. a. Ugarte et al. (2010)) oder die Forschungsarbeiten wurden vor dem Jahr 2000 veröffentlicht und sind daher nicht im „Synthesis Sample" enthalten, siehe z. B. Christiaanse, Been und van Diepen (1996).

[509] Auch als die Weiterentwicklung der Inter- oder Co-Modalität bezeichnet (vgl. Pfoser, Treiblmaier und Schauer (2016), S. 1464).

[510] Siehe hierzu u. a. Dong et al. (2018); Zhang und Pel (2016); Li, Negenborn und de Schutter (2017); Pfoser, Treiblmaier und Schauer (2016).

[511] Vgl. Li, Negenborn und de Schutter (2015), S. 78.

[512] Vgl. u. a. Andrey und Reinaldo (2018); Shaikh und Karjaluoto (2015).

[513] Vgl. Elbert, Pontow und Benlian (2016), S. 158.

[514] Vgl. hierzu u. a. Pfohl (2010), S. 70 ff.; Gudehus (2012a), S. 40 ff.; Müller (2005), S. 131 ff.

2.3 Stand der Forschung zur Auftragsabwicklung in der Transportkette

oder fallspezifisch sind und somit die Erarbeitung von generalisierbaren Erkenntnissen eine Herausforderung darstellt. Dies zeigt sich auch im Vergleich der Rankings: Während im gesamten „Synthesis Sample" 65 % der Zeitschriftenaufsätze im Ranking vom Verband der Hochschullehrer für Betriebswirtschaft (VHB)[515] von A+ bis C gelistet sind, sind es bei den reinen im engeren Sinne transportbezogenen Beiträgen nur 44 % (siehe Abbildung 16). Zum einen sind transportbezogene Themen häufig sehr stark eingebettet in die jeweiligen Fallstudien („case studies") und zum anderen gibt es in der Logistikforschung grundsätzlich eine geringere Anzahl hochrangiger Fachzeitschriften als in anderen Disziplinen.[516]

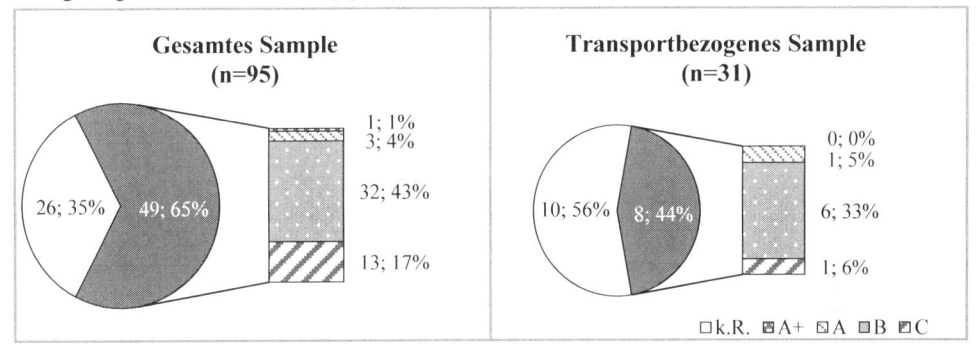

Abbildung 16: VHB-Rankings gesamtes und transportbezogenes „Synthesis Sample" (Anzahl; Prozent) (eigene Darstellung).

Betrachtet man den zeitlichen Verlauf der Veröffentlichungen, dargestellt in Abbildung 17, zeigt sich ein ansteigender Trend. Vor allem 2016 gab es viele Veröffentlichungen in diesem Forschungsfeld. Es ist zu beachten, dass für das Jahr 2018 zunächst nur das erste Halbjahr repräsentiert ist (gekennzeichnet durch die hellgrau farbliche Markierung des Balkens) und hier noch ein Anstieg zu erwarten ist. Der nicht kontinuierliche Anstieg der Publikationen über den Zeitverlauf lässt sich zum Teil dadurch erklären, dass viele Autoren mehrfach auf diesem Forschungsgebiet publiziert haben, zwischen den einzelnen Veröffentlichungen jedoch häufig zwei bis fünf Jahre liegen.[517]

---

[515] Das VHB-Ranking ist eine Bewertung von betriebswirtschaftlich relevanten Fachzeitschriften auf der Grundlage von Urteilen der über 1.100 VHB-Mitglieder (Stand 2015). Die Einstufung des Rankings reicht von A+ (herausragende und weltweit führende wissenschaftliche Fachzeitschriften auf dem Gebiet der BWL oder ihrer Teildisziplinen) bis D (wissenschaftliche Fachzeitschriften auf dem Gebiet der BWL oder ihrer Teildisziplinen). Für weitere Informationen siehe VHB (2018).

[516] Im Vergleich 21 „gerankte" Fachzeitschriften im Bereich Logistik zu 81 Fachzeitschriften im Bereich Marketing oder 89 Fachzeitschriften und Konferenzen im Bereich Wirtschaftsinformatik (vgl. VHB (2018)).

[517] Siehe Prajogo und Olhager (2012); Liu, Prajogo und Oke (2016) oder Asare et al. (2011); Asare, Brashear-Alejandro und Kang (2016) oder Kembro und Selviaridis (2015); Kembro, Näslund und Olhager (2017).

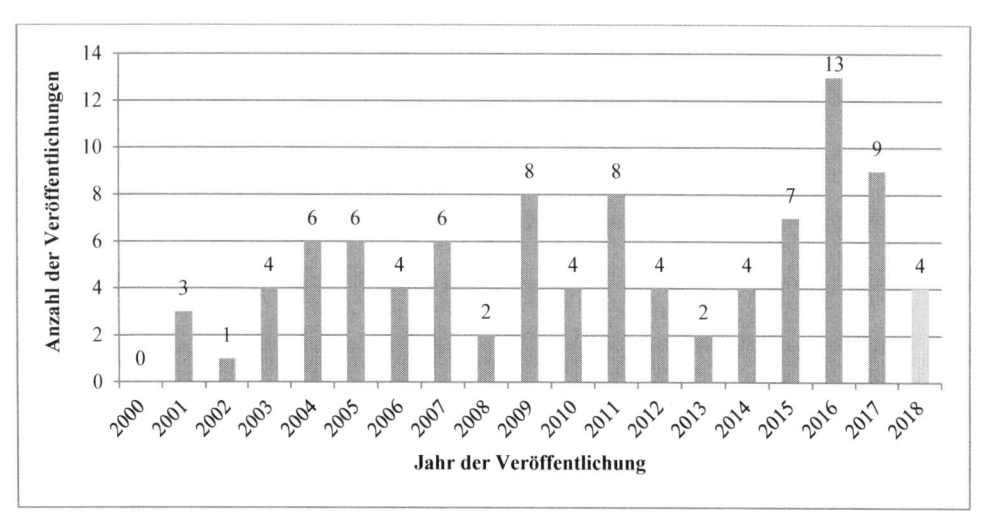

Abbildung 17: Anzahl der relevanten Veröffentlichungen pro Jahr im „Synthesis Sample" (eigene Darstellung).

Zudem zeigt sich, dass die meisten relevanten Forschungsarbeiten als Zeitschriftenaufsätze in einer Fachzeitschrift veröffentlicht wurden (insgesamt 75 bzw. 79 %). Den zweitgrößten Anteil machen Konferenzbeiträge aus, jeweils veröffentlicht in einem Tagungsband („Proceedings") (insgesamt 16 bzw. 17 %). Einen geringen Anteil tragen Bücher (Monographien) bzw. Beiträge in Büchern (Sammelwerke) (jeweils insgesamt 2 bzw. 2 %) bei. In Abbildung 18 sind die Anteile nach der Art der Veröffentlichung, bezogen auf die jeweiligen Ursprungsdatenbanken der systematischen Literaturrecherche bzw. ergänzt aus der anschließenden Schneeballsuche dargestellt. Hierbei zeigt sich, dass beispielsweise die meisten Zeitschriftenaufsätze aus EBSCO extrahiert wurden. Bei den beiden hinzugefügten Büchern (Monographien) handelt es sich in diesem Fall um Dissertationen.[518]

---

[518] Siehe hierzu Saldanha (2006); Wasesa (2017).

2.3 Stand der Forschung zur Auftragsabwicklung in der Transportkette

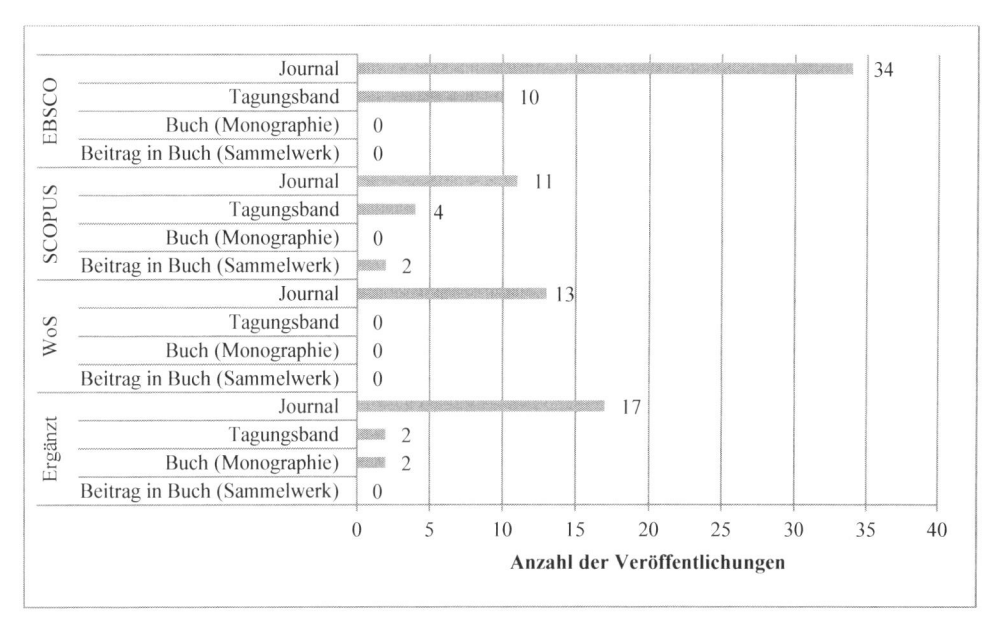

Quelle	Art	Anzahl
EBSCO	Journal	34
EBSCO	Tagungsband	10
EBSCO	Buch (Monographie)	0
EBSCO	Beitrag in Buch (Sammelwerk)	0
SCOPUS	Journal	11
SCOPUS	Tagungsband	4
SCOPUS	Buch (Monographie)	0
SCOPUS	Beitrag in Buch (Sammelwerk)	2
WoS	Journal	13
WoS	Tagungsband	0
WoS	Buch (Monographie)	0
WoS	Beitrag in Buch (Sammelwerk)	0
Ergänzt	Journal	17
Ergänzt	Tagungsband	2
Ergänzt	Buch (Monographie)	2
Ergänzt	Beitrag in Buch (Sammelwerk)	0

Abbildung 18: Art und Anzahl der Veröffentlichungen im „Synthesis Sample" (eigene Darstellung).

Wie die einzelnen Forschungsarbeiten theoretisch einzuordnen sind bzw. welche theoretischen Ansätze in den einzelnen Forschungsarbeiten thematisiert werden, ist in Abbildung 19 zusammengefasst dargestellt. Hinsichtlich der theoretischen Einordnung fällt zunächst auf, dass es bei fast der Hälfte der Forschungsarbeiten im „Synthesis Sample" keinen theoretischen Bezug gibt. Dies unterstützt die in Tabelle 3 (siehe Kapitel 2.2) dargestellten Annahmen zur geringen theoretischen Fundierung des Forschungsgebiets im Allgemeinen. Bei fast der Hälfte der Forschungsarbeiten werden Aspekte erarbeitet, ohne einen konkreten Bezug zu bestimmten Theorien herzustellen (43 bzw. 45 %). Dabei ist auffällig, dass diese Forschungsarbeiten hauptsächlich entweder Forschungsarbeiten in Fachzeitschriften ohne Ranking (14 bzw. 33 % der Beiträge ohne theoretische Einordnung) oder als Konferenzbeitrag in einem Tagungsband (15 bzw. 35 %) veröffentlicht wurden. In den Forschungsarbeiten, die in den verschiedenen hochrangigen Fachzeitschriften bzw. als Monographie veröffentlicht wurden, ist meistens eine Thematisierung einzelner Theorien vorhanden. Die einzelnen Theorien werden je nach theoretischem Schwerpunkt den jeweiligen Teilgebieten der Wirtschaftstheorie zugeordnet, die hier zunächst der theoretischen Einordnung der Literatur dienen und die in Kapitel 3 inhaltlich konkretisiert werden. Im „Synthesis Sample" sind die folgenden drei Teilgebiete enthalten:

1. **Verhaltensökonomik („Behavioral Economics"):** Hierunter sind Theorien zusammengefasst, welche sich mit der Kritik an den Annahmen des Homo Oeconomicus auseinandersetzen und den Menschen bzw. seine Verhaltensweisen stärker

in den Fokus rücken. Diese Ansätze werden vor allem seit der Wirtschaftskrise des ersten Jahrzehnts unseres Jahrhunderts verstärkt in der Forschung thematisiert.[519] Wichtig ist hierbei anzumerken, dass der Anspruch der Verhaltensökonomik nicht ist, traditionelle Modelle zu ersetzen, sondern sie zu ergänzen, um sie realitätsnäher und damit leistungsfähiger zu machen.[520] Verschiedene Verhaltensanomalien, Biases und Heuristiken führen zu abweichendem Verhalten, welche im Zentrum dieses Forschungsstroms liegen (z. B. Confirmation Bias oder Prospect Theory).[521]

2. **Informationsökonomik („Information Economics")**: Hierbei werden Theorien zusammengefasst, welche die unvollständige Information in der Analyse ökonomischer Systeme berücksichtigen. Die unvollständige Information ergibt sich aus der Unsicherheit zukünftiger Ereignisse und begrenzter Rationalität der Akteure sowie der asymmetrischen Informationsverteilung in den interaktiven Austauschbeziehungen der Akteure. Die Informationsökonomik schließt direkt an die Neue Institutionenökonomik[522] an, indem bewährte theoretische Modelle zur Analyse informationsökonomischer Fragestellungen herangezogen werden. Zu den drei am meisten verbreiteten theoretischen Ansätzen zählt die Prinzipal-Agent-Theorie, auch Agency-Theorie genannt,[523] die Property-Rights-Theorie[524] und die Transak-

---

[519] In der Wirtschaftskrise, die sich aus der Finanzkrise entwickelt hatte, mussten sich vor allem große Banken, deren Vorstände und die obere Führungsebene einige moralische Fragen stellen lassen. Dies führte zu einer stärkeren Thematisierung von Verhalten in der Öffentlichkeit, und Politik sowie in der Forschung (vgl. Beck (2014), S. V und 289).

[520] Vgl. Beck (2014), S. 9.

[521] Vgl. Beck (2014), S. 25 ff. bzw. 101 ff.

[522] Die neue Institutionenökonomik bildet einen Gegenstrom zu neoklassischen Theorien, welche das individuell rationale Verhalten von Angebot und Nachfrage zu Grunde legt und analysiert. Bei der neuen Institutionenökonomik nehmen Institutionen eine, in der Neoklassik nicht berücksichtigte, zentrale Rolle ein und es findet eine Einbettung des ökonomischen Handelns in den institutionellen Kontext statt. So wird die Institutionalisierung einer Beziehung zwischen wirtschaftlichen unabhängigen Akteuren möglich und es können Auswirkungen von Institutionen, d. h. etablierte Organisationsstrukturen und Verträge, auf das menschliche Verhalten erklärt werden. Dadurch erweitert die neue Institutionenökonomik die neoklassischen Modelle um die Annahmen der unvollständigen Informationen und des opportunistischen Verhaltens der Marktteilnehmer. Opportunistisches Verhalten wird dadurch ermöglicht, dass Akteure ihre Informationsvorteile strategisch ausnutzen (vgl. hierzu Richter und Furubotn (2007), S. 4 und 40; Picot et al. (2012), S. 57 ff.).

[523] Die Prinzipal-Agent Theorie basiert auf den Grundannahmen der begrenzten Rationalität und des opportunistischen Verhaltens von Akteuren. Nach der Theorie delegiert ein Prinzipal die Arbeit an einen Agenten. Der Agent beeinflusst mit seinen Handlungen sowohl sein eigenes Ergebnis, als auch (indirekt) das Ergebnis des Prinzipals. Das heißt es besteht eine Nutzendependenz, da je nach Handlung des Agenten der Prinzipal profitieren oder Schaden nehmen kann. Der Agent besitzt einen höheren Informationslevel hinsichtlich seiner Fähigkeiten und Expertise. Zusätzlich kommt ein Einfluss von (endogenen) Unsicherheiten. Aus diesen Gründen ist der Prinzipal insgesamt nicht in der Lage aus den Ergebnissen direkt auf die Handlungen des Agenten zu schließen. Diesen Handlungsspielraum kann der Agent zu seinem Vorteil ausnutzen, was den Interessenkonflikt der beiden aufzeigt. Die Interessendivergenz (Prinzipal: maximaler Output vs. Agent: minimaler Input) zeigt die Notwendigkeit der Steuerung durch z. B. vertraglichen Absicherung. Für weitere Information siehe hierzu u. a. Richter und Furubotn (2007), S. 4 ff; Picot et al. (2012), S. 89 ff.; Jost (2001).

2.3 Stand der Forschung zur Auftragsabwicklung in der Transportkette

tionskostentheorie,[525] wobei die Theorien nicht überschneidungsfrei sind, sondern unterschiedliche Schwerpunkte setzen.[526]

3. **Innovationsökonomik („Innovation Economics")**: In diesem Forschungsfeld wird der technologische oder organisatorische Wandel analysiert, welcher durch Innovation initiiert wird. Dabei werden Fragestellungen thematisiert, die sich mit dem Durchsetzen und dem Scheitern von Innovationen beschäftigen oder die Entwicklung der Wettbewerbsfähigkeit durch Innovationen betrachten. Dabei werden u. a. die Sicherung geistigen Eigentums z. B. durch Patente oder auch die Einbringung von Wissen in Normen und Standards thematisiert.[527] Neben der makroökonomischen Betrachtung werden hierbei zunehmend technologische Innovationen im mikro-ökonomischen und im betriebswirtschaftlichen Kontext erforscht.[528]

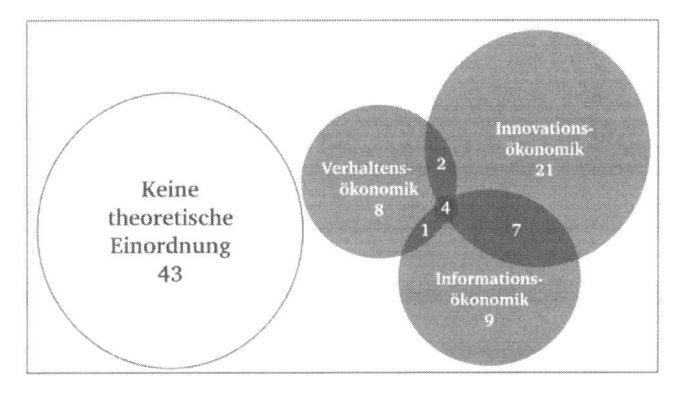

Abbildung 19: Theoretische Einordnung der Forschungsarbeiten im „Synthesis Sample" (eigene Darstellung).

Phase 6: Dokumentation der Erkenntnisse

Die letzte Phase der systematischen Literaturrecherche wird an dieser Stelle nicht weiter ausgeführt. Mit dem vorliegenden Kapitel wurde der Dokumentation der Erkenntnisse bereits umfangreich Rechnung getragen. Es soll an dieser Stelle genügen, darauf zu verweisen, dass an den jeweiligen Stellen in der gesamten Arbeit weitere Erkenntnisse der rele-

---

[524] Bei der Property-Rights Theorie liegt der Schwerpunkt auf den Handlungs- und Verfügungsrechten von materiellen und immateriellen Gütern und Dienstleistung und deren Nutzung. Dabei geht es vor allem um die Ausgestaltung der folgenden vier Rechte: erstens das Recht, das Gut zu nutzen („usus"), zweitens das Recht, das Gut hinsichtlich Form und Substanz zu verändern („abusus"), drittens das Recht, sich entstandene Gewinne anzueignen bzw. die Pflicht, Verluste zu tragen („usus fructus") und viertens das Recht, das Gut zu veräußern und Liquidationserlöse einzunehmen („ius abutendi"). Für weitere Informationen siehe u. a. Picot et al. (2012), S. 58 ff.

[525] Für eine ausführliche Definition und Beschreibung der Transaktionskostentheorie sei an dieser Stelle auf Kapitel 3.3.1 verwiesen.

[526] Vgl. Wolff (2018), S. 2. Für eine Gegenüberstellung der drei Theorien siehe Picot et al. (2012), S. 100.

[527] Vgl. Grupp (1997); Freeman und Soete (2005).

[528] Vgl. Cua (2012), S. 303 ff.; siehe außerdem Atkinson und Ezell (2012); Foster und Rosenzweig (2010).

vanten Literatur vertieft und referenziert werden. Die zu Beginn der systematischen Literaturrecherche gestellte Forschungsfrage konnte mit den zuvor beschriebenen Inhalten hinsichtlich der thematischen Schwerpunkte in der relevanten Literatur, den bestehenden Forschungslücken und der theoretischen Einordnung vollumfänglich beantwortet werden. Die theoretische Einordnung der Literatur soll im Anschluss an den nun folgenden konzeptionellen Bezugsrahmen in Kapitel 3 inhaltlich weiter ausgearbeitet werden.

2.4 Konzeptioneller Bezugsrahmen als inhaltliches Forschungsprogramm

Angelehnt an die Forschungsfragen und die in diesem Kapitel herausgearbeiteten Erkenntnisse, kann der konzeptionelle Bezugsrahmen als inhaltliches Forschungsprogramm für die vorliegende Arbeit abgeleitet werden. Der konzeptionelle Bezugsrahmen gliedert sich dementsprechend in drei Bereiche und ist in Abbildung 20 zusammenfassend dargestellt:

1. Um den Status quo und die Entwicklungstrends von Auftragsabwicklungssystemen in der Transportkette zu erfassen, kommt es darauf an, die Zusammenhänge zu verstehen. Die Auftragsabwicklung als zentraler Bestandteil der Transportdienstleistung, welche den Transport auslöst, begleitet und abschließt, besteht aus dem Informations- und dem Güterfluss, der mit verschiedenen Verkehrsträgern durchgeführt werden kann, für die wiederum unterschiedliche Voraussetzungen gelten. Als soziotechnisches System spielen hierbei die Bestandteile Mensch, Aufgabe und Technik eine zentrale Rolle. Sie müssen bei der Nutzung und Integration von IS-Technologien für die Auftragsabwicklung berücksichtigt werden und bringen unterschiedliche theoretische Implikationen ein. Basierend auf dem Stand der Forschung konnte gezeigt werden, dass die Auftragsabwicklung von der Verhaltensökonomik, der Informationsökonomik und der Innovationsökonomik als Teilgebiete der Wirtschaftstheorie beeinflusst werden. Der Einbezug dieser unterschiedlichen theoretischen Perspektiven zur Erfassung und Analyse der Wirkungsmechanismen ist demnach unabdingbar und spielt sowohl für die asynchrone als auch für die synchrone Auftragsabwicklung eine zentrale Rolle.
2. Die asynchrone Auftragsabwicklung, geprägt von Informationsasymmetrien und der begrenzten Rationalität der Akteure, ist vor allem in der Seefracht gängige Praxis. Mittels proprietärer Systeme und EDI wird diese am häufigsten durchgeführt. Dennoch ergeben sich in der Umsetzung aufgrund des hohen manuellen Aufwands Verbesserungspotenziale hinsichtlich der Prozesseffizienz, die eine empirische Untersuchung erfordern.
3. Die synchrone Auftragsabwicklung hingegen stellt einen Entwicklungstrend dar und konnte sich bisher, trotz der Vorteile für die arbeitsteilige Auftragsabwicklung in der mehrgliedrigen Transportkette, nicht flächendeckend etablieren. Die Gründe dafür sind bisher nicht erschlossen und sollen anhand von plattformbasierten Systemen am Beispiel der Luftfracht analysiert werden, in der es im Besonderen auf Schnelligkeit und eine hohe Prozessqualität ankommt.

2.4 Konzeptioneller Bezugsrahmen als inhaltliches Forschungsprogramm

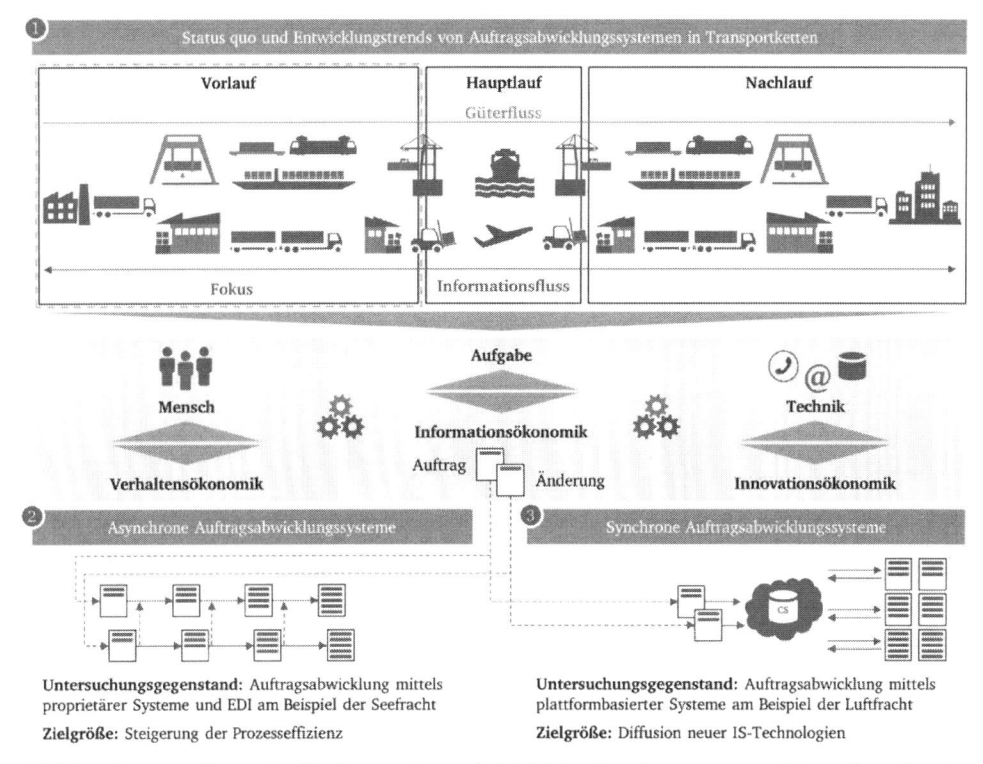

Abbildung 20: Konzeptioneller Bezugsrahmen als inhaltliches Forschungsprogramm (eigene Darstellung).

3 Theoretische Einordnung und Hintergründe

Theorien bieten Orientierung in der komplexen Wirklichkeit.[529] Picot et al. (2012) vergleichen Theorien mit Werkzeugen für Handwerker und bezeichnen sie als Erkenntnisinstrumente für Wissenschaftler, wobei abhängig von der Problemstellung bestimmte Faktoren berücksichtigt und andere vernachlässigt bzw. abstrahiert werden und sich die Nützlichkeit erst in der Anwendung herausstellt.[530] Das heißt, wenn eine Theorie häufig zum Einsatz kommt, deutet dies auf ihre Nützlichkeit hin. Daher werden im Folgenden jene Theorien thematisiert, welche in den betrachteten und angrenzenden Forschungsströmen bzw. in der relevanten Literatur (vgl. Kapitel 2.3.2) häufig Anwendung finden. Keine einzelne Theorie kann die wissenschaftlichen Erkenntnisse und die theoretischen Zusammenhänge allumfassend beschreiben. Dies begründet die Forderung nach einem Theoriepluralismus, wobei sequenziell unterschiedliche theoretische Perspektiven eingenommen werden, um Teilaspekte zusammenzuführen und teilweise umfassendere Erkenntnisgewinne zu ermöglichen oder zu testen, was auch als Metatheorie bezeichnet wird.[531] Zunächst wird im Folgenden die Auswahl der theoretischen Ansätze aufgeführt und begründet. Für die ausgewählten Forschungsansätze werden im Anschluss die Grundlagen und ausgewählte Theorien sowie bestimmte Wirkungsmechanismen und Effekte aufgearbeitet, welche in der Empirie zum Einsatz kommen oder die Erkenntnisse der vorliegenden Arbeit begründen. Zum Abschluss dieses Kapitels folgt die theoriegeleitete Entwicklung der Propositionen.

3.1 Auswahl und Begründung der theoretischen Ansätze

Die Auswahl der theoretischen Teilgebiete, auf denen die vorliegende Arbeit aufbaut, sowie die dazugehörigen Theorien, Rahmenwerke („Frameworks"), Wirkungsmechanismen und Effekte basieren auf den erarbeiteten Erkenntnissen der systematischen Literaturrecherche (siehe Abbildung 21). Dazu wurden die relevanten Quellen hinsichtlich der Verwendung und Bezugnahme auf verschiedene theoretische Ansätze analysiert, zusammengetragen und zu den theoretischen Teilgebieten der Wirtschaftstheorie zugeordnet.[532] Hieraus ergeben sich die in der vorliegenden Arbeit betrachteten drei Teilgebiete: Verhaltens-, Informations- und Innovationsökonomik. Generell enthalten bzw. erklären alle drei, je nach Betrachtungsfokus, bestimmte theoretische Ansätze aus den Bereichen der Sozial-, Volks- und Betriebswirtschaftslehre. Im Folgenden werden entsprechend der wissenschaftstheoretischen Einordnung jeweils nur die betriebswirtschaftlichen Perspektiven der Teilgebiete herausge-

---

[529] Vgl. Picot et al. (2012), S. 26.
[530] Vgl. Picot et al. (2012), S. 26.
[531] Vgl. Picot et al. (2012), S. 32.
[532] Für weitere Informationen siehe auch Richter (1994) sowie Richter und Furubotn (2007).

stellt, da diese für die weitere Arbeit von besonderer Bedeutung sind. Zudem basieren alle drei auf der Neuen Institutionenökonomik.[533] Durch den Einbezug von Institutionen im Vergleich zur neoklassischen Theorie, wird eine Erklärung der Beziehung zwischen wirtschaftlich unabhängigen Akteuren möglich und es können Auswirkungen, u. a. von Organisationsstrukturen oder menschlichem Verhalten, erklärt werden.[534]

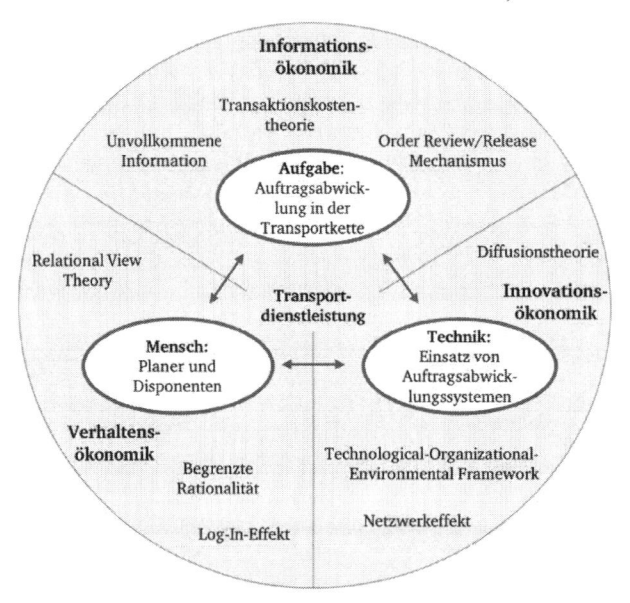

Abbildung 21: Zusammenspiel der theoretischen Teilgebiete und des soziotechnischen Systems (eigene Darstellung).

Auch diese Teilgebiete spiegeln die Relevanz der drei Bestandteile im soziotechnischen System wieder und setzen hierin einen jeweiligen Fokus. Die Verhaltensökonomik versucht dabei, die verschiedenen Aspekte der unternehmensübergreifenden Zusammenarbeit bzw. Arbeitsteilung zu erklären und ordnet die dahinterliegenden theoretischen Erkenntnisse ein. Im Fokus stehen bei dieser Betrachtung der Mensch und seine Verhaltensweisen. Die Informationsökonomik richtet dagegen den Fokus auf die Aufgabe, hier den Informationsaustausch in der Auftragsabwicklung, und versucht dabei, verschiedene Aspekte theoretisch einzuordnen. Die Innovationsökonomik als dritte Strömung zeigt – getrieben von der technologischen Weiterentwicklung – theoretische Ansätze auf, wie sich beispielsweise Innovationen am Markt im Zeitverlauf etablieren. Diese drei theoretischen Teilgebiete können somit im Zusammenspiel den vorliegenden Untersuchungsgegenstand umfassend erklären. In Abbildung 21 ist dies dargestellt. Die Auswahl der einzelnen theoretischen Ansätze, Wirkungsmechanismen und Effekte innerhalb der theoretischen Teilgebiete basiert im Detail auf der Auswertung der systematischen Literaturrecherche. Hierfür wur-

---

[533] Vgl. Richter und Furubotn (2007), S. 393 ff.
[534] Vgl. Richter und Furubotn (2007), S. 4; Picot et al. (2012), S. 57.

den diejenigen Quellen ausgewählt, die zum einen häufig im relevanten „Synthesis Sample" vorkamen und zum anderen der Erklärung des vorliegenden Untersuchungsgegenstands dienen. Ausgeschlossen wurden somit u. a. die Prinzipal-Agent-Theorie, die sich z. B. stärker auf einzelne Verhaltensweisen und opportunistische Verhalten konzentriert,[535] oder spieltheoretische Ansätze, die meist Wirkungszusammenhänge in Form von Experimenten erforschen.[536] Sie wurden zwar auch häufig in den relevanten Quellen thematisiert, spiegeln aber nicht den Fokus der vorliegenden Arbeit wider. Die jeweils gewählten theoretischen Ansätze, Wirkungsmechanismen und Effekte werden im Folgenden näher konkretisiert.

3.2 Verhaltensökonomische Perspektive

In den vergangenen 30 Jahren wurde der Mensch stärker in den Fokus der wirtschaftswissenschaftlichen Forschung gerückt. Dies kann vor allem der verhaltensökonomischen Forschung zugeschrieben werden. Bei der Verhaltensökonomik handelt es sich um eine noch relativ junge Forschungsrichtung, die die Anwendbarkeit von rationalen Entscheidungsmodellen unter Einbeziehung psychologischer Erkenntnisse und experimenteller Methoden kritisch hinterfragt, um die Modelle hinsichtlich der menschlichen Verhaltensweisen realistischer weiter zu entwickeln. Basierend auf den Erkenntnissen der Verhaltensökonomik, wurden die Grenzen der neoklassischen Verhaltensmodelle (Eigennutzenmaximierung, vollständige Rationalität, usw.) aufgezeigt. Die Annahme des Homo oeconomicus als rein rationalem Entscheider verschwindet zunehmend aus den theoretischen Modellen, welche je nach Betrachtungsfokus um bestimmte Verhaltensweisen und Heuristiken ergänzt werden. Hervorzuheben ist dabei, dass es in der Verhaltensökonomik darum geht, traditionelle ökonomische Modelle zu ergänzen und somit realitätsnäher und leistungsfähiger zu machen.[537]

Die Verhaltensökonomik basiert auf dem Grundsatz der begrenzten Rationalität. Hierzu sollen zunächst die Grundlagen erklärt werden. In der systematischen Literaturrecherche zeigte sich, dass die Relational View Theory am häufigsten im Rahmen der verhaltensökonomischen Perspektive verwendet wird. Insgesamt 10 der 15 Quellen im „Synthesis Sample", d. h. 67 %, beschäftigen sich mit der Relational View Theory. Demnach scheint diese Theorie für die arbeitsteilige Auftragsabwicklung, bei der die unternehmensübergreifende Zusammenarbeit besonders wichtig ist, eine hohe Relevanz zu besitzen. Aus diesem Grund sollen die Grundlagen dieses theoretischen Ansatzes im Anschluss vorgestellt werden. Häufig wird in diesem theoretischen Rahmen der Lock-in-Effekt aufgegriffen, welcher Bindungen und Wechselkosten hinsichtlich der Zusammenarbeit oder dem Einsatz von IS-Technologien im betriebswirtschaftlichen Zusammenhang erklärt. Dieser soll abschließend für die verhaltensökonomische Perspektive vorgestellt werden.

---

[535] Für weitere Informationen siehe Kaluza, Dullnig und Malle (2003); Jost (2001).
[536] Für weitere Informationen siehe u. a. Holler und Illing (2006); Neumann und Morgenstern (1944).
[537] Vgl. Döring (2015), S. 15 ff.; Beck (2014), S. 9 ff.

3.2.1 Begrenzte Rationalität

Im Allgemeinen versuchen Individuen, bei Entscheidungen ihren eigenen Nutzen zu maximieren – das ist bereits aus den neoklassischen Verhaltensmodellen bekannt. Die Erkenntnisse der begrenzten Rationalität („bounded rationality") erweitern den Prozess zur Nutzenmaximierung allerdings grundlegend durch die Berücksichtigung der mentalen Einschränkung im Entscheidungsverhalten. Um diesen Aspekt zu erforschen wurden in den vergangenen Jahrzehnten zunehmend Ergebnisse der kognitiven Psychologie in ökonomische Analysen integriert. Diese Analysen zeigen, wie in individuellen Entscheidungsprozessen kognitive Mechanismen zum vereinfachten Umgang mit Informationen (Heuristiken) zur Anwendung kommen, um die Komplexität oder Unsicherheiten der Umwelt zu reduzieren.[538]

Im Gegensatz zu neoklassischen Standardmodellen, die von einer vollständigen Rationalität mit unbegrenzten kognitiven Fähigkeiten ausgehen, wird bei der begrenzten Rationalität infrage gestellt, dass Akteure (selbst bei vollständiger Information) in der Lage sind, zutreffende Erwartungen über zukünftige Ereignisse zu bilden, alle Handlungsalternativen vollständig erfassen und adäquat bewerten sowie sich über einen längeren Zeitraum konsistent verhalten.[539] Die beiden Psychologen Kahnemann und Tversky (1979) haben diesen Ansatz in der Neuen Erwartungstheorie („Prospect Theory") zusammengefasst und Heuristiken erforscht, die den Prozess der Lösungsfindung in den Fokus stellen.[540] Sie stellten die Frage, wie das Ergebnis einer Überlegung aussieht, in den Hintergrund und fokussierten die Fragen, wie Individuen zu Entscheidungen kommen und welche vereinfachenden Regeln sie dabei anwenden.[541] Die positive Seite von Heuristiken ist, dass sie effiziente Problemlösetechniken darstellen. Die negative ist, dass sie zu Fehleinschätzungen respektive Fehlentscheidungen führen können, die durch sogenannte Wahrnehmungsverzerrungen („Cognitive Biases") hervorgerufen werden (wobei immer zu hinterfragen ist, ob diese Verzerrungen systematischer Natur sind).[542]

Generell werden im Prozess der Entscheidungsfindung zwei Systeme unterschieden: Zum einen das reflexiv-rationale und zum anderen das intuitiv-automatische, wobei das erstgenannte deduzierendes, kontrollierendes sowie regelgeleitetes Denken und das zweite ein unbewusstes, emotional gesteuertes Denken, basierend auf erlernten Verhaltensmustern, annimmt. Aus dem Zusammenspiel der beiden Systeme ergeben sich verschiedene Wahrnehmungsverzerrungen und der Gebrauch von Entscheidungsheuristiken.[543] Unter Wahrnehmungsverzerrung versteht man subjektive Wahrnehmungs-, Erinnerungs- oder Urteilsprozesse, weshalb die Realität nicht objektiv dargestellt werden kann und somit zu Entscheidungen führt, die unter Annahme falscher oder ungenauer Voraussetzungen getroffen werden. Beispiele hierfür sind z. B. der „Status Quo Bias" oder der „Endowment Bias". Bei

---

[538] Vgl. Döring (2015), S. 15 f.
[539] Vgl. Döring (2015), S. 20; Beck (2014), S. 9.
[540] Vgl. Kahnemann und Tversky (1979); siehe außerdem Kahneman und Tversky (2013).
[541] Vgl. Beck (2014), S. 26.
[542] Vgl. Beck (2014), S. 27.
[543] Vgl. Döring (2015), S. 20; Beck (2014), S. 13.

3.2 Verhaltensökonomische Perspektive

dem „Status Quo Bias" haben Individuen oder Akteure die Tendenz, an der gegenwärtigen Situation festzuhalten oder nur sehr zögerlich einen Wechsel zwischen Handlungsalternativen zu vollziehen, obwohl bei genauerer Betrachtung ein Wechsel (z. B. zu einer neuen Technologie) durchaus vorteilhaft sein könnte. Hierbei spielt auch der sogenannte „Endowment Bias" eine Rolle, bei dem Akteure Gütern, die sie bereits besitzen, einen höheren Wert beimessen.[544]

Neben den Wahrnehmungsverzerrungen, kommen Entscheidungsheuristiken besonders dann zum Einsatz, wenn der Akteur aufgrund von Zeitdruck oder Informationsflut (oder auch -mangel) überfordert ist und somit Konsequenzen nicht umfassend reflektiert. Die „Ankerheuristik" ist hierfür ein Beispiel. Dabei nutzt der Akteur im Entscheidungsprozess mentale Anker, das heißt Entscheidung werden nicht sachbezogen (rational), sondern in Anlehnung an gegebene Orientierungsgrößen getroffen. Diese Heuristik basiert auf dem Einfluss von sogenannten Kontexteffekten. Einer dieser Kontexteffekte ist der „Framing Effekt", bei dem Entscheidungen grundlegend von den äußeren Gegebenheiten beeinflusst werden. Ein anderer Kontexteffekt ist der „Herding Effekt", wobei sich Entscheider im Wesentlichen durch Entscheidungen anderer Akteure beeinflussen lassen. Auch die „Prokrastination" lässt sich in diesem Zusammenhang aufführen. Hierbei wird das Entscheidungsverhalten durch kurzfristig bestehende Vorteile bestimmt, der Langzeitnutzen wird außer Acht gelassen und langfristige Entscheidungen, auch wenn sie vorteilhaft sein mögen, werden aufgeschoben.[545]

3.2.2 Relational View Theory

Die Relational View Theory (RVT) kombiniert Erkenntnisse der Netzwerktheorie,[546] der Ressourcen Dependenz Theory[547] und des Resource Based Views (RBV) und wird häufig auch als eine Weiterentwicklung des RBV um Aspekte der beiden zuerst genannten Theorien definiert.[548] Der RBV besagt, dass Unternehmen durch ihre Heterogenität die Unternehmensleistung verbessern und Wettbewerbsvorteile verschaffen können, indem sie materielle und immaterielle Ressourcen intern akkumulieren. Um die Unternehmensleis-

---

[544] Vgl. Döring (2015), S. 21 f.
[545] Für einen Überblick der Wahrnehmungsverzerrungen, Entscheidungsheuristiken und Kontexteffekten siehe Döring (2015), S. 22-27.
[546] Die Netzwerktheorie beschäftigt sich im Kern damit, wie Netzwerke funktionieren und umfasst verschieden Erklärungsansätzen. Hierzu gehört u. a. die Akteur-Netzwerk Theorie, welche aus den Sozialwissenschaften stammt und die Gesellschaft als Netzwerk bestehend aus verschiedenen heterogenen Entitäten versteht. Der Zusammenschluss dieser heterogenen Entitäten oder kohärenten Akteure ist Gegenstand der theoretischen Betrachtung bei der Akteur-Netzwerk Theorie. Für weitere Informationen siehe hierzu u. a. Latour (2014).
[547] Die Ressourcen-Dependenz Theorie beschäftigt sich mit der Abhängigkeit und dem Einfluss von externen Ressourcen und Unsicherheiten eines UnternehmenS. Dabei lassen sich drei Schwerpunkte unterscheiden. Erstens, das Vorhandensein und die Akquise von externen Ressourcen, welcher finanzieller, physischer oder informationsbezogener Natur sein können. Zweitens, die die Darstellung der individuellen Beziehungen zwischen den beteiligten Unternehmen. Drittens, die Bedeutung von Macht in der intra- und interorganisationalen Beziehung. Demnach werden in der Theorie nicht nur Dependenzen sondern auch Interdependenzen thematisiert. Für einen Überblick und weitere Erläuterungen siehe Hillman, Withers und Collins (2009).
[548] Vgl. Reuter (2011), S. 0.

tung zu verbessern und Wettbewerbsvorteile zu generieren, sollten diese Ressourcen (1) selten, (2) wertvoll, (3) nicht substituierbar und (4) nicht imitierbar sein.[549] Während der RBV sehr stark nach innen gerichtet ist, setzt die RVT den Schwerpunkt auf strategische Kooperationen und die Erlangung von unternehmensübergreifenden Wettbewerbsvorteilen durch (1) beziehungsspezifische Investitionen („Assets"), (2) gemeinsame Routinen zum Wissensaustausch, (3) komplementäre Ressourcen und Fähigkeiten sowie (4) effektive Leitungsmechanismen und Steuerung („Governance").[550] Diese vier Determinanten können laut Dyer und Singh (1998) die Transaktionskosten in einer Kette reduzieren und bestimmen die sogenannte resultierende beziehungsbezogene oder relationale Rente („relational rent").[551] Die Autoren definieren „a relational rent as a supernormal profit jointly generated in an exchange relationship that cannot be generated by either firm in isolation and can only be created through the joint idiosyncratic contributions of the specific alliance partners."[552] Diese relationale Rente kann zum einen bereits beim Eingehen und zum anderen im Verlauf der Kooperation, als Folge der kontinuierlichen Zusammenarbeit, generiert werden.[553]

Um diese relationale Rente, die aus der unternehmensübergreifenden Zusammenarbeit resultiert, zu generieren, gibt es für Unternehmen verschiedene Implikationen für die strategische Positionierung. Nach der Theorie versuchen beim RBV einzelne Unternehmen zunächst, wertvolle Ressourcen wie firmeneigenes Know-how zu schützen anstatt zu teilen, um Wissensverluste zu verhindern. Diese Ansicht unterschätzt die Synergieeffekte, die sich aus der Kombination von internen und externen Ressourcen ergeben. Sie wird in einer zunehmend vernetzten Welt infrage gestellt bzw. es wird die Meinung vertreten, dass durch stärkere unternehmensübergreifende Zusammenarbeit Wettbewerbsvorteile erschlossen werden können.[554] So kann es aus Sicht der RVT eine effektive Strategie sein, dass Unternehmen systematisch wertvolle Ressourcen wie firmeneignes Know-how mit den Kooperationspartnern teilen, auch wenn sie damit die Gefahr eingehen, dass ein gewisser Teil des Know-hows an Wettbewerber „durchsickert". Dieses Verständnis zu entwickeln, stellt allerdings Unternehmen, die in Branchen mit hohem Wettbewerbsdruck agieren, vor große Herausforderungen. Lavie (2006) unterscheidet dazu eingehende („inbound") und ausgehende („outbound") „spillover rent" (Übertragungsrendite).[555] Hiernach ist für Unternehmen die strategische Kooperation nur dann sinnvoll, wenn der erwartete Nutzen des Wissensaustauschs größer ist als der erwartete Verlust durch den Wissensübergang an Wettbewerber.[556] Lavie (2006) geht davon aus, dass Eigentumsrechte oder die Kontrolle[557] über

---

[549] Vgl. Wernerfelt (1984); Barney (1991).
[550] Vgl. Dyer und Singh (1998), S. 660.
[551] Vgl. Dyer und Singh (1998), S. 662 ff.
[552] Dyer und Singh (1998), S. 662. Sinngemäße Übersetzung: „Eine relationale Rente kann als außerordentlicher Gewinn definiert werden, der gemeinsam in einer Austauschbeziehung erwirtschaftet wird und von keiner der beiden Parteien isoliert erzeugt, sondern nur durch die gemeinsamen idiosynkratischen Beiträge der einzelnen Partner geschaffen werden kann."
[553] Vgl. Lavie (2006), S. 646 ff.; Reuter (2011), S. 14 f.
[554] Vgl. Reuter (2011), S. 1.
[555] Vgl. Lavie (2006), S. 644.
[556] Vgl. Dyer und Singh (1998), S. 675.

gemeinsame Ressourcen keine notwendige Bedingung für die Erreichung von Wettbewerbsvorteilen sind, sondern vielmehr die Art der Zusammenarbeit oder Dienstleistung, die aus den gemeinsamen Ressourcen entsteht, die bedeutsame Wertgenerierung darstellt.[558] Die Größenordnung der relationalen Rente kann allerdings von vertraglichen Vorgaben sowie vom opportunistischen Verhalten, von der relativen Verhandlungsmacht und von der relativen Absorptionsfähigkeit der beteiligten Unternehmen abhängig sein.[559] Bei der Absorptionsfähigkeit ist insbesondere die Aufnahme von technologischen Neuerungen und die Anpassung oder auch Angleichung technologischer Veränderungen bedeutend.[560] Reuter (2011) zeigt in einer Zusammenfassung einiger Forschungsergebnisse und bestehender Forschungslücken im Bereich RVT auf, dass beispielsweise eine Unterscheidung in strategische (Netzwerk) und operative (zwischenmenschliche) Ebene sinnvoll sein kann, um weitere Erkenntnisse darüber zu erlangen, welche Ebene welchen Beitrag zur relationalen Rente beiträgt.[561] Espino-Rodriguez und Rodriguez-Diaz (2014) stellen außerdem die hohe Relevanz der RVT für den Prozess der arbeitsteiligen Auftragsabwicklung heraus und fordern eine stärkere wissenschaftliche Fokussierung operativen Prozessebene zur Identifikation von beziehungs- und bindungsrelevanten Aspekten in der Auftragsabwicklung.[562]

3.2.3 Lock-in-Effekt

Einer dieser bindungsrelevanten Aspekte ist der Lock-in oder auch Einsperr-Effekt. Darunter versteht man in den Wirtschaftswissenschaften die enge Bindung an Produkte, Dienstleistungen oder Anbieter. Durch hohe Wechselkosten und sonstige Wechselbarrieren versuchen Unternehmen, einen Wechsel zu anderen Produkten, Dienstleistungen oder Anbietern zu erschweren. Dabei bestimmt die Höhe der Wechselkosten das Ausmaß eines Lock-in-Effekts. Gezielte Berücksichtigung und Anwendung des Log-in-Effekts finden sich im Banken- und Finanzwesen sowie im Marketing hinsichtlich der Kundenbindung. Auch in der IS-Forschung wird der Lock-in-Effekt in verschiedenen Zusammenhängen genannt, z. B. bei der Bindung an Softwareprodukte oder Standards.[563] Nach Tassey (2000) ist dabei der Lock-in-Effekt umso höher, je mehr in eine Software, einen Standard, eine Technologie oder komplementäre Produkte investiert wurde („sunk cost"). Daraus entste-

---

[557] Eigentumsrechte und Kontrolle über gemeinsame Ressourcen sind dabei nicht zu verwechseln mit der angesprochenen notwendigen Steuerung der Kooperation. Die Steuerung unterliegt einem Entwicklungsprozesss. Während zu Beginn einer Kooperation stärker auf hierarchische und formale Mechanismen gesetzt wird, entwickeln sich im Verlauf der Kooperation mit zunehmendem Vertrauen meist stärker informelle und weniger hierarchische Mechanismen (vgl. hierzu Reuter (2011), S. 12). Die gemeinsamen Ressourcen, welche gerade durch die Kooperation entstehen, sind hingegen meist gar nicht eindeutig zuordenbar und erschweren somit eine klare Abgrenzung von Rechten und Kontrolle.
[558] Vgl. Lavie (2006), S. 641; Reuter (2011), S. 12.
[559] Vgl. Lavie (2006), S. 646; Reuter (2011), S. 14.
[560] Vgl. Reuter (2011), S. 15.
[561] Vgl. Reuter (2011), S. 18.
[562] Vgl. Espino-Rodriguez und Rodriguez-Diaz (2014), S. 3.
[563] Vgl. Tassey (2000), S. 23.

hen die Wechselkosten, welche zu einer Zurückhaltung bei notwendigen Umstellungen und im Extremfall zu einem Ausstieg bei Realisierung einer Fehlentscheidung führen.[564]

Der Lock-in-Effekt geht auf Rockefeller zurück, der in den 1870er Jahren mit der Einführung von Petroleumlampen in China seinen Umsatz als Petroleum-Monopolist erfolgreich steigern konnte. Andere Beispiele sind Vielfliegerprogramme, wie beispielsweise Miles & More. Auch die Bemühungen, Verträge mit entsprechend langen Vertragslaufzeiten anzustreben sind eingängige Beispiele, um heutige Geschäfte zu regeln und zukünftige zu sichern und somit aus Anbietersicht einen Lock-in-Effekt zu generieren. In engem Zusammenhang mit dem Lock-in-Effekt steht auch der sogenannte Endowment Effekt, auch Besitztums-Effekt genannt. Dieser leitet sich aus dem in Kapitel 3.2.1 eingeführten „Endowment Bias" ab und besagt, dass Menschen ein Gut wertvoller einschätzen, wenn sie es besitzen bzw. dass es besser ist etwas nie zu besitzen als Besitz zu verlieren.[565] Häufig wird dies damit begründet, dass der Verlust eines Gutes schwerer wiegt als dessen Gewinn („losses loom larger than gains").[566] Der Endowment Effekt wird oft als Folge einer irrationalen Verlustaversion interpretiert und wird verstärkt im Zusammenhang mit der Prospect Theory verwendet.[567] Der Endowment Effekt kann somit eine verstärkende Wirkung auf den Lock-in-Effekt ausüben und die Bindungs- oder Wechselkosten werden durch die Verlustaversion als noch stärker wahrgenommen. Dies verdeutlicht die menschlichen Wirkungsmechanismen, welche im Bezug zur Auftragsabwicklung in den persönlichen Austauschbeziehungen und technologischen Investitionen zum Tragen kommen bzw. bei der Analyse berücksichtigt werden müssen. Im Folgenden verschiebt sich der Betrachtungsfokus von den menschlichen Wirkungsmechanismen auf die theoretische Einordnung der aufgabenbezogenen Wirkungsmechanismen, die im Rahmen der informationsökonomischen Perspektive eingeführt werden.

3.3 Informationsökonomische Perspektive

Da Informationen sich aufgrund ihrer Eigenschaften grundlegend von Gütern unterscheiden, ist auch hier eine Weiterentwicklung der ökonomischen Modelle und Theorien unumgänglich. Informationen verbrauchen sich beispielsweise nicht, sondern veralten höchstens und können zum Teil gleichzeitig von mehreren Marktteilnehmern genutzt werden. Es besteht demnach eine Nicht-Rivalität im Konsum, woraus sich wiederum Herausforderungen bzgl. der Vergabe von Eigentumsrechten ergeben.[568] Damit ähneln Informationen zwar öffentlichen Gütern, führen aber durch ihre Unterschiede (z. B. Möglichkeit zur Zurückhaltung oder Ausschließbarkeit) dazu, dass Märkte nur unzulänglich funktionieren.[569] In der betriebswirtschaftlichen Betrachtung werden im Rahmen der Informationsökonomik häufig

---

[564] Vgl. Tassey (2000), S. 23.
[565] Vgl. Döring (2015), S. 21 f.
[566] Vgl. Döring (2015), S. 22.
[567] Die Neue Erwartungstheorie oder Prospect Theory von Kahnemann und Tversky (1979) ermöglicht im Allgemeinen die Beschreibung der Entscheidungsfindung in Situationen unter Risiko, wird allerdings an dieser Stelle nicht weiter vertieft. Für weitere Informationen siehe Kahneman und Tversky (2013).
[568] Vgl. Stiglitz (2000), S. 1448.
[569] Vgl. Drexl (1998), S. 194.

3.3 Informationsökonomische Perspektive

Unsicherheiten und asymmetrische Informationsverteilungen zwischen Vertragspartnern analysiert.[570] Darüber hinaus zeigt sich, dass sich die informationsökonomische IS-Forschung in diesem Zusammenhang häufig mit den Investitionsentscheidungen von IS sowie mit Nutzen- und Effizienzsteigerungspotenzialen durch Informationen beschäftigt.[571]

Insgesamt ist bei der Analyse der informationsökonomischen Betrachtung eine detaillierte, operative bzw. geschäftsprozessbezogene Ebene zu wählen, um relevante Wirkungsweisen zu extrahieren und andere überlagernde Effekte auszuschließen.[572] Der Nutzen ergibt sich demnach häufig aus diesem „bottom-up"-Prinzip und kann dadurch einfacher ermittelt werden. Auf höhere Ebenen ist es meistens schwierig, einen durch Informationen generierten Nutzen zu erfassen. Schließlich ist zu berücksichtigen, dass mit steigender Komplexität der materielle (messbare) Nutzen abnimmt, während der immaterielle (nicht messbare) Nutzen zunimmt.[573]

Im Folgenden soll der Fokus zunächst auf die Eigenschaften der unvollkommenen Information gelegt werden. Diese grundlegende Annahme oder Ursache erklärt, warum der Informationsfluss für die Auftragsabwicklung so wichtig ist und warum trotzdem keine vollständige Information erreicht werden kann – unabhängig davon, ob die Auftragsabwicklung asynchron oder synchron abläuft. Auch die Transaktionskostentheorie basiert auf den Annahmen der unvollkommenen Information und spielt vor dem Hintergrund des hohen manuellen Aufwands in der arbeitsteiligen Auftragsabwicklung eine besondere Rolle. Nach der Einführung in die Transaktionskostentheorie, wird ein Mechanismus aus der Produktionsplanung vorgestellt, der die Transaktionskosten in der Auftragsabwicklung reduzieren kann und zur Steigerung der Prozesseffizienz eingesetzt wird. Der Order Review/Release-Mechanismus soll hinsichtlich der Übertragbarkeit auf die arbeitsteilige Auftragsabwicklung in der Transportkette anhand der gegebenen Voraussetzungen geprüft werden und nachfolgend geleitet durch die Propositionen in der empirischen Untersuchung zum Einsatz kommen.

3.3.1 Unvollkommene Information

In der unternehmensübergreifenden Zusammenarbeit kann es – trotz gleichgerichteter, wirtschaftlicher Interessen – zu Konflikten und Herausforderungen kommen. Die Zusammenarbeit erfordert eine Aufteilung von Macht, Aufgaben und Verantwortlichkeiten und kann, verstärkt durch jegliche Art von Unsicherheiten, zu Ziel-, Rollen-, Macht- und Informationskonflikten führen:[574]

---

[570] Vgl. hierzu u. a. Bogusch (2016), S. 28 ff.; Puettmann und Stadtler (2010), S. 809 ff.; Breiter et al. (2009), S. 37 ff..
[571] Vgl. hierzu u. a. Pontow (2017), S. 68 ff; Wessel, Thies und Benlian (2017), S. 344 ff.; Bailey und Francis (2008), S. 2 ff.
[572] Vgl. Barua, Kriebel und Mukhopadhyay (1995), S. 21.
[573] Vgl. Laudon, Laudon und Schoder (2010), S. 838.
[574] Vgl. Pfohl (2004);S. 34; Vgl. Pfohl (2010), S. 285.

- **Zielkonflikte** entstehen, wenn durch das Erreichen des Ziels eines Akteurs das Erreichen des Ziels eines anderen (negativ) beeinträchtigt wird.
- **Rollenkonflikte** beinhalten ein abweichendes Verständnis der Akteure über die Arbeitsteilung und die Verantwortlichkeit bei der Durchführung von Aufgaben.
- **Machtkonflikte** resultieren aus der Machtausübung eines Akteurs, wenn z. B. ein Akteur durch seine Machtstellung den anderen zu einer Entscheidung zwingt und somit seine Kontrollspanne ausdehnt.
- **Informationskonflikte** entstehen, da die Akteure bei Entscheidungen von unterschiedlichen Informationen, auch Informationsasymmetrien genannt, ausgehen.

Informationen, z. B. einzelne Positionen aus den Transportaufträgen, werden von verschiedenen Akteuren entlang der Transportkette zu unterschiedlichen Zeitpunkten benötigt. Es kann zwischen operativen und strategischen Informationen unterschieden werden. Hierbei handelt es sich zumeist um operative Informationen, wie Bestellmengen, Preise und Lieferspezifikationen. Strategische Informationen, wie z. B. Markt- oder Unternehmensentwicklungen, werden selten automatisiert ausgetauscht und werden in der vorliegenden Arbeit nicht weiter betrachtet. In der unternehmensübergreifenden Zusammenarbeit entstehen die operativen Informationen, im Folgenden nur noch als Informationen bezeichnet, jedoch meist dezentral und damit häufig nicht an der Stelle, wo sie primär benötigt werden. Dadurch entsteht ein Informationsdefizit, welches entweder auf mangelnde Kommunikation oder bewusstes Zurückhalten von Informationen zurückzuführen ist.[575] Dabei wird die erforderliche Informationsübertragung, um Informationsdefizite zu reduzieren und Informationskonflikte zu vermeiden, durch die Fähigkeit (technische und organisatorische Voraussetzungen) sowie die Bereitschaft der Akteure, Informationen zur Verfügung zu stellen, bestimmt.[576] Der Informationsgehalt oder Wert der Information kann dabei stark variieren. Wenn Informationen beispielsweise einen hohen Wert besitzen, kann die Bereitschaft, diese Informationen zu teilen, sinken, da die Gefahr besteht, dass sie unkontrolliert weitergereicht werden und dadurch Wettbewerbsnachteile entstehen.[577]

Durch die bestehenden Zielkonflikte zwischen den Akteuren und eine dezentrale Entscheidungsfindung in unternehmensübergreifenden Beziehungen, werden lokale Entscheidungen getroffen, die aufgrund der Informationsasymmetrien aus der Perspektive der gesamten Kette ineffizient sein können.[578] Außerdem entsteht durch den immateriellen Charakter der Transportdienstleistung für den Auftraggeber ein Vertrauensproblem, da die Leistungsqualität aufgrund der mangelnden Information nicht vor dem Vertragsabschluss festgestellt werden kann und auf die Glaubwürdigkeit und Verlässlichkeit des Dienstleistungsanbieters vertraut werden muss.[579] Aber auch umgekehrt muss der Dienstleistungsanbieter auf die Glaubwürdigkeit und Verlässlichkeit des Auftragsgebers vertrauen, dass beispielsweise geplante Kapazitäten wie vereinbart abgerufen und dementsprechend ausgelastet werden.

---

[575] Vgl. Pfohl (2010), S. 285.
[576] Vgl. Fawcett et al. (2007), S. 360.
[577] Vgl. Fawcett et al. (2007), S. 366.
[578] Vgl. van der Horst und van der Lugt (2011), S. 418; Lai et al. (2007), S. 730.
[579] Vgl. Corsten und Roth (2016), S. 191.

Dies wird in Anlehnung an das Dienstleistungsparadoxon auch als Informationsparadoxon bezeichnet, da der Wert der Information häufig erst beurteilt werden kann, nachdem sie offengelegt wurde.[580]

Unabhängig von der Art der Auftragsabwicklung, kann sowohl bei der asynchronen als auch bei der synchronen Auftragsabwicklung die Problematik der unvollkommenen Information aufgrund der Verhaltensweisen und Interessen der Akteure nicht gelöst werden. Dennoch kann die synchrone Auftragsabwicklung als Ansatz zur Reduktion der Informationsasymmetrien beitragen, indem Informationen frühzeitig zur Verfügung stehen. Durch die dezentrale Organisation der Auftragsabwicklung werden in der Transportkette allerdings im Allgemeinen keine zentralen Entscheidungen getroffen, sondern die Leistungsträger verfügen jeweils über eigene Zielvorstellungen und individuelle Entscheidungsspielräume. Ein Entscheidungsträger kann zu einem bestimmten Zeitpunkt über einen besseren Informationsstand verfügen als ein anderer und dadurch eigennützige Entscheidungen zur individuellen Zielerreichung verfolgen. Hierbei können Anreizmechanismen eingesetzt werden, damit Entscheidungen beispielsweise im allgemeinen Interesse getroffen werden.[581]

3.3.2 Transaktionskostentheorie

Durch die Informationsasymmetrien verstärkt sich der Koordinationsaufwand im Güter- und Informationsaustausch. Zudem entsteht ein Aufwand, um eine Vereinbarung zwischen Unternehmen über den Leistungsaustausch zu etablieren, opportunistisches Verhalten zu reduzieren und trotz begrenzter Rationalität eine geregelte Zusammenarbeit zu ermöglichen.[582] Produktivitätsanstieg und Effizienzgewinn durch die „richtige" Arbeitsteilung oder Wohlfahrtsverluste durch die „falsche" Arbeitsteilung werden in wirtschaftstheoretischen Modellen häufig nur implizit unter einer Ceteris-paribus-Klausel als gegeben oder invariant angenommen.[583] Dieser Vernachlässigung wird mit der Transaktionskostentheorie (TKT) Rechnung getragen, Aufwände werden als Transaktionskosten im Zentrum betrachtet und damit wird die Frage beantwortet, wie eine „richtige" Arbeitsteilung aussehen könnte.[584] Die grundlegende Untersuchungseinheit sind nicht die Gestaltung und Verteilung von Verfügungsrechten,[585] sondern generell jede einzelne Transaktion, welche in den vielfältigen Austauschbeziehungen zwischen spezialisierten Akteuren in arbeitsteiligen Wirtschaftssystemen getätigt werden.[586] Wenn der Übergang von Verfügungsrechten auf der Basis zuvor vereinbarter Verträge geregelt ist, werden u. a. Kosten der Informationsbe-

---

[580] Vgl. Picot et al. (2012), S. 251.
[581] Vgl. Jost (2001), S. 274 f.
[582] Vgl. Young-Ybarra et al. (1999), S. 441.
[583] Vgl. Picot et al. (2012), S. 71.
[584] Vgl. Picot (1985), S. 224. Yigitbasioglu (2010) unterscheidet die Transaktionskosten in Koordinations- und Opportunitätskosten, welche durch Unsicherheiten und Transaktionsrisiken verstärkt werden. Für weitere Ausführungen hierzu siehe Yigitbasioglu (2010), S. 552.
[585] Siehe hierzu auch die Ausführungen zur Theory der Handlungs- und Verfügungsrechte („Property-Rights Theory") (vgl. Picot et al. (2012), S. 57 ff.).
[586] Vgl. Picot et al. (2012), S. 70.

schaffung vor Vertragsabschluss, Kosten des Vertragsabschlusses sowie Kosten für eventuell auftretende Anpassungen nach Vertragsschluss als Transaktionskosten bezeichnet.

Insgesamt lassen sich dabei ex ante und ex post Transaktionskosten unterscheiden, die entweder vor oder nach der jeweiligen Transaktion entstehen.[587] Ex ante Transaktionskosten sind u. a. Informations- und Suchkosten, Verhandlungs- und Vertragskosten. Ex post Transaktionskosten sind hingegen u. a. Überwachungskosten für die Leistungs- und Qualitätskontrolle, Anpassungs- und Konfliktkosten. Wichtig ist dabei, dass nicht nur monetär erfassbare Kosten (wie Produkt- und Transportkosten), sondern alle mit der Transaktion verbundenen Anstrengungen berücksichtigt werden.[588] Daher steht im Mittelpunkt der Theorie der institutionelle Rahmen für die effiziente Abwicklung von Transaktionen.[589] Die TKT (auch „transaction cost theory" oder „transaction cost economics" genannt) wurden bereits von Coase (1937) aufgegriffen und von Williamson (1973) weiterentwickelt, wofür beide mit dem Nobelpreis ausgezeichnet wurden.[590] Williamson (1981) vergleicht Transaktionskosten mit mechanischen Reibungsverlusten: Je besser die Zahnräder ineinandergreifen, desto geringer sind die Reibungsverluste; das heißt, je effizienter der unternehmensinterne und -übergreifende Organisationsrahmen, desto geringer die Transaktionskosten.[591] Yigitbasioglu (2010) stellt heraus, dass durch den unternehmensübergreifenden Informationsaustausch Transaktionskosten gesenkt werden können.[592] Diese Wirkungszusammenhänge sind in Abbildung 22 schematisch dargestellt.

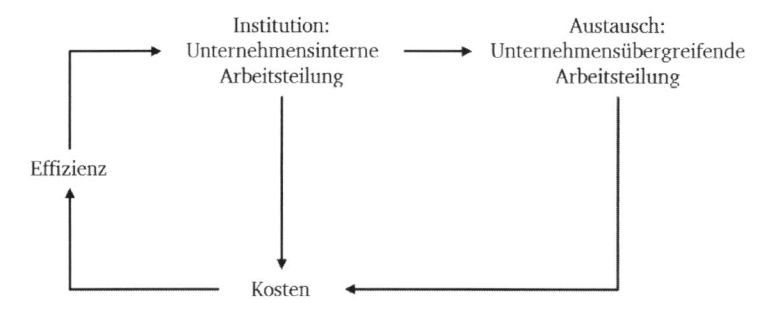

Abbildung 22: Zusammenhänge der Transaktionskostentheorie (in Anlehnung an Bölsche et al. (2008), S. 984).

---

[587] Vgl. van der Horst und van der Lugt (2011), S. 419.
[588] Vgl. Picot (1985), S. 224; Picot et al. (2012), S. 71; Alt (2017), S. 298.
[589] Vgl. Bölsche et al. (2008), S. 984.
[590] Vgl. Christiaanse, Sinnecker und Mossinkoff (2001), S. 423. Coase erhielt den Alfred-Nobel-Gedächtnispreis für Wirtschaftswissenschaften im Jahr 1991 und Williamson folgte im Jahr 2009.
[591] Vgl. (Williamson 1981), S. 552.
[592] Der Autor weist darauf hin, dass durch den Informationsfluss ein höheres Level an Transparenz und somit ein größeres Risiko für opportunistisches Verhalten vorhanden ist. Allerdings übersteigt die Reduktion der Koordinationskosten den Anstieg der Opportunitätskosten, so dass die Transaktionskosten insgesamt sinken (vgl. Yigitbasioglu (2010), S. 553).

3.3 Informationsökonomische Perspektive

Ähnlich wie bei den Wettbewerbsstrukturen (vgl. Kapitel 2.1.3) werden auch bei der TKT monopolistische oder hierarchische sowie polypolistische oder marktliche Leitungs- oder Organisationsstrukturen („governance structures") unterschieden. Bei der hierarchischen Organisation werden langfristige, integrative Vertragsbeziehungen verfolgt, während die marktliche Organisation durch kurzfristige Verträge gekennzeichnet ist. Beide Strukturmodelle können jeweils unterschiedliche Vorteile bieten. Beispielsweise sind bei Leistungen mit geringer Spezifität Märkte vorzuziehen, wohingegen bei hochspezifischen Leistungen Hierarchien zu bevorzugen sind. Betrachtet man Hierarchien und Märkte als zwei Enden eines Kontinuums, so kann die Kooperation als dritte Form in der Mitte ergänzt werden. Eine Kooperation (oder auch hybride Organisation) kann in diesem Zusammenhang meist als marktliche Austauschbeziehung mit hierarchischen Koordinationsmechanismen definiert werden, die sich im Spannungsfeld zwischen Autonomie und Interdependenz bewegt und sich für Leistungen mit mittlerer Spezifität eignet. In der Literatur werden marktliche Organisationsstrukturen vor allem dem B2C-Bereich zugesprochen („move to the market"). Im B2B-Bereich hingegen spielen die Austauschbeziehungen meist eine zentrale Rolle und hybride Organisationsstrukturen sind zu bevorzugen („move to the middle" oder auch „strategic networking effect" genannt). Eine Analyse der Logistikspezifität am Beispiel von Transporten macht Fälle mittlerer Spezifität deutlich. Während der Transportprozess in der Regel hochspezifisch ist (u. a. durch spezielle Anforderungen, Zeit- und Mengenaspekte), sind Transportmittel zur Erfüllung der Leistung meist standardisiert, ubiquitär verfügbar und weisen somit eine geringe Spezifität auf. Demnach ergibt sich für Transportdienstleistungen in der Regel eine mittlere Gesamtspezifität. Liegen hoch-standardisierte Transportdienstleistungen vor, empfiehlt die TKT den Bezug vom Markt (Spot-Transaktionen), für hochspezifische Leistungen hingegen die Eigenerstellung bzw. -durchführung. Für alle dazwischen liegenden Transportdienstleistungen, die den größten Anteil ausmachen, eignen sich demnach hybride Organisationsstrukturen in Form einer Kooperation.[593]

Neben der Spezifität werden auch noch das Ausmaß der Unsicherheit und die Häufigkeit der Transaktionen berücksichtigt, um eine geeignete Organisationsstruktur zu wählen. Unsicherheit sagt dabei etwas über die Vorhersehbarkeit und die Anzahl an notwendigen Änderungen vor, während oder nach einer Transaktion aus. Diese Änderungen beziehen sich u. a. auf Qualität, Termine, Mengen, Budget und Preise.[594] Dies verdeutlicht auch, dass ex ante Vereinbarungen nicht allen ex post Entwicklungen und Verhaltensspielräumen Rechnung tragen können. Der Einfluss der Häufigkeit der Transaktion zwischen zwei Partnern bestimmt zudem die Kooperationsform, da sich bestimmte, vor allem akteursspezifische Investitionen (z. B. in EDI-Schnittstellen) erst bei hoher Wiederholungshäufigkeit der Transaktionen lohnen.[595] Dies gilt jedoch nicht bei unspezifischen, strategisch unwichtigen Vorprodukten, da hier trotz hoher Transaktionshäufigkeit keine Investitionen zwischen den Transaktionspartnern erforderlich sind. Somit kann der Einfluss der Häufigkeit im Vergleich zu den anderen beiden Kriterien, Spezifität und Unsicherheit, in diesem Fall

---

[593] Vgl. Alt (2017), S. 298; Bölsche et al. (2008), S. 985.
[594] Vgl. Picot et al. (2012), S. 73.
[595] Vgl. Picot et al. (2012), S. 75.

als „nachrangig" betrachtet werden.[596] Nicht zuletzt zeigt sich, dass die Entwicklungen der IS-Technologien einen großen Einfluss auf die Transaktionskosten nehmen, indem sie Spezifität und Komplexität reduzieren sowie durch Prozessstandardisierung und -automatisierung die Effizienz steigern können und neue Kooperationsformen ermöglichen.[597] Alt (2017) beschreibt die in den letzten Jahren in der Forschung und Praxis beobachtbare Konvergenz der Entwicklungspfade der intra-organisationalen (z. B. ERP) und inter-organisationalen (z. B. EDI) IS und des Internets als Wegbereiter („enabler") der Reduktion der Transaktionskosten.[598] Insgesamt wird das Ziel verfolgt, auf diesem beschriebenen Kontinuum die transaktionskostenminimale Organisations- bzw. Koordinationsstruktur und Aufgabenteilung zu ermitteln.[599] Nach Picot (1985) kann dies in zwei Stufen erreicht werden:[600]

1. **Festlegung der unternehmensübergreifenden Arbeitsteilung:** Welche Leistungen zur Erfüllung der Gesamtaufgabe sind intern und welche extern abzuwickeln bzw. wieviel hierarchische und wie viel marktliche Koordination ist für die Erfüllung der Leistung insgesamt notwendig?[601]
2. **Strukturierung der unternehmensinternen Arbeitsteilung:** Wie müssen die intern abzuwickelnden Leistungen organisatorisch strukturiert werden?

Die Festlegung der effizientesten Organisations- (intern) und Kooperationsstruktur (extern) kann sich im Zeitverlauf ändern und sollte in regelmäßigen Abständen überprüft werden. So kann es beispielsweise für ein Unternehmen, das eine Phase starken Wachstums hinter sich hat, sinnvoll sein, von einer funktionalen zu einer divisionalen Organisationsstruktur zu wechseln, da aufgrund der kürzeren Informationswege, klar getrennter Verantwortungsbereiche und der Zuweisung größerer Autonomie an bestimmte Unternehmensbereiche die Transaktionskosten nachhaltig reduziert werden können. Außerdem hängen Organisations- und Kooperationsstruktur vom Grad der Interdependenzen ab.[602] Die Herausforderungen bei der praktischen Anwendbarkeit der TKT liegen in der Objektivierung und Operationali-

---

[596] Vgl. Picot et al. (2012), S. 75 f.
[597] Vgl. Alt (2017), S. 298 f.; Picot et al. (2012), S. 77. Als Beispiel wird das Cloud Computing genannt, wobei Rechnerkapazität, Software oder Datenspeicherumgebungen statt lokal, in einem zentralen Informationssystem, das über Netzwerktechnologien erreichbar ist, gespeichert werden. Hierauf können alle berechtigten Mitarbeiter zugreifen, was eine höher Transparenz schafft und Informationsasymmetrien reduziert (vgl. Picot et al. (2012), S. 77).
[598] Vgl. Alt (2017), S. 299.
[599] Vgl. Picot (1985), S. 224.
[600] Vgl. Picot (1985), S. 224 f.
[601] Dabei ist für jede Teilleistung deren Transaktionskosten minimale Vertragsform zu wählen.
[602] Vier Formen der Interdependenzen (mit ansteigendem Wirkungsgrad) sind zu unterscheiden: Erstens gepoolte Interdependenz (indirekte Abhängigkeiten), zweitens sequenzielle Interdependenz (Output eines Bereichs ist der Input des folgenden), drittens reziproke Interdependenz (gegenseitiger Leistungsaustausch zwischen Bereichen) und viertens teamorientierte Interdependenz (Bereiche müssen zur Bewältigung einer Aufgabe interaktiv bzw. gleichzeitig tätig werden). Je höher der Interdependenzgrad zwischen zwei Bereichen, desto dringlicher ist Zusammenfassung zu einer organisatorischen Einheit. Je geringer der Interdependenzgrad zwischen organisatorischen Einheiten, desto größer ist ihre Autonomie bzw. desto höher der organisatorische Dezentralisierungsgrad. Für weitere Informationen siehe Picot et al. (2012), S. 78 f.

sierung von Transaktionskosten begründet, vor allem hinsichtlich nicht-monetärer Bestandteile, wie z. B. der Opportunitätskosten.[603]

Somit liefert die TKT für die vorliegende Arbeit wichtige Erkenntnisse, die für die Art und Weise der Zusammenarbeit eine hohe Relevanz besitzen. So wird durch diesen theoretischen Ansatz verdeutlicht, dass operativ betrachtet eine geringe Anzahl an Transaktionen, beispielsweise durch die Verursachung und Übertragung weniger Auftragsänderungen oder durch sogenannte „block bookings",[604] die Transaktionskosten senken und somit die Effizienz erhöhen. Zudem liefert die Theorie einen wichtigen Beitrag für die strategische Ausrichtung, welche Art der Kooperation sinnvoll ist. Bei hierarchischer Organisation, das heißt mit langfristigen Verträgen, erscheinen akteursspezifische Investitionen, wie beispielsweise EDI-Schnittstellen, sinnvoll, während bei kurzfristiger, marktlicher Kooperation investitionsarme Abwicklungskanäle wie beispielsweise Plattformlösungen zu bevorzugen sind. Zudem können Transaktionskosten durch den Einsatz bestimmter operativer Mechanismen reduziert werden; ein Beispiel soll im folgenden Kapitel vorgestellt werden.

3.3.3 Order Review/Release-Mechanismus

Eines der am häufigsten analysierten Phänomene in der SCM-Forschung ist der Bullwhip Effekt,[605] der die begrenzte Rationalität, die Informationsasymmetrien und das opportunistische Verhalten thematisiert, um Ineffizienzen im unternehmensübergreifenden Informationsaustausch innerhalb einer Wertschöpfungskette durch gezielt Maßnahmen zu reduzieren.[606] Eine dieser Maßnahmen ist die Etablierung von Entkopplungspunkten. Entkopplungspunkte können zum einen zwischen dem Güter- und dem Informationsfluss als zwei getrennte Schaltkreise bestimmt werden („Order Decoupling Point" oder auch „Order Penetration Point")[607] oder innerhalb eines Schaltkreises, in diesem Fall nur dem Informationsfluss (z. B. „Order Review/Release"), festgelegt werden.[608] Im Folgenden wird der zweite genannte Mechanismus weiter thematisiert, da es in der vorliegenden Arbeit vorrangig nicht um die Verknüpfung von Güter- und Informationsfluss, sondern um den Informationsfluss im Rahmen der Auftragsabwicklung in der Transportkette geht. Daher wird unter Entkopplungspunkten in der vorliegenden Arbeit die zeitliche Unterbrechung bei der Auftragsabwicklung bzw. -weiterleitung unter Einsatz von Auftragszwischenspeichern bzw. Auftragspuffer verstanden.

---

[603] Vgl. Picot (1985), S. 225.
[604] Vgl. Picot (1985), S. 76.
[605] Für eine Definition siehe Kapitel 2.3.2.
[606] Vgl. u. a. (Stadtler, Kilger und Meyr (2015); Minguela-Rata, Arias-Aranda und Opazo-Basáez (2014); Datta und Christopher (2011).
[607] Bestimmt den Zeitpunkt, wann ein generischer Auftrag mit einem Kundenauftrag verknüpft wird in Abhängigkeit des geforderten Grads und Zeitpunktes der Produkt- oder Dienstleistungs-Individualisierung („Mass Customization").
[608] Zu Entkopplungspunkten innerhalb eines Schaltkreises im Güterfluss können z. B. Lager gezählt werden. Diese wird dann auch Entkopplungslager genannt und zählt zum Bestandsmanagement.

Der Order Review/Release(ORR)-Mechanismus als Entkopplungspunkt im Informationsfluss stammt ursprünglich aus der Produktionsplanung und beschäftigt sich im Allgemeinen mit der Definition geeigneter Auftragszwischenspeicher („backlog pool") und Freigabezeiten von Aufträgen zwischen planungsbezogenen und operativen Auftragsabwicklungssystemen.[609] Dabei werden kontinuierlich eintreffende Produktionsaufträge nach einem vordefinierten ORR-Mechanismus zurückgestellt und zu einem späteren Zeitpunkt freigegeben. Die verschiedenen ORR-Mechanismen unterscheiden sich hinsichtlich der unterschiedlichen Zielsetzung und dabei werden entweder kapazitive („load limited") oder zeitliche („time phased") Restriktionen priorisiert.[610] Während der ORR-Mechanismus mit Fokus auf die Kapazitäten die Besonderheiten von Aufträgen und die verfügbaren Ressourcen in der Produktion berücksichtigt, priorisiert der zeitliche ORR-Mechanismus eine Freigabezeit für jeden Auftrag unter Berücksichtigung des Auslief er-/Zustellungszeitpunkts.[611] Mit diesem Mechanismus wird sichergestellt, dass Aufträge entsprechend ihrer individuellen Restriktionen bzw. Fälligkeiten bearbeitet und an die Produktion übergeben werden. Lu, Huang und Yang (2011) stellen die zwei zentralen Vorteile der Anwendung von ORR-Mechanismen heraus: Erstens können durch das Zurückhalten von Aufträgen mit weit entfernten Fälligkeitsterminen deren Freigabezeitpunkte so gesteuert werden, dass es zu einem geringeren Fertigbestand und somit einer geringeren Lagerhaltung von Fertigprodukten kommt. Zweitens kann der Bestand der in der Produktion befindlichen Ware so gesteuert werden („order smoothing"), dass Produktionen besser ausgelastet sind und damit vorhersehbare und planbare Durchlaufzeiten ermöglicht werden.[612]

In einer Studie von Chan, Humphreys und Lu (2001) wird die Übertragbarkeit auf den unternehmensübergreifenden Kontext in Supply Chains dargestellt und der Einfluss von ORR-Mechanismen auf die Leistungsfähigkeit einer Supply Chain simulationsbasiert analysiert.[613] Da hieraus viele Parallelen zur Auftragsabwicklung in der Transportkette gezogen werden können, soll dieser Ansatz auf den Kontext der vorliegenden Arbeit übertragen werden. Kundu und Staudacher (2017) übertragen den ORR-Mechanismus auf die Intralogistik und analysieren simulationsbasiert die Auswirkungen auf die Prozesseffizienz.[614] Ein unternehmensübergreifender Ansatz in der Transportkette ist nach jetzigem Kenntnisstand nicht vorhanden. Diese Forschungslücke soll in der Empirie in Kapitel 5.2 adressiert werden. Entsprechend den Produktionssystemen können Auftragsspeicher zwischen den planenden und den operativen Akteuren bzw. Auftragsabwicklungssystemen in der Transportkette etabliert werden. Während sich bei unternehmensinternen Fertigungssystemen der Vorteil der Einführung eines ORR-Mechanismus primär auf die Effizienzsteigerungen im Güterfluss (geringere Bestände und planbare Durchlaufzeiten) bezieht, resultiert

---

[609] Vgl. hierzu u. a. Andrey und Reinaldo (2018); Paul, Sridharan und Radha Ramanan (2015); Lu, Huang und Yang (2011); Bergamaschi et al. (1997); Melnyk, Ragatz und Fredendall (1991); Melnyk und Ragatz (1989).
[610] Vgl. Bergamaschi et al. (1997), S. 406.
[611] Vgl. Bergamaschi et al. (1997), S. 406 f.
[612] Vgl. Lu, Huang und Yang (2011), S. 647.
[613] Vgl. Chan, Humphreys und Lu (2001), S. 124 ff.
[614] Vgl. Kundu und Staudacher (2017), S. 133.

der Vorteil in der mehrgliedrigen Transportkette durch die Effizienzsteigerungen im unternehmensübergreifenden Informationsfluss in Form einer verbesserten Prozesseffizienz (geringere Bearbeitungszeiten).[615] Ziel ist es daher, mit dem ORR-Mechanismus den bestmöglichen Zeitpunkt zur Freigabe bzw. Weiterleitung von Aufträgen zu bestimmen, und zwar in einem System mit hohem manuellem Aufwand und vielen Auftragsänderungen, mit planenden und operativen Akteuren.

3.4 Innovationsökonomische Perspektive

Im Bereich der Innovationsökonomik sollen im Folgenden drei Ansätze näher erläutert werden. Erstens wie sich Technologien im Sinne der Diffusionstheorie ausbreiten. Zweitens wie Einflussfaktoren, welche die Diffusion beeinflussen, anhand eines Rahmenwerks, nämlich dem Technology-Organizational-Environmental Framework, strukturiert werden können, und drittens welche Auswirkungen sich aus den Netzwerkeffekten für die Verbreitung von IS-Technologien ergeben. Diese drei Ansätze sind nicht nur im „Synthesis Sample" häufig vertreten, sondern sie sind im Vergleich zu anderen häufig verwendeten theoretischen Ansätzen (z. B. dem „Bass Diffusion Model"[616] von Bass (1969), dem „Technology Acceptance Model" (TAM)[617] von Davis (1985) oder dem „Unified Theory of Acceptance and Use of Technology (UTAUT) Model"[618] von Venkatesh et al. (2003)) in diesem Be-

---

[615] Vgl. Kundu und Staudacher (2017), S. 134 f.
[616] Das „Bass Diffusion Model" misst den Grad der Verbreitung einer Innovation in einer bestimmte Gruppe von potentiellen Nutzen im Zeitverlauf unter Berücksichtigung von Innovations- und Innovationseffekten. Im Standardmodell wird dabei der Diffusionsprozess gesteuert durch zwei zentrale Parameter (Werbung und Mund-zu-Mund Propaganda) auf individueller Ebene und erfasst dabei die Reichweite und Geschwindigkeit Diffusion. Die Analyse dieser dynamischen und zeitabhängigen Aspekte deutet bereits darauf hin, dass sich besonders die Simulationen zur Analyse des Modells anbietet und genutzt wird (siehe hierzu Mahajan, Muller und Bass (1990); Borshchev und Filippov (2004); Peres (2014), S. 331).
[617] Das „Technology Acceptance Model" (TAM) von Davis (1985) beschreibt Faktoren, die auf die Absicht zur Nutzung einer Technologie wirken. Das Modell betrachtet die Einführungsentscheidung bezüglich einer Technologie auf der individuellen Ebene. Dabei wird der Effekt externer Einflüsse (z. B. Systemeigenschaften, Entwicklungsprozess, Training) auf die Absicht zur Nutzung der Technologie durch die beiden Faktoren wahrgenommene Nützlichkeit und wahrgenommene Benutzerfreundlichkeit ermittelt. Gemäß dem Modell wird zudem die wahrgenommene Nützlichkeit wiederum durch die wahrgenommene Benutzerfreundlichkeit beeinflusst, da der einfache Gebrauch eines Systems ebenfalls die Nützlichkeit steigert. Das TAM hat sich demnach als robustes Modell zur Vorhersage von Nutzerakzeptanz erwiesen (siehe hierzu Davis (1985); Davis, Bagozzi und Warshaw (1989)).
[618] Das „Unified Theory of Acceptance and Use of Technology (UTAUT) Model" von Venkatesh et al. (2003) ist eines der am weitesten verbreiteten Modelle, um die Akzeptanz von Informationstechnologien sowie die entsprechenden Faktoren zu untersuchen. Das Modell zeigt, dass es drei direkte Faktoren gibt, welche die Nutzungsabsicht einer Technologie bestimmen. Diese sind Leistungserwartung, Aufwandserwartung und sozialer Einfluss. Darüber hinaus beschreibt das Modell zwei direkte Faktoren, die auf das Nutzungsverhalten wirken. Diese sind zum einen die oben dargelegte Nutzungsabsicht und zum anderen vereinfachende Bedingungen. Vereinfachende Bedingungen zeigen, ob und wieweit ein Individuum der Ansicht ist, dass eine entsprechende Infrastruktur und die nötige Technik in dem Unternehmen vorhanden ist, welche die Technologienutzung unterstützt. Das Modell wird komplettiert durch vier weitere Einflüsse, welche jeweils zum Verständnis des komplexen Akzeptanzverhaltens von Individuen beitragen: Alter, Geschlecht, Erfahrung und Freiwilligkeit zur Nutzung. Wie bei dem zuvor beschriebenen TAM, wird auch hier die individuelle Nutzerebene betrachtet (siehe hierzu Venkatesh et al. (2003)).

reich die einzigen, die sich auf den organisationalen Kontext beziehen.[619] Im Allgemeinen zeigt sich, dass der individuelle Bereich sehr gut mit den zuvor genannten Theorien erforscht ist, der unternehmensinterne Bereich durch die im Folgenden vorgestellten theoretischen Ansätze zum Teil aufgearbeitet ist, jedoch zur unternehmensübergreifenden Perspektive so gut wie keine Literatur vorhanden ist[620] und diese Bereiche somit eine zentrale Forschungslücke darstellen. Die Ansätze, welche die unternehmensinterne, innovationsökonomische Perspektive abdecken, dienen dem grundlegenden Verständnis und sollen in der Empirie in Kapitel 5.3 auf ihre Anwendbarkeit im unternehmensübergreifenden Kontext geprüft und ggf. erweitert werden.

3.4.1 Diffusionstheorie

Die Diffusionstheorie fasst im Allgemeinen theoretische Ansätze zusammen, welche sich mit dem Prozess der Einführung und Ausbreitung von Innovationen in sozialen Systemen beschäftigen.[621] Unter Innovation versteht man in diesem Zusammenhang zunächst einmal ganz allgemein alle Ideen, Prozesse oder Objekte, die (subjektiv) von einer bestimmten sozialen Gruppe als neu wahrgenommen werden.[622] Nach Rogers (1995), auf den die „Diffusion of Innovations" (DOI)-Theorie zurückgeht, wird Diffusion als Prozess verstanden, in welchem eine Innovation kommuniziert wird, um ein gemeinsames Verständnis zu erlangen.[623] Diffusion ist somit ein sozialer Austausch, bei dem eine Veränderung der Struktur oder Funktion des sozialen Systems stattfindet. Wenn demnach Innovationen oder Technologien[624] entwickelt und kommuniziert, angenommen oder abgelehnt werden, führt dieser soziale Austausch innerhalb einer Zeitspanne zu bestimmten Veränderungen bzw. Konsequenzen im System. Dies kann sowohl geplante als auch spontane Verbreitungen beinhalten. Diffusion umfasst demnach vier Kernelemente: Innovation, Kommunikation, Zeit und soziales System.[625] In der vorliegenden Arbeit wird dementsprechend unter Diffusion die Verbreitung einer IS-Technologie zwischen Unternehmen in der Transportkette verstanden, die technisch vorhanden, aber bisher nicht zur Auftragsabwicklung genutzt wird. In Anlehnung an Zhu, Kraemer und Xu (2006) und Fichman, dos Santos und Zheng (2014) bietet die Diffusion von IS-Technologien ein enormes Potenzial zur Steigerung der operativen Effizienz und langfristigen Erhaltung oder Verbesserung der Wettbewerbsfähigkeit für Unternehmen.[626]

---

[619] Vgl. Oliveira und Martins (2011), S. 110 f.
[620] Es gibt nur wenige Veröffentlichungen, die den inter-organisationalen Bereich der Diffusion erarbeiten. Einige wenige, die sich damit beschäftigten und diese Forschungslücke bestätigen, sind: Asare et al. (2011); Lee et al. (2015); Asare, Brashear-Alejandro und Kang (2016).
[621] Vgl. Rogers (2003), S. 5 f.
[622] Vgl. Rogers (2003), S. 12.
[623] Vgl. Rogers (2003), S. 5.
[624] Rogers verwendet die Begriffe Innovationen und Technologien als Synonym (vgl. Rogers (2003), S. 13). In Anlehnung daran sind auch in der vorliegenden Arbeit unter Innovationen immer (IS-)Technologien zu verstehen.
[625] Vgl. Rogers (2003), S. 6.
[626] Vgl. Zhu, Kraemer und Xu (2006), S. 1563; Fichman, dos Santos und Zheng (2014), S. 336.

3.4 Innovationsökonomische Perspektive

Grundlegend in der Diffusionstheorie ist nach der Einführung einer Technologie die Annahme (Adoption) oder Ablehnung (Rejektion) der Technologie.[627] Die Adoption ist demnach die Entscheidung, eine neuartige Technologie auszuprobieren oder einzuführen.[628] Die Teilnehmer des sozialen Systems lassen sich wie folgt kategorisieren: Innovatoren („innovators"), frühe Anwender („early adopters"), frühe Mehrheit („early majority"), späte Mehrheit („late majority") und Nachzügler („laggards").[629] Die Adoptionskurve und die daraus entstehende, aggregierte Diffusionskurve (siehe Abbildung 23) wird in der Innovationsökonomik auch S-Kurven-Konzept oder Technologielebenszyklus genannt und verdeutlicht dabei die Fortentwicklung von Technologien von einer Schrittmacher- über eine Schlüssel- hinzu einer Basistechnologie.[630]

Technologiearten	Schrittmacher		Schlüssel	Basis	
Adopterkategorien (Anteil [in %])	Innovatoren (2,5%)	Frühe Anwender (13,5%)	Frühe Mehrheit (34%)	Späte Mehrheit (34%)	Nachzügler (16%)

Lebenszyklusphasen	Entstehung	Wachstum	Reife	Alter
Unsicherheit der technischen Leistungsfähigkeit	hoch	mittel	niedrig	vernachlässigbar
Investition in Technologieentwicklung	hoch	maximal	niedrig	vernachlässigbar
Breite der potentiellen Einsatzgebiete	unbekannt	groß	etabliert	abnehmend
Typ der Entwicklungsanforderungen	experimentell	vorgabenorientiert	vorgabenorientiert	standardisierend
Kosten-Leistungs-Verhältnis	leistungsorientiert	leistungsorientiert	kostenorientiert	kostenorientiert

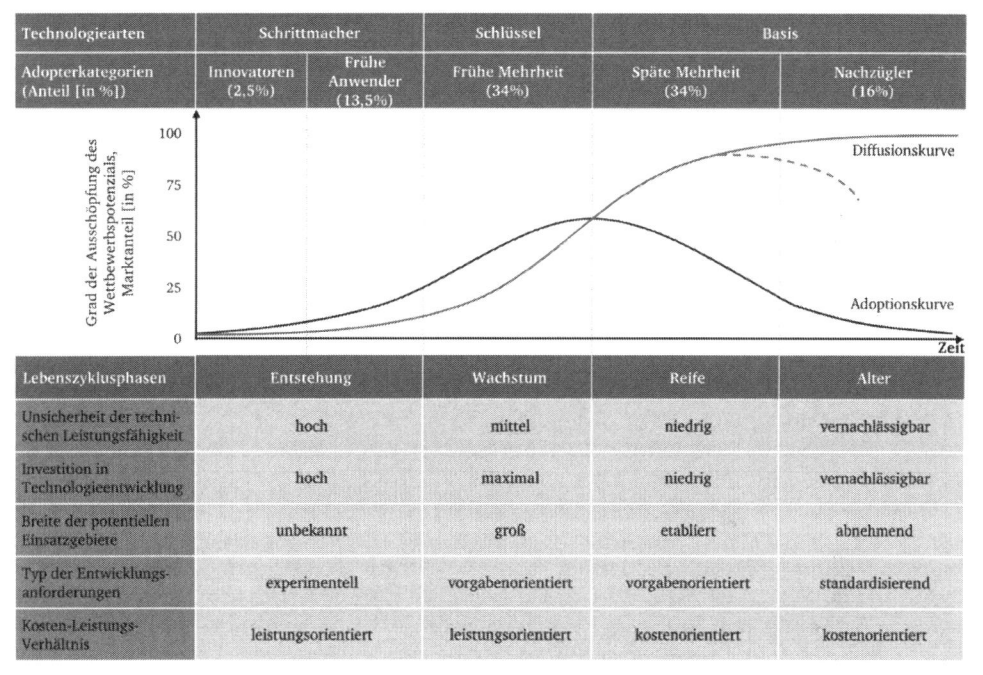

Abbildung 23: Adoptions- und Diffusionskurve (eigene Darstellung; in Anlehnung an Rogers (2003), S. 210 ff.).

Wenn sich eine Technologie nicht durchsetzt, sinkt der Marktanteil und es kommt zu einem Abfall der Diffusionskurve (siehe gestrichelte Linie). In den unterschiedlichen Phasen einer

---

[627] Vgl. Hausman und Stock (2003), S. 683.
[628] Vgl. Hausman und Stock (2003), S. 681.
[629] Vgl. Rogers (2003), S. 282 ff. und 410.
[630] Vgl. Rogers (2003), S. 23. Die Unterscheidung dieser Technologiearten erfolgt nach dem Grad der Innovation. Während eine Schrittmachertechnologie als sehr innovativ gilt, ist eine Basistechnologie kaum innovativ. Die Basistechnologien stehen meist einer breiten Nutzergruppe zur Verfügung, bauen häufig auf gängigen Standards auf und bieten wenige Differenzierungsmöglichkeiten für die Nutzer.

Technologie verändern sich die Gegebenheiten und die Unternehmen müssen sich entsprechend der Lebenszyklusphase anpassen. Während beispielsweise das Risiko und die Investitionen zu Beginn als hoch einzuschätzen sind, kann beim Erreichen der Wachstumsphase mit einem Rückgang des Risikos gerechnet werden. Die Investitionskosten können allerdings in der Wachstumsphase nochmal ansteigen (aufgrund von hinzukommenden, zu Beginn hohen Marketing- und Vertriebskosten), danach sollten allerdings auch diese abfallen. Dabei ist der Fokus zu Beginn des Lebenszyklus vornehmlich wissenschaftlich, entwicklungs- bzw. leistungsorientiert, zum Ende wendet er sich zu einer Maximal-Ausschöpfung durch Standardisierung und Kostenorientierung.[631]

Im Verlauf der vergangenen 30 Jahre haben sich im Rahmen der Diffusionstheorie viele unterschiedlich granulare Prozessdefinitionen entwickelt.[632] Verbreitet unter den Wissenschaftlern ist die Betrachtung der Adoption in einem sechs-stufigen Entscheidungsprozess, der nur bis zum Ende durchlaufen wird, wenn am Ende eines jeweiligen Prozessschritts ein positives Fazit gezogen werden kann; andernfalls endet der Prozess:[633] (1) Die Initiierung entsteht durch die Aneignung von Wissen über die neue Technologie („initiation" oder „knowledge"). (2) Darauf folgt eine Meinungsbildung, die entweder zu einer positiven oder zu einer negativen Überzeugung bezüglich der Technologie führt („persuasion"). (3) Die Entscheidung, auch häufig als Adoption benannt, wird daran anschließend für oder gegen die Technologie getroffen („decision"). (4) Danach startet die Implementierungsphase, welche zumeist Anpassungen an den bestehenden Prozessen, Schnittstellen, o. ä. erfordert („implementation"). (5) Es folgt eine Bestätigung der Entscheidung und somit Weiternutzung oder alternativ der Rückzug („confirmation"). (6) Die Effizienzsteigerung erfordert meist weitere Anpassungen und verfolgt das Ziel, die Technologie langfristig nutzenstiftend einzusetzen („continuation" oder „infusion").

Übertragen auf die organisationale Ebene durchläuft jeder Mitarbeiter, der mit der IS-Technologie in Kontakt kommt, diesen Adoptionsprozess. In der Literatur mit organisationalem Fokus wird dieser Prozess auf einen drei-stufigen Assimilationsprozess aggregiert.[634] Diese fassen im übertragenen Sinn jeweils zwei Prozessschritte des individuellen Adoptionsprozesses zusammen: (1) Das Bewusstsein („awareness" oder „pre-adoption")[635] umfasst die Initiierung und Aneignung von Wissen sowie die Meinungsbildung und Überzeugung innerhalb eines Unternehmens. (2) Die Adoption („adoption")[636] beinhaltet die Entscheidung für eine Technologie und deren Implementierung im Unternehmen. (3) In der

---

[631] Vgl. Rogers (2003), S. 210 ff.
[632] Für eine Übersicht der verwendeten Begrifflichkeiten und deren Verbreitung in der wissenschaftlichen Literatur siehe Hazen, Overstreet und Cegielski (2012), S. 129.
[633] Vgl. Rogers (2003), S. 168 ff.; Cooper und Zmud (1990), S. 124.
[634] Vgl. u. a. Zhu, Kraemer und Xu (2006), S. 1557; Bala und Venkatesh (2007), S. 342; Wright, Roberts und Wilson (2017), S. 13.
[635] Unter Bewusstsein wird die kognitive Wahrnehmung oder Kenntnis über einen bestimmten Gegenstand (hier: CCS) verstanden.
[636] Unter Adoption wird die Annahme oder Einsatz von bestimmten Gegenständen (hier: CCS) verstanden.

3.4 Innovationsökonomische Perspektive

Routinisierung („routinization", „deployment" oder „post-adoption")[637] schließlich kommt es durch die breite Akzeptanz zu einer Weiterverfolgung und Maßnahmen zur Effizienzsteigerung. Ein Übergang der Prozessschritte wird nur erreicht, wenn bei der Technologie adoptionsrelevante Eigenschaften vorliegen, z. B. ein hoher relativer Vorteil („relative advantage"), geringe Komplexität („complexity") sowie hohe Kompatibilität („compatibility"), Beobachtbarkeit („observability") und Erprobbarkeit („trialability"). [638] Wright, Roberts und Wilson (2017) kritisieren, dass die bestehende Literatur meist nur selektiv einzelne Eigenschaften und Phasen betrachtet und es kaum holistische Ansätze gibt.[639]

Cámara, Fuentes und Marín (2015) argumentieren, dass der Assimilationsprozess in Unternehmen sowohl von strategischen als auch von operativen Entscheidungsträgern abhängt.[640] In frühen Phasen, z. B. beim Übergang vom Bewusstsein zur Adoption, trifft das Top-Management in erster Linie auf strategischer Ebene die Entscheidung für oder gegen eine IS-Technologie und initiiert damit die unternehmensinterne Assimilation. Diese Aussage steht im Einklang mit den Ergebnissen von Jarvenpaa und Ives (1991), die besagen, dass die persönliche Beteiligung und Nutzung von IS-Technologien bis hoch zur Vorstandsebene die progressive Nutzung durch die operativen Mitarbeiter innerhalb eines Unternehmens maßgeblich beeinflusst.[641] In späteren Phasen, z. B. beim Übergang von der Adoption zur Routinisierung, verschiebt sich jedoch der Grad der Entscheidung vom Top-Management auf die operative Ebene. Nur wenn die operative Ebene ausreichend eingebunden ist und sich mit der Technologie vertraut machen konnte, um ihre individuellen Aufgaben und täglichen Prozesse zu erfüllen, kann eine Assimilation im Unternehmen gelingen.[642] Die Zusammenhänge von Adoption- und Assimilationsprozess sowie der Einfluss strategischer und operativer Entscheidungs- und Handlungsspielräume sind in Abbildung 24 dargestellt.

Wie eingangs erwähnt, lässt sich der individuelle Adoptionsprozess zu einem Diffusionsprozess aggregieren. Genauso verhält es sich mit der Assimilation in einem Unternehmen, die sich zu einem übergeordneten oder unternehmensübergreifenden Diffusionsprozess entwickelt. In der Forschung wird jedoch die Diffusion von Technologien meist im C2C-Bereich, z. B. auf Tauschbörsen oder Auktionsplattformen wie ebay, oder im B2C-Bereich, z. B. auf eCommerce-Plattformen wie Amazon, analysiert.[643] Die Diffusion im B2B-Kontext ist hingegen kaum erforscht und weitere Forschung wird von verschiedenen Autoren gefordert.[644] Ranganathan, Dhaliwal und Teo (2004) gehören zu den Ersten, die den Einfluss unternehmensinterner Assimilation auf eine übergreifende Diffusion untersu-

---

[637] Unter Routinisierung wird die Gewandtheit oder Geschicklichkeit bei der Ausführung einer Tätigkeit verstanden, die sich durch häufige Wiederholung der Aufgabe (hier: Arbeit mit dem CCS) ergibt.
[638] Vgl. Rogers (2003), S. 15 f.
[639] Vgl. Wright, Roberts und Wilson (2017), S. 513.
[640] Vgl. Cámara, Fuentes und Marín (2015), S. 432 ff.
[641] Vgl. Jarvenpaa und Ives (1991), S. 205.
[642] Vgl. Gupta et al. (2018), S. 663.
[643] Vgl. u. a. Chu und Manchanda (2016); Sriram et al. (2015).
[644] Vgl. Aarikka-Stenroos und Ritala (2017); Chu und Manchanda (2016); Ranganathan, Dhaliwal und Teo (2004); Bala und Venkatesh (2007).

chen.[645] Diese vereinzelten Forschungsansätze können allerdings die weiterhin bestehende Forschungslücke nicht schließen. Darüber hinaus ist es nicht statthaft, Erkenntnisse, z. B. Faktoren, die die Verbreitung im C2C- oder B2C-Kontext beeinflussen, in vollem Umfang auf den B2B-Bereich, vor allem wenn eine hohe Dynamik und intensiver Wettbewerb herrscht, zu übertragen.[646]

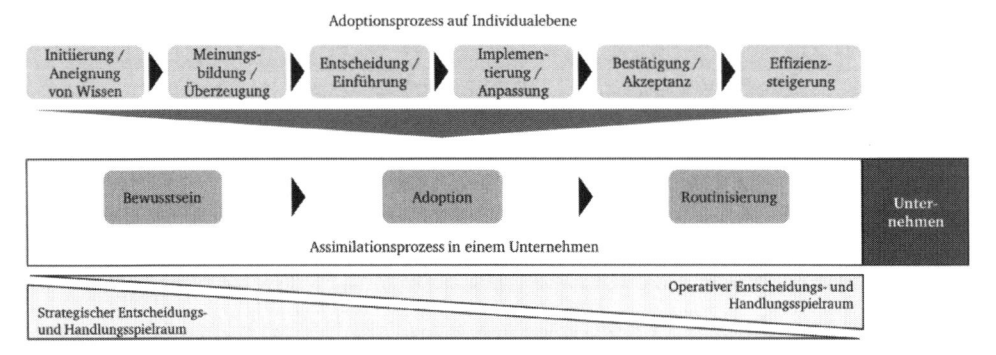

Abbildung 24: Zusammenhang zwischen Adoptions- und Assimilationsprozess in einem Unternehmen (eigene Darstellung).

Trotz der intensiven Erforschung dieses Gebiets in den vergangenen Jahrzehnten, zeigt sich, neben der nicht ausreichenden Berücksichtigung des B2B-Bereichs eine sehr stark positive Betrachtung von Diffusion. Als prominentes Beispiel sei an dieser Stelle das weit verbreitete „IS Success Model" von DeLone und McLean (1992) genannt, das bereits im Namen die sehr positive Auseinandersetzung mit dem Thema Diffusion andeutet.[647] Häufig werden Vorteile und Chancen thematisiert anstelle von Nachteilen, Risiken und hemmenden Einflüssen. Wissenschaftler fordern daher eine kritischere Auseinandersetzung mit dem Thema, um das Forschungsfeld möglichst umfassend zu erschließen und theoretisch erklären zu können, warum eine Verbreitung trotz vorhandener und bekannter positiver Faktoren stagnieren kann.[648] Dies ist auch der Grund, warum sich die empirische Untersuchung stärker den hemmenden Faktoren widmet und damit einen Beitrag zur Schließung dieser Forschungslücke leistet.

Die bestehende Literatur verdeutlicht, dass die Diffusion ein komplexes, multifaktorielles Problem darstellt. Einige Wissenschaftler fordern eine stärkere kontextbezogene Betrachtung, da sich die Diffusion nur schwer allgemeingültig erfassen lässt und sich durch die Einbettung in einen Untersuchungsgegenstand relevante Erkenntnisse ergeben, die neben der abstrakten Betrachtung stärker berücksichtigt werden sollten.[649] Auch dieser Forderung

---

[645] Vgl. Ranganathan, Dhaliwal und Teo (2004), S. 134.
[646] Vgl. Aarikka-Stenroos und Ritala (2017), S. 26.
[647] Für weitere Informationen zum „IS Success Model" siehe u. a. Schäffer und Stelzer (2018); Petter, DeLone und McLean (2013); DeLone und McLean (1992).
[648] Vgl. Benlian et al. (2018), S. 728 ff.; Kembro, Näslund und Olhager (2017), S. 77 ff.; Jede und Teuteberg (2016), S. 439; Kembro und Näslund (2014), S. 457; Teo, Ranganathan und Dhaliwal (2006), S. 396.
[649] Vgl. Te'eni (2015), S. 361; Hong et al. (2014), S. 111 ff.

wird in der Empirie in Kapitel 5.3 nachgekommen. Um dieses multifaktorielle Problem zu strukturieren, kommt in der Literatur sehr häufig das Technology-Organizational-Environmental Framework zum Einsatz, welches häufig auch in Kombination mit der DOI analysiert wird[650] und dazu dient die relevanten Einflussfaktoren systematisch zu analysieren.[651]

3.4.2 Technology-Organizational-Environmental Framework

Einer der am häufigsten verwendeten theoretischen Ansätze im Bereich der Diffusionstheorie ist das Technological-Organisational-Environmental (TOE)-Framework von Tornatzky und Fleischer (1990).[652] Die Autoren versuchen damit den organisationalen Assimilationsprozess von IS-Technologien zu erklären und entwickeln dazu drei Kontexte: den technologischen (T), den organisationalen (O) und den umfeldbedingten (E) Kontext (siehe Abbildung 25). Der technologische Kontext beschreibt die für das Unternehmen relevanten internen und externen technischen Gegebenheiten und Verfügbarkeiten, z. B. adäquate IT Infrastruktur, Kompatibilität der Technologie oder den Sicherheitsaspekt.[653] Der organisatorische Kontext bezieht sich auf die deskriptiven Merkmale eines Unternehmens, z. B. Organisationsstruktur, Führungsstruktur, Unternehmensgröße etc.[654] Der umfeldbedingte Kontext ist hingegen von Marktelementen und regulatorischen Gegebenheiten bestimmt, die organisatorische Einflussnahme dieser Faktoren ist meistens nur sehr eingeschränkt oder gar nicht möglich.[655]

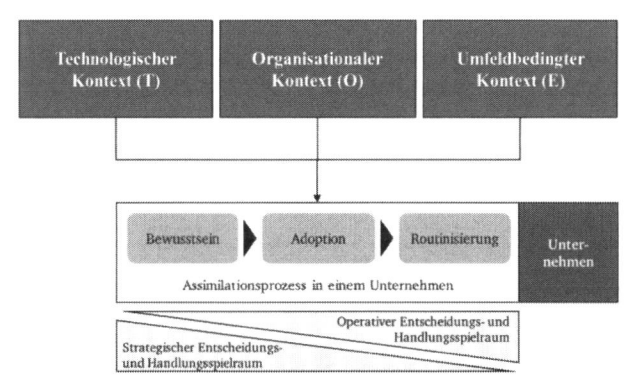

Abbildung 25: TOE-Framework und dessen Einfluss auf den Assimilationsprozess eines Unternehmens (eigene Darstellung; in Anlehnung an Wallbach, Coleman und Elbert (2018), S. 5).

---

[650] Für eine literaturbasierten Überblick siehe Oliveira und Martins (2011), S. 117 ff.
[651] Vgl. Teo, Ranganathan und Dhaliwal (2006), S. 395.
[652] Vgl. Tornatzky und Fleischer (1990); für diverse Literaturüberblicke zum Thema siehe u. a. El-Gazzar (2014); Oliveira und Martins (2011); Teo, Ranganathan und Dhaliwal (2006); für unterschiedliche Anwendungsbeispiele siehe u. a. Low, Chen und Wu (2011); Zhu und Kraemer (2005); Kuan und Chau (2001).
[653] Vgl. Lee et al. (2015), S. 307; Borgman et al. (2013), S. 4427; Teo, Ranganathan und Dhaliwal (2006), S. 398.
[654] Vgl. Oliveira, Thomas und Espadanal (2014), S. 499; Teo, Ranganathan und Dhaliwal (2006) S. 399.
[655] Vgl. Oliveira, Thomas und Espadanal (2014), S. 499; Teo, Ranganathan und Dhaliwal (2006) S. 400.

Häufig werden hierbei die zu untersuchenden Faktoren z. B. aus der DOI Theorie den einzelnen Kontexten zugeordnet und somit strukturiert.[656] Außerdem wird in diesem Ansatz meist die unternehmensinterne Assimilation thematisiert, wohingegen die unternehmensübergreifende Perspektive bisher in der Literatur vernachlässigt wurde.[657] Des Weiteren stellt diese Einordnung oder Systematisierung von Einflussfaktoren der Diffusionstheorie eine statische Betrachtung dar, die dynamische Entwicklung wird hingegen bei den Netzwerkeffekten thematisiert, welche nachfolgend erklärt werden.

3.4.3 Netzwerkeffekte

Ein wesentliches Merkmal und wichtiger Treiber für die Diffusion von IS-Technologien sind Netzwerkeffekte (auch Netzeffekte oder Netzwerkexternalitäten genannt) und gehen in weiten Stücken auf Shapiro und Varian (1998) zurück.[658] Netzwerkeffekte werden in der aktuellen Literatur vor allem in Bezug auf die Diffusion von Plattformen untersucht bzw. werden sogar aufgrund der bisherigen Erkenntnisse als zentrales Charakteristikum einer Plattform definiert.[659] Netzwerkeffekte entstehen im Allgemeinen, wenn eine kritische Masse von Nutzern erreicht ist, d. h. das Henne-Ei-Dilemma („chicken-egg dilemma") ist gelöst und ein exponenzielles, also überproportionales Wachstum (oder Zusammenbruch) der Plattform setzt ein.[660] Das Henne-Ei-Dilemma beschäftigt sich mit der Problematik, dass Teilnehmer nur dann eine Plattform nutzen, wenn diese einen Nutzen bzw. Mehrwert bietet.[661] Der Mehrwert der Plattform ergibt sich jedoch erst aus der zunehmenden Zahl von Teilnehmern, die die Plattform nutzen. Dieses Dilemma scheint zunächst schwer lösbar zu sein. Sobald es aber als gelöst angesehen werden kann, tritt ein selbstverstärkender Effekt auf, der das überproportionale Wachstum erklärt.[662] In der Literatur gilt das Henne-Ei-Dilemma als gelöst, wenn eine kritische Masse auf einer Plattformseite erreicht ist, d. h. wenn das Verhältnis zwischen hinzukommenden und ausscheidenden Teilnehmern positiv ist.[663] In der Literatur werden in diesem Zusammenhang meist zweiseitige Plattformen untersucht, allerdings haben sich in den letzten Jahren die Forschungsaktivitäten zu mehrseitigen Plattformen mit mehr als zwei Interessengruppen verstärkt.[664] Generell werden vier Arten von Netzwerkeffekten unterschieden: positive und negative, gleichseitige (auch

---

[656] Vgl. hierzu u. a. Oliveira und Martins (2011); Oliveira, Thomas und Espadanal (2014); Borgman et al. (2013); Wright, Roberts und Wilson (2017).
[657] Vgl. hierzu u. a. Borgman et al. (2013); Lee et al. (2015); Molinillo und Japutra (2017).
[658] Vgl. Clement und Schreiber (2016), S. 55 f.; Hagiu und Wright (2015), S. 4; Haucap und Wenzel (2011), S. 3.
[659] Vgl. hierzu u. a. Thies, Wessel und Benlian (2018); Stummer und Haurand (2018); Wessel, Thies und Benlian (2017); Benlian, Hilkert und Hess (2015); Eisenmann, Parker und van Alstyne (2011).
[660] Vgl. Stummer, Kundisch und Decker (2018), S. 167; Hagiu und Rothman (2016), S. 41; Evans (2013), S. 4; Choi, Kim und Lee (2010), S. 175; Evans und Schmalensee (2010), S. 2 ff.; Zhu et al. (2006), S. 544.
[661] Vgl. Parker, van Alstyne und Choudary (2016), S. 49 und 79 ff.; Tiwana (2014), S. 39.
[662] Vgl. Arroyo-Barrigüete et al. (2010), S. 643 ff.; Fichman, dos Santos und Zheng (2014), S. 333.
[663] Vgl. Tiwana (2014), S. 36 f.
[664] Vgl. hierzu u. a. Benlian et al. (2018); Hagiu und Wright (2015).

3.4 Innovationsökonomische Perspektive

direkte oder horizontale genannt) und wechselseitige (auch indirekte oder vertikale genannt) Netzwerkeffekte.[665]

Positive oder negative Netzwerkeffekte entstehen durch hinzukommende Teilnehmer und verändern den Nutzen oder Wertbeitrag einer Plattform.[666] Ein positiver Netzwerkeffekt besteht, wenn ein zusätzlicher Teilnehmer den Nutzen einer Technologie oder Plattform steigert. Eingängige Beispiele sind (mobile) Telefone, Faxgeräte oder Voice-over-IP-Anwendungen[667] wie z. B. Skype, da mit jedem weiteren Teilnehmer die Kommunikationsmöglichkeiten zunehmen. Im Fall negativer Netzwerkeffekte sinkt der Nutzen einer Plattform mit jedem weiteren Teilnehmer.[668] Dies zeigt sich beispielsweise bei Großveranstaltungen, wenn das Funknetz überlastet ist und das Durchkommen oder die Leistungsfähigkeit einer Plattform mit der zunehmenden Teilnehmerzahl sinkt. Hält die Situation dauerhaft an, scheiden die Teilnehmer verstärkt wieder aus. Dies verdeutlicht die Relevanz der Berücksichtigung von positiven und negativen Netzwerkeffekten, da sie einen grundlegenden Einfluss auf den Erfolg oder Misserfolg einer Plattform haben können.[669] Des Weiteren wird der Erfolg oder Misserfolg einer Plattform durch einen balancierten Zuwachs bzw. Verteilung auf jeder Plattformseite beeinflusst. Die Verteilung muss dafür allerdings nicht unbedingt gleichverteilt oder symmetrisch sein. Wenn eine Seite der Plattform zu schnell wächst und die andere zu stark dominiert, kann die Plattform für die nicht dominierende Seite unattraktiv werden, was zu einem sukzessiven Rückgang der Teilnehmerzahlen auf beiden Seiten führen kann.[670]

Die balancierte Verteilung auf den Plattformseiten wird durch die gleich- und wechselseitigen Netzwerkeffekte beeinflusst, die entweder innerhalb oder zwischen den Plattformseiten auftreten.[671] Gleichseitige Netzwerkeffekte treten zwischen Unternehmen derselben Akteursgruppe (horizontal auf der gleichen Wertschöpfungsstufe) auf. Beispielsweise kommt es zu diesem Effekt, wenn der Wettbewerbsdruck steigt und ein Unternehmen realisiert, dass es auch auf einer Plattform vertreten sein muss, um keine Marktanteile an Konkurrenten zu verlieren. Im Gegensatz dazu entstehen wechselseitige Netzwerkeffekte zwischen Unternehmen, die unterschiedlichen Akteursgruppen angehören (vertikal auf unterschiedlichen Wertschöpfungsstufen). Die existierende Literatur dazu zeigt, dass wechselseitige Netzwerkeffekte häufiger vorkommen als gleichseitige.[672] Da sich diese meist nicht symmetrisch auf die Verteilung auswirken, ist es von entscheidender Bedeutung zu verstehen, wie sich gleich- und wechselseitige Netzwerkeffekte auswirken. Schematisch ist dies in Abbildung 26 dargestellt.

---

[665] Vgl. Parker, van Alstyne und Choudary (2016), S. 36; Tiwana (2014), S. 36; Evans (2013), S. 3.
[666] Vgl. Shapiro und Varian (1998), S. 173 ff.
[667] Hierbei steht IP für Internet-Protokoll.
[668] Vgl. Shapiro und Varian (1998), S. 176 ff.
[669] Vgl. Tiwana, Konsynski und Bush (2010), S. 684.
[670] Vgl. Parker, van Alstyne und Choudary (2016), S. 174; Hagiu und Rothman (2016), S. 41 f.
[671] Vgl. Thies, Wessel und Benlian (2018), S. 1240.
[672] Vgl. Arroyo-Barrigüete et al. (2010), S. 646; Parker, van Alstyne und Choudary (2016), S. 37.

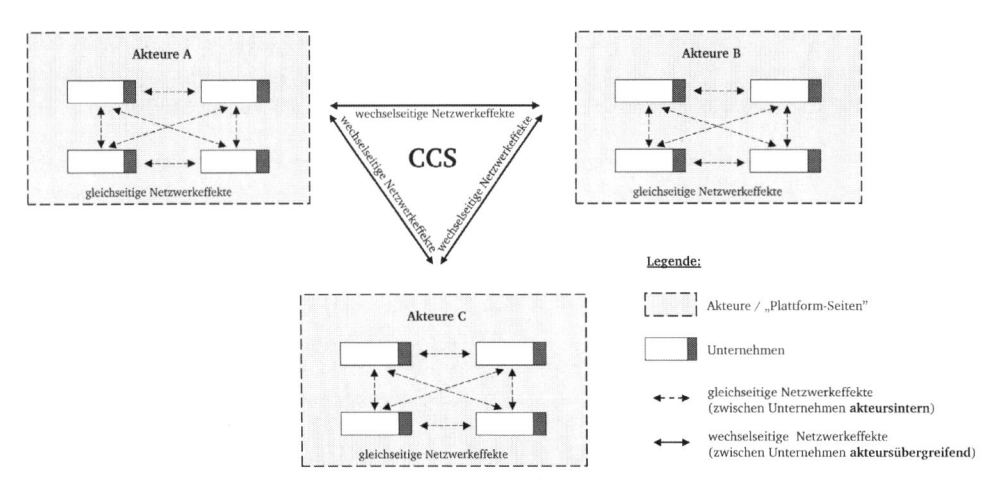

Abbildung 26: Zusammenhang von gleich- und wechselseitigen Netzwerkeffekten (eigene Darstellung; in Anlehnung an Tiwana (2014), S. 35).

Diese selbstverstärkende Wirkung von Netzwerkeffekten beeinflusst somit sowohl die unternehmensübergreifende Diffusion als auch jede darunter liegende Phase des unternehmensinternen Assimilationsprozesses (siehe Abbildung 27). Im Einzelnen können drei unterschiedliche Einflüsse der Netzwerkeffekte abgegrenzt werden: (1) auf die Diffusion innerhalb eines Unternehmens (unternehmensinterner Assimilationsprozess), (2) auf die Diffusion zwischen Unternehmen derselben Akteursgruppe (induziert durch gleichseitige Netzwerkeffekte) und (3) auf die Diffusion zwischen Unternehmen unterschiedlicher Akteursgruppen (induziert durch wechselseitige Netzwerkeffekte). Entwickelt sich beispielsweise das Unternehmen B2 von der Adoption zur Routinisierung, so kann das Bewusstsein für die Plattform durch gleichseitige Netzwerkeffekte bei Unternehmen B1 als auch durch wechselseitige Netzwerkeffekte bei C1 erhöht werden. Diese detaillierte Betrachtungsebene ist nach Oliveira und Martins (2011) sinnvoll und notwendig, um die zugrunde liegenden Mechanismen des Diffusionsprozesses zu verstehen. Die Autoren begründen dies vor allem mit der höheren Komplexität im B2B Bereich im Vergleich zum B2C- oder C2C-Bereich.[673] Der Grund dafür ist, dass sich nicht nur jedes Individuum, sondern auch jedes Unternehmen, jede Akteursgruppe etc. (je nach Betrachtungstiefe) in unterschiedlichen Phasen des Assimilationsprozesses befinden kann und jede Phase andere Maßnahmen zur Förderung der Diffusion erfordert.

---

[673] Vgl. Oliveira und Martins (2011), S. 120.

3.5 Theoriegeleitete Entwicklung der Propositionen

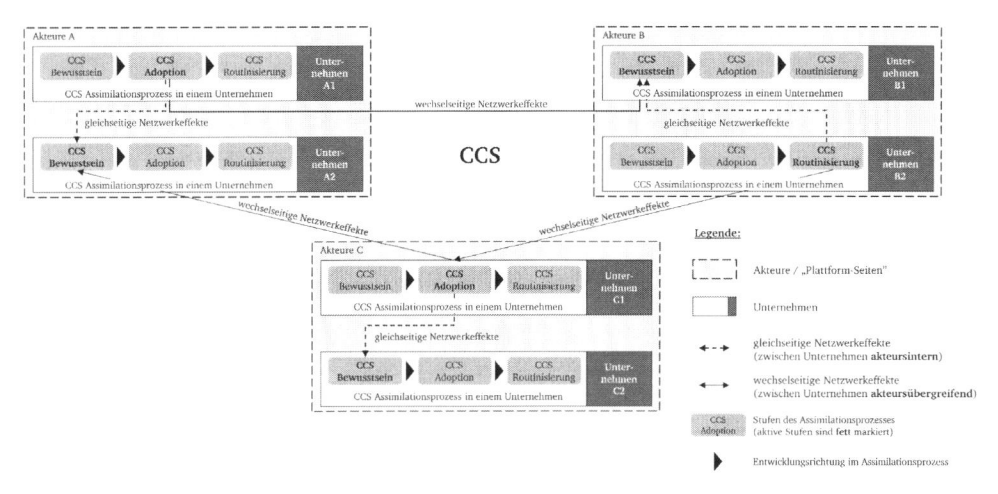

Abbildung 27: Zusammenhang und Einfluss von gleich- und wechselseitigen Netzwerkeffekten auf den Diffusionsprozess (eigene Darstellung).

Hinsichtlich der Analyse einzelner Faktoren, die diesen Diffusionsprozess beeinflussen, schlagen Wissenschaftler vor, die überwiegend positive Untersuchung zu durchbrechen und eine kritischere Betrachtung von Faktoren, die die Diffusion im B2B Kontext hemmen, zu fördern.[674] Kembro, Näslund und Olhager (2017) folgten diesen Forderungen und untersuchten Barrieren in der Supply Chain.[675] Die Netzwerkstrukturen in traditionellen Supply Chains sind meist gekennzeichnet durch etablierte, langfristige Geschäftsbeziehungen zwischen Kunden und Lieferanten mit klaren Führungs- bzw. Leitungsstrukturen.[676] Es ist zu erwarten, dass in diesen hierarchisch stabilen Ketten andere Faktoren auf die Diffusion wirken als in dynamischen und kompetitiven Netzwerken wie der Transportkette, und sie deshalb weiterer Untersuchungen bedürfen.

3.5 Theoriegeleitete Entwicklung der Propositionen

Im Folgenden sollen die drei Forschungsfragen in jeweils drei Propositionen untergliedert werden. Propositionen sind Aussagen, die auf den bisherigen Erkenntnissen dieser Arbeit basieren und eine Wirkungserwartung festhalten, die es empirisch zu untersuchen gilt. Die empirische Untersuchung dient somit der Annahme oder Ablehnung der Propositionen und trägt zur zielgerichteten Beantwortung der Forschungsfragen bei. Nach Yin (2014) dienen Propositionen dazu, die Datenerhebung und -analyse zu lenken und sie konkretisieren das

---

[674] Vgl. Schäffer und Stelzer (2018), S. 296; Jede und Teuteberg (2016), S. 439; Teo, Ranganathan und Dhaliwal (2006), S. 395.
[675] Vgl. Kembro, Näslund und Olhager (2017), 78 ff.
[676] Als Beispiel wird hier meistens die Automobilindustrie angeführt, wobei die OEMs eine starke Marktmacht haben und somit einen hohen Druck auf ihre Lieferanten zur Einführung von bestimmten Plattformen ausüben können (vgl. Wienholdt et al. (2008), S. 18; Narr und Große Wienker (2008), S. 90).

Forschungsziel hinsichtlich der Gewinnung einzelner Erkenntnisse.[677] Der Unterschied zur Überprüfung von Propositionen im Vergleich zu Hypothesen ist der stärkere Fokus auf qualitative Methoden. Hypothesen werden durch quantitative Testverfahren überprüft, Propositionen dienen der qualitativen Elaboration (intendierte Inferenz), um Zusammenhänge zu analysieren.[678] In der Forschung ist häufig eine Elaboration von Propositionen den quantitativen Hypothesentests vorgeschaltet bzw. aus den beantworteten Propositionen lassen sich fundierte Hypothesen ableiten und analysieren. In der vorliegenden Arbeit liegt der Fokus zunächst auf der Untersuchung der Propositionen und dient der Beantwortung der übergeordneten Forschungsfragen.

Die drei Forschungsfragen beziehen jeweils alle drei Bestandteile des soziotechnischen Systems – Mensch, Aufgabe und Technik – mit ein. Dennoch werden unterschiedliche Schwerpunkte gesetzt und ermöglichen eine vorrangige Zuordnung. Die erste Forschungsfrage rückt den Menschen in den Fokus und bedient sich vorrangig der Ansätze der verhaltensökonomischen Perspektive. Die zweite Forschungsfrage bezieht sich dementsprechend vornehmlich auf die Ansätze der informationsökonomischen Perspektive. Die dritte Forschungsfrage konzentriert sich auf die innovationsökonomische Perspektive. Gerade die zweite und die dritte Forschungsfrage können hier sehr eindeutig zugeordnet werden. Die erste hingegen dient dem grundlegenden Verständnis, zeigt den Status quo sowie Entwicklungstrends von Auftragsabwicklungssystemen in Transportketten auf und bezieht alle Bestandteile somit am stärksten mit ein. Die beiden Anwendungsbeispiele zur asynchronen und zur synchronen Auftragsabwicklung bauen auf diesem Verständnis auf und es wird in größerem Detail gezeigt, wie sich die Auftragsabwicklung im jeweils betrachteten Untersuchungsfokus gestaltet.

Status quo und Entwicklungstrends von Auftragsabwicklungssystemen in Transportketten

FF 1: Wie gestaltet sich die Auftragsabwicklung in der Transportkette hinsichtlich des Einsatzes unterschiedlicher Technologien und welche Entwicklungen sind zu erwarten?

Die drei folgenden Propositionen zur ersten Forschungsfrage erarbeiten keine typischen Wenn-dann-Zusammenhänge, sondern stellen Thesen zum Status quo und zu den Entwicklungstrends von Auftragsabwicklungssystemen in der Transportkette dar. Die erste Proposition leitet sich, zunächst theorieunabhängig, von der betrachteten Region der empirischen Untersuchung ab. Dabei wird angenommen, dass die betrachtete Rhein-Main-Region sich besonders als Untersuchungsgegenstand der arbeitsteiligen Auftragsabwicklung in der Transportkette eignet. Die Region wird dabei immer in Relation bzw. im Verhältnis zu Deutschland insgesamt untersucht und es sollen der Status quo und Entwicklungstrends hier im Vergleich zu Deutschland aufgezeigt werden. Dies wird anhand der folgenden Proposition untersucht:

---

[677] Vgl. Yin (2014), S. 18.
[678] Vgl. Mayring (2003), S. 38 ff.

3.5 Theoriegeleitete Entwicklung der Propositionen

> *P 1.1: Für die Rhein-Main-Region hat die Logistik eine hohe Relevanz und eignet sich somit besonders für die Analyse der arbeitsteiligen Auftragsabwicklung in der Transportkette.*

Die folgenden beiden Propositionen beziehen sich nun verstärkt auf das Verhalten und die Interaktionen. Wie die Relational View Theory zeigen konnte, spielen die Interaktionen zwischen den Menschen und die dadurch entstehende relationale Rente eine entscheidende Rolle für den Mehrwert und Fortbestand von geschäftlichen Kooperationen. Hierbei dienen Technologien vor allem der Unterstützung, nicht der Ersetzung des Menschen im Prozess der Auftragsabwicklung. Technologien entwickeln sich zudem mit steigender Geschwindigkeit und das Machbare liegt meist weit über dem, was bereits in der Praxis eingesetzt wird. Da der Mensch sich nur langsam neuer Technologien annimmt (beeinflusst z. B. durch Lernkurven und -effekte), sollen der aktuelle Stand und die Entwicklung hinsichtlich der Relevanz von Informationssystemen bei der Auftragsabwicklung erfasst werden. Hierbei ist ein zeitlicher Vergleich vom heutigen Status quo mit den Entwicklungstrends der kommenden Jahre sinnvoll und soll anhand folgender Annahme analysiert werden:

> *P 1.2: Die steigende Relevanz von Informationssystemen beeinflusst die Auftragsabwicklung in der Transportkette maßgeblich.*

Zudem ist es in diesem Kontext spannend zu analysieren, ob Lock-in-Effekte bestehen, das heißt, inwiefern Akteure an bestehenden Lösungen festhalten oder neue Technologien in Betracht ziehen. Wie in den Grundlagen herausgearbeitet wurde, zeigt die hohe Dynamik in der Auftragsabwicklung zunächst die großen Potenziale von Informationssystemen auf. Der geringe Einsatz hingegen lässt vermuten, dass u. a. Lock-in-Effekte einen Wechsel oder eine Anpassung des Verhaltens auf andere vorteilhafte Technologien verhindern. Daher wird angenommen, wie die folgende Proposition verdeutlicht, dass die steigende Dynamik (z. B. durch kurzfristige Auftragsänderungen) in der Auftragsabwicklung sich nur zum Teil auf das Verhalten und den Einsatz bestimmter Technologien auswirkt. Ob diese Annahme allerdings sinnvoll ist und welche Potenziale sich hieraus ergeben, soll im Anschluss diskutiert werden. Dadurch würde sich zumindest der weiterhin hohe manuelle Einsatz der Planer und Disponenten in der Auftragsabwicklung erklären. Ob und warum dies der Fall ist, soll mit der folgenden Proposition geprüft werden:

> *P 1.3: Die hohe Dynamik in der Auftragsabwicklung beeinflusst das Buchungsverhalten und den Einsatz von Technologien bisher nur geringfügig.*

Bis zu diesem Punkt konnte nun ein grundlegendes Verständnis für die Gestaltung der Auftragsabwicklung in der Region Rhein-Main über verschiedene Verkehrsträger und Akteure hinweg erarbeitet werden. Geleitet von den folgenden zwei Forschungsfragen, sollen nun zwei konkrete Anwendungsbeispiele jeweils mit der Transportquelle in der Rhein-Main-Region, im Detail analysieren werden. In einem ersten Schritt soll eine asynchrone Auftragsabwicklung am Beispiel des Vorlaufs einer Seefracht-Transportkette untersucht werden. Die asynchrone Auftragsabwicklung ist in diesem Bereich weit verbreitet und stellt meist den Status quo dar. Danach folgt die synchrone Auftragsabwicklung am Beispiel des Vorlaufs einer Luftfracht-Transportkette, welche sich gerade in der Entwicklung bzw. in der Ausbreitung befindet.

Asynchrone Auftragsabwicklung am Beispiel der Seefracht

FF 2:   Wie kann die Prozesseffizienz bei der asynchronen Auftragsabwicklung mittels proprietärer Systeme und EDI unternehmensübergreifend gesteigert werden?

Im Rahmen dieser Forschungsfrage wird auf einem höheren Detaillierungslevel gezeigt, wie sich der Prozess bei der asynchronen Auftragsabwicklung im Einzelnen gestaltet. Nur so ist es im Sinne der Transaktionskostentheorie möglich, einzelne Verbesserungspotenziale im Detail aufzuzeigen. Die Transaktionskosten werden hier als Aufwand der Planer und Disponenten bzw. durch die Bearbeitungszeit pro Auftrag operationalisiert. Dadurch können Verbesserungen in Form von Steigerungspotenzialen der Prozesseffizienz identifiziert werden. Alle drei Propositionen zeigen hierbei die Wirkung einer unabhängigen Variablen (frühzeitige Informationsweitergabe, Änderungshäufigkeiten und Änderungszeitpunkt) auf die abhängige Variable Prozesseffizienz. Die hohe Dynamik wird durch die Berücksichtigung zeitlicher Aspekt einbezogen. Dazu werden im Anwendungsfall Durchlaufzeiten erfasst, implementiert und analysiert. Hierbei kommt der ORR-Mechanismus zum Einsatz, der den Einfluss von Entkopplungspunkten im Informationsfluss in der Produktionsplanung theoretisch analysiert. Die Übertragung dieses Ansatzes auf die Auftragsabwicklung in der Transportkette hat den Vorteil, dass eine systematische Herangehensweise und Analyse verfolgt werden kann. Im Detail lassen sich die folgenden drei Propositionen ableiten, die empirisch auf ihren Wahrheitsgehalt geprüft werden sollen. Diese Propositionen stellen hier typische kausale Wenn-dann-Beziehungen her und durch Veränderung eines der Parameter wird jeweils die Wirkung auf die Prozesseffizienz untersucht. Die erste Proposition leitet sich aus den Erkenntnissen der unvollkommenen Information sowie der voranschreitenden Entwicklung der Echtzeit-Informationsweitergabe ab. Dabei wird die Annahme vertreten, dass eine frühzeitige Informationsweitergabe der Transportaufträge die Prozesseffizienz steigern kann:

P 2.1:   Eine frühzeitige Informationsweitergabe der Transportaufträge hat einen positiven Einfluss auf die Prozesseffizienz.

Zum einen zeigt sich die hohe Dynamik in der hohen Anzahl der Auftragsänderungen in der Transportkette, was die Transaktionskosten nach oben treibt und somit die Prozesseffizienz reduziert. Es ist demnach zu erwarten, dass die Änderungshäufigkeit gerade bei der asynchronen Auftragsabwicklung durch den großen sequenziellen Aufwand der Nachbearbeitung der einzelnen Akteure einen negativen Einfluss auf die Prozesseffizienz hat:

P 2.2:   Die Änderungshäufigkeiten der Transportaufträge haben einen negativen Einfluss auf die Prozesseffizienz.

Zum anderen ist die hohe Dynamik durch die Kurzfristigkeit der Auftragsänderungen in der Transportkette gekennzeichnet. Daraus erwächst die Vermutung, dass der Änderungszeitpunkt einen Einfluss auf die Prozesseffizienz hat und somit nicht nur die frühzeitige Weitergabe der Transportaufträge an sich, sondern auch die frühzeitige Weitergabe von Änderungen von Versendern zur Reduktion der Informationsasymmetrie in der Transportkette einen positiven Effekt auf die Prozesseffizienz hat:

3.5 Theoriegeleitete Entwicklung der Propositionen

P 2.3   Der Änderungszeitpunkt vor Transportbeginn beeinflusst die Prozesseffizienz, somit kann durch eine frühzeitige Weiterleitung der Änderungen die Prozesseffizienz gesteigert werden.

Durch die Kombination der drei Propositionen kann für den vorliegenden Anwendungsfall das Szenario mit der bestmöglichen Prozesseffizienz ermittelt werden. Hinsichtlich der synchronen Auftragsabwicklung zeigt sich, dass aufgrund der bisher geringen Verbreitung diese operative Analyse nicht sinnvoll anwendbar ist. Daher soll im Rahmen der dritten Forschungsfrage eine stärkere theoretische Fokussierung verfolgt werden, um im Sinne der innovationsökonomischen Perspektive die Diffusion eingehender zu analysieren.

Synchrone Auftragsabwicklung am Beispiel der Luftfracht

FF 3:   Welche Faktoren beeinflussen die Diffusion plattformbasierter Systeme zur synchronen Auftragsabwicklung und wie kann der Einfluss der Faktoren theoretisch eingeordnet werden?

Im Rahmen der Darlegung der Grundlagen für die vorliegende Arbeit konnte gezeigt werden, dass sich gerade in der durch Dynamik und Wettbewerb geprägten arbeitsteiligen Auftragsabwicklung synchrone Auftragsabwicklungssysteme eignen, um die Prozesseffizienz über die Potenziale der asynchronen Auftragsabwicklung hinaus zu steigern. Warum diese Systeme dennoch nicht oder nur sehr langsam angenommen werden, soll anhand der folgenden Propositionen im Detail analysiert werden. Als Basis hierfür ist es wichtig, den Stand der Forschung sowie einzelne Modelle der Diffusionstheorie zu kennen. Hieraus sind bereits einige Faktoren bekannt, die gegebenenfalls auf den vorliegenden Fall übertragbar sind. Dies soll mit einer empirischen Analyse überprüft werden, da die Gegebenheiten in der arbeitsteiligen Auftragsabwicklung der Transportkette nicht durch bestehende Forschungsaktivitäten abgedeckt sind. Demnach werden auch hier anhand der Propositionen keine direkten Kausalzusammenhänge, sondern Thesen hinsichtlich ihres Wahrheitsgehalts zur Weiterentwicklung der bestehenden Forschung untersucht. Dieser Ansatz spiegelt sich bereits in der ersten Proposition wieder, die die Annahme vertritt, dass bislang nicht erforschte Faktoren die Diffusion von plattformbasierten Systemen zur synchronen Auftragsabwicklung hemmen:

P 3.1:   Die Diffusion von CCS in Transportketten wird durch Faktoren beeinflusst, die bisher durch bestehende Ansätze der Diffusionstheorie nicht vollumfänglich erklärt werden.

In einem nächsten Schritt soll die Liste der identifizierten Faktoren in das etablierte TOE-Framework eingeordnet werden. Das TOE-Framework eignet sich hierbei besonders, da es zum einen sehr oft in ähnlichen Forschungsaktivitäten zum Einsatz kommt und eine sinnvolle Strukturierung darstellt. Der Untersuchungsfokus liegt hier jedoch im Vergleich zur Literatur viel stärker auf der unternehmensübergreifenden Zusammenarbeit, die maßgeblich durch die Gegebenheiten der Dynamik und der Wettbewerbssituation geprägt ist. Daher besteht die Annahme, dass sich nicht alle Faktoren in das TOE-Framework werden einordnen lassen:

> *P 3.2: Die identifizierten Faktoren ergeben sich aus der unternehmensübergreifenden Zusammenarbeit und verdeutlichen die Notwendigkeit einer stärkeren Berücksichtigung des inter-organisationalen Kontexts.*

Zudem konnte theoretisch gezeigt werden, dass sich Plattformen häufig über die Existenz von Netzwerkeffekten definieren. Daher sollen im Rahmen der letzten Propositionen die Faktoren nochmals hinsichtlich ihres Einflusses auf die Netzwerkeffekte analysiert werden. Da sich die synchrone Auftragsabwicklung nur sehr langsam durchsetzt, erscheint es sinnvoll zu sein, den Fokus auf hemmende Faktoren zu legen. So kann der bestehenden Forschungslücke aufgrund der häufig zu positiven Auseinandersetzung im Rahmen der Diffusionstheorie, Rechnung getragen werden. Außerdem werden die unterschiedlichen Arten der Netzwerkeffekte berücksichtigt. Durch diese Einordnung wird die unterschiedliche Wirkungsweise auf verschiedene Arten von Netzwerkeffekten und somit die langsame Diffusion verdeutlicht:

> *P 3.3: Die identifizierten Faktoren haben eine hemmende Wirkung auf die plattform-spezifischen Netzwerkeffekte und verlangsamen mit unterschiedlichem Einfluss die Diffusion.*

Bereits aus der Formulierung der Forschungsfragen und der Propositionen wird deutlich, dass hier unterschiedliche methodische Herangehensweisen notwendig sind, um die Forschungsfragen zu beantworten und zu den jeweiligen Propositionen Stellung zu beziehen. Welche Methoden sich hierzu eignen und daher eingesetzt werden, soll im folgenden Kapitel vorgestellt werden.

4 Methodische Herangehensweise und Forschungsdesign

Um die Forschungsfragen beantworten und Aussagen hinsichtlich der entwickelten Propositionen treffen zu können, kommen mehrere wissenschaftliche Methoden zum Einsatz. Der gewählte Multi-Methoden-Ansatz begründet sich vor allem in der Analyse verschiedener Perspektiven und Schwerpunkte, die zur Beantwortung der einzelnen Forschungsfragen bzw. Propositionen notwendig sind. Die unterschiedlichen Gegebenheiten erfordern unterschiedliche Herangehensweisen, da sich beispielsweise etablierte Prozesse quantitativ mittels Simulation untersuchen lassen, um Verbesserungspotenziale abzuleiten, während die zukünftigen Prozesse eine qualitative Untersuchung erfordern. Die Auswahl der Methoden wird im folgenden Abschnitt begründet. Danach folgen die jeweiligen methodischen Ansätze und es werden die einzelnen eingesetzten Erhebungs- und Analysewerkezeuge vorgestellt. Zum Abschluss dieses Kapitels werden diese dann in Form eines methodischen Forschungsprogramms für die empirische Untersuchung zusammengeführt.

4.1 Auswahl und Begründung der Forschungsmethoden

Die Auswahl der Methoden ist zentral durch die Abgrenzung des Untersuchungsgegenstands, die Formulierung der Forschungsfragen, den grundlegenden Bezugsrahmen und Stand der Forschung sowie die Einbettung in die Theorie und die theoriegeleitete Entwicklung der Propositionen abhängig. Dabei spielen die Bestandteile des soziotechnischens System eine zentrale Rolle: Wie verhält sich der Planer und Disponent (Mensch) bei der arbeitsteiligen Auftragsabwicklung (Aufgabe) unter dem Einsatz verschiedener Auftragsabwicklungssysteme (Technik). Der Mensch kann dabei als Ausgangspunkt betrachtet werden, da er eine zentrale Rolle einnimmt, um seine Aufgaben zu erfüllen, wozu er verschiedene IS-Technologien einsetzen kann.

Dieser Ausgangspunkt muss sich demnach auch in der methodischen Herangehensweise wiederfinden, um dem Untersuchungsgegenstand gerecht zu werden. Dabei handelt es sich um ein anwendungorientiertes Forschungsvorhaben, das nahe an der Praxis durchgeführt werden muss, um relevante Erkenntnisse zu erarbeiten.[679] In der Literatur wird die empirische Untersuchung eines bestimmten Sachverhalts in einem realen Umfeld Fallstudie („case study") genannt.[680] Die Fallstudien als qualitative Forschungsmethode unterliegen einigen Kritikpunkten.[681] Einer davon ist, dass nur Einzelfälle ohne stringentes For-

---

[679] Vgl. Gilham (2000), S. 11.
[680] Vgl. hierzu u. a. Yin (2014); Baxter und Jack (2008); Gilham (2000); Voss, Tsikriktsis und Frohlich (2002); Stake (1995).
[681] Für eine Diskussion verschiedener Kritikpunkte und Missverständnissen von Fallstudien in der Logistik siehe auch Ellram (1996).

© Springer Fachmedien Wiesbaden GmbH, ein Teil von Springer Nature 2019
K. Coleman, *Arbeitsteilige Auftragsabwicklung in der Transportkette*,
https://doi.org/10.1007/978-3-658-26911-1_4

schungsdesign untersucht werden.[682] Um dieser Kritik entgegenzutreten, wird in der vorliegenden Arbeit folgende Vorgehensweise gewählt: Nach der Abgrenzung des Untersuchungsgegenstands, wurden bereits der Stand der Forschung, relevante Forschungslücken und eine theoretische Einbettung detailliert erarbeitet. Nun wird das Forschungsdesign festgelegt. Hierbei werden schrittweise die einzelnen Forschungsmethoden definiert, welche dann in den Anwendungsfällen („use case") zum Einsatz kommen.[683] Der Fall ist demnach nicht übergreifend als Untersuchungsgegenstand definiert, sondern gliedert sich untergeordnet in ein gesamtes Forschungsvorhaben ein. Diese umgekehrte Vorgehensweise kommt hauptsächlich in der IS-Forschung zum Einsatz und ermöglicht eine stärkere methodische Konkretisierung.[684] Außerdem erlaubt diese Vorgehensweise einer Übertragbarkeit der Ansätze auf andere Anwendungsfälle, während eine Fallstudie sehr spezifisch von Beginn an auf den jeweiligen Fall ausgerichtet ist und somit wenige Möglichkeiten zur Generalisierung der Ergebnisse lässt. Die einzelnen Anwendungsfälle werden genauer im Zuge der empirischen Erhebung und Analyse herausgearbeitet. In diesem Kapitel sollen zunächst nur die Methoden, die zur Erhebung und Analyse der empirischen Daten zum Einsatz kommen, bestimmt werden.

Für praxisorientierte Forschungsvorhaben eigenen sich nach Yin (2014) im Besonderen die fünf qualitativen Erhebungsmethoden: Dokumentation,[685] (Archiv-) Datensätze[686] und andere physische Artefakte sowie Befragungen und Beobachtungen.[687] In der vorliegenden Arbeit werden die Daten über Befragungen und Beobachtungen im direkten Austausch mit Experten erhoben. Als Experte ist dabei die Rolle eines Menschen in einem System zu verstehen, der als Quelle von spezifischem Wissen über den zu erforschenden Untersuchungsgegenstand verfügt.[688] Um dieses Expertenwissen systematisch zu erschließen, werden die zu erforschenden Datensätze durch empirische Erhebungen (auch Primärforschung oder „field research" genannt) generiert.[689] Dies erfordert eine gewissenhafte und systematische Vorgehensweise, um die notwendige Datenqualität und die relevanten Erkenntnisse daraus zu generieren.[690] Hierzu werden in der Literatur verschiedene Metho-

---

[682] Vgl. Ellram (1996), S. 94.
[683] Vgl. See (2007), S. 876 ff.
[684] Vgl. Sarker et al. (2018), S. 752 ff. Beispielsweise werden innovative IS-Technologien zunächst entwickelt und dann in bestimmten Anwendungsfällen z. B. hinsichtlich ihrer Anwendbarkeit und Robustheit getestet.
[685] Hierunter fallen zum Beispiel die Prozessdokumentation oder das „Business Process Reengineering" (vgl. hierzu u. a. Malinova, Hribar und Mendling (2014); Dumas et al. (2013)).
[686] Hierzu zählen auch umfangreiche Datensätze („Big Data"), was sich vor allem in den letzten Jahren aufgrund der stetigen Weiterentwicklung der Datenerfassung und Analysealgorithmen zugenommen und etabliert hat. Diese Herangehensweise steht und fällt allerdings mit der Datenverfügbarkeit und -qualität (vgl. u. a. Zhong et al. (2016); Gunasekaran et al. (2017); Wang et al. (2016)).
[687] Yin (2014) unterscheidet zudem noch direkte und teilnehmende Beobachtungen. Diese Unterteilung der eingesetzten Methoden wird in Kapitel 4.2 thematisiert. Für eine Übersicht sowie Gegenüberstellung der Vor- und Nachteile dieser qualitativen Forschungsmethoden siehe Yin (2014), S. 102.
[688] Vgl. Gläser und Laudel (2010), S. 12. Für weitere Informationen, Definitionen und Spezifikationen von Experten sei an dieser Stelle auf Kapitel 4.2 verwiesen.
[689] Vgl. Albers et al. (2007), S. 50.
[690] Vgl. Yin (2014), S. 106 ff.

4.1 Auswahl und Begründung der Forschungsmethoden

den vorgeschlagen.[691] In der vorliegenden Arbeit werden (Einzel-) Experteninterviews, Umfragen, Gruppendiskussionen bzw. Workshops in Abhängigkeit der Zielsetzung der jeweiligen Forschungsfrage eingesetzt.[692] Die unterschiedlichen Erhebungsmethoden dienen dazu, verschiedene Perspektiven der arbeitsteiligen Auftragsabwicklung in der Transportkette einzufangen sowie die (Zwischen-) Ergebnisse kontinuierlich zu verifizieren und zu validieren. Die einzelnen Erhebungsmethoden werden in Kapitel 4.2 näher beschrieben.

Die Auswahl der Methoden zur Datenanalyse ergibt sich aus dem weitestgehend deduktiven Ansatz, der in dieser Arbeit verfolgt wird. In der theoretischen Einordnung in Kapitel 3 wurden die wichtigsten Theorien und Ansätze herausgearbeitet. Die deskriptive, simulationsbasierte und explorative Datenanalyse baut auf diesen theoretischen Grundlagen auf und einzelne Ansätze werden im Rahmen der Anwendungsfälle hinsichtlich ihrer Anwendbarkeit geprüft und ggf. ergänzt.[693] In der deskriptiven Datenanalyse werden neben den Daten der Expertenerhebung auch statistische Datensätze verwendet, um die Aussagen über die Relevanz des Untersuchungsfelds zu untermauern.[694] Die deskriptive Datenanalyse ist eine Vorstudie, die der beschreibenden und zusammenfassenden Untersuchung eines Sachverhalts dient und datenbasierte Schlussfolgerungen ermöglicht.[695] Demnach können durch den Einsatz der deskriptiven Datenanalyse der Status quo sowie Entwicklungstendenzen erarbeitet werden, was eine Interpretation der Zusammenhänge und datengestützte Schlussfolgerungen ermöglicht.

Die simulationsbasierte Datenanalyse geht einen Schritt weiter und untersucht etablierte Prozesse wie auch entsprechende Verbesserungspotenziale in einem konkreten Anwendungsfall, der asynchronen Auftragsabwicklung am Beispiel der Seefracht. Dabei werden fallspezifische Daten im Rahmen der Expertenerhebungen generiert und simulationsbasiert analysiert. Neben der Simulation hätte hier auch eine rein qualitative Analyse der Prozesse und/oder eine mathematische Modellierung der Wirkungszusammenhänge stattfinden können. Es gibt allerdings zwei entscheidungsrelevante Gründe, warum hier die simulationsbasierte Datenanalyse zum Einsatz kommt. Zum einen können, im Vergleich zur rein qualitativen Prozessanalyse, Parameter variiert werden und dadurch Wirkungszusammenhänge mittels Sensitivitätsanalysen untersucht werden.[696] Zum anderen können – im Ver-

---

[691] Vgl. Yin (2014), S. 99 f; Gläser und Laudel (2010), S. 38 ff.; Albers et al. (2007), S. 37 ff.
[692] Die Auswahl der im Rahmen der Expertenerhebung eingesetzten Methoden, wird in Kapitel 4.2 vertieft.
[693] In der Literatur wird gerade beim explorativen Ansatz und der durch die Exploration eines Sachverhalts entstehenden neuen theoretischen Erkenntnisgewinn diskutiert, ob dies bereits als Induktion benannt werden kann (vgl. Becker et al. (2016), S. 29). Hierzu gibt es keine einheitliche Meinung. In der vorliegenden Arbeit wird die explorative Datenanalyse auch als deduktiver Ansatz geführt, da ein enger Bezug zur bestehenden Theorie hergestellt wird und es sich lediglich um theoretische Ergänzungen und keine Neuentwicklungen handelt. Aus dem Anwendungsfall kann keine uneingeschränkte Generalisierung der Erkenntnisse abgeleitet werden, was charakteristisch für die Induktion ist (vgl. Eisend und Kuß (2017), S, 60).
[694] Die Auswahl der einzelnen deskriptiver Analysemethoden sollen in Kapitel 4.3 vorgestellt werden.
[695] Vgl. Cleff (2015), S. 5. Verallgemeinerbares Wissen entsteht nach Cleff (2015) erst durch den Einsatz induktiver Analyseverfahren.
[696] Vgl. Gutenschwager et al. (2017), S. 183 f. und 210; Sargent (2013), S. 17; Rabe, Spiekermann und Wenzel (2008), S. 102 f.

gleich zur rein mathematischen Modellierung – Unsicherheiten und Dynamiken (z. B. zeitliche Abhängigkeiten) berücksichtigt und analysiert werden.[697] Außerdem können aussagekräftige Erkenntnisse auch über die erhobenen Daten hinaus durch Verteilungsannahmen (Extra- und Interpolation der erhobenen Daten) generiert werden.

Für den zweiten Anwendungsfall, die synchrone Auftragsabwicklung am Beispiel der Luftfracht, eignet sich diese Herangehensweise allerdings nicht. Der Grund hierfür ist die geringe Nutzung der plattformbasierten Systeme zur synchronen Auftragsabwicklung. Prozesse könnten nur hypothetisch und nicht praxisorientiert bzw. datenbasiert analysiert werden. Wenn man allerdings auch hier den Anspruch einer anwendungsorientierten Forschung verfolgt, ist es eine grundlegene Voraussetzung zunächst die Ursachen für die geringe Verbreitung zu erforschen. Hier kann ebenfalls, wie bei den anderen Herangehensweisen, deduktiv auf der bestehenden theoretischen Fundierung aufgebaut werden, es müssen allerdings induktiv auch neue theoretische Schlüsse gezogen werden, um die herrschenden Verhaltensweise zwischen Mensch, Aufgabe und Technik umfassend zu verstehen. Hierzu eignet sich die explorative Datenanalyse.[698] Ähnlich wie die deskriptive Datenanalyse ermöglicht die explorative Datenanalyse zunächst datenbezogene Aussagen.[699] Die Exploration der Daten kann allerdings auch dazu genutzt werden, darüber hinausgehende Schlussfolgerungen zu formulieren und sie dient demnach der Vorbereitung induktiver Ansätze.[700] Eine Abgrenzung der weitestgehend deduktiven von der induktiven Herangehensweise ist im vorliegenden Fall kaum möglich, eher können sie als aufeinander aufbauende Arbeitsweisen definiert werden, wobei die Abgrenzung der Begriffe auch in der Literatur nicht immer trennscharf vollzogen wird.[701]

Die Auswahl der Methoden zeigt den verwendeten Mix an qualitativen und quantitativen Methoden. Zum Teil stehen sich die beiden Lager der quantitativen und der qualitativen Forschung bis heute ablehnend gegenüber.[702] Quantitative Forscher werfen den qualitativen vor, zu wenig theoriegeleitet und willkürlich zu arbeiten. Datenerhebungen und -analysen seien demnach nicht reproduzierbar und ermöglichten keine verlässlichen Schlüsse. Qualitative Forscher werfen hingegen quantitativen vor, dass die rein theoriegeleitete und standardisierte Vorgehensweise ungeeignet sei, die Bedeutung von Wahrnehmungen und Handlungen menschlichen Verhaltens zu erfassen. Diese Lager werden der gängigen Praxis jedoch häufig nicht gerecht und es gibt nur selten eine strikte Trennung der Methoden.[703] So wird auch in der vorliegenden Arbeit die vornehmlich qualitative Forschung durch quantitative Ansätze ergänzt. Häufig werden diese quantitativen Ansätze beispielsweise bei der explorativen Datenanalyse als Verhältnismaße und Wirkungsindikatoren eingesetzt, die

---

[697] Vgl. Rabe, Spiekermann und Wenzel (2008), S. 182 f.; Law (2013), S. 435 und 676.
[698] Auch im Rahmen der explorativen Datenanalyse gibt es zahlreiche Methoden die zur Anwendung kommen können. Die Auswahl und Begründung der einzelnen Methoden erfolgt in Kapitel 4.5.
[699] Vgl. Becker et al. (2016), S. 28.
[700] Vgl. Becker et al. (2016), S. 28 f.
[701] Vgl. Becker et al. (2016), S. 29.
[702] Vgl. Gläser und Laudel (2010), S. 24 f.
[703] Vgl. Gläser und Laudel (2010), S. 25; Maxwell (2010), S. 475 f.

meist aufgrund der kleinen Stichprobe keine Signifikanzprüfung ermöglich.[704] Dies soll nicht als Kritik verstanden werden, sondern der Einordnung der verwendeten Methoden dienen. Die einzelnen Methoden, die im Rahmen der eingeführten Datenerhebung und -analyse eingesetzt werden, werden in den folgenden Kapiteln vorgestellt, bevor das konkrete Forschungsprogramm für die empirische Untersuchung abgeleitet wird.

4.2 Expertenerhebungen

Expertenerhebungen bilden die Datenbasis zu den Untersuchungen aller drei Forschungsfragen. Im Rahmen dieser Expertenerhebungen kommen allerdings jeweils unterschiedliche Methoden zum Einsatz. Alle haben bestimmte Vor- und Nachteile, die im Folgenden kurz erläutert werden, um die Ergebnisse besser einzuordnen sowie etwaige Schwachstellen und Grenzen der Untersuchung zu identifizieren. In der vorliegenden Arbeit kommen, wie bereits eingeleitet, vor allem Befragungen sowie teilnehmende Beobachtungen zum Einsatz. Im Rahmen der Befragung gibt es wiederum verschiedene Herangehensweisen, hier werden (Einzel-)Experteninterviews, eine Umfrage und Gruppendiskussionen eingesetzt.

Experteninterviews kommen bei allen drei Erhebungen zum Einsatz. Der Begriff Experte beschreibt hier die Rolle eines Interviewpartners, der als Quelle über spezifisches Wissen bezüglich des zu erforschenden Sachverhalts verfügt.[705] Um dieses Wissen systematisch zu erschließen, können Experteninterviews, auch Tiefeninterviews genannt, als Methode eingesetzt werden.[706] Diese Methode wird immer zu einem bestimmten Zweck (Erschließung des Untersuchungsgegenstands) eingesetzt. Die Experten sind demnach ein Medium, um das Wissen über bestimmte Strukturen, Situationen oder Prozesse zugänglich zu machen und den eigentlichen Fokus, den Untersuchungsgegenstand, zu erschließen. Daher ist es von entscheidender Bedeutung, das Ziel der Untersuchung, den daraus abgeleiteten Zweck des Interviews und die sich daraus ergebende Rolle des Interviewpartners im Vorfeld zu definieren.[707] Vorteil dieser Methode ist die schnelle Erarbeitung von Fachwissen und der intensive Austausch mit den Wissensträgern. Nachteil kann dabei sein, dass Einzelmeinungen zu sehr in den Fokus rücken und es dadurch zu Verzerrungen bei den Erkenntnissen kommt („informant bias").[708] Generell werden in der Literatur zwei Arten von Experteninterviews unterschieden: Zum einen Experteninterviews, bei denen Spezialisten in bestimmten Konstellationen über ihr Wissen befragt werden („informants") und zum anderen Experteninterviews, bei denen es um die Erfassung von Deutungen, Sichtweisen und Einstellungen der Befragten geht („respondents").[709] In der vorliegenden Arbeit werden beide Typen zu unterschiedlichen Zeitpunkten eingesetzt und verfolgen dabei einen unterschiedlichen Zweck: Zunächst werden die Experten über ihr Wissen befragt (Datenerhe-

---

[704] Vgl. Gläser und Laudel (2010), S. 26 f. Die Simulation wäre hingegen ein Beispiel für einen quantitativen Ansatz, bei dem Signifikanzprüfungen möglich sind. Weitere Ausführungen hierzu sind in den folgenden Kapiteln enthalten.
[705] Vgl. Gläser und Laudel (2010), S. 12.
[706] Vgl. Gläser und Laudel (2010), S. 12.
[707] Vgl. Gläser und Laudel (2010), S. 12 f.
[708] Vgl. Albers et al. (2007), S. 41.
[709] Vgl. Gläser und Laudel (2010), S. 12.

bung) und anschließend wird einePlausibilitätsprüfung durchgeführt (Datenvalidierung), in dem sie nach ihren Deutungen, Sichtweisen und Einstellungen befragt werden, um das erschlossene Wissen zu validieren und Interpretationen zu legitimieren.[710] Dabei werden für die Datenvalidierung, je nach Tiefe des Spezialwissens, entweder unterschiedliche[711] oder dieselben[712] Experten (im Vergleich zur Datenerhebung) befragt.[713] Um repräsentative Daten durch Befragung der „richtigen" Experten zu erheben und Verzerrungen möglichst gering zu halten, wurden die Experten nach der Stakeholder-Theorie – auch Stakeholder Analyse genannt – zunächst kategorisiert und dann jeweils stichprobenartig ausgewählt.[714] Die Ausgestaltung der Interviews kann nach dem Strukturierungsgrad auf einem Kontinuum von strukturiert über teil-strukturiert bis offen unterschieden werden.[715] Die Experteninterviews sind vorwiegend teil-strukturiert (Kapitel 5.1 und 5.2) bzw. offen (Kapitel 5.3) und werden in den jeweiligen Kapiteln näher vorgestellt. Wichtig ist die jeweilige Durchführung von Vor- bzw. Pretests, um den Fragebogen hinsichtlich Verständlichkeit und Klarheit der Fragen und ggf. entsprechender Antwortmöglichkeiten zu testen.[716] Auch diese Pretests werden jeweils durchgeführt und im Rahmen der Datenerhebung konkretisiert. Außerdem hebt Alvesson (2003) die Bedeutung einer theoretischen Auseinandersetzung und Einordnung hervor, welche bei der Entwicklung der Fragebögen und Durchführung der Interviews berücksichtigt wurden: „The interview as a complex social event calls for a theoretical understanding or, rather, a reflexive approach in which a set of various theoretical viewpoints can be considered and, when there are reasons for doing so, applied. Without a theoretical understanding, any use of interview material risks being naive, and interpretations of it rest on shaky ground."[717]

Die zweite Methode, welche im Rahmen dieser Arbeit eingesetzt wird ist die webbasierte Umfrage. Diese kann von den eingesetzten Methoden als strukturierteste Erhebungsmethode bezeichnet werden, da durch die online Befragung keine Einflussnahme eines Interviewers möglich ist und durch den hohen Grad der Strukturierung des Fragebogens vergleich-

---

[710] Siehe hierzu auch die Erläuterungen der Gruppendiskussionen.
[711] Wenn die benötigte Tiefe des Spezialwissens gering ist, das heißt beispielsweise allgemeingültiges Branchenwissen erfordert ist, können unterschiedliche Experten befragt werden. Ein Beispiel hierfür aus der vorliegenden Arbeit sind die durchgeführten Interviews zur Plausibilisierung der Umfrageergebnisse hinsichtlich des Status quo und Entwicklungstrends der Auftragsabwicklungssysteme in der Transportkette.
[712] Wenn die benötigte Tiefe des Spezialwissens hoch ist, das heißt beispielsweise sehr spezifischem Prozesswissen gefordert ist, sollten die gleichen Experten befragt werden. In der vorliegenden Arbeit kommen diese beispielsweise im Rahmen der Datenerhebung für die Simulation zum Einsatz, um die erhobenen Input-Daten für die Simulation zu plausibilisieren.
[713] Vgl. Gläser und Laudel (2010), S. 13 f.
[714] Vgl. de Vries, Verheul und Willemse (2003); Mitchell, Agle und Wood (1997). Für eine detaillierte Erläuterung zum Thema Stichprobenauswahl siehe Albers et al. (2007), S. 79 ff.
[715] Vgl. Albers et al. (2007), S. 38.
[716] Für eine Konkretisierung der Vorgehensweise siehe Albers et al. (2007), S. 54 ff.
[717] Alvesson (2003), S. 14. Sinngemäße Übersetzung: „Das Interview als komplexes gesellschaftliches Ereignis erfordert ein theoretisches Verständnis bzw. einen reflexiven Ansatz, bei dem eine Reihe verschiedener theoretischer Standpunkte berücksichtigt und, wenn Gründe dafür sprechen, angewendet werden können. Ohne ein theoretisches Verständnis riskiert jede Verwendung von Interviewmaterial naiv zu sein und Interpretationen davon stehen auf wackeligem Boden."

4.2 Expertenerhebungen

bare Ergebnisse generiert werden sollen.[718] Wie auch in der vorliegenden Arbeit, werden Umfragen häufig zur Marktforschung bzw. zum Marktscreening durchgeführt,[719] wodurch der Status quo sowie die Entwicklungstrends herausgearbeitet werden können. Vorteil dieser Erhebungsmethode ist beispielsweise das breite Meinungsspektrum, das abgefragt werden kann. Nachteil dieser Methode ist die geringe Flexibilität und die Tatsache, dass Einzelmeinungen sowie Ausreißer nicht ausreichend Würdigung finden.[720]

Die dritte Methode sind Gruppendiskussionen, die häufig im Rahmen von Workshops durchgeführt werden.[721] In der vorliegenden Arbeit sind die Gruppendiskussionen Bestandteil aller drei Erhebungen und dienen hauptsächlich der Daten- bzw. Ergebnisvalidierung. Durch mehrfache Durchführung der Workshops können nicht nur die erhobenen Daten, sondern auch die entwickelten Modelle (z. B. konzeptionelles und computerbasiertes Simulationsmodell sowie theoretische Weiterentwicklungen) verifiziert sowie Zwischen- und Endergebnisse plausibilisiert werden. Die Vorteile der Gruppendiskussionen sind die Beteiligung von Vertretern aus Wissenschaft und Praxis. So werden ein Wissensaustausch und eine Diskussion zu bestimmten Sachverhalten ermöglicht.[722] Nachteile können hierbei dadurch entstehen, dass es durch verschiedenartige (extrovertierte und introvertierte) Persönlichkeiten zu Verzerrungen und Fehlinterpretationen kommen kann.[723]

Weiterhin kamen teilnehmende Beobachtungen zum Einsatz.[724] Diese wurden im Rahmen der Datenerhebung für die Simulation durchgeführt, um die Prozesse sowie die systemseitige Integration der Auftragsabwicklung besser nachzuvollziehen und realitätsgetreu modellieren zu können. Dabei wurde den Menschen im System, hier Planern und Disponenten der beteiligten Unternehmen, über die Schulter geschaut und es wurden zum Teil reale Aufträge gemeinsam mit den Experten bearbeitet. Die Erkenntnisse wurden dokumentiert und in den Gruppendiskussionen validiert. Vorteil der teilnehmenden Beobachtung ist die realitätsnahe Erkundung von Situationen, Prozessen und Aktivitäten. Nachteil können auch hier verschiedene Verzerrungen sein. Beispielsweise können durch die aktive teilnehmende Rolle des Wissenschaftlers nur vorzeigbare Situationen, Prozessen und Aktivitäten selektiv ausgewählt werden und negativ Fälle außer Acht gelassen werden oder vice versa.[725]

Durch diesen Multi-Methoden-Ansatz der Datenerhebung konnten tiefgehende Erkenntnisse gewonnen werden. Falls es an bestimmten Stellen Unstimmigkeiten in den erhobenen

---

[718] Vgl. Albers et al. (2007), S. 51.
[719] Vgl. Göthlich (2003), S. 6.
[720] Vgl. Albers et al. (2007), S. 54 f.
[721] Vgl. Helm und Steiner (2008), S. 155 f.
[722] Vgl. Albers et al. (2007), S. 50 f. Dabei ist darauf zu achten, dass neben dem Input oder Stimuli des Wissenschaftlers, z. B. Präsentation von Zwischenergebnissen, ausreichend Zeit für die Diskussionen verbleibt. Der Wissenschaftler nimmt hierbei eine moderierende Rolle ein.
[723] Vgl. Lang (2017), S. 5 und 8.
[724] Nach Yin (2014) lassen sich direkte und teilnehmende Beobachtungen unterscheiden. Bei der direkten Observation hat der Forscher eine passive Rolle und beobachtet die realen Situationen, bei der teilnehmenden Beobachtung hat der Forscher eine aktive Rolle und beteiligt sich an den zu untersuchenden Situationen oder Aktivitäten (vgl. Yin (2014), S. 109 ff.)
[725] Vgl. Yin (2014), S. 102.

Daten gab, konnten diese durch die iterative Vorgehensweise und einander ergänzende Methoden stets aufgedeckt und behoben werden. Außerdem wurden die Methoden durch formellen und informellen Informationsaustausch auf verschiedenen Veranstaltungen (z. B. Konferenzen) sowie durch zahlreiche Telefonate und E-Mails ergänzt, um am Ende einen umfassenden Kenntnisstand zu erhalten. Wie die Methoden zur Datenerhebung im Einzelnen zum Einsatz gekommen sind, wird in den Kapiteln 5.1, 5.2 und 5.3 ausgeführt.

4.3   Deskriptive Datenanalyse

Die deskriptive Datenanalyse oder Statistik beinhaltet alle Verfahren, mit denen durch die beschreibende und zusammenfassende Darstellung von Daten einer Grundgesamtheit („population") Informationen generiert werden.[726] Das heißt, es können datenbezogene Aussagen getroffen werden; verallgemeinerbare Aussagen können daraus nur sehr eingeschränkt abgeleitet werden.[727] Die deskriptive Datenanalyse kommt vor allem in Kapitel 5.1 zum Einsatz. Zum Teil kommen allerdings auch einzelne Aspekte (z. B. Lage und Streuungsmaße sowie Häufigkeitsverteilungen) bei den anderen empirischen Untersuchungen (z. B. Simulation) zum Einsatz.

Als erster Schritt wird die Grundgesamtheit festgelegt und klar abgegrenzt, um eine valide Grundlage für die Auswertung der Untersuchungsergebnisse zu erhalten.[728] Darauf folgt die zufällige Auswahl einer Stichprobe ($n, n \in \mathbb{N}$) als Teilmenge der Grundgesamtheit. Die Zufälligkeit der Stichprobe, auch Randomisierung genannt, ermöglicht den Rückschluss von Gegebenheiten der Stichprobe auf die Gegebenheiten der Grundgesamtheit.[729] Gelingt es nicht, eine repräsentative Stichprobe auszuwählen, liegt ein „Stichproben Bias" vor, welcher im Verlauf der Untersuchung nur noch schwer zu korrigieren ist.[730] Um bestimmte statistische Auswertungen zu ermöglichen, müssen für jedes Merkmal ($x = x_i, \ldots, x_n$, $x_i \in \mathbb{R} \wedge i \in \mathbb{N}$) – auch (unabhängige) Variable oder Einflussgröße genannt – bestimmte Skalenniveaus festgelegt werden.[731] Danach bestimmt sich der Informationsgehalt der erfassten Merkmale.[732] Für jede Stichprobe eines Merkmals $x = x_i, \ldots, x_n$ werden entsprechend die Menge aller Ausprägungen ($A \coloneqq \{a_1, \ldots, a_m\}$, $m \in \mathbb{N}$) erfasst. Die eigentlich interessierende Größe, für die man diese statistische Modellbildung durchführt, nennt man abhängige Variable, Response oder Zielfunktion ($F_n(x)$).[733]

---

[726] Vgl. Cleff (2015), S.4 f.
[727] Um aus den Informationen der deskriptiven Statistik verallgemeinerbares Wissen zu generieren, müssen Analyseverfahren der induktiven (schließenden) Statistik, z. B. Hypothesentests, zum Einsatz kommen (vgl. Cleff (2015), S. 5).
[728] Vgl. Becker et al. (2016), S. 29.
[729] Vgl. Becker et al. (2016), S. 30.
[730] Vgl. Becker et al. (2016), S. 30.
[731] Vgl. Gutenschwager et al. (2017), S. 87 ff. Dies gilt sowohl für die Expertenerhebungen als auch für die Simulation. Es zeigt sich im späteren Verlauf, dass die Methoden der deskriptiven Statistik auch zur Datenanalyse der Simulationsexperimente zum Einsatz kommen.
[732] Unterschieden werden können Nominal-, Ordinal-, Intervalls- und Verhältnisskalen. Für die entsprechenden Definitionen und weitere Informationen sei an dieser Stelle auf Becker et al. (2016), S. 33 f. verwiesen.
[733] Vgl. Becker et al. (2016), S. 34.

4.3 Deskriptive Datenanalyse

Als Einstieg zur deskriptiven Datenanalyse werden zunächst keine Erhebungsdaten, sondern statistische Datensätze verwendet,[734] um den Lokalisationsquotienten (LQ) zu berechnen. Der LQ ist ein Maß, das Auskunft über die Bedeutung eines Sektors in einer Region gibt. Er kommt hauptsächlich in der Regionalforschung zur Messung räumlicher Spezialisierung oder Konzentration zum Einsatz.[735] Dies bedeutet, dass eine Konzentration in einer Region in der Regel im Verhältnis zur Konzentration in Deutschland insgesamt bestimmt wird. Ist der Wert LQ > 1,00, bedeutet dies eine überdurchschnittliche Konzentration der Branche in der Region und ein LQ < 1,00 entsprechend eine unterdurchschnittliche.[736] Formal wird der LQ wie folgt berechnet:

$$LQ = \frac{\text{Regionale Beschäftigtenzahl in der Branche}/\text{Gesamtbeschäftigtenzahl in der Region}}{\text{Gesamtdeutsche Beschäftigtenzahl in der Branche}/\text{Gesamtbeschäftigtenzahl Deutschland}}$$

Daran anschließend findet die deskriptive Datenanalyse der eigens erhobenen Daten aus den Expertenerhebungen statt. Dazu wurden sowohl Microsoft Excel 2010 als auch Minitab 17 verwendet.[737] In diesem Rahmen dienen, je nach Informationsgehalt, beispielsweise die Häufigkeitsverteilung einer Stichprobe (mithilfe von Kreis-, Stab-, Säulen-, Balkendiagrammen o. Ä.) oder Histogramme (der absoluten und relativen Klassenhäufigkeit) der grafischen Darstellung.[738] Außerdem können Lage-, wie das arithmetische Mittel, Modalwert (Modus) oder der empirische Median, sowie Streuungsmaße, wie die empirische Varianz oder die empirische Standardabweichung, errechnet werden.[739] Darüber hinaus können empirische Quartile bestimmt werden und man kann diese als Box-Whisker Plots dargestellt.[740] Zudem können anhand von Korrelationskoeffizienten, z. B. nach Pearson, die lineare Ausrichtung der Ausprägungen einer Stichprobe bestimmt werden.[741] Der gebräuchlichste Koeffizient ist das Bestimmtheitsmaß (R^2, $R^2 \in [0,1]$), auch Determinationskoeffizient („coefficient of determination") genannt, der zur Bestimmung der Anpassungsgüte der linearen Regression ermittelt wird.[742] Bei R^2=0 ist die Anpassungsgüte der Regressionsgeraden an die Beobachtungspunkte quasi nicht vorhanden, bei R^2=1 hingegen ist die Anpassungsgüte perfekt. Dadurch bietet das Bestimmtheitsmaß die Möglichkeit, einen bestimmten Varianzanteil der abhängigen Variablen durch die Varianz der unabhängigen Variablen zu erklären.[743] Dabei gilt: Je näher das Maß an eins ist, umso größer ist der Anteil der erklärten Varianz. Größter Kritikpunkt des Bestimmtheitsmaßes ist, dass es größer wird, je größer die Anzahl der unabhängigen Variablen gewählt ist, unabhängig davon, ob die zusätzlichen Variablen einen Beitrag zur Erklärungskraft liefern. Um diese

---

[734] Für weitere Konkretisierungen der verwendeten Datensätze und Auswertungen siehe Kapitel 5.1.
[735] Vgl. Kosfeld (2015), S. 2 f.
[736] Vgl. Kosfeld (2015), S. 4.
[737] Minitab ist in diesem Zusammenhang neben SAS und SPSS, eine häufig verwendete Statistiksoftware (vgl. hierzu u. a. Burgess (2001), S. 1; Robinson (2004), S. 190).
[738] Vgl. Gutenschwager et al. (2017), S. 91 ff. Für weitere Informationen sowie die mathematischen Herleitungen siehe Becker et al. (2016), S. 34 ff.
[739] Vgl. Gutenschwager et al. (2017), S. 93 ff. Becker et al. (2016), S. 54 ff.
[740] Dies ist zum Teil jedoch eher bei den explorativen Methoden aufgeführt (vgl. Becker et al. (2016), S. 62).
[741] Vgl. Becker et al. (2016), S. 78 ff.
[742] Vgl. Cleff (2015), S. 144.
[743] Vgl. Cleff (2015), S. 144.

Manipulation zu vermeiden, wird häufig noch das korrigierte Bestimmtheitsmaß (R^2 korr), auch adjustiertes, bereinigtes oder angepasstes Bestimmtheitsmaß genannt, angegeben. Dieses berücksichtigt, dass jede weitere hinzukommende Variable mit einem Verlust eines Freiheitsgrads verbunden ist. Des Weiteren kann über den Standardfehler bzw. die Fehlerindikation ein Konfidenzintervall (KI), auch Bereichsschätzer oder Vertrauensintervall genannt, ausgewiesen werden.[744] Das KI erlaubt Aussagen darüber, wie viele der Werte im errechneten Intervall enthalten sind.[745] Gängig und dementsprechend auch in den späteren Analysen verwendet, ist eine Festlegung des KI auf 95 %.[746]

Zudem kann die Signifikanz beispielsweise von Mittelwertdifferenzen über Varianzanalysen („analysis of variance", ANOVA) durchgeführt werden. Dabei stellt die Varianzanalyse in ihrer einfachsten Form eine Alternative zum t-Test dar, der für Vergleiche zwischen mehr als zwei Gruppen bzw. Einflussgrößen geeignet ist. Je nachdem, ob eine oder mehrere Einflussgrößen vorliegen, unterscheidet man zwischen einfacher (einfaktorieller) und mehrfacher (mehrfaktorieller) Varianzanalyse. Die Verfahren untersuchen, ob sich die Erwartungswerte der metrischen Zufallsvariablen in verschiedenen Gruppen unterscheiden. Dabei wird getestet, ob die Varianz zwischen den Gruppen größer ist als die Varianz innerhalb der Gruppen. Beispielsweise kann auf diese Weise ermittelt werden, ob sich Gruppen statistisch signifikant unterscheiden oder nicht. Wenn sie sich signifikant unterscheiden, kann angenommen werden, dass in den Gruppen unterschiedliche Gesetzmäßigkeiten wirken. Zur Durchführung einer ANOVA müssen folgende Voraussetzungen getestet werden:

1. Die Stichproben müssen unabhängig voneinander erhoben worden sein.
2. Die i-te Stichprobe (i=1, ..., I) folgt einer Normal-Verteilung mit $N(\mu_i, \sigma^2)$.
3. Die Varianz ist in allen Stichproben gleich (Varianzhomogenität).

Um eine Aussage über die statistische Signifikanz treffen zu können, wird der p-Wert herangezogen. Der p-Wert ist ein Wahrscheinlichkeitsmaß, der als Indikator zur Annahme oder Ablehnung der Nullhypothese genutzt werden kann. Geringere Wahrscheinlichkeiten liefern stärkere Anzeichen dafür, dass die Nullhypothese nicht zutrifft und somit abgelehnt werden kann.[747] Allgemein wird die Nullhypothese dahingehend definiert, dass die Mittelwerte der Grundgesamtheit gleich sind ($H_0: \mu_1 = \mu_2$). Die Alternativhypothese hingegen besagt, dass die Mittelwerte der Grundgesamtheit ungleich sind ($H_1: \mu_1 \neq \mu_2$). Wenn der p-Wert kleiner oder gleich dem Signifikanzniveau α (hier wird später der gängige Wert von 0,05 gewählt) ist, kann die Nullhypothese abgelehnt werden. Das bedeutet, die Differenzen zwischen den Mittelwerten sind statistisch signifikant. Wenn der p-Wert hingegen größer als das Signifikanzniveau ist, liegen keine ausreichenden Anzeichen zum Zurückweisen der Nullhypothese vor, die besagt, dass alle Mittelwerte der Grundgesamtheit gleich sind. Das

---

[744] Vgl. Gutenschwager et al. (2017), S. 113 ff.
[745] Vgl. Krcmar et al. (2018), S. 309.
[746] In der Literatur werden Konfidenzintervalle meist auf 95 % oder 99 % festgelegt. Das heißt beispielsweise, es besteht eine Überdeckungswahrscheinlichkeit von 95 %, dass die erhobenen Werte in dem errechneten Intervall liegen (vgl. Becker et al. (2016), S. 122 ff.).
[747] Vgl. Minitab (2017b), S. 4.

bedeutet dann wiederum, die Differenzen zwischen den Mittelwerten sind statistisch nicht signifikant.

4.4 Simulationsbasierte Datenanalyse

Logistik- und Supply-Chain-Prozesse oder -Systeme eignen sich besonders zur Analyse durch Simulationen aufgrund der Vernetzung sowie der komplexen und stochastischen Verknüpfungen zwischen den Komponenten einzelner Prozesse oder ganzer Systeme.[748] Dies verdeutlicht bereits den Vorteil gegenüber mathematischen Optimierungen, die über ihre Zielfunktionen sehr stark an die statischen Systemregeln und Restriktionen geknüpft sind.[749] Die Simulation stellt zwar per Definition auch ein mathematisches Modell dar, das computerbasiert analysiert wird.[750] Allerdings ermöglicht die Simulation die Generierung zeitabhängiger Daten sowie die adäquate Abbildung eines für die Untersuchung notwendigen DetaillierungsGrads und eignet sich somit im Besonderen als Forschungsansatz, um komplexe Prozesse oder Systeme zu verstehen und zu untersuchen.[751] Kuhn und Wenzel (2008) bezeichnen die Auftragsabwicklung – vor allem auf der operativen Ebene – als ein zentrales Anwendungsfeld der Simulation im Lebenszyklus logistischer Systeme.[752] Die Simulation erlaubt es, den dynamischen und stochastischen Charakter der Auftragsabwicklungsprozesse sowie deren Abhängigkeiten zu berücksichtigen.[753] Zusätzlich kann mithilfe einer solchen Mikrosimulation der Einfluss verschiedener Prozessdesigns (z. B. Zeitpunkte der Auftragsfreigabe) und somit die Prozesseffizienz quantifiziert werden.[754] Demnach liegt der qualitative Mehrwert in dem erzielten Systemverständnis und der dadurch besseren Begründbarkeit sowie Überprüfbarkeit gewählter oder zu wählender Lösungsoptionen sowie in der erreichten Lösungsverbesserung.[755] Diese können beispielsweise über die Variation bestimmter Parameter oder durch die Vereinfachung oder Abstraktion bestimmter Systemstrukturen erreicht werden. Auch quantitative Nutzenaspekte werden durch die Simulation erzielt. Diese finden sich in der Schaffung quantifizierbarer Ergebnisse für betrachtete Lösungsvarianten oder -szenarien als objektive Argumentations- und Entscheidungsunterstützung wieder.[756]

Nach der VDI-Richtlinie 3633 wird Simulation definiert als „ein Verfahren zur Nachbildung eines Systems mit seinen dynamischen Prozessen in einem experimentierbaren

---

[748] Siehe hierzu u. a. Geiger, van Bonn und Miodrag (2013), S. 320; Baudach et al. (2013), S. 329 und 339 f.; Tako und Robinson (2012), S. 802 ff.; Kuhn und Wenzel (2008), S. 73 ff.
[749] Vgl. Baudach et al. (2013), S. 341.
[750] Vgl. Law (2013), S. 5.
[751] Vgl. Manuj, Mentzer und Bowers (2009), S. 173.
[752] Vgl. Kuhn und Wenzel (2008), S. 75.
[753] Vgl. Holmgren et al. (2012), S. 5 f.
[754] Im Gegensatz zur Makrosimulation bei dem Gesamtsysteme und deren Auswirkungen analysiert werden, betrachtet man in der Mikrosimulation beispielsweise zumeist nur Ausschnitte einer Transportkette (vgl. Holmgren et al. (2012), S. 2) oder konkrete Anwendungsbeispiele im Unternehmenskontext (vgl. Baudach et al. (2013), S. 386).
[755] Vgl. Kuhn und Wenzel (2008), S. 76.
[756] Vgl. Kuhn und Wenzel (2008), S. 76.

Modell, um zu Erkenntnissen zu gelangen, die auf die Wirklichkeit übertragbar sind."[757] Generell handelt es sich demnach bei einem Modell um ein (vereinfachtes) Abbild eines realen Systems oder Problems.[758] Dabei sollte die Zielsetzung verfolgt werden, dass ein Modell das reale System, unter Berücksichtigung der Forschungsfrage und des Einsatzzwecks, so genau wie nötig und so abstrakt wie möglich darstellt.[759] Eine Unterteilung kann nach diversen Kriterien erfolgen: Einsatzzweck des Modells (u. a. Beschreibungs-, Prognose- oder Entscheidungsmodell), Eigenschaften zum Messniveau (qualitativ vs. quantitativ), Darstellungsform (formal vs. graphisch), Informationssicherheit (deterministisch vs. stochastisch), Zeitbezug (statisch vs. dynamisch) oder Umfang (Total- vs. Partialmodell).[760] Die Anwendung der Methode der Simulation wird als Simulationsstudie bezeichnet.[761] In einer Simulationsstudie werden Simulationsläufe durchgeführt, wobei ein Simulationslauf die Ausführung des Modells mit einer bestimmten Parameterkonfiguration über einen konkreten Zeitraum, auch Modell- bzw. Simulationszeit genannt, bezeichnet.[762] Dabei werden unterschiedliche Zustands- und Ergebnisgrößen erfasst und gespeichert, damit sie im Anschluss (statistisch) ausgewertet werden können.[763] Sobald stochastische Werte bzw. Zufallszahlen und Verteilungen als Input-Daten verwendet werden, ist ein einzelner Simulationslauf niemals repräsentativ für das zu simulierende System bzw. die Ergebnisgröße.[764] Eine Wiederholung des Simulationslaufs mit gleichen Parametern aber veränderten Zufallszahlen wird Replikation genannt.[765] Die Durchführung mehrerer Simulationsläufe mit der gezielten und systematischen Variation der Parameterwerte zur Untersuchung des Modellverhaltens wird als Simulationsexperiment bezeichnet.[766]

Im Allgemeinen können drei Simulationsarten unterschieden werden: die systemdynamische, die ereignisdiskrete und die agentenbasierte Simulation. Während es die systemdynamische und die ereignisdiskrete Simulation in Ansätzen bereits seit rund 60 Jahren gibt, hat sich die agentenbasierte Simulation erst in den letzten Jahren in Forschung und Praxis

---

[757] VDI (2018), S. 1. Der Verein Deutscher Ingenieure (VDI) gibt einen Überblick über die wichtigsten Begriffe im Bereich Simulationstechnik von Logistik-, Materialfluss- und Produktionssystemen.
[758] Dabei können isomorphe und homomorphe Modelle unterschieden werden. Die isomorphen Modelle werden auch als strukturgleiche Modelle bezeichnet. Charakteristisch ist hierbei, dass im Modell für jedes Element und jede Beziehung zwischen Elementen des Urbilds, also des realen Systems, auch ein Element oder eine Beziehung im Modell besteht. Dem gegenüber stehen die homomorphen oder strukturähnlichen Modelle. Diese Form von Modellen zeichnen sich durch Abstraktionen und Vereinfachungen des realen Systems auS. Es wird nicht jedes Element und jede Beziehung abgebildet, sondern es kommt zu einer Vernachlässigung von weniger wichtigen Elementen und Beziehungen. Dabei ist darauf zu achten, dass die Grundstruktur des realen Systems erhalten bleibt, sodass sich das Entscheidungsproblem weiterhin sinnvoll mit dem Modell untersuchen lässt (vgl. Klein und Scholl (2012), S. 32).
[759] Vgl. Noche und Scholtissek (1993), S. 2
[760] Vgl. Noche und Scholtissek (1993), S. 33.
[761] Vgl. Franzke (2018), S. 101.
[762] Vgl. VDI (2018), S. 4.
[763] Vgl. VDI (2018), S. 4.
[764] Vgl. Franzke (2018), S. 102.
[765] Vgl. Rabe, Spiekermann und Wenzel (2008), S. 12.
[766] Vgl. Rabe, Spiekermann und Wenzel (2008), S. 13; VDI (2018), S. 3 f.

4.4 Simulationsbasierte Datenanalyse

etabliert.[767] Bei der systemdynamischen Simulation, entwickelt von Forrester Mitte der 1950er Jahre, werden Differenzialgleichungen hinterlegt, die ein kontinuierliches Verhalten des Modells voraussetzen.[768] Das System ändert sich im Zeitverlauf und durch sogenannte Feedbackschleifen verändern sich die Werte einzelner Variablen.[769] Das heißt, die einzelnen Bestandteile werden auf einem hohen Aggregationslevel, meist für die strategische Analyse, implementiert, ohne eigenständige dynamische Verhaltensweisen.[770] Dies deutet darauf hin, dass der systemdynamische Ansatz für die operative Prozessbetrachtung der arbeitsteiligen Auftragsabwicklung in der Transportkette nicht geeignet ist. Anders ist dies bei den beiden anderen Ansätzen. Diese können sowohl getrennt als auch zusammen in einer Simulation modelliert werden, um sich in bestimmten Aspekten zu ergänzen, die nun kurz vorgestellt werden sollen.

Bei der ereignisdiskreten Simulation werden verschiedene Einheiten (Entitäten) und Ressourcen als Ablaufdiagramm von einer Quelle bis zu einer Senke modelliert.[771] Die Zustände des Systems und die Werte der implementierten Variablen werden dabei stets zu bestimmten Ereignissen verändert, z. B. Ankunft einer Ressource an einer Warteschleife.[772] Bei diesem Ansatz müssen Prozesse und das Systemverhalten im Vorfeld bekannt sein, um entsprechend dem realen Abbild implementiert zu werden. Demnach eignet sich dieser Ansatz besonders für die detaillierte Sequenzierung von Entitäten und wird z. B. bei der Prozessmodellierung genutzt.[773] Allerdings sind bei der Implementierung des Systemverhaltens Grenzen gesetzt, da dieses häufig im Vorfeld nicht umfassend bekannt, sondern im Gegenteil Gegenstand der Analyse ist. Außerdem können dynamische Verhaltensmuster einzelner Einheiten weder in der systemdynamischen noch in einer ereignisdiskreten Simulation zufriedenstellend abgebildet werden.[774] Hierzu bietet sich die agentenbasierte Simulation an, welche zum Teil auch als Weiterentwicklung der ereignisdiskreten Simulation betrachtet wird.[775] Agenten können dabei als autonome Einheiten definiert werden, die mit ihrer Umgebung interagieren, wobei die Umgebung auch aus anderen Agenten bestehen kann.[776] Im Vorfeld ist das Systemverhalten demnach nicht vollumfänglich bekannt, sondern abhängig von der Interaktion der autonomen und der heterogenen Agenten im System. Dies wird auch „bottom-up"-Ansatz genannt.[777] Hierbei kann das Verhalten eines Systems untersucht werden, was durch das Zusammenspiel einzelner Einheiten – das emergente

---

[767] Vgl. Borshchev (2013), S. 5.
[768] Vgl. Law (2013), S. 693.
[769] Vgl. Borshchev und Filippov (2004), S. 3 f.
[770] Vgl. Tako und Robinson (2012), S. 805. Ein prominentes Beispiel ist das in Kapitel 3.4 erwähnte „Bass Diffusion Model", welches in seiner ursprünglichen Form häufig als system-dynamische Simulation angelegt wurde, die Weiterentwicklung hingegen werden meist als agentenbasierte Simulation modelliert, um einen zusätzlichen Erkenntnisgewinn zu generieren (vgl. hierzu auch Borshchev und Filippov (2004), S. 4 f.).
[771] Vgl. Law (2013), S. 6 ff.
[772] Vgl. Law (2013), S. 693.
[773] Vgl. Owen et al. (2010), S. 231 f.
[774] Vgl. di Febbraro, Sacco und Saeednia (2016), S. 72.
[775] Vgl. Law (2013), S. 693 ff.
[776] Vgl. di Febbraro, Sacco und Saeednia (2016), S. 73.
[777] Vgl. Macal und North (2010), S. 157; Klügl (2006), S. 414.

Phänomen – entsteht.[778] Agenten können bei diesem Ansatz im Zeitverlauf dazulernen und ihr Verhalten entsprechend vorgegebener Regeln anpassen. Dies entsteht, ähnlich wie beim ereignisdiskreten Ansatz, zu bestimmten Zeitpunkten oder Ereignissen. Grundlegender Unterschied ist dabei allerdings die Interaktion mit anderen Agenten und der Umgebung.[779] Damit entspricht diese Art der Modellierung genau den Anforderungen für den späteren Einsatz im Anwendungsfall. Hierbei werden autonom handelnde Agenten, die in einem bestimmten System interagieren und ihren Zustand zu bestimmten Zeiten verändern sowie situations-spezifisch reagieren und ihr Verhalten entsprechend anpassen können, eingesetzt. Die einzelnen Prozesse, in denen sich die Agenten bewegen, werden entsprechend mit dem ereignisdiskreten Ansatz ergänzt. Demnach wird ein Multi-Methoden-Ansatz verwendet.

Für die Entwicklung eines Simulationsmodells werden in der Literatur verschiedene Vorgehensweisen vorgeschlagen.[780] Ziel dieser Vorgehensweisen ist es, die Reproduzierbarkeit und Transparenz der Ergebnisse zu erhöhen. Die wichtigsten Schritte werden im Folgenden kurz vorgestellt und kommen in Kapitel 5.2 zum Einsatz. Die Vorgehensweisen starten im ersten Schritt mit der Problemformulierung bzw. Abgrenzung des Untersuchungsgegenstands. In der Vorgehensweise nach Manuj, Mentzer und Bowers (2009) wird zudem die Bestimmung der abhängigen und der unabhängigen Variablen herausgestellt.[781] Bei der Datenerhebung müssen die Anforderungen klar abgegrenzt und definiert werden, beispielsweise die Frage, woher die relevanten Input-Daten bezogen werden.[782] Parallel dazu startet die Entwicklung eines konzeptionellen Modells. Hierbei werden in Abhängigkeit vom Aggregationslevel bestimmte Annahmen getroffen und Eigenschaften des Modells festgelegt. Wenn Prozesse im Rahmen der Simulation zum Einsatz kommen, werden an dieser Stelle häufig gängige Prozesssprachen (z. B. „Unified Modeling Language", UML)[783] verwendet, um das konzeptionelle Modell zu visualisieren. Um das konzeptionelle Modell zu validieren, müssen bereits in diesem frühen Stadium Experten einbezogen werden, um einzelne Annahmen und Eigenschaften mittels eines strukturierten Durchgehens („structured walkthrough") einer Plausibilitäts- und Eignungsprüfung zu unterziehen.[784] Die Entwicklung des computerbasierten Models schließt sich direkt daran an und es wird eine ähnliche Vorgehensweise wie zur Entwicklung des konzeptionellen Modells vorgeschlagen. Auch hierzu gibt es diverse geeignete Software und Programmiersprachen. Im Anwendungsfall kam AnyLogic 7.2, das auf einer Java-basierten Programmiersprache

---

[778] Vgl. Bonabeau (2002), S. 7280.
[779] Vgl. Law (2013), S. 694.
[780] Siehe u. a. VDI (2018), S. 1 ff.; Law (2013), S. 246 ff.; Manuj, Mentzer und Bowers (2009), S. 175 ff.
[781] Vgl. Manuj, Mentzer und Bowers (2009), S. 176.
[782] Vgl. Law (2013), S. 68.
[783] Eine andere gängige Prozesssprache ist das „Business Process Modeling Notation" (BPMN), was häufig in Unternehmen eingesetzt wird, meist unabhängig von einer Simulationsstudie (vgl. Pontow (2017), S. 111 f.). In Kombination mit einer Simulation werden Prozesse meist mit UML modelliert (vgl. Roorda et al. (2010), S. 21; Robinson (2004), S. 71), daher wird auch später zur Verdeutlichung der Auftragsabwicklungsprozesse UML gewählt.
[784] Vgl. Manuj, Mentzer und Bowers (2009), S. 183.

4.4 Simulationsbasierte Datenanalyse

aufbaut, zum Einsatz.[785] Der enge und iterative Austausch zwischen Forschern, Entwicklern und Experten ist hierbei unerlässlich, um zu verifizieren, dass das Modell die Realität in seinen Zusammenhängen und Wirkungsweisen wahrheitsgetreu abbildet. Verifikation und Validierung nehmen dabei eine stetige, entwicklungsbegleitende Rolle ein.[786] Aufgrund der hohen Relevanz sind die verschiedenen Verifikations- und Validierungselemente, die im Rahmen der Simulationsstudie durchgeführt werden, in Abbildung 28 aufgezeigt.

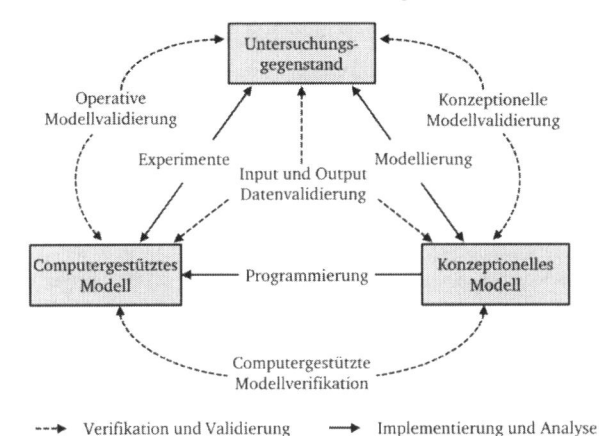

Abbildung 28: Verifikation und Validierung im Entwicklungsprozess einer Simulation (in Anlehnung an Sargent (2013), S. 14).

Sobald ein valides computergestütztes Modell vorliegt, können die eigentliche Durchführung der Simulation vorbereitet und die Simulationsexperimente entwickelt werden.[787] Häufig werden hierzu verschiedenen Szenarien definiert, wie z. B. „best case" und „worst case" Szenarien, die jeweils durch unterschiedliche Parameterausprägungen charakterisiert werden. Außerdem müssen die Anzahl der notwendigen Replikationen sowie die Durchlauf- („run length") und die Anlaufzeit („warm-up period") des Modells bestimmt werden. In der Literatur gibt es keine einhellige Meinung darüber, wie viele Replikationen durchgeführt werden sollen. Die Anzahl der Replikationen kann je nach Anwendungsfall zwischen 10 und 1.000 liegen, um aussagekräftige Ergebnisse zu generieren.[788] Dies hängt sehr stark

---

[785] Der Grund, warum AnyLogic und nicht Plant Simulation, Simio, Matlab, o. ä. Simulationssoftware gewählt wurde, begründet sich in der Kombination von ereignisdiskreten und agentenbasierten Modellierung, was bei den meisten anderen Softwareangeboten nicht möglich ist (siehe hierzu u. a. Borshchev (2013), S. 63 ff.; Law (2013), S. 698; Macal und North (2010), S. 159; Siebers et al. (2010), S. 209). Auch die systemdynamische Modellierung wird von der Simulationssoftware angeboten, welche hier allerdings nicht weiter vertieft werden soll (siehe hierzu Borshchev (2013)). Außerdem wird die Software häufig in der Forschung zur Analyse von logistischen Problemstellungen verwendet (siehe hierzu auch Baindur und Viegas (2011); Pires et al. (2018).

[786] Auch hierzu gibt es in der Literatur verschiedenste Vorgehensweise und verdeutlichen die hoher Relevanz der Verifikation und Validierung in Simulationsstudien (siehe hierzu u. a. Sargent (2013); Rabe, Spiekermann und Wenzel (2008); Klügl (2008)).

[787] Vgl. Law (2013), S. 630 ff.; Manuj, Mentzer und Bowers (2009), S. 186.

[788] Vgl. Deckert und Klein (2014), S. 42.

von der Art der Simulation, dem Grad der stochastischen Einflüsse und der Unsicherheiten ab. Der letzte Schritt einer Simulationsstudie ist die Auswertung, Analyse und Dokumentation der Simulationsergebnisse. Hierzu können deskriptive Analysemethoden wie die ANOVA genutzt werden.[789]

4.5 Explorative Datenanalyse

Die explorative Datenanalyse ist eine erklärende Untersuchung und enthält meistens eine systematische Inhaltsanalyse, wofür in der Literatur unterschiedliche Vorgehensweisen beschrieben werden. Eine davon ist der Grounded-Theory-Ansatz entwickelt von Glaser und Strauss (1967) als qualitative Methode, die geeignet ist, ein relativ unerforschtes Gebiet zu ergründen und induktiv basierend auf den erhobenen Daten theoretisch weiterzuentwickeln.[790] Diese Definition zeigt bereits, dass der Ursprung dieser Methode einen induktiven (theoriegenerierenden) Ansatz zum Aufbau und Entwicklung von Theorie darstellt. In den vergangenen Jahren hat sich die Grounded Theory auch verstärkt zur Weiterentwicklung von Theorien etabliert, insbesondere in der IS-Forschung, und kann somit auch deduktive (theoriebestätigende) Aspekte beinhalten.[791] Der in der vorliegenden Arbeit verwendete Ansatz greift vor allem auf die systematischen Entwicklungselemente zurück und orientiert sich an den Definitionen und Vorgaben nach Wiesche, Yetton und Krcmar (2017). Das Ziel ist dabei keine rein induktive, neue Entwicklung von Theorie, sondern zum einen ein theorieüberprüfender (z. B. indem bestehende Faktoren aus der Literatur identifiziert werden) und zum anderen ein explorativ theorie-weiterentwickelnder (z. B. neue Faktoren ergänzen, um damit bestehende Theorien sinnvoll zu erweitern) Ansatz. Gemäß Sarker et al. (2018) ist der Grounded-Theory-Ansatz zudem sehr stark an die erhobenen Daten geknüpft. Datenzentrierte Ansätze betrachten erhobene Daten als Quelle (mit feststehender Bedeutung), aus denen das Wissen und Erkenntnisse durch die Verwendung systematischer Codierungsstrategien herausgearbeitet werden.[792] Interpretationszentrierte Ansätze setzen im Gegensatz dazu auf Texte ohne feststehende Bedeutung, Berücksichtigung von Emotionen, etc. und erlauben somit durch die relativ freie und kreativ gestaltbare Vorgehensweise eine große Spannweite der erarbeiteten Erkenntnisse.[793] Überschneidungen des Grounded-Theory-Ansatzes finden sich somit vor allem mit explorativen oder positivistischen Fallstudien. Wall, Stahl und Salam (2015) stellen die vorrangige Durchführung von positivistischen Fallstudien übersichtlich heraus und kritisieren die undifferenzierte Forschung und geringe Verwendung von Multi-Methoden-Ansätzen.[794] Eine Übersicht über die einzelnen explorativen Methoden sowie deren Einordnung und Ausgestaltung ist in Abbildung 29 zusammengefasst. Der für die vorliegende Arbeit gewählte Ansatz ist in weißer Schrift dargestellt.

---

[789] Für weitere Informationen siehe Kapitel 4.3.
[790] Vgl. Glaser und Strauss (2017), S. 1; Corbin und Strauss (2015), S. 6; Böhm (2004), S. 270.
[791] Vgl. Wiesche, Yetton und Krcmar (2017), S. 686 f.
[792] Vgl. Sarker et al. (2018), S. 761.
[793] Vgl. Sarker et al. (2018), S. 761.
[794] Hierzu wurden hauptsächlich Quellen aus der IS Forschung analysiert (vgl. Wall, Stahl und Salam (2015), S. 270).

4.5 Explorative Datenanalyse

Aufdecken der Wahrheit und Absichten von Texten
- Durchdringung von Text, kreative Interpretationen
- Abgleich der Übereinstimmung mit anderen Texten
- Kohärenz, hermeneutischer Zirkel
- Prinzip der wohlwollenden Interpretation

Theorieüberprüfung
- Überprüfung der Validität und Reliabilität bestehender Theorien und Ansätze
- Zunehmende Freiheitsgrade

Deduktiv

Positivistische Fallstudie

Hermeneutik

Interpretationszentriert — Grounded Theory — Datenzentriert

Interpretative Fallstudie

Explorative Fallstudie

Elaboration
- Ethnografie als Prozess der Datenerhebung
- Kontextualisierung, emotionale Ansprache, intensive Interaktion
- Aufklärung und Ausarbeitung eines theoretischen Gerüsts

Induktiv

Entdeckung
- Umfangreiche Beschreibung, Bekenntnisse, Authentizität, Verständlichkeit
- Abgleich der polyphonen Erzählung, Zugehörigkeitsüberprüfung

Aufbau und (Weiter-) Entwicklung von Theorien
- Zuverlässigkeit der Datenerhebung
- Systematische Codierung und Stichprobenverfahren
- Theoretische Verdichtung

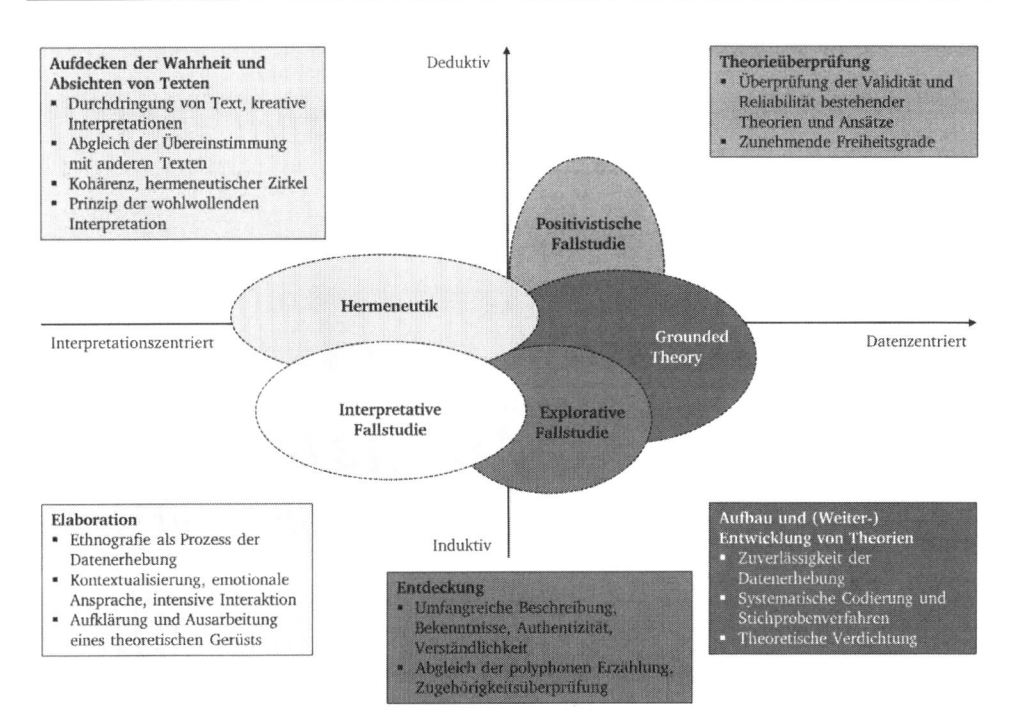

Abbildung 29: Übersicht der qualitativen Forschungsmethoden zur explorativen Datenanalyse (eigene Darstellung; in Anlehnung an Sarker et al. (2018), S. 762 und 764).

Nach Lawrence und Tar (2013) ist der gewählte Ansatz besonders geeignet, um Faktoren hinsichtlich der IS-Diffusion sowie deren Auswirkungen auf Netzwerkeffekte zu erforschen.[795] Daher eignet sich dieser methodische Ansatz gut, um die dritte Forschungsfrage sowie die drei dazugehörigen Propositionen zu untersuchen. Die Daten werden in erster Linie in weitestgehend offenen persönlich geführten („face-to-face") Interviews erhoben. Vor allem offene Fragen eignen sich für diese Art der explorativen Forschung, da sie eine umfangreiche Diskussion über verschiedene Gegebenheiten ermöglicht.[796] Um eine valide Entwicklung aus einem Anwendungsfall zu ermöglichen, auch Konvergenz der Evidenz genannt,[797] wurden zusätzlich zu den Daten aus der Expertenerhebung ergänzende Dokumente in der Analyse berücksichtigt. Diese Dokumente, meist faktenbasierte Auswertungen aus unternehmensinternen oder plattformbezogenen Berichten, enthalten allerdings keinen großen Interpretationsspielraum und passen somit auch in die datenzentrierte Fokussierung der Datenanalyse. Die Auswertung der Daten erfolgt kontinuierlich und parallel zur Daten-

---

[795] Vgl. Lawrence und Tar (2013), S. 31. Auch Dedrick und West (2003) oder Bazarhanova, Yli-huumo und Smolander (2018) stimmen dem zu und verfolgen einen ähnlichen Ansatz.
[796] Vgl. Yin (2014), S. 90.
[797] Vgl. Yin (2014), S. 100.

erhebung („constant comparison").[798] In diesem fallspezifischen und iterativen Prozess wird die Datenerhebung ständig an die zuvor gewonnenen Erkenntnisse angepasst (Wechselbeziehung zwischen Datenerhebung und -analyse), bis die Forscher eine Sättigung erreichen und keine weiteren Erkenntnisse erwarten.[799] Als Abbruchkriterium wurde definiert, das keine weiteren Interviews durchgeführt werden, sobald keine zusätzlichen Erkenntnisse, in diesem Fall Codes, bei der Auswertung der Transkripte entwickelt werden müssen. Das heißt, alle Aussagen im Transkript können der zuvor entwickelten Codierung zugeordnet werden.[800]

Die explorative Datenanalyse wurde mit der Software MAXQDA 18.1 durchgeführt, die für diese Art der qualitativen Inhaltsanalysen weit verbreitet ist.[801] Hierbei wurde entsprechend dem Ansatz der Grouded Theory ein systematisches Codierungsverfahren verwendet. Die gängigsten und somit auch in der Auswertung verwendeten sind die folgenden drei Arten der Codierung: die offene („open coding"), die axiale („axial coding") und die selektive („selective coding") Codierung.[802] Im Detail finden sich auch in der Literatur konkrete Codier-Leitfäden und Anleitungen, welche anhand von Beispielen einzelne Codier-Regeln erläutern.[803] Die offene Codierung stellt dabei meist den ersten Schritt dar, mit dem Ziel, Codes direkt aus den Textabschnitten der Transkripte („line-by-line") zu entwickeln.[804] Die axiale Codierung verbindet die Codes zu Faktoren („coding for context"), auch Einflussgrößen, Dimensionen einer Kategorie oder Subkategorie genannt, welche die Eigenschaften einer übergeordneten Kategorie widerspiegeln.[805] Diese übergeordneten Kategorien oder Themen werden dann in der selektiven Codierung auf einem höheren Abstraktionslevel entwickelt.[806] Die Codierungen finden dabei nicht nacheinander, sondern parallel zur Datenerhebung statt und eine kontinuierliche, deduktive Validierung ist von hoher Relevanz.[807] Hierzu können beispielsweise Abschnitte im Transkript parallel von zwei Forschern codiert werden, um die Reliabilität (Zuverlässigkeit) zu bestimmen. Diese sogenannte Interrater-Reliabilität wird mit Cohens Kappa[808] berechnet und ist ein etabliertes statistisches Maß, welches den gemessenen Wert der Übereinstimmung der beiden Codierer und

---

[798] Vgl. Corbin und Strauss (2015), S. 7 f.; Charmez (2006), S. 54.
[799] Vgl. Corbin und Strauss (2015), S. 134; Eisenhardt (1989), S. 533.
[800] Vgl. Eisenhardt (1989), S. 545.
[801] Für eine Übersicht der in der Forschung häufig eingesetzten Werkzeuge siehe auch Kuckartz (2014), S. 137 und Mayring (2014), S. 117.
[802] Vgl. Wiesche, Yetton und Krcmar (2017), S. 688; Beattie, Fearnley und Brandt (2004), S. 6 f.; Böhm (2004), S. 270 f.; Charmez (2006), S. 42 ff.; Batra, Xia und Zhang (2017), S. 20. Eine weitere Art der Codierung ist die theoretische Codierung („theoretical coding") (vgl. Wiesche, Yetton und Krcmar (2017), S. 688). Das Ziel ist hierbei allerdings sehr konkret auf die Entwicklung neuer Theorien fokussiert und wird daher im Folgenden vernachlässigt.
[803] Vgl. hierzu u. a. Hammann und Jördens (2014), S. 176.
[804] Vgl. Wiesche, Yetton und Krcmar (2017), S. 688.
[805] Vgl. Corbin und Strauss (2015), S. 344; Charmez (2006), S. 60.
[806] Vgl. Wiesche, Yetton und Krcmar (2017), S. 688
[807] Vgl. Wiesche, Yetton und Krcmar (2017), S. 688; Böhm (2004), S. 272.
[808] Benannt nach Cohen (1960). Für weitere Informationen und eine detaillierte Aufschlüsselung, wie sich die einzelnen Operanden berechnen siehe Hammann, Jördens und Schecker (2014), S. 1 ff.

4.5 Explorative Datenanalyse

die zufällig erwartete Übereinstimmung berücksichtigt.[809] Bei einem Cohens Kappa (k) von eins stimmen demnach die Codierer in allen Fällen überein. Auch wenn in der Literatur unterschiedliche Grenzwerte diskutiert werden, so wird einem Cohens Kappa über 0,7 eine gute bis ausgezeichnete Interrater-Reliabilität zugesprochen.[810]

$$\kappa = \frac{\rho_0 - \rho_e}{1 - \rho_e}$$

ρ_0 = Anteil tatsächlich beobachteter Übereinstimmungen

ρ_e = Anteil zufälliger Übereinstimmungen

Ferner sollten Gütekriterien zur Validierung der inhaltlichen Erkenntnisse definiert werden. In der qualitativen Forschung werden dabei die klassischen Gütekriterien Objektivität (Unabhängigkeit), Reliabilität (Zuverlässigkeit) und Validität (Gültigkeit) kritisiert, da die Ergebnisse oft stark kontextbezogen und situationsabhängig und damit häufig schwierig reproduzierbar sind.[811] Um dieser Kritik gerecht zu werden, hat Mayring (2002) erweiterte Gütekriterien zur intensiven Überprüfung der explorativen Datenanalyse entwickelt, die in Tabelle 6 eingeführt werden und in Kapitel 5.3.3 angewendet werden.[812]

Tabelle 6: Einführung der erweiterten Gütekriterien für die explorative Datenanalyse nach (in Anlehnung an Mayring (2002), S. 145 ff.).

Gütekriterium	Beschreibung
Verfahrensdokumentation	Lückenlose Erfassung der Durchführung und Analyse zur Verbesserung der Nachvollziehbarkeit der eingesetzten Methode
Argumentative Interpretationsabsicherung	Fundierte Interpretationen und Begründungen wählen und aufzeigen zur Verbesserung der Nachvollziehbarkeit der Erkenntnisse
Regelgeleitetheit	Anwendung einer strukturierten Vorgehensweise zur systematischen Erfassung und Auswertung der Gegebenheiten
Nähe zum Untersuchungsgegenstand	Vertrauen zum Interviewpartner aufbauen und über den Untersuchungszeitraum bewahren
Kommunikative Validierung	Gültigkeit der Ergebnisse durch gemeinsames Durchgehen mit Befragten sicherstellen, darüber hinaus Vorstellung der Ergebnisse einem breiteren Auditorium, z. B. Vorträge auf Konferenzen und themenbezogene Workshops, Begutachtungsprozess von Konferenz- und Fachzeitschriftenbeiträgen
Triangulation	Perspektivwechsel durch Trennung der Datenbasis oder doppelte Datenanalyse durch mehrere Forscher

Verifizierung und Validierung besitzen demnach für die vorliegende Arbeit eine große Bedeutung und wurden daher mit großer Sorgfalt durchgeführt, um mögliche Unstimmigkeiten in den Erhebungen und Verzerrungen in den Ergebnissen zu vermeiden. Wenngleich kleinere Abweichungen, z. B. eine Beeinflussung durch den Interviewer, nie ganz ausge-

---

[809] Vgl. Krippendorff (2004), S. 423.
[810] Vgl. Lombard, Snyder-Duch und Bracken (2002), S. 593; Krippendorff (2004), S. 423; Hammann und Jördens (2014), S. 177.
[811] Vgl. Mayring (2003), S. 16.
[812] Vgl. Mayring (2002), S. 145 ff.

schlossen werden können, bleibt eine kritische Überprüfung und Diskussion der Ergebnisse unerlässlich.

Bei der Quantifizierung qualitativer Forschung gibt es keine einheitliche Beurteilung durch die Wissenschaftler. Die eine Gruppe sieht dies sehr kritisch und lehnt eine Quantifizierung qualitativer Forschung strikt ab.[813] Sie wehren sich damit vehement gegen die abwertende Haltung quantitativer Forscher, dass qualitative Forschung nur als Herausarbeiten von Anekdoten dient. Die andere Gruppe qualitativer Forscher steht dieser Ansicht etwas gelassener gegenüber und befürwortet eine Berechnung auch im Rahmen qualitativer Forschung.[814] Diese Ansätze der Quantifizierung von qualitativen Ergebnissen werden auch Quasi-Statistik genannt und dienen dazu, Aussagen wie „meistens", „einige" oder „wenige" mit einer höheren Aussagekraft zu hinterlegen.[815] Sie werden demnach häufig verwendet, um die relative Bedeutung zu quantifizieren und die qualitativen Ergebnisse zu untermauern.[816] Allerdings erheben diese Ansätze im Rahmen der qualitativen Forschung nicht den Anspruch, notwendige Folgeaktivitäten zur Überprüfung von Signifikanzen o. ä. zu ersetzen. Diese Quasi-Statistik kommt auch in der vorliegenden Arbeit in Form von Verhältnisquotienten zum Einsatz. Beispielsweise ermöglichen diese die Kategorisierung und eine erste Bewertung der Bedeutung einzelner Faktoren innerhalb einer Kategorie. Hierzu schlägt Onwuegbuzie (2003) die Ermittlung verschiedener Effektgrößen („effect size") vor.[817] Dazu wird die Anzahl der jeweiligen Codierungen herangezogen. Die aufgestellten und errechneten Quotienten werden in den jeweils dazugehörigen Auswertungen der Empirie in Kapitel 5.3 im Detail vorgestellt.

4.6 Entwicklung des methodischen Forschungsprogramms

Aus den vorgestellten Methoden ergibt sich ein Forschungsprogramm, das in der empirischen Erhebung und Analyse zum Einsatz kommt. Die Verwendung mehrere Methoden (Multi-Methoden-Ansatz) hat dabei den Vorteil, den Untersuchungsgegenstand aus unterschiedlichen Perspektiven zu beleuchten und umfassende Erkenntnisse zu gewinnen. Mingers und Brocklesby (1997) beschreiben dies sehr treffend mit den folgenden Worten: „[…] in order to make the most effective contribution in dealing with the richness of the real world, it is desirable to go beyond using a single […] methodology to generally combining several methodologies, in whole or in part, and possibly from different paradigms."[818] Doch auch heutzutage wird häufig nur eine Methode für eine Untersuchung ausgewählt. Wall, Stahl und Salam (2015) fordern daher mehr Multi-Methoden-Ansätze

---

[813] Vgl. hierzu u. a. Becker (1990), S. 233 ff.
[814] Vgl. hierzu u. a. Maxwell (2010), S. 475 ff.
[815] Vgl. Maxwell (2010), S. 475.
[816] Vgl. Koch und Benlian (2015), S. 44; Saldaña (2014), S 20.
[817] Vgl. Onwuegbuzie (2003), S. 939 ff.
[818] Mingers und Brocklesby (1997), S. 489 f. Sinngemäße Übersetzung: „[....] um den effektivsten Beitrag im Umgang mit der Vielfalt der realen Welt zu leisten, ist es wünschenswert, über die Verwendung einer einzigen [....] Methode hinauszugehen und mehrere Methoden ganz oder teilweise aus möglicherweise verschiedenen Ansätzen zu kombinieren."

4.6 Entwicklung des methodischen Forschungsprogramms

(„multi-method", „mixed-method" oder im weitesten Sinne auch Methodentriangulation genannt), vor allem in der qualitativen Forschung, um weitere Erkenntnisse zu gewinnen.[819]

Dieser Forderung wird in der vorliegenden Arbeit nachgekommen. Um alle drei Forschungsfragen zur Untersuchung der arbeitsteiligen Auftragsabwicklung in der Transportkette beantworten zu können, eignet sich hier im besonderen Maße der Einsatz mehrerer Forschungsmethoden. Die Erhebungsmethoden entwickeln sich beispielsweise von hauptsächlich (1) strukturierten über (2) teil-strukturierten zu (3) offenen Interviews,[820] was die jeweils unterschiedlichen Analyseschwerpunkte, (1) deskriptiv über (2) simulationsbasiert zu (3) explorativ, zur Folge hat. Wie sich die einzelnen Methoden in der vorliegenden Arbeit ergänzen und eingesetzt werden, ist in Abbildung 30 zusammenfassend dargestellt. In den Klammern hinter der jeweiligen Erhebungsmethode ist die Anzahl bzw. die Stichprobe (n) der jeweils durchgeführten Erhebungen aufgeführt.[821] Die Auswahl und Zusammensetzung der einzelnen Stichproben ist in den Kapiteln 5.1, 5.2 und 5.3 näher spezifiziert und erläutert.

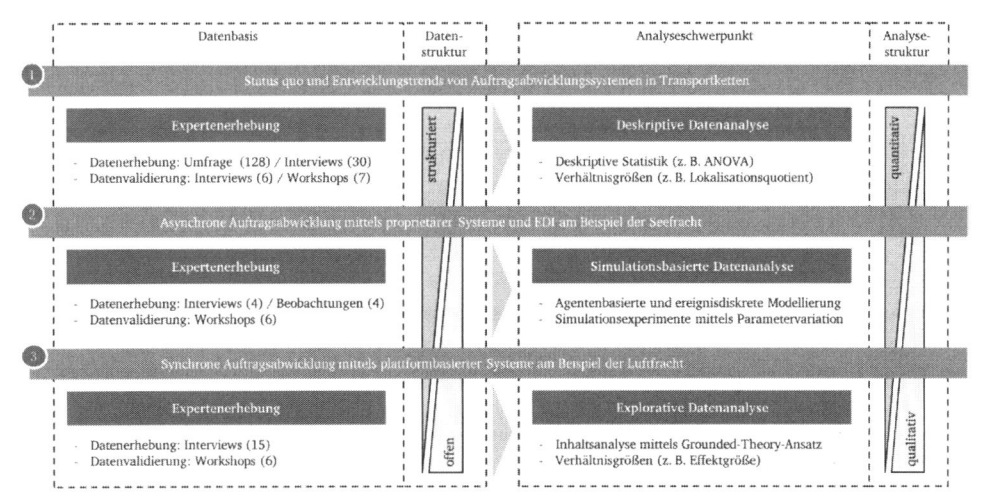

Abbildung 30: Multi-Methoden-Forschungsprogramm (eigene Darstellung).

---

[819] Vgl. Wall, Stahl und Salam (2015), S. 275.
[820] Dies bezieht sich nur auf die Datenerhebung, in der Datenvalidierung sind eher strukturierte Vorgehensweisen zum Einsatz gekommen.
[821] In einem Interview können mehrere Personen teilgenommen haben. Eine genauere Aufschlüsselung ist in den jeweiligen Kapiteln zur Datenerhebung enthalten (siehe Kapitel 5.1.2, 5.2.2 und 5.3.2).

5 Empirische Erhebung und Analyse

In der empirischen Untersuchung, welche aus der Erhebung und Analyse besteht, werden die verschiedenen Teilaspekte der arbeitsteiligen Auftragsabwicklung in Transportketten entsprechend des vorgestellten Forschungsprogramms untersucht. Zunächst werden in Kapitel 5.1 der Status quo und die Entwicklungstrends hinsichtlich der verschiedenen Auftragsabwicklungssysteme erarbeitet, um ein Grundverständnis zu erlangen, wie sich die arbeitsteilige Auftragsabwicklung in Transportketten gestaltet. Die genaue Gestaltung aktueller und zukünftiger Auftragsabwicklungssysteme wird anschließend in den Kapiteln 5.2 und 5.3 detaillierter in zwei Anwendungsfällen untersucht. In Kapitel 5.4 sollen die jeweiligen Ergebnisse dann zusammengeführt und die Forschungsfragen beantwortet werden.

5.1 Status quo und Entwicklungstrends von Auftragsabwicklungssystemen

Der erste Teil der empirischen Untersuchung kann als eine Vorstudie angesehen werden. Sie dient der deskriptiven Analyse, ob sich die Region Rhein-Main für die Untersuchung der arbeitsteiligen Auftragsabwicklung in der Transportkette im Allgemeinen eignet und wie sich die Auftragsabwicklung hinsichtlich des Einsatzes verschiedener Technologien und dem Buchungsverhalten gestaltet. Die Rhein-Main-Region ist jeweils Ausgangspunkt der Anwendungsfälle zur asynchronen und synchronen Auftragsabwicklung und soll somit mit der folgenden Untersuchung legitimiert und charakterisiert werden. Nachdem der Untersuchungsgegenstand und die Zielsetzung geklärt wurden, werden die Ausgestaltung der Datenerhebung und die Validierung näher erläutert. In Anschluss werden in drei Unterkapiteln die Ergebnisse der Erhebung vorgestellt, bevor diese in einer Diskussion zusammenzuführen und hinsichtlich des Wahrheitsgehalts der drei Propositionen überprüft werden.

5.1.1 Untersuchungsgegenstand und Zielsetzung

Die Rhein-Main-Region liegt zentral „im Herzen Europas" und erstreckt sich über das Grenzgebiet der Bundesländer Hessen, Rheinland-Pfalz, Baden-Württemberg und Bayern.[822] Die Region gilt aufgrund der vielseitig vertretenen Industrie als besonders export-

---

[822] Die Rhein-Main-Region wird nach der Ministerkonferenz für Raumordnung auch Metropolregion Frankfurt/Rhein-Main genannt. Hier leben über 5,7 Mio. Menschen in sieben Kreisfreien Städten und 18 Landkreisen und erwirtschaften ein Bruttoinlandsprodukt von 250 Mrd. Euro. Gründe, die die Region zu einer der bedeutendsten Metropolregionen Deutschlands machen, sind die internationale Stellung als Verkehrsdrehscheibe, Messe- und Finanzplatz, Wissenschafts- und Dienstleistungsstandort. Die Region erstreckt sich vom Kreis Gießen bis zum Kreis Bergstraße (Nord-Süd) und vom Kreis Mainz-Bingen bis zum Kreis Aschaffenburg (West-Ost). Für weitere Informationen siehe auch Regionalverband FrankfurtRheinMain (2018); Rhein-Main im Internet (2018).

stark.[823] Die wirtschaftlich wichtigsten Städte sind der zentrale Knoten- und Umschlagspunkt Frankfurt am Main (sowohl für den intermodalen, maritimen Vorlauf mit LKW, Bahn und Binnenschiff als auch für die Luftfracht), die Landeshauptstädte Wiesbaden und Mainz sowie die Wissenschaftsstadt Darmstadt. Die zentrale Lage sowie die Wirtschaftsstärke der Region deuten bereits an, dass die Rhein-Main-Region eine hohe Bedeutung für den Transport innehat. Dies soll als Gegenstand dieser empirischen Untersuchung überprüft und konkretisiert werden.

Dabei soll nicht nur die Relevanz der Region für den Transportsektor empirisch belegt, sondern auch die Relevanz der Informationssysteme für die Auftragsabwicklung sowie das Buchungsverhalten im Rahmen der Auftragsabwicklung bestimmt werden. Die Zielsetzung ist demnach, ein besseres Verständnis über die befragten Unternehmen in der Region zu erlangen und somit die Gestaltung der Auftragsabwicklung in der Transportkette anhand des Status quo und der Entwicklungstrends der nächsten Jahre zu erfassen. An dieser Stelle ist es wichtig zu erwähnen, dass die Vorstudie keinen Anspruch erhebt, statistisch signifikante Werte zu ermitteln, die über die Branche hinweg generalisierbar sind. Der Grund für diesen Auszug bzw. Einblicke in die Branche dient lediglich dem Verständnis und der Legitimierung der folgenden empirischen Untersuchungen. Ergebnisse werden an dieser Stelle exemplarisch aufgegriffen,[824] um die Relevanz der Thematik herauszustellen und um die Ergebnisse der empirischen Kapitel 5.2 und 5.3 im späteren Verlauf dieser Arbeit besser einordnen zu können.[825]

5.1.2 Datenerhebung

Die Vorstudie besteht im Wesentlichen aus zwei Erhebungsphasen zum einen der webbasierten Umfrage und zum anderen den Experteninterviews. Der Grund warum die Vorstudie auf zwei Erhebung aufgeteilt wurde, ist der sich ergänzende Erkenntnisgewinn, um sowohl im Rahmen der webbasierten Umfrage allgemeine Brancheninformationen der Region in der Breite als auch im Rahmen der Experteninterviews Verhaltensweisen bei der Auftragsabwicklung in der Tiefe zu ergründen. Die nachfolgend vorgestellten Zeiträume der Durchführung für die Umfrage und für die Interviews zeigen, dass die Vorstudie insgesamt keine vorgelagerte, sondern eine begleitende Studie dieser Arbeit darstellt.

Zuerst wurde die webbasierte Umfrage im Erhebungszeitraum von Juli bis Oktober 2016 durchgeführt. Die Einladung zur Teilnahme erfolgte durch die IHK Darmstadt Rhein Main

---

[823] Dies wird auch verdeutlicht bei der Betrachtung der Exporte der einzelnen Bundesländer. Hierbei sind Baden-Württemberg und Bayern die stärksten, Hessen und Rheinland-Pfalz folgen auf Platz fünf und sechs. Dabei ist allerdings zu beachten, dass sich die Exportstärke von Baden-Württemberg und Bayern nicht unbedingt aus den Teilen, die zur Rhein-Main-Region, sondern haupsächlich aus den Regionen Stuttgart und München begündet (vgl. Statistisches Bundesamt (2018d), S. 1).

[824] Auf die ausführlichen Erklärungen und Darstellungen zu den Daten und Ergebnissen wird an den jeweiligen Stelle auf die entsprechenden eigenen Veröffentlichungen verwiesen.

[825] Für weitere Informationen sowie einen umfassenden Überblick der Ergebnisse siehe Elbert et al. (2017) sowie Elbert, Scharf und Müller (2018, 2017); Elbert und Scharf (2018).

5.1 Status quo und Entwicklungstrends von Auftragsabwicklungssystemen

Neckar, um ein aussagekräftiges Gesamtbild der Region zu erhalten.[826] An der Umfrage haben insgesamt 128 Personen teilgenommen.[827] Die Teilnehmer lassen sich zum Großteil den Akteuren Spediteure (35 %) sowie Zulieferer und LKW-Transporteure (36 %) zuordnen.[828] Außerdem sind die Teilnehmer überwiegend in kleinen und mittelständischen Unternehmen tätig (53 % haben einen Umsatz unter einer Million pro Jahr und über 70 % beschäftigen weniger als 20 Mitarbeiter). Im Vergleich zur Landesstatistik nach Wirtschaftszweigen der Transport- und Logistik-Branche des untersuchten IHK-Bezirks stellen die Teilnehmer der webbasierten Umfrage somit eine repräsentative Stichprobe dar.[829] Die abgefragten Themengebiete der webbasierten Umfrage wurden in mehreren Pretests mit Vertretern aus Wissenschaft und Praxis vor der Erhebung zur Validierung des Fragebogens überprüft. Zusätzlich wurden zum Abschluss der webbasierten Umfrage sechs Interviews mit insgesamt sieben Teilnehmern in dem Zeitraum von August bis Oktober 2016 geführt, um relevante Themen zu vertiefen und eine richtige Interpretation der Umfrageergebnisse sicherzustellen.[830] Die Auswahl der Interviewpartner fokussierte sich auf Experten, die besonders umfangreiche Branchenkenntnisse vorweisen können (siehe Tabelle 7). Die Interviews wurden jeweils von zwei Wissenschaftlern begleitet und protokolliert. Im Nachgang wurden die Protokolle per E-Mail von den Interviewpartnern validiert.

Tabelle 7: Übersicht der Interviews zum Status quo und Entwicklungstrends (Validierung und Interpretation der webbasierten Umfrageergebnisse zu den Branchenthemen) (eigene Darstellung).

Nr.	Datum	Akteur	Anzahl teilgenommener Personen und deren Position im Unternehmen	Dauer [in Std.]
1	22.08.2016	Forschungsinstitution	1. Geschäftsführung	1:18
2	16.09.2016	Logistikdienstleister	2. Aufsichtsrat	1:25
3	19.09.2016	Wissenschaftsverband	3. Geschäftsführung 4. Assistenz der Geschäftsführung	1:09
4	22.09.2016	Versender	5. Leiter Logistik/Versand	1:35
5	07.10.2016	Logistikdienstleister	6. Business Development Manager	1:14
6	10.10.2016	Logistikdienstleister	7. Leiter Verteilerzentrum Rhein-Main	1:21

---

[826] Bei der webbasierten Umfrage handelt es sich um eine wiederkehrende Umfrage. Zum ersten Mal wurde sie im Jahr 2010 gestellt. Dabei wurden weitestegehend die gleichen Fragen gestellt, um eine hohe Vergleichbarkeit herzustellen. Ausnahmen sind bestimmte Fragen zu den Trendthemen wie der Digitalisierung. Nachfolgend werden nur die Ergebnisse von 2017 aufgeführt, da ein Status Quo und die aktuellen Marktentwicklung dargestellt und keine Vergleiche zu der vorherigen Studie thematisiert werden sollen. In der Publikation sind die studienübergreifenden Vergleiche im Detail ausgeführt, siehe hierzu Elbert et al. (2017).

[827] Der Fragebogen wurde an 1.655 Unternehmen versandt. Die Rücklaufquote („response rate") beträgt 8 %.

[828] Außerdem haben 15 % Planungs- und Beratungsunternehmen aus der Transport- und Logistik-Branche teilgenommen, die restlichen 14 % teilen sich in etwa gleichmäßig auf Logistik- und Systemintegratoren sowie auf Kurier-, Express- und Paketdienstleister auf.

[829] Im Detail sind Sepditeure und LKW-Transporteure in der Stichprobe etwas unterrepräsentiert, während Planungs- und Beratungsunternehmen, Logistik- und Systemintegratoren sowie auf Kurier-, Express- und Paketdienstleister etwas überrepräsentiert sind. Die Abweichungen liegen allerdings alle im einstelligen Bereich, daher kann die Stichprobe als repräsentativ gewertet werden.

[830] Hierbei wurden Experten der unterschiedlichen Teilnehmerkreise der Region aus Wissenschaft und Praxis interviewt. Für eine detaillierte Aufstellung der Experten und ausführliche Ergebnisdarstellung siehe auch Elbert et al. (2017).

Im Rahmen der zweiten Erhebungsphase wurden 30 Experteninterviews mit insgesamt 40 Entscheidungsträgern unterschiedlicher Akteure, die über die Zusammensetzung der Transportkette und Details der Auftragsabwicklung bestimmen, geführt. Ziel war es dabei, die Transportorganisation im Allgemeinen und die Auftragsabwicklung im Speziellen detaillierter zu ergründen. Dabei lag der Fokus vor allem auf der Erhebung tiefergehender Erkenntnisse über die Relevanz der Informationssysteme für die Auftragsabwicklung sowie über das Buchungsverhalten bei Transportaufträgen. Die Interviews haben im Zeitraum von Dezember 2016 bis September 2017 stattgefunden und sind in Tabelle 8 aufgeführt.[831] Anders als bei den Experteninterviews im Rahmen der explorativen Erhebung in Kapitel 5.3 wurden die Interviews hier stark strukturiert, um diese auch für die deskriptive Datenanalyse nutzen zu können. Sie wurden dennoch persönlich durchgeführt, um einzelne Erklärungen und Meinungen zu zulassen und zu erfassen. Auch hier wurde der entwickelte, teil-strukturierte Interviewleitfaden in mehreren Pretests mit Vertretern aus Wissenschaft und Praxis getestet, um die Verständlichkeit der Fragen und der angebotenen Antwortmöglichkeiten sicherzustellen.

Bei der Datenerhebung wurde der Schwerpunkt auf Experten der Akteure Versender (67 %) und Spediteure (23 %) gelegt, da diese in den meisten Fällen über die Transportketten im Hinterland entscheiden und somit die relevante Fachkenntnis vorweisen. Die restlichen 10 % sind Frachtführer.[832] Während bei den Versendern hauptsächlich Experten im Bereich Einkauf oder Transport, je nach Organisation, befragt wurden, handelt es sich bei den Spediteuren meist um Experten aus dem Bereich Operations. Zudem wurden – im Gegensatz zur webbasierten Umfrage – hauptsächlich Großunternehmen interviewt (über 90 % haben mehr als 1.000 Beschäftigte und einen Umsatz über einer Mrd. Euro). Das Ziel dabei ist – im Gegensatz zur webbasierten Umfrage, wo das Ziel darin bestand, eine möglichst repräsentative Stichprobe der Region zu erreichen – möglichst viele Unternehmen mit großen Transportmengen zu befragen.[833] Aufgrund der Berücksichtigung eines großen Anteils transportierter Güter, können die erhobenen Verhaltensweisen als einflussreich mit einer großen Tragweite für die Branche erachtet werden.

---

[831] Für eine detaillierte Aufstellung der befragten Unternehmen und weiterführende Ergebnisse siehe Elbert, Scharf und Müller (2018).

[832] Der Grund, warum Frachtführer nur vereinzelt, d. h. drei Seefrachtführer aber beispielsweise keine Airlines aus dem Luftfracht-Bereich befragt wurden, ist das die Carrier's Haulage vor allem im Luftfracht Bereich momentan noch keine große Relevanz besitzt. Erst verstärkt seit Beginn 2018 scheinen Airlines zunehmend dieses Geschäftsmodell für sich zu entdecken und treten verstärkt, nicht zuletzt durch den vereinfachten Zugang durch die zunehmende Digitalisierung („Plattformisierung") (vgl. Kahrs (2017), S. 5).

[833] Insgesamt wurden über 80 % der Transportmenge der befragten Region (hier: Hessen, Rheinland Pfalz und Baden Württemberg) erfasst. Diese Zahl ist allerdings nur zum Teil aussagekräftig, da die Mengen der Akteure nicht komplett überschneidungsfrei sind. In der Transportmenge der Spediteure, kann auch ein gewisser Anteil der Transportmenge der Verlader enthalten sein. Da allerdings hauptsächlich Entscheidungsträger befragt wurden, die ihre Transportmengen selbst planen, sollte der Anteil nicht allzu hoch sein.

5.1 Status quo und Entwicklungstrends von Auftragsabwicklungssystemen

Tabelle 8: Übersicht der Experteninterviews zum Status quo und Entwicklungstrends (Datenerhebung zur Ergründung der Relevanz von Informationssystemen und des Buchungsverhaltens) (eigene Darstellung).

Nr.	Datum	Akteur	Anzahl teilgenommener Personen und deren Position im Unternehmen	Dauer [in Std.]
1	16.12.2016	Versender	1. Senior Manager Transportation Solutions SC Operations 2. Global Service Design & Logistics Services Requisitioner	1:45
2	20.01.2017	Versender	3. Head of Global Transportation 4. Senior Manager Global Transportation	1:34
3	26.01.2017	Versender	5. Director Procurement Logistics	0:54
4	26.01.2017	Versender	6. Manager Transport Planning and Optimization EMEA 7. Head of Transport Planning and Optimization	1:09
5	14.02.2017	Spediteur	8. Leiter Area Seefracht 9. Manager Area Seefracht	1:14
6	16.02.2017	Spediteur	10. Intermodal European Logistics Manager	1:17
7	16.02.2017	Frachtführer	11. Director Operations	1:08
8	17.02.2017	Frachtführer	12. General Manager Operations	0:58
9	21.02.2017	Versender	13. Transport Management Center Sea/Air	1:01
10	24.02.2017	Spediteur	14. CEO Middle Europe	0:51
11	27.02.2017	Spediteur	15. Bereichsleiter Global Operations	1:19
12	08.03.2017	Versender	16. Leiter Auftragsflusssteuerung 17. Abteilungsleiter Zoll- und Speditionswesen	1:14
13	14.03.2017	Versender	18. Senior Manger Transportation	1:17
14	15.03.2017	Versender	19. Director Strategic Purchasing 20. Global Sourcing Manager Logistics	1:28
15	17.03.2017	Versender	21. Senior Manger Transportation	1:02
16	04.04.2017	Versender	22. Inbound Logistics and Operations MBC – Ocean Air 23. Inbound Logistics and Operations MBC – Ocean Air	0:51
17	11.04.2017	Frachtführer	24. Senior Sales Manager, Prokurist 25. General Manager ILS Benelux	1:15
18	24.04.2017	Versender	26. Manger Transportation	1:07
19	02.05.2017	Versender	27. Senior Manger Transportation	1:11
20	19.05.2017	Versender	28. Vice President, Global Supply Chain and Purchasing	0:46
21	08.06.2017	Versender	29. Transport Specialist Logistics	1:05
22	20.06.2017	Versender	30. Senior Manger Transportation	0:58
23	03.07.2017	Spediteur	31. Niederlassungsleiter, Prokurist 32. Operations Manager	1:08
24	05.07.2017	Spediteur	33. Leiter Seefracht mit Im- und Export	0:59
25	06.07.2017	Versender	34. Leiter Beschaffungslogistik	1:05
26	25.07.2017	Versender	35. Planning Manager	1:14
27	23.08.2017	Versender	36. Head of Global Distribution Procurement	0:56
28	11.09.2017	Versender	37. Strategischer Einkäufer 38. Strategischer Einkäufer	1:11
29	18.09.2017	Frachtführer	39. Senior Manger Operations	0:59
30	28.09.2017	Versender	40. Global Logistics Manager EMEA	1:03

Aufgrund des hohen Strukturierungsgrads wurden die Interviews nicht aufgenommen und transkribiert – wie bei den beiden folgenden Erhebungsmethoden – sondern die Antworten der Experten wurden direkt im Fragebogen notiert sowie Erklärungen und Erfahrungen zusätzlich protokolliert. Ergänzend zu den Experteninterviews wurden sieben Workshops durchgeführt. Die Ziele der Workshops waren jeweils unterschiedlich und reichten von der Abgrenzung der Interviewpartner über die Validierung des Fragebogens bis zur Diskussion der Zwischen- und Endergebnisse. Die teilnehmenden Akteure und Personen sind in Tabelle 9 aufgeführt. Auch hier wurde der Fokus auf Teilnehmer gelegt, die über eine breite Branchenkenntnis verfügen, um beispielsweise die Interpretation der Interviewergebnisse umfänglich valididieren zu können.

Tabelle 9: Übersicht Gruppendiskussionen im Rahmen der Workshops zum Status quo und Entwicklungstrends (Validierung der Experteninterviews zur Relevanz von Informationssystemen und des Buchungsverhaltens) (eigene Darstellung).

Nr.	Datum	Akteur	Anzahl teilgenommener Personen und deren Position im Unternehmen/Institution
1	05.07.2016	Forschungsinstitution	1. Professor aus dem Bereich Logistik 2. + 3. Wissenschaftlicher Mitarbeiter
2	17.10.2016		
3	21.11.2016	Frachtführer	5. Business Manager Logistics Containers, Breakbulk & Logistics 6. Repräsentant Hinterland (Südwest Deutschland)
4	16.01.2017		
5	16.05.2017	Intermodal-Operateur	7. Geschäftsführer / Managing Director 8. Managing Director Rhein-Main 9. Regional Sales Manager
6	09.10.2017		
7	25.01.2018		

5.1.3 Validierung

Schon vor der Durchführungsphase wurde in den jeweiligen Pretests mit Vertretern aus Wissenschaft und Praxis sichergestellt, dass die Fragebögen für die webbasierte Umfrage sowie für die Experteninterviews valide und zuverlässig sind. Für die Interviews wurden die Pretests hauptsächlich zwischen dem zweiten und dritten Workshop durchgeführt, wo jeweils die Vorab- und Endversion des Fragebogens sowie die Erkenntnisse der Pretests besprochen werden konnten. Insgesamt stellte sich die Validierung als begleitender Prozess dar.

Neben den sechs Interviews, um erste Ergebnisse der webbasierten Umfrage mit „Branchenkennern" zu besprechen sowie den sieben Workshops, um die Erkenntnisse der Experteninterviews zu diskutieren, fanden regelmäßige Präsentationen der Zwischenergebnisse bei Praxisvertretern, z. B. Verkehrsausschuss Sitzung der IHK Darmstadt Rhein-Main Neckar am 6.11.2016 (zur webbasierten Umfrage) oder beim Ministerium für Verkehr Baden-Württemberg am 17.05.2017 (zu den Experteninterviews) statt, um nur zwei Beispiele zu nennen. Außerdem wurden die Ergebnisse auf unterschiedlichen Kanälen (Pressemeldungen, Konferenzen, etc.)[834] eingereicht und veröffentlicht sowie auf öffentlichkeitswirksamen Veranstaltungen präsentiert.[835] So konnten durch die verschiedenen Begut-

---

[834] Beispielsweise auf der Interdisciplinary Conference on Production, Logistics and Traffic (ICPLT) (siehe Elbert, Scharf und Müller (2017)) oder der International Conference on Dynamics in Logistics (LDIC) Elbert und Scharf (2018).
[835] Beispielsweise die Präsentation der Ergebnisse der Befragung auf der offiziellen Abschlussveranstaltung des Forschungsprojektes am 09.03.2018 mit über 60 Teilnehmern aus Forschung und Praxis in Mannheim.

5.1 Status quo und Entwicklungstrends von Auftragsabwicklungssystemen

achtungsprozesse der Einreichungen und die Diskussionen der Präsentationen im Verlaufe der Zeit wertvolle Rückmeldungen berücksichtigt und eingearbeitet werden. Die daraus entstandenen wichtigsten Ergebnisse sollen nun in den folgenden Kapiteln vorgestellt werden.

5.1.4 Relevanz der Rhein-Main-Region

Bei der Abgrenzung des Untersuchungsgegenstands wurde bereits auf die gute Lage der Rhein-Main-Region sowie auf ihre wirtschaftliche Stärke verwiesen. Die Frage ist, wie sich diese gute Lage im Detail für die Transport- und Logistik-Branche darstellt. Die Ergebnisse dises Abschnitts beziehen sich ausschließlich auf die Daten des statistischen Landesamts und der IHK Darmstadt Rhein Main Neckar sowie der webbasierten Umfrage. An den Teilnehmern der Umfrage lässt sich ablesen, dass die Branche in der Region sehr breit aufgestellt ist und generell nicht von einem Bereich abhängig ist. Die Teilnehmer gaben an, vor allem folgende Güterklassen aus bzw. in die Region zu transportieren: Automobil (21 %), Maschinen- und Anlagenbau (21 %), Lebensmittel (20 %), Einzelhandel (18 %), Pharma (18 %), Elektronik (16 %) und Chemie (13 %).[836] Auch wenn die Branche mittelständisch geprägt ist, sind die meisten Unternehmen nicht nur regional oder national, sondern auch international oder global tätig (ca. 69 % der Teilnehmer). Dies unterstreicht die hohe Relevanz der interkontinentalen See- und Luftfracht der Region.

Dass die Transport- und Logistik-Branche einen hohen wirtschaftlichen Stellenwert besitzt, belegt zudem der Lokalisationsquotient. Der Lokalisationsquotient ist, wie bereits in Kapitel 4.3 eingeführt, ein häufig verwendeter Indikator zur Messung der regionalen Bedeutung einzelner Wirtschaftsbranchen.[837] Er gibt an, wie sich der Anteil der Beschäftigten einer Branche für eine bestimmte Region (hier: Rhein-Main-Region) im Vergleich zum Anteil für eine übergeordnete Gesamtregion (hier: Deutschland) verhält.[838] Analog gilt dies für die Berechnungen des Anteils von Unternehmen einer Branche. Ein Wert größer eins bedeutet demzufolge einen überdurchschnittlich hohen Anteil an Beschäftigten bzw. Unternehmen in der betrachteten Branche für die untersuchte Region (ein Wert kleiner eins bedeutet entsprechend einen unterdurchschnittlich geringen Anteil). Sowohl auf Basis der Beschäftigten als auch auf Basis der Unternehmen ist der Lokalisationsquotient deutlich größer als eins. (1,66 bzw. 1,32). Das heißt, die jeweilige Branche hat eine überdurchschnittliche Bedeutung für den Arbeitsmarkt der Region bzw. Transport- und Logistikunternehmen sind höher konzentriert im Vergleich zum Bundesdurchschnitt. Die Bedeutung der Branche Transport und Logistik für die Region ist in Tabelle 10 dargestellt. Im Vergleich zu anderen Branchen wie z. B. Automotive oder IT kommt der Transport- und Logistik-Branche eine ähnliche hohe Bedeutung zu. Im Vergleich zu anderen wirtschaftsstarken Regionen in Deutschland – siehe Tabelle 11 – kann auch hier die hohe Relevanz der Region für die Transport- und Logistik-Branche in ganz Deutschland herausgestellt werden.

---

[836] Hier wurden nur Branchen bzw. Güterklassen mit einem Anteil größer als 10 % aufgeführt.
[837] Vgl. Elbert et al. (2017), S. 22; Kosfeld (2015), S. 4.
[838] Für weitere Informationen siehe Kapitel 4.3.

Tabelle 10: Lokalisationsquotient der Region (Vergleich der Transport- und Logistik-Branche mit anderen Branchen) (in Anlehnung an Elbert et al. (2017), S. 23).[839]

Branche	Lokalisationsquotient nach Anzahl Beschäftigter	Lokalisationsquotient nach Anzahl Unternehmen
Chemie	2,18	1,26
Automotive	1,71	1,31
Transport und Logistik	1,66	1,32
IT	1,29	1,53
Umwelt und Energie	0,84	0,99

Tabelle 11: Lokalisationsquotient der Transport- und Logistik-Branche (Vergleich Rhein-Main zu anderen Regionen) (in Anlehnung an Elbert et al. (2017), S. 23).[840]

Regionen	Lokalisationsquotient nach Anzahl Beschäftigter	Lokalisationsquotient nach Anzahl Unternehmen
Stuttgart	1,90	1,19
Rhein-Main	1,66	1,32
München	1,52	1,45
Karlsruhe	1,00	1,14
Dresden	0,72	1,03

Bei genauerer Betrachtung der in der webbasierten Umfrage erhobenen Standortfaktoren ergibt sich ein geteiltes Bild.[841] Ausgewählte Standortfaktoren zur Lage und Auslastung – jeweils unter Angabe der Mittelwerte einschließlich der Konfidenzintervalle für die Rhein-Main-Region und für Deutschland – sind in Abbildung 31 dargestellt. Die Mittelwerte zur Lage (*Geographischen Lage, Nähe zum Kunden und zu den Absatzmärkten, Verkehrsanbindung* sowie *Standortimage*) unterscheiden sich signifikant von den Mittelwerten zur

---

[839] Die Werte wurde errechnet basierend auf Daten von 2016 des Statistischen Landesamts und der IHK Darmstadt Rhein Main Neckar. Daher bezieht sich die Region hierbei auf Darmstadt Rhein Main Neckar, da beispielsweise für Frankfurt keine Daten vorliegen. Es ist zu erwarten, dass die Werte bei Betrachtung der gesamten Rhein-Main-Region in einem ähnlichen Bereich oder höher liegen. Für weitere Erklärungen zu den gewählten Branchen sei an dieser Stelle auf Elbert et al. (2017) verwiesen.

[840] Für weitere Informationen zu den Basisdaten sowie zur Abgrenzung der Region siehe vorheriger Kommentar. Weitere Erklärungen zu den gewählten Regionen sind außerdem in der Logistikstudie enthalten, siehe hierzu Elbert et al. (2017).

[841] Für eine Auswahl, Begründung und Übersicht aller Standortfaktoren siehe Elbert et al. (2017), S. 11 ff.; Zuber, Pfohl und Theobald (2010), S. 24 ff.

5.1 Status quo und Entwicklungstrends von Auftragsabwicklungssystemen

Auslastung (*Angebot Industrieflächen und -immobilien, Verkehrsinfrastruktur: Zustand und Ausbau* sowie *Verkehrsbelastung*). Allerdings unterscheiden sich die Mittelwerte der Region und Deutschland insgesamt bei den einzelnen Standortfaktoren nicht signifikant. Die Varianzprüfung wurde mit der Statistiksoftware Minitab 17 durchgeführt. Während die Lage der Region (auf einer Skala von 1=sehr gut bis 5= mangelhaft) durchschnittlich gut (1,85) bewertet wird, wird die Auslastung hingegen als eher mittelmäßig bis schlecht bewertet (3,36). In den Experteninterviews wurden hierfür die Gründe näher diskutiert. Nach den Aussagen der Experten stößt die Verkehrsinfrastruktur zunehmend an ihre Belastungsgrenze. Die angespannte Situation wird durch folgende Aussagen unterstrichen: „*Der Ausbau der Infrastruktur wurde in Deutschland verschlafen, nun ist in der Schweiz der Tunnel fertig aber die Rheinstrecke ist komplett ausgelastet.*" oder „*Warum werden nicht mehr Stellflächen in Gewerbegebieten genutzt? Die Flächen sind vorhanden; es muss nach Optionen gesucht werden, die vorhanden sind*".[842] Demnach werden in diesem Kontext mehrere Aspekte gefordert: eine intelligente Nutzung bestehender Logistikflächen, der Ausbau der Infrastruktur sowie die Realisierung von Verbesserungspotenzialen bei den Geschäftsprozessen, um die steigenden Mengen zukünftig effizient abfertigen zu können.

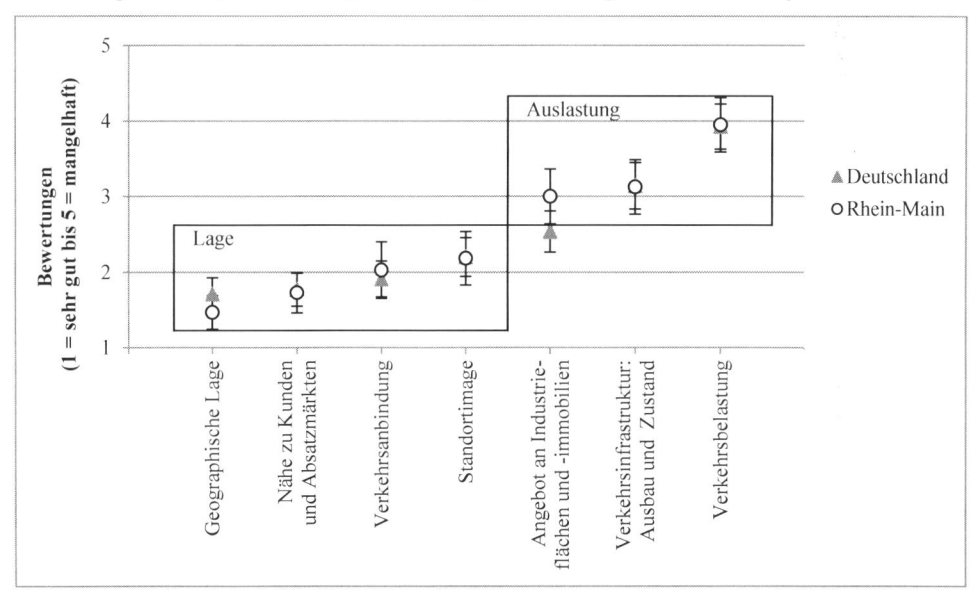

Abbildung 31: Bewertung der Standortfaktoren der Region Rhein-Main und Deutschland hinsichtlich Lage und Auslastung (webbasierte Umfrage mit n=128 und Fehlerindikatoren mit 95 %-KI) (eigene Darstellung).

---

[842] Alle Zitate, die in der vorliegenden Arbeit aus den Experteninterviews stammen, wurden anonymisiert. Sie sind durch die Setzung in Anführungszeichen und kursive Schreibweise kenntlich gemacht, weitere Quellenverweise sind aufgrund der Anonymisierung nicht erforderlich.

Hinsichtlich der Standortfaktoren zum Thema *Digitalisierung* fällt die Bewertung eher mittelmäßig aus (siehe Abbildung 32). Die Mittelwerte der Region unterscheiden sich auch hier nicht signifikant von den Deutschland-bezogenen Mittelwerten. Zum einen wird der Ausbau der IT-Infrastruktur gefordert sowie die Investition in sich ändernde Qualifikationsanforderungen an die Mitarbeiter und die stärkere Förderung von Kooperationen aus Wissenschaft und Praxis. Da die Branche sehr stark mittelständisch geprägt ist, sehen die Experten die Schwierigkeit vor allem darin, die Entwicklungen und Innovationen alleine finanziell und personell zu stemmen. Eine sinnvolle und notwendige Weiterentwicklung ist nur durch eine stärkere Zusammenarbeit möglich. Eine Vorreiterrolle nimmt die Region bei dem Thema Digitalisierung nicht ein. Laut Experten benötigt dieses Thema allerdings keine regionale, sondern eine bundesweite Betrachtung und Priorisierung. Dies wird durch die folgenden Zitate deutlich: *"Wer hier in regionalen Herzogtümern denkt, hat schon verloren"* bzw. *"Digitalisierung ist kein regionales Thema. IT- und verkehrsträgerübergreifende Vernetzung muss auf Bundesebene ganz oben auf der Agenda stehen"*. Andere nationale Studien bestätigen diese Erkenntnisse.[843] Beispielsweise zeigt sich bei der Bewertung der Stärken des Investitionsstandorts Deutschland, dass Transport- und Logistik-Infrastruktur Platz eins belegt, in Punkto IT-Infrastruktur jedoch erheblicher Nachholbedarf besteht.[844]

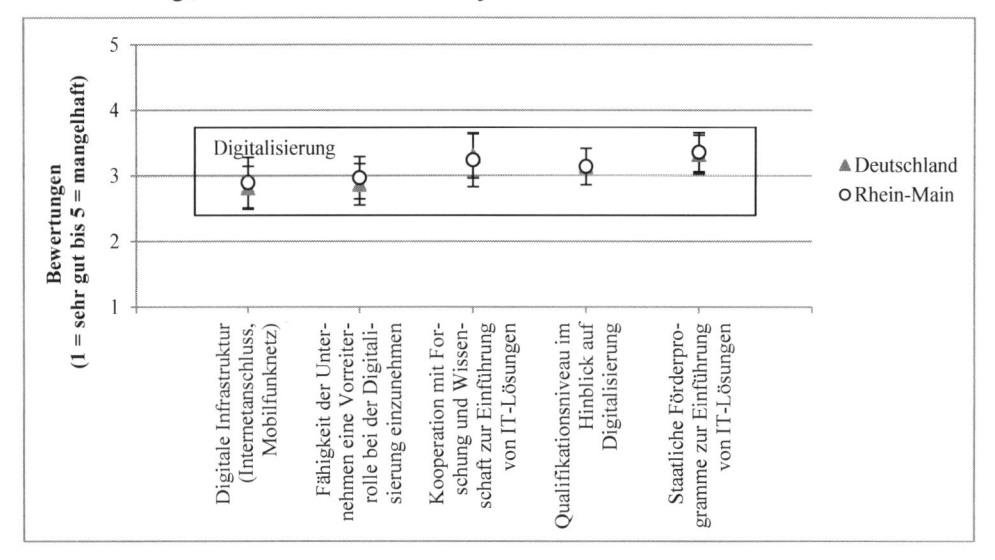

Abbildung 32: Bewertung der Standortfaktoren der Region Rhein-Main und Deutschland hinsichtlich der Digitalisierung (webbasierte Umfrage mit n=128 und Fehlerindikatoren mit 95 %-KI) (eigene Darstellung).

---

[843] Beispielsweise wurde in der Attraktivitätsstudie von EY, durchgeführt von einem unabhängigen Marktforschungsinstitut, die Attraktivität Deutschlands aus Sicht ausländischer Investoren beurteilt. Dabei wurden 210 Entscheidungsträger ausländischer Unternehmen zu ihrem Urteil über den Standort Deutschland befragt. Vgl. hierzu Barth und Lorentz (2018).
[844] Vgl. Barth und Lorentz (2018), S. 17.

5.1.5 Relevanz von Informationssystemen für die Auftragsabwicklung

Die Ergebnisse zur Relevanz der Informationssysteme für die Auftragsabwicklung setzt aus den Erkenntnissen der webbasierten Umfrage und den Experteninterviews zusammen, da dies in beiden Erhebungen thematisiert wurde.[845] Betrachtet man die erwartete Entwicklung verschiedener Trends[846] aus der webbasierten Umfrage in den nächsten Jahren in der Branche Transport und Logistik näher, fällt schnell auf, dass dem Thema *IS-Technologien und Digitalisierung* das größte Wachstums- bzw. Verbesserungspotenzial zugeschrieben wird. Wie bereits beschrieben, hat hier die Transport- und Logistik-Branche noch einen großen Nachholbedarf. Die Bewertung des Einflusses verschiedener Trends auf die Geschäftstätigkeit aktuell und in fünf Jahren ist in Tabelle 12 dargestellt. Die Trends sind sortiert vom aktuell stärksten bis zum geringsten Einfluss auf die Geschäftstätigkeit. Ein signifikanter Unterschied bei den Mittelwerten konnte dabei nur für die Themen *IS-Technologien und Digitalisierung* sowie *Umwelt- und Ressourcenschutz* identifiziert werden. Das heißt, vor allem in diesen Bereichen wird in den nächsten fünf Jahren der Einfluss auf die Geschäftstätigkeit deutlich steigen.

Tabelle 12: Bewertung des Einflusses verschiedener Trends auf die Geschäftstätigkeit – aktuell und in fünf Jahren (aus der webbasierten Umfrage mit n=128) (eigene Darstellung).

Trends	Aktuell ø	Aktuell σ	Aktuell 95 %-KI	In 5 Jahren ø	In 5 Jahren σ	In 5 Jahren 95 %-KI	p-Wert
Sicherheit	2,412	1,255	0,353	2,224	1,233	0,354	0,458
Demografischer Wandel	2,800	1,371	0,390	2,633	1,574	0,452	0,578
IS-Technologien und Digitalisierung	2,849	1,204	0,332	2,333	1,328	0,386	0,045*
Umwelt- und Ressourcenschutz	2,925	1,195	0,329	2,388	1,140	0,327	0,024*
Dieselpreis	3,038	1,605	0,447	2,960	1,673	0,475	0,811
Globalisierung	3,098	1,302	0,366	2,723	1,348	0,396	0,169
LKW-Maut	3,500	1,578	0,448	3,340	1,679	0,493	0,634

1 = sehr starker Einfluss auf die Geschäftstätigkeit bis 5 = kein Einfluss auf die Geschäftstätigkeit;
* signifikanter Unterschied für $p \leq 0,05$

Bei genauerer Betrachtung verschiedener Themen, welche aufgrund der zunehmenden Digitalisierung für Unternehmen eine Rolle spielen, zeichnen sich basierend auf den Erkenntnissen der webbasierten Umfrage einige Veränderungen in den nächsten Jahren ab. Diese sind in Tabelle 13 zusammenfassend dargestellt und nach aktuellen Auswirkungen von sehr stark bis keine sortiert. Beispielsweise werden sich die *Qualifikationsanforderungen an Mitarbeiter* signifikant verändern, es wird zu einer *stärkeren Vernetzung mit ande-*

---

[845] Woher die jeweiligen Ergebnisse stammen, ist an den entsprechenden Tabellen und Abbildungen kenntlich gemacht.
[846] Für eine Auswahl, Begründung und Übersicht der Trends siehe Elbert et al. (2017), S. 19 f. und Zuber, Pfohl und Theobald (2010), S. 32 f.

ren Unternehmen kommen und es werden sich *neue Dienstleistungen für die Kunden* entwickeln. Außerdem müssen Unternehmen neue Wettbewerber oder Geschäftsmodelle beobachten, da sich *neue Bedrohungen für das eigene Geschäftsmodell* ergeben können. Experten stellen daher die Frage: *„Wer hat in Zukunft die Macht über die Transportketten: Logistiker oder IT-ler?"*. Außerdem entstehen signifikante *Effizienzgewinne durch stärkere Automatisierung und Digitalisierung*. Hier gilt es, die Bereiche mit dem größten Potenzial zu bestimmen und die Veränderung sukzessive umzusetzen. Zudem entstehen *neue Arbeitsplätze im IT-Bereich*. Die IT-Abteilungen sind zum Teil bereits für die heutigen Anforderungen zu klein oder unterbesetzt. Laut Experten sollte hier ein Ziel sein, *„nicht zu viele Kompetenzen an externe IT-Firmen zu vergeben, sondern auch eigene Kompetenzen aufzubauen"*. Allerdings ergibt sich keine signifikante Veränderung beim Thema *Arbeitsplatzabbau aufgrund von Effizienzgewinnen durch Automatisierung und Digitalisierung*. Es wird zwar zu einer *Veränderung der Qualifikationsanforderungen* kommen, dennoch ist der Fachkräftemangel in der Branche zum Teil deutlich spürbar[847] und es wird eher von *„Verlagerung"* als von *„Abbau"* gesprochen.

Tabelle 13: Einfluss verschiedener Themen hinsichtlich der Digitalisierung – aktuell und in fünf Jahren (webbasierte Umfrage mit n=128) (eigene Darstellung).

Themen	Aktuell ø	Aktuell σ	Aktuell 95 %-KI	In 5 Jahren ø	In 5 Jahren σ	In 5 Jahren 95 %-KI	p-Wert
Veränderte Qualifikationsanforderungen an Mitarbeiter	2,486	0,967	0,332	1,941	0,937	0,327	**0,022***
Stärkere Vernetzung mit anderen Unternehmen	2,722	0,989	0,335	2,114	1,036	0,356	**0,015***
Möglichkeiten hinsichtlich neuer Dienstleistungen für den Kunden	2,811	0,833	0,278	2,057	0,924	0,317	**0,001***
Bedrohung durch neue Wettbewerber/ Geschäftsmodelle	2,892	1,060	0,353	2,171	0,971	0,333	**0,004***
Effizienzgewinne durch stärkere Automatisierung / Digitalisierung	2,943	1,120	0,385	2,242	1,232	0,437	**0,018***
Entstehung neuer Arbeitsplätze im IT-Bereich	3,156	0,870	0,314	2,484	1,215	0,446	**0,015***
Arbeitsplatzabbau aufgrund von Effizienzgewinnen durch Automatisierung/ Digitalisierung	3,235	1,031	0,360	2,788	1,320	0,468	0,132

1 = sehr starke Auswirkungen bis 5 = keine Auswirkungen;
* signifikanter Unterschied für $p \leq 0,05$

Bei der Bewertung der Frage, in welchem Ausmaß sich Investitionen in Digitalisierung aktuell und in fünf Jahren lohnen (siehe Abbildung 33), zeigt sich in der webbasierten Umfrage, dass die Teilnehmer sich heute schwertun und keinen großen Mehrwert in der Entwicklung dieser Bereiche sehen. Dies wird sich allerdings in den nächsten Jahren

---

[847] In den Interviews wurden hierzu vor allem die LKW-Fahrer genannt, wo sich aufgrund des aktuellen Durchschnittsalters, die Lage in den nächsten Jahren weiter verschärfen wird, aber auch Lager-Mitarbeiter werden in der Rhein-Main-Region verstärkt gesucht. Aufgrund dieses Mangels an Fachkräften werben sich Unternehmen gegenseitig Mitarbeiter ab, in dem sie kurzfristige Anreize für einen Wechsel bieten.

5.1 Status quo und Entwicklungstrends von Auftragsabwicklungssystemen

ändern. Die Mittelwerte weichen signifikant (mit p=0,003 ≤ α=0,05) voneinander ab. Dieses Ergebnis lässt sich durch die Teilnahme hauptsächlich kleiner und mittelständischer Unternehmen an der Umfrage erklären, welche sich aufgrund ihres Investitionsvolumens bei dem Thema immer noch abwartend verhalten. Bei der Bewertung durch Großunternehmen ergibt sich allerdings ein anderes Bild.

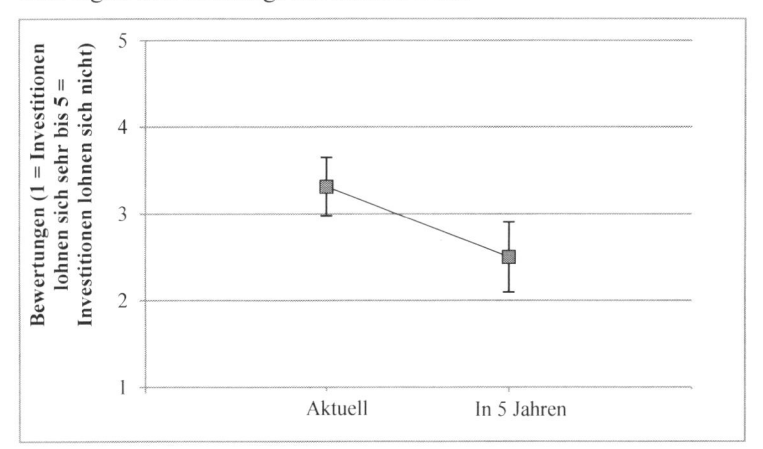

Abbildung 33: Bewertung des Mehrwerts von Investitionen in die Digitalisierung für die Unternehmen (webbasierte Umfrage mit n=128 und Fehlerindikatoren mit 95 %-KI) (eigene Darstellung).

Doch auch die Bewertungen von Großunternehmen, die im Rahmen der Experteninterviews erfasst wurde, zeigen, dass es beim Thema Digitalisierung „*noch Luft nach oben*" gibt, wie es die Experten nennen (siehe Abbildung 34). Auch hier fällt die Bewertung des aktuellen Stands eher durchschnittlich aus. Wenn man sich allerdings die Teilgruppen anschaut, bewerten sich Frachtführer hierbei deutlich besser (Mittelwert: 2,3) als beispielsweise Spediteure oder Versender (2,7 bzw. 2,8). In den nächsten fünf Jahren sehen die Befragten einen signifikanten Anstieg beim Grad der Digitalisierung (mit p=0,018 ≤ α=0,05). Der Koordinationsaufwand ist aktuell zwar ähnlich bewertet wie der Grad der Digitalisierung, zeigt allerdings eine größere Streuung der Werte. Diese lassen sich auch nach Analyse der Akteursgruppen erklären. Während Versender durchschnittlich einen geringeren Aufwand bei der Auftragsabwicklung haben (3,1), da viele Aufgaben an Dienstleister vergeben werden, ist der Aufwand bei Spediteuren oder Frachtführern deutlich höher (2,1 bzw. 2,0). Tendenziell wird in den nächsten Jahren, auch aufgrund der Steigerung des Grads der Digitalisierung, ein Rückgang des Koordinationsaufwands gesehen. Allerdings ist die Streuung hierbei relativ groß und es ergibt sich kein signifikanter Unterschied der Mittelwerte des Koordinationsaufwands im Vergleich aktuell zum Zeitpunkt in fünf Jahren (mit p=0,110 > α=0,05). Die Experten sind sich über die Entwicklung nicht ganz einig und sehen unterschiedliche Entwicklungspotenziale.

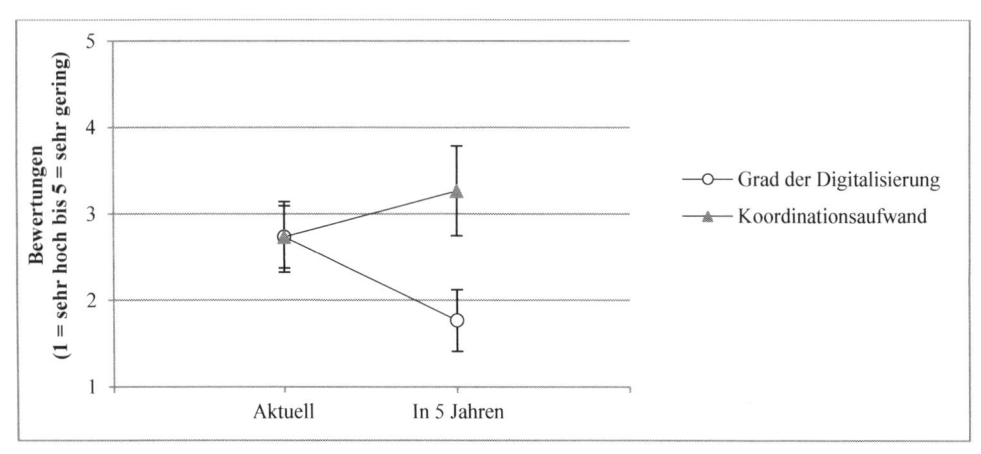

Abbildung 34: Bewertung zum Grad der Digitalisierung und Koordinationsaufwand (Experteninterviews mit n=30 und Fehlerindikatoren mit 95 %-KI) (eigene Darstellung).

Hinsichtlich der Entwicklungspotenziale zeigt sich im Rahmen der Experteninterviews, dass nicht nur aktuell, sondern auch in Zukunft verstärkt EDI für die arbeitsteilige Auftragsabwicklung in der Transportkette zum Einsatz kommen. In Abbildung 35 ist die prozentuale Nutzungsquote verschiedener Buchungskanäle und deren Entwicklung in den nächsten fünf Jahren aufgeführt. 45 % der Aufträge werden aktuell immer noch per E-Mail, Telefon oder Fax übermittelt. Dieser Anteil wird entsprechend der Meinung der Experten in den nächsten Jahren deutlich auf 23 % zurückgehen. Die Varianzanalyse bestätigt hier einen signifikanten Rückgang (mit p=0,021 ≤ α=0,05). Die Nutzung von EDI sowie CCS für die Auftragsabwicklung wird in den kommenden Jahren zunehmen, allerdings zeigt sich hierbei statistisch kein signifikanter Zusammenhang (mit p=0,235 bzw. 0,191 > α=0,05). Darin drückt sich eine gewisse Unsicherheit der Akteure darüber aus, welche Auftragsabwicklungssysteme in Zukunft zum Einsatz kommen werden. Die Experten sind sich einig, dass die Digitalisierung viele Verbesserungspotenziale bietet und den Prozess der Auftragsabwicklung grundlegend verändern wird. Wie die Umsetzung allerdings im Detail aussieht, darüber besteht keine einheitliche Meinung.

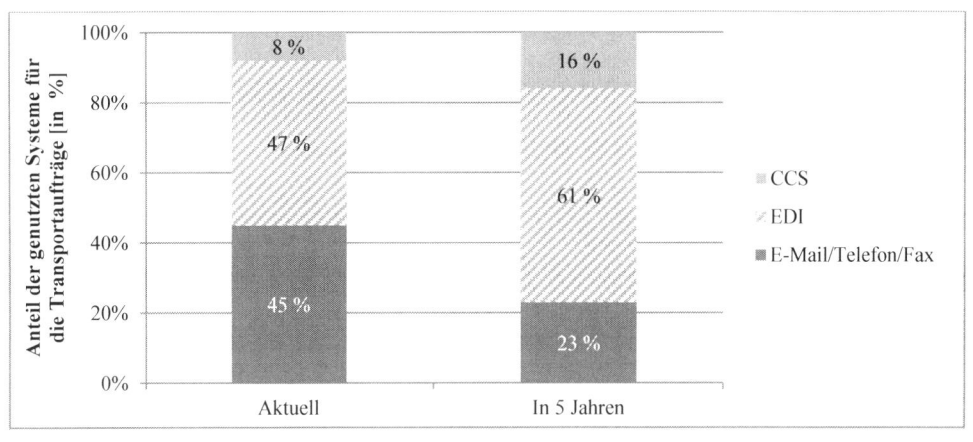

5.1 Status quo und Entwicklungstrends von Auftragsabwicklungssystemen 169

Abbildung 35: Anteil der genutzten Buchungskanäle und Entwicklungen (Experteninterviews mit n=30) (eigene Darstellung).

Der Lock-in-Effekt ist bei EDI mit hohen unternehmensspezifischen Investitionskosten weitaus höher als bei einem CCS, bei dem hauptsächlich mit standardisierten Schnittstellen und Formaten gearbeitet wird. Zudem zeigt dies auch, dass eine Unterscheidung der Unternehmensgröße sinnvoll ist. Während EDI-Schnittstellen meist unternehmensindividuelle Investitionen erfordern und somit verstärkt von Großunternehmen mit festen Kooperationspartnern favorisiert werden, bieten CCS gerade für kleine und mittelständische Unternehmen flexible Anbindungsmöglichkeiten mit geringen Investitionen. Dies zeigt sich an den verstärkten Umsetzungen der CCS in der See- und Luftfracht an zentralen Umschlags- bzw. Knotenpunkten, wo viele Logistikunternehmen ansässig sind und zusammenarbeiten. Beispiele hierfür sind Portbase am Hafen Rotterdam oder Dakosy am Hafen Hamburg sowie Cargonaut am Flughafen Schiphol oder Fair@Link[848] am Flughafen Frankfurt am Main.

5.1.6 Relevanz der Dynamik für das Buchungsverhalten

Die Erkenntnisse zum Buchungsverhalten basieren ausschließlich auf den Ergebnissen der Expertinterviews. Dabei zeigt sich, dass die meisten Transportaufträge (86 %) über Rahmenverträge und nur 14 % als Einzelaufträge über den Spotmarkt abgewickelt werden. Die Analyse der Akteure verdeutlicht zudem, dass Versender sogar 99 % ihrer Transportaufträge über Rahmenverträge abwickeln, wohingegen Spediteure nur 59 % über Rahmenverträge buchen. Der Grund hierfür ist die geringere Planbarkeit der Spediteure im Vergleich zu den Versendern. Spediteure müssen als Dienstleister in der Lage sein, auf kurzfristige Anfragen zu reagieren. Im Allgemeinen verdeutlicht der hohe Anteil an Rahmenverträgen, dass sich die Akteure häufig an ihre Partner binden (Lock-in-Effekte) und dies im Regelfall – trotz oder gerade wegen der hohen Dynamik – von den Akteuren aufgrund der besserern

---

[848] Fair@Link ist die Plattform am Frankfurter Flughafen, die auch von Dakosy betrieben wird.

Konditionen gewünscht ist (relationale Rente). Abbildung 36 zeigt den Anteil der Rahmenverträge aufgeschlüsselt auf die Laufzeit der Verträge. Dabei zeigt sich, dass der größte Anteil (fast 70 %) der Rahmenverträge eine Laufzeit von mehr als sechs Monaten hat. Auch hier sind wieder die Spediteure zu erwähnen, bei denen es umgekehrt ist und der größte Anteil (ca. 54 %) der Aufträge über Verträge mit einer Laufzeit von weniger als sechs Monaten abgewickelt werden. Die Gründe sind mit der geringen Planbarkeit und der geforderten Reaktionsfähigkeit als Dienstleister die gleichen wie zuvor. Ansonsten wird von den Akteuren eher eine längere Laufzeit für den Großteil der Transportaufträge favorisiert. Laut den Experten ist es wichtig, feste oder planbare Preise auszuhandeln und somit eine gewisse Sicherheit für Stellplätze bei den knappen Transportkapazitäten im Hinterland zu haben.

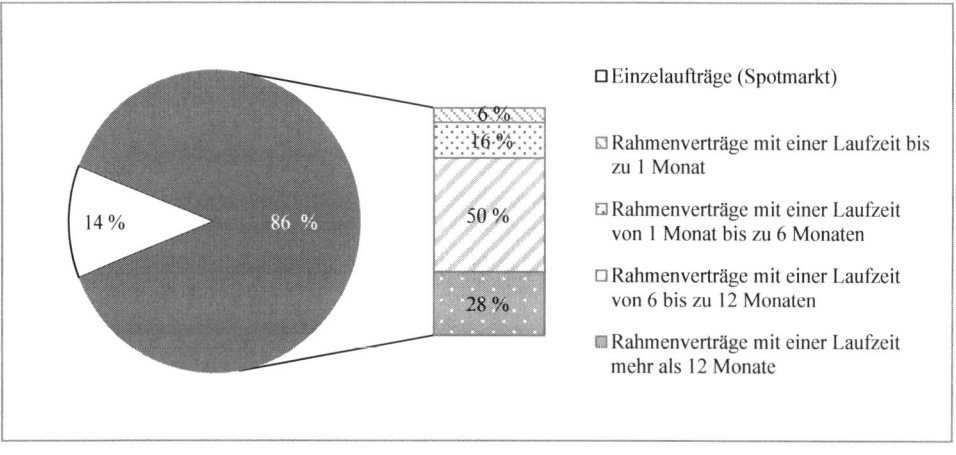

Abbildung 36: Buchungsverhalten Einzelaufträge vs. Rahmenverträge und deren Laufzeiten (Experteninterviews mit n=30 als Anteil der Aufträge pro Jahr in %) (eigene Darstellung).

Bei genauerer Betrachtung der Aufträge, die über Rahmenverträge abgewickelt werden, und deren prozentualer Verteilung auf die Buchungskanäle (siehe Abbildung 37) zeigt sich keine klare Linie. Die Vermutung, dass EDI „nur" in langfristigen Verträgen zum Einsatz kommt, kann hier nicht geteilt werden, sondern verteilt sich auf einem hohen Niveau relativ gleichmäßig über alle Vertragslaufzeiten. Dies kann daran liegen, dass die befragten Unternehmen in den Experteninterviews ihre Buchungen anteilig angegeben haben. Das heißt, wenn ein Unternehmen den Großteil seiner Aufträge über Rahmenverträge mit einer Laufzeit über zwölf Monaten tätigt, aber eben auch einen Teil über kurzfristigere Verträge und alles über EDI abwickelt, so beeinflusst dies auch die prozentuale Verteilung von EDI bei kurzfristigen Verträgen. Der Grund der notwendigen Investition in EDI ist aber dennoch gegeben und spricht den Experten zufolge für einen Einsatz in größtenteils langfristigen Geschäftsbeziehungen. Insgesamt wird zwar bei allen Vertragslaufzeiten einer hoher EDI-Anteil gesehen, dennoch ist der Anteil bei den Vertragslaufzeiten über zwölf Monaten mit 52 % aktuell bzw. 65 % in fünf Jahren am höchsten. Der größte Anteil von CCS mit 17 % aktuell bzw. 32 % in fünf Jahren wird bei Vertragslaufzeiten von einem bis sechs Monaten gesehen. Der Anteil von E-Mail, Telefon oder Fax ist bei kurzfristigen Vertragslaufzeiten

5.1 Status quo und Entwicklungstrends von Auftragsabwicklungssystemen 171

von bis zu einem Monat mit 54 % aktuell bzw. 32 % in fünf Jahren am höchsten. Prozentual ist der größte Rückgang (-72 %) jedoch bei der Vertragslaufzeit von mehr als zwölf Monaten zu erwarten.

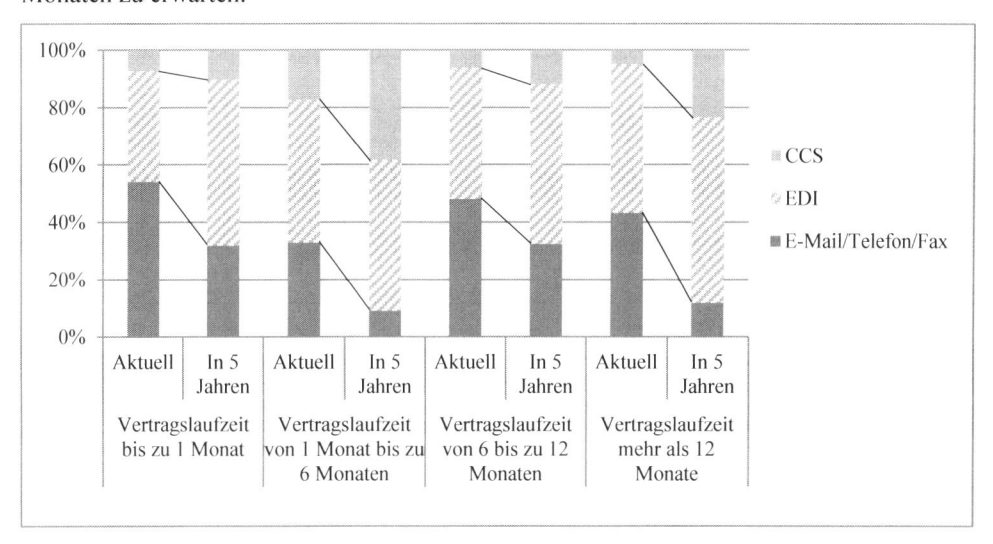

Abbildung 37: Verteilung der Aufträge über Rahmenverträge auf die Buchungskanäle (Experteninterviews mit n=30 als Anteil der Aufträge pro Jahr in %) (eigene Darstellung).

Betrachtet man hingegen die Buchungshorizonte, wie in Abbildung 38 dargestellt, zeigt sich, dass bei der konkreten Buchung einzelner Aufträge anders vorgegangen wird. Hier werden laut den Experten über 80 % der Aufträge weniger als zwei Wochen vor Transportbeginn getätigt. 36 % der Buchungen sogar erst wenige Tage bevor der Transport startet, bei Versendern sind es über 40 %. Der größte Anteil der Aufträge pro Jahr wird ein bis zwei Wochen vor dem Transport gebucht. Daran lässt sich die Herausforderung der schwierigen Planbarkeit in der Transportkette ablesen. Auch wenn Rahmenverträge bestehen, können Dienstleister erst sehr kurzfristig mit konkreten Transportmengen planen. Versender setzten dieser Kritik entgegen: *„Wenn [Dienstleister] im Zuge der Digitalisierung IT-technisch besser aufgestellt wären und historische Daten auswerten könnten, wäre – trotz der kurzfristigen Buchungen – eine bessere Planung auch auf deren Seite möglich. Wir werden auch in Zukunft unsere Transporte nicht früher buchen können."* Der zweite Satz des Zitates deutet bereits die zweite Herausforderung der Auftragsabwicklung in der Transportkette an, nämlich die vielen nachträglichen Auftragsänderungen. Änderungen der Versender ergeben sich beispielsweise bezüglich des konkreten Versandtags aufgrund von Produktionsengpässen oder des Gewichts der Transportgüter, was erst kurz vor Transportbeginn final ermittelt werden kann. Aufgrund des hohen Wettbewerbsdrucks in der Transportkette gibt es jedoch keine Sanktionen für nachträgliche Änderungen, was die hohe

Anzahl erklärt.[849] Da es bei den Änderungen viele Sonderfälle und Interaktionseffekte mit anderen Buchungen gibt, ist der Anteil an manueller Nachbearbeitung bei Auftragsänderungen noch höher als der Anteil der ursprünglichen Auftragsbearbeitung mittels E-Mail, Telefon oder Fax, der wie bereits gezeigt aktuell noch bei fast 50 % liegt. Darunter leidet nicht nur die Planbarkeit, sondern auch die Effizienz der Prozesse.

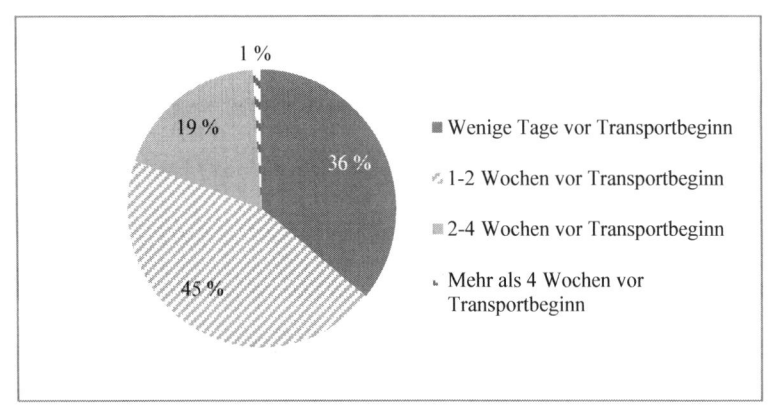

Abbildung 38: Buchungshorizonte (Experteninterviews mit n=30 als Anteil der Aufträge pro Jahr in %) (eigene Darstellung).

5.1.7 Diskussion der Ergebnisse und Propositionen

Im Rahmen dieser einführenden deskriptiven Datenanalyse konnten die Relevanz der Region Rhein-Main sowie der Stand und die Entwicklung der Auftragsabwicklung hinsichtlich des Einsatzes verschiedener Technologien und das Buchungsverhalten der Akteure herausgearbeitet werden. Somit wurden die ersten drei Propositionen adressiert und können nun basierend auf den Ergebnissen hinsichtlich ihres Wahrheitsgehaltes fundiert diskutiert und beantwortet werden. Die erste Proposition befasst sich mit den Akteuren der Rhein-Main-Region und mit der Frage, ob sich dieser Untersuchungsgegenstand zur Analyse der arbeitsteiligen Auftragsabwicklung in der Transportkette eignet:

> P 1.1: *Für die Rhein-Main-Region hat die Logistik eine hohe Relevanz und eignet sich somit besonders für die Analyse der arbeitsteiligen Auftragsabwicklung in der Transportkette.*

Die Ergebnisse der Umfrage wie auch die errechneten Lokalisationsquotienten zeigen sehr deutlich, dass die Region einem großen Standortvorteil durch die sehr gute Anbindung an die meisten Verkehrsträger für die Transport- und Logistik-Branche im Allgemeinen bietet. So schneidet die Region stets über dem durchschnittlichen Wert für Deutschland ab. Die hohe Dichte an Logistik- und Transportunternehmen verdeutlicht die Relevanz der Branche für die Region. Daher kann der ersten Proposition zugestimmt werden. Trotzdem zeigen

---

[849] Die konkrete Anzahl an Änderungen wird im Anwendungsfall in Kapitel 5.2 nochmals detaillierter aufgegriffen und quantifiziert.

5.1 Status quo und Entwicklungstrends von Auftragsabwicklungssystemen 173

sich einige kritische Aspekte, die diese Standortvorteile etwas relativieren: zum ersten die daraus entstehende hohe Verkehrsbelastung in der Region. Um dieser Belastungsgrenze, die nach den Aussagen der Teilnehmer und Experten bereits vielerorts erreicht ist, zu begegnen, wird sowohl der weitere Ausbau der Verkehrsinfrastruktur als auch die Effizienzsteigerung bei bestehenden Prozessen gefordert. Beides ist notwendig. Da der Ausbau der Verkehrsinfrastruktur nur langsam vorangeht, kann die Effizienzsteigerung bestehender Prozesse kurzfristige Engpässe beheben. Zum zweiten nimmt die Region im Bereich Digitalisierung der Auftragsabwicklung keine Vorreiterrolle ein. Unternehmen in der Region müssen sich vorsehen, dass sie sich nicht zu lange auf den Standortvorteilen ausruhen und andere Anbieter sich Wettbewerbsvorteile durch die Integration von IS-Technologien verschaffen. Es wird deutlich, dass viele Unternehmen diese Situation bereits erkennen und ihre Investitionen, z. B. in die Umsetzung verschiedener Auftragsabwicklungssysteme, steigern. Dennoch muss festgehalten werden, dass weiterhin ein großer Forschungs- und Investitionsbedarf besteht, um die Wettbewerbsfähigkeit zu erhalten bzw. auszubauen. Im Detail wurde die Relevanz der IS für die Auftragswicklung mit der zweiten Proposition adressiert:

> *P 1.2: Die steigende Relevanz von Informationssystemen beeinflusst die Auftragsabwicklung in der Transportkette maßgeblich.*

Der aktuelle Stand zeigt, dass es beim Thema IS in der Auftragsabwicklung noch großes Verbesserungspotenzial gibt. Fast die Hälfte aller Transportaufträge wird immer noch manuell über E-Mail, Telefon oder Fax ausgelöst. Würde man die Proposition demnach aus der heutigen Sicht beantworten, würden man sagen: Nein, Informationssysteme beeinflussen die Auftragsabwicklung nur teilweise und nicht maßgeblich. Auch wenn diese Aussage auf Basis der technischen Möglichkeiten, die jeder aus dem privaten Bereich kennt und nutzt, und den großen Effizienzsteigerungspotenzialen zum Teil nur schwer nachvollziehbar ist. Zieht man allerdings die aktuelle Entwicklung mit in Betracht, ist eine Verbesserung erkennbar und der Fortschritt scheint im Vergleich zu den vergangenen Jahren nun deutlich schneller voranzukommen. Entlang der Transportkette mit zum Großteil langfristigen Geschäftspartnern zeichnet sich eine stärkere Integration von EDI ab. An zentralen Umschlags- bzw. Knotenpunkten wie den großen See- und Flughäfen wird verstärkt auf plattformbasierte Auftragsabwicklungssysteme – also CCS – gesetzt, bei denen die Komplexität reduziert wird und eine flexible Zusammenarbeit mit vielen Unternehmen gleichzeitig möglich ist. Die Dynamik kann so zunehmend besser durch den Einsatz verschiedener Technologien in der Auftragsabwicklung abgebildet werden. Diese Dynamik wurde in der dritten Proposition behandelt:

> *P 1.3: Die hohe Dynamik in der Auftragsabwicklung beeinflusst das Buchungsverhalten und den Einsatz von Technologien bisher nur geringfügig.*

Hätte man die zweite Proposition vollumfänglich bejaht, so hätte man wohl diese Proposition ablehnen können. Da sich aber bereits in der Literatur abzeichnete, dass der manuelle Einsatz immer noch groß ist, wurde hier angenommen, dass die Dynamik bisher wenig Einfluss auf das Buchungsverhalten und den Einsatz von Technologien in der Auftragsabwicklung hat. Genau dies hat sich in der Untersuchung bestätigt. Akteure versuchen durch langfristige Verträge, das heißt mehrheitlich länger als sechs Monate, niedrige Preise auszuhandeln und wickeln nach Möglichkeit nur einen kleinen Teil über den Spotmarkt ab. Die einzelnen Transportaufträge werden hingegen weiterhin sehr kurzfristig gebucht, größtenteils ca. eine bis max. zwei Wochen, ein großer Anteil sogar erst wenige Tage vor Transportbeginn. Berücksichtigt man die große Anzahl an Änderungen der Transportaufträge, die kurz vor dem Transport noch dazu kommen, zeigt sich aufgrund dieser hohen Buchungsunsicherheiten in der Transportkette die Herausforderung für die Planung und Disposition von Ressourcen und Kapazitäten. Dennoch hat dies bisher wenig Auswirkungen auf das Buchungsverhalten und den Einsatz von IS-Technologien in der Auftragsabwicklung, welche weiterhin durch einen hohen manuell Aufwand bei der Auftragsbearbeitung und -nachbearbeitung geprägt ist. Die Tendenz der Ergebnisse der webbasierten Umfrage sowie die Angaben der Experten in den Interviews deuten insgesamt darauf hin, dass sich der Einsatz von IS-Technologien in den nächsten Jahren schrittweise verändern wird. Ansätze, wie den Herausforderungen (durch einerseits Steigerung der Prozesseffizienz beim Einsatz proprietärer Systeme und EDI sowie andererseits Steigerung der Akzeptanz von CCS) begegnet werden kann, sollen in den folgenden zwei Anwendungsfällen erarbeitet werden.

5.2 Asynchrone Auftragsabwicklung am Beispiel der Seefracht

Wie sich gezeigt hat, wird die Auftragsabwicklung unternehmensintern mittels proprietärer Systeme und unternehmensübergreifend mit EDI (neben dem weiterhin hohen Anteil an manueller Auftragsweitergabe) durchgeführt. Dieser EDI-Anteil soll in den nächsten Jahren weiterhin erheblich steigen. Das zeigt zwar, dass die Auftragsabwicklung zunehmend digitaler wird, über den Automatisierungsgrad sagt dies allerdings erst einmal wenig aus. So kann die (Nach-) Bearbeitung in den proprietären Systemen trotz digitaler Übertragung wieder einen hohen manuellen Einsatz fordern. Dies soll in dem folgenden Anwendungsfall am Beispiel der Seefracht simulationsbasiert analysiert werden, um Steigerungspotenziale der Prozesseffizienz zu ermitteln. Dazu werden zunächst der Untersuchungsgegenstand und die Zielsetzung abgegrenzt. Daran anschließend folgt die Beschreibung der durchgeführten Datenerhebung und der Modellentwicklung sowie Verifikation und Validierung. Nach der Entwicklung der Szenarien, welche in den Simulationsexperimenten untersucht werden, folgen auch hier in drei Unterkapiteln die Ergebnisse der Simulation sowie die Diskussion der Ergebnisse hinsichtlich der drei Propositionen.

5.2.1 Untersuchungsgegenstand und Zielsetzung

Hinsichtlich der asynchronen Auftragsabwicklung zeigt sich in der Literatur, dass meistens nur sehr vereinfachte Supply Chains oder Transportketten mit wenigen Beteiligten analysiert werden.[850] Dies entspricht allerdings nur selten der Realität und erschwert eine Übertragung der wissenschaftlichen Erkenntnisse auf reale Problemstellungen. Im Folgenden soll diese Forschungslücke geschlossen werden und eine Transportkette möglichst reali-

---

[850] Vgl. hierzu u. a. Grubic, Veza und Bilic (2011); Klein (2007); Forslund (2006).

5.2 Asynchrone Auftragsabwicklung am Beispiel der Seefracht

tätsnah mit mehr als den häufig zwei oder drei betrachteten Beteiligten analysiert werden. Im Mittelpunkt der Untersuchung steht der Vorlauf einer maritimen Transportkette. Der Vorlauf, also eine exportseitige Betrachtung, ist hierbei von besonderem Interesse, da besonders viele Akteure beteiligt sind und aufgrund der Kurzfristigkeit der Buchungen Informationen erst spät bekannt sind.[851] Im Detail geht es um den Export von Containern in einer Carrier's Haulage.[852] Das heißt, die Aufträge werden direkt vom Versender an einen Frachtführer vergeben, der bei der Seefracht der Reeder ist und die Koordination der Transportkette übernimmt. Der Reeder fragt Kapazitäten im Hinterland bei einem Intermodal-Operator an, der die Transportplanung im Hinterland übernimmt. Daneben können unter anderem Eisenbahnverkehrsunternehmen, Terminalbetreiber und weitere Dienstleister an der Durchführung des Containertransports im Vorlauf beteiligt sein. Der Vorlauf endet am Containerterminal im Seehafen. Schematisch sind die Zusammenhänge und Interaktionen hinsichtlich des Informations- und Güterflusses der Akteure im Vorlauf der Seefracht-Transportkette in Abbildung 39 dargestellt. Diese Zusammensetzung bezieht sich auf den intermodalen Verkehr, das heißt für die Analyse muss eine Relation gewählt werden, die sich für den intermodalen Verkehr eignet bzw. dafür genutzt wird. In der Literatur werden hierfür Verbindungen genannt, die einen besonders guten Zugang zu anderen Verkehrsträgern haben, und bei denen die Transportdistanz mindestens 300 km beträgt.[853] Diese Voraussetzungen sind in der Rhein Main Region zu allen möglichen Seehäfen gegeben.[854]

---

[851] Für den Nachlauf gilt dies gleichermaßen, nur in umgekehrter Reihenfolge. Die Thematik der Auftragsabwicklung, insbesondere hinsichtlich der frühzeitigen Informationsweitergabe und -bereitstellung, ist jedoch beim Nachlauf nicht im gleichen Maße wie im Vorlauf relevant, da Informationen bezüglich der Transporte meist frühzeitiger bekannt sind. Es kann daher davon ausgegangen werden, dass die Erkenntnisse aus dem Vorlauf für den Nachlauf gleichermaßen, jedoch in abgeschwächter Form, vorliegen. Dies gilt es in Zukunft zu überprüfen. Beim Hauptlauf sind meist nur wenige Akteure beteiligt. Außerdem ist die Informationsverfügbarkeit und -integration meist fortschrittlicher als im Vor- und Nachlauf.

[852] Carrier's Haulage ist in diesem Fall besonders interessant, da hierüber vor allem große Mengen transportiert werden (vgl. Elbert, Scharf und Müller (2018), S. 2). Um eine hohe Aussagekraft der Ergebnisse sicherzustellen, bietet es sich daher an Akteure mit großen Transportvolumina zu wählen.

[853] Vgl. Truschkin und Elbert (2013), S. 106; European Commission (2011), S. 9. Walter (2015) spricht sogar von einer Entfernung von mehr als 500 km, bei welcher der intermodale (explizit der schienengebundene) Verkehr eine hauptsächliche Rolle spielen sollte (vgl. Walter (2015), S. 23). Ab ca. 800 km ist der intermodale Verkehr allerdings erst schneller als der unimodale Straßentransport, das heißt zwischen 300 km und 800 km bleibt die Entscheidung weiterhin Gegenstand einer Abwägung von Transportkosten und -dauer (vgl. Truschkin und Elbert (2013), S. 106), welche weiterhin die wichtigsten Entscheidungskriterien darstellen (vgl. Elbert und Scharf (2018), S. 202). Für weitere Erläuterungen bzw. Differenzierungen der Entscheidungskriterien für den intermodalen Transport siehe auch Arencibia et al. (2015); Feo, Espino und García (2011); de Langen (2007); Cullinane und Toy (2000).

[854] Während Hessen hauptsächlich Hamburg und Bremen wählt, setzen Rheinland-Pfalz, Baden-Württemberg oder Bayern nicht zuletzt auch aufgrund der Binnenschiff Anbindung häufig auf Rotterdam und Antwerpen. Die Südhäfen spielen eher eine untergeordnete Rolle für die Region. Für die Rhein-Main-Region gibt es sich demnach keine eindeutige Meinung, welcher Hafen zu wählen ist und auch hier findet, neben der Abwägung der Entscheidungskriterien für die Verkehrsträgerwahl, auch eine Abwägung für die Hafenwahl statt. Für weitere Informationen siehe auch Elbert, Scharf und Müller (2018).

176 5 Empirische Erhebung und Analyse

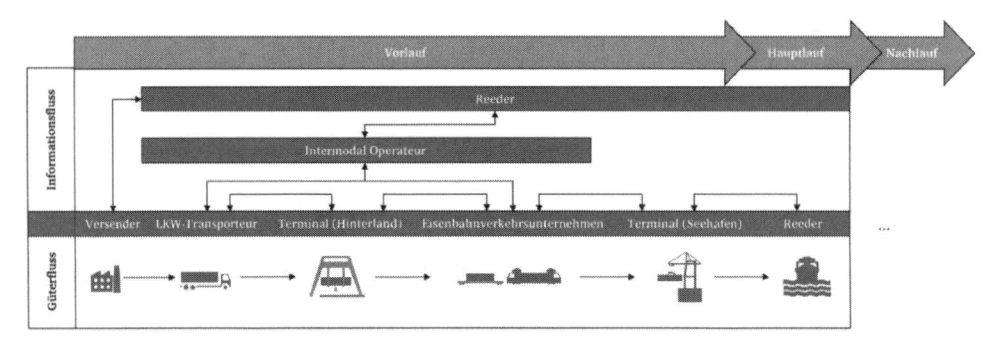

Abbildung 39   Beziehungen zwischen den Akteuren der Seefracht-Transportkette in der Carrier's Haulage im Vor- und Hauptlauf (Beziehungen gelten für den Nachlauf analog zum Vorlauf) (eigene Darstellung).

Um im Rahmen des Anwendungsfalls Akteure mit einem hohen gemeinsamen Auftragsvolumen zu berücksichtigen, wird eine stark frequentierte Hinterlandverbindung in Deutschland von der Rhein-Main-Region über Frankfurt am Main bis zum Seehafen in Hamburg ausgewählt. Die berücksichtigten Mengen stammen von Versendern, die einen Standort in der Rhein-Main-Region haben, das heißt es werden keine Umschlagsmengen aus anderen Regionen berücksichtigt. Der Containerumschlag erfolgt an einem Hinterlandterminal in Frankfurt am Main, dem zentralen Umschlagplatz für den intermodalen Verkehr in der Rhein-Main-Region. Der Transport geht weiter zum Seehafen Hamburg, dem drittgrößten Containerseehafen Europas unter den Top 20 weltweit.[855] In der Datenaufnahme und -analyse sind ein Reeder, ein Intermodal-Operator, ein LKW-Transporteur, ein Eisenbahnverkehrsunternehmen sowie je ein Terminalbetreiber im Hinterland und einer im Seehafen beteiligt.[856] Der betrachtete Reeder gehört nach Marktanteil zu den Top 5 der weltweit größten Linienreedereien.[857] Der Intermodal-Operator ist mit einem Anteil von ca. 7 % der gesamten intermodalen durchgeführten Transportdienstleistungen der führende Anbieter in Europa, was auch hier die starke Fragmentierung auf dem Anbietermarkt verdeutlicht.[858] Er führt seine Zubringer- bzw. Straßentransporte fast ausschließlich über den einen berücksichtigten LKW-Transporteur durch.[859] Das Eisenbahnverkehrsunternehmen hat den höchsten Marktanteil in Deutschland.[860] Schließlich ist das Containerterminal am Seehafen eines

---

[855] Vgl. UNCTAD (2017), S. 65.
[856] Die Akteure sind hier einzeln aufgeführt zum Teil gehören diese aber zusammen. Beispielsweise ist der Intermodal-Operator eine 100 %ige Tochter des Eisenbahnverkehrsunternehmens und der LKW-Transporteur ist eine 100 %ige Tochter des Intermodal-Operators. Trotz dieser Zusammenhänge ist eine Analyse sinnvoll, da die Unternehmen selbstständig agieren und jeweils eigene Systeme verwenden.
[857] Vgl. UNCTAD (2017), S. 30.
[858] Vgl. de Langen et al. (2017), S. 7.
[859] Der LKW-Transporteur hat in diesem Fall keine eigenen Fahrzeuge und nimmt eine Mittlerfunktion ein, da er wiederum viele kleine LKW-Transporteure mit eigenen Fahrzeugen unterbeauftragt. Diese sollen an dieser Stelle allerdings nicht weiter betrachtet werden.
[860] Vgl. Link (2004), S. 17.

der fortschrittlichsten in Hamburg und verbucht die meisten wöchentlichen Zugfahrten europaweit.[861]

Ziel der Analyse des Auftragsabwicklungsprozesses mittels proprietärer Systeme und EDI ist es, die Prozesseffizienz entlang der betrachteten Kette zu analysieren und diese durch Reduzierung der Durchlaufzeiten und Kosten pro Auftrag zu steigern. Dabei wird zur Ermittlung der Prozesseffizienz der (manuelle) Aufwand (Bearbeitungszeiten für Aufträge und Änderungen) für alle beteiligten Planer und Disponenten in der Kette berücksichtigt (abhängige Variable). Zur Analyse der Prozesseffizienz, welche im Rahmen der drei Propositionen überprüft werden sollen, werden die folgenden drei unabhängigen Variablen betrachtet und variiert:

- Weiterleitungszeitpunkte zwischen planenden und operativen Akteuren (ORR-Mechanismus)
- Änderungsverteilung (Anzahl Auftragsänderungen pro Auftrag)
- Zeitpunkt Änderungseingang (vom Versender)

5.2.2 Datenerhebung

Für die Erhebung wurden einerseits Interviews geführt und Beobachtungen und anderseits Gruppendiskussionen im Rahmen der Workshops organisiert. Die Interviews und Beobachtungen dienen dabei der Datenerhebung und liefern die Datenbasis für das Simulationsmodell. Die Gruppendiskussionen dienten vorrangig der Datenvalidierung. Die Interviews wurden hauptsächlich mit den Disponenten[862] unterschiedlicher Akteure geführt,[863] deren Hauptaufgabe die Auftragsabwicklung darstellt und die somit als Experten auf diesem Gebiet angesehen werden können. Alle interviewten Disponenten arbeiten seit mehr als fünf Jahren in diesem Umfeld und können somit auf einen großen Erfahrungsschatz zurückgreifen. Für die Interviews wurde ein teil-strukturierter Leitfaden[864] entwickelt. Die Themenschwerpunkte wurden im Vorfeld an die Teilnehmer der Interviews bzw. für die teilnehmenden Beobachtungen per E-Mail versendet, in den Interviews wurde ein etwas ausführlicherer Fragenkatalog verwendet. Dieser wurde nicht vorab zu Verfügung gestellt, damit sich die Teilnehmer in den Gesprächen nicht zu sehr an einzelnen Fragen orientieren, sondern weiterhin ein offenes Gespräch möglich bleibt. Alle Interviews wurden aufgenommen und transkribiert. Aus den Transkripten wurden Zusammenfassungen (Protokolle) erstellt, die den Interviewten im Nachgang zugesandt wurden. So konnte sichergestellt werden, dass wichtige Aspekte aus den Gesprächen richtig dokumentiert oder interpretiert

---

[861] Vgl. de Langen et al. (2017), S. 5.
[862] Im Folgenden wird nicht zwischen Planer und Disponent unterschieden und nur noch Disponent genannt, da auch bei den planenden Akteuren die Arbeitsbezeichnung Disponent verwendet wird und zutreffen ist.
[863] Zum Teil waren in den Interviews auch die an der Gruppendiskussion beteiligten Manager anwesend bzw. beteiligt, da diese die unternehmensinternen Kontakte hergestellt haben.
[864] Der Leitfaden enthält zielgerichtete Themenschwerpunkte. Die Fragen können dabei angelehnt an der Formulierung je nach Interview frei formuliert werden und dem Interviewten angepasst werden, um eine möglichst angenehme Interviewatmosphäre zu generieren (vgl. Myers und Newman (2007), S. 13; Alvesson (2003), S. 14).

worden waren. Basierend auf den Rückmeldungen wurden die Protokolle entsprechend angepasst oder ergänzt. In Tabelle 14 sind alle Teilnehmer der Interviews und teilnehmenden Beobachtungen aufgelistet. Daraus wird ersichtlich, dass die Interviews mit dem Intermodal-Operateur und dem Reeder mit jeweils über zwei Stunden weitaus länger gedauert haben als die beiden anderen Interviews. Dies ist nachvollziehbar, da die planenden Akteure (in der Carrier's Haulage) den größten Koordinationsaufwand haben und die anderen beiden die ausführenden, operativen Akteure sind. Ziel der Interviews war es, die Auftragsabwicklung strukturiert zu besprechen und dabei Regelmäßigkeiten und Unregelmäßigkeiten aufzudecken sowie Häufigkeiten, Mengen und Zeiten für die Simulation zu erfassen. Bei den jeweils anschließenden Beobachtungen konnte den Disponenten über die Schulter geschaut werden, wie sie die Transportaufträge in der Realität bearbeiten. Beim Terminalbetreiber am Seehafen fand keine Beobachtung der Disponenten statt, da diese nicht mehr im Betrachtungsfokus des Vorlaufs enthalten sind. Beim LKW-Transporteur sowie Terminalbetreiber im Hinterland bzw. beim Eisenbahnverkehrsunternehmen wurden die beiden Beobachtungen direkt hintereinander durchgeführt.

Tabelle 14: Übersicht der Interviews und der teilnehmenden Beobachtungen zur asynchronen Auftragsabwicklung (Datenerhebung für das Simulationsmodell) (eigene Darstellung).

Nr.	Datum	Akteur	Anzahl teilgenommener Personen und deren Position im Unternehmen	Dauer [in Std.]
1	21.07.2015	Intermodal-Operateur	1. Prozessmanager (Disposition) 2. Disponent	2:17
2	28.07.2015	Eisenbahnverkehrsunternehmen, LKW-Transporteur und Terminalbetreiber (Hinterland)[865]	3. Geschäftsarchitekt IT (EVU) 4. Disponent (LKW-Transporteur) 5. Disponent (Terminalbetreiber)	1:13
3	30.07.2015	Terminalbetreiber (Seehafen)	6. Manager Terminalentwicklung	0:28
4	14.08.2015	Reeder	7. Senior Manager Operations 8. Manager Operations Transport Center 9. Disponent	2:20

Zudem wurden sechs Workshops auf Managementebene durchgeführt. Eine Übersicht der Teilnehmer ist in Tabelle 15 dargestellt. An den Terminen waren jeweils 13 Teilnehmer aus Forschung und Praxis beteiligt. Auch hier veränderten sich die Zielsetzungen der Workshops im Zeitverlauf und es konnten Zielsetzungen, Herangehensweisen, Datenbasis, (Prozess-)Dokumentationen, Modellkonzeptionen sowie (Zwischen-)Ergebnisse systematisch besprochen und schrittweise validiert werden.

---

[865] Dieses Interview wurde zusammen durchgeführt, da der LKW-Transporteur und der Terminalbetreiber im Hinterland am selben Standort sitzen. Zudem arbeitet der Terminalbetreiber im Hinterland eng mit dem Eisenbahnverkehrsunternehmen zusammen. Eine Unterscheidung der Unternehmen ist nicht immer möglich und Aufgabenbereiche werden übergreifend erfüllt. Im Nachfolgenden werden diese daher nicht immer getrennt aufgeführt.

5.2 Asynchrone Auftragsabwicklung am Beispiel der Seefracht

Tabelle 15: Übersicht Gruppendiskussionen im Rahmen der Workshops zur asynchronen Auftragsabwicklung (Daten- und Ergebnisvalidierung sowie Modellverifikation der Simulation) (eigene Darstellung).

Nr.	Datum	Akteure	Anzahl teilgenommener Personen und deren Position im Unternehmen
1	01.04.2015	Forschungsinstitution	1. Professor aus dem Bereich Logistik 2. + 3. Wissenschaftliche Mitarbeiter
2	08.05.2015	Intermodel Operateur	4. Teamleiter Prozessmanagement 5. Prozessmanager (Disposition)
3	24.06.2015	Eisenbahnverkehrsunternehmen	6. Geschäftsarchitekt IT 7. Referent Hafenbeauftragter Nord und Hinterland
4	19.08.2015	Reeder	8. Director Operations 9. Senior Manager Operations 10. Projektmanager/IT Consultant
5	05.10.2015		
6	04.12.2015	Terminalbetreiber (Seehafen)	11. Abteilungsleiter Terminal Entwicklung 12. +13. Manager Terminalentwicklung

Der Datensatz für die betrachtete Transportrelation umfasst 786 Transportaufträge (wobei ein Auftrag meistens mehrere Container enthält) innerhalb von sieben Monaten im Zeitraum von November 2014 bis Mai 2015 (siehe Abbildung 40). Dieser Auftragsdatensatz wurde vom Reeder zur Verfügung gestellt und deckt die exportseitigen Aufträge von Versendern aus der Rhein-Main-Region in diesem Zeitraum ab. Entsprechend der zur Verfügung stehenden Daten wurde die Laufzeit der Simulation (unter Berücksichtigung der Anlauf- und Durchlaufzeit) auf acht Monate festgelegt. Der zusätzliche Monat am Ende der Simulation stellt sicher, dass nach Ablauf der Simulation alle eingegangenen Aufträge abschließend bearbeitet wurden.

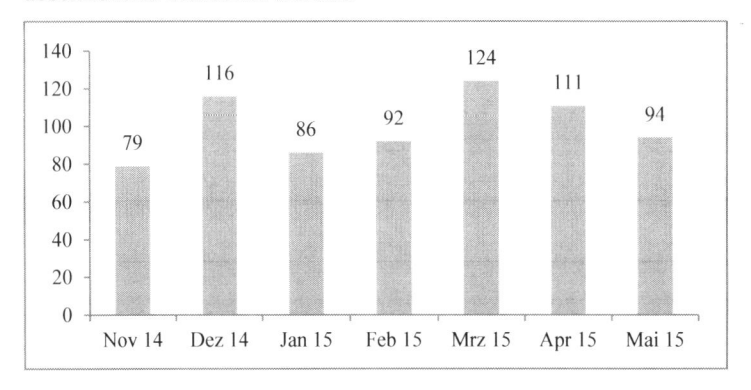

Abbildung 40: Auftragseingang pro Monat von Versendern der Rhein-Main-Region (eigene Darstellung).

Da vor allem die Bearbeitungsdauer von Aufträgen nicht systemseitig erfasst werden darf,[866] wurden in den Interviews hierfür Extrem- und Durchschnittswerte abgefragt („Wie lange dauert es minimal/durchschnittlich/maximal einen Auftrag zu bearbeiten?"). Während der Beobachtungen hat der jeweilige Disponent die Bearbeitungs- und Änderungsverläufe in den jeweiligen Systemen gezeigt und es wurden reale Aufträge beispielhaft im System gebucht, um ein Verständnis für den Ablauf zu erlangen. Aus den Interviews und Beobachtungen konnten entsprechende Dreieckswahrscheinlichkeitsverteilungen oder Dreiecksverteilungen („triangular distribution") geschätzt werden.[867] Der Bereich der Dreiecksverteilung wird mit einer 3-Tupel T (min; max; mode) durch den minimalen (min), maximalen (max) und wahrscheinlichsten Wert (mode), der den Modus der Verteilung wiederspiegelt, definiert.[868] In Tabelle 16 sind die relevanten Verteilungen der Bearbeitungszeiten zusammengefasst.

Tabelle 16: Verteilung der Auftragsbearbeitung und -änderung pro Auftrag und Akteur (eigene Darstellung).

Dreiecksverteilung T (min; max; mode)	Reeder	Intermodal Operateur	Speditionsdienstleister	Eisenbahnverkehrsunternehmen
Dauer der Auftragsbearbeitung [in Minuten]	T (0,5; 15; 5)	T (0,5; 2; 1)	T (0,5; 1; 0,75)	T (0,5; 1; 0,75)
Dauer der Änderungsbearbeitung [in Minuten]	T_1 (0,5; 5; 2,5) T_2 (5; 45; 20)	T_1 (0,25; 5; 1) T_2 (0,25; 10; 3)	T (0,5; 2; 1,25)	T (0,5; 2; 1,25)

Auffällig ist, dass es beim Reeder und beim Intermodal-Operateur für die Auftragsänderungen jeweils zwei Verteilungen bzw. Kategorien bezüglich der Dauer der Bearbeitung gibt. Um die Realität möglichst präzise abzubilden, wurde diese Unterscheidung auch im Modell berücksichtigt. Für die Unterscheidung gibt es zwei Gründe. Beim Reeder wurde diese Differenzierung gewählt, da Auftragsänderungen intern kategorisiert und mit einem Ampelsystem gekennzeichnet werden. Im System des Unternehmens sind kleine Änderungen gelb und große Änderungen rot markiert und werden hier in der Spalte des Reeders durch T_1 bzw. T_2 beschrieben. Die Verteilung der beiden Kategorien liegt bei 70 % zu 30 %. Beim Intermodal-Operateur hingegen verursachen Änderungen, die weniger als drei Tage vor Versandtag eingehen zum Teil einen größeren Aufwand, hier entsprechend mit T_2 in der Spalte des Intermodal-Operateurs gekennzeichnet, als Änderungen die drei Tage oder früher eingehen, hier T_1. Zudem ist die Dominanz der Auftrags- und Änderungsbearbeitung des Reeders herauszustellen. Im Modus braucht der Reeder für die Auftragsbearbeitung mindestens fünf Mal so lange wie die anderen Akteure, bei der Änderungsbearbeitung zum Teil fast sieben Mal so lange. Diese Werte lassen sich durch den hohen Aufwand des

---

[866] Zur Wahrung der Persönlichkeitsrechte der Planer und Disponenten ist eine systemseitige Erfassung von detaillierten Bearbeitungszeiten nicht möglich.
[867] Die Dreieckswahrscheinlichkeitsverteilung wird in der Forschung häufig als Näherungswert für die Verteilung von Bearbeitungszeiten verwendet (vgl. Robinson (2004), S. 107).
[868] Vgl. Law (2013), S. 304 f.

5.2 Asynchrone Auftragsabwicklung am Beispiel der Seefracht 181

Reeders bei der Auftragsabwicklung erklären, der den direkten Kontakt zum Versender und die Koordination entlang der Kette in der Carrier's Haulage übernimmt.

Weitere Konfigurationen der fixen Parameter im Simulationsmodell sind in Tabelle 17 zusammengefasst. Insgesamt vier Disponenten (einer pro Akteur) wickeln die Aufträge und entsprechenden Änderungen für die betrachtete Transportrelation ab. Die Aufträge beziehen sich auf Direktzüge, die zweimal wöchentlich vom Terminal im Hinterland zum Seehafen fahren. Ein Auftrag wird einem Zug entsprechend dem Versandtag (letzter Zug vor oder am Versandtag) zugeordnet. Dies ist von besonderer Bedeutung, da in der Transportkette meistens ein bestimmtes Containerschiff im Hafen mit der benötigten Vorlaufzeit („cut-off time")[869] erreicht werden muss. Der Versandtag des Containers im Hinterland wird demnach durch die „cut-off time" am Seehafen bestimmt. Wird der Auftrag zu spät bearbeitet, wird der Zug und damit unter Umständen das geplante Containerschiff verpasst. Dadurch entstehen Strafkosten. Diese entstehen u. a. durch höhere Transportraten aufgrund kurzfristiger Buchungen auf alternative Verkehrsträger (meistens LKW) oder Produktions- oder Umsatzeinbußen infolge verpasster Transportverbindungen. Im Einzelfall können die Strafkosten, vor allem wenn dadurch ein Produktionsstopp verursacht wird, deutlich höher liegen. Die angenommenen 500 Euro stellen einen Mittelwert dar, auf den sich Experten in den Workshops geeinigt haben.

Tabelle 17: Konfiguration der fixen Parameter im Simulationsmodell (eigene Darstellung).

Fixe Parameter	Konfiguration
Disponent	1 Mitarbeiter pro Akteur (für die untersuchte Relation)
Arbeitszeiten	8 Stunden pro Tag; 5 Tage pro Woche (von Montag bis Freitag)
Tag des Auftragseingangs	T (2; 31; 15) Tage vor Versandtag
Anzahl Auftragseingang	Reale Auftragsdaten pro Monat (gleichverteilt innerhalb des Monats)
Direktzüge	2 Züge pro Woche
Prozesskosten	50 Euro pro Stunde
Strafkosten (verpasster Zug)	500 Euro pro Auftrag

5.2.3 Entwicklung des konzeptionellen und computergestützten Modells

Der Versender initialisiert den Auftragsprozess und sendet einen Transportauftrag an den Reeder. Nachdem der Disponent des Reeders die Präferenzen des Versenders sowie die verfügbaren (seeseitigen) Transportkapazitäten (auf den eigenen/gecharterten Containerschiffen) überprüft hat, wird ein Intermodal-Operator ausgewählt. Dieser prüft wiederum die verfügbaren Kapazitäten auf der Schiene und Straße im Hinterland und kann den Auftrag entsprechend annehmen oder ablehnen. Danach erhält der LKW-Transporteur den

---

[869] Die Cut-Off Time am Hamburger Hafen beträgt 24 Stunden. Wenn ein Container zu dieser Zeit noch nicht physisch am Hafen ist, kann er nicht mehr für die Stauplanung bzw. den Transport auf dem Containerschiff berücksichtigt werden.

Auftrag und organisiert die Durchführung des Containertransports auf der Straße. Schließlich wird der Auftrag vom Eisenbahnverkehrsunternehmen am Terminal im Hinterland bearbeitet und zusammen mit den Containern als begleitende Frachtdokumente auf der Schiene zum Terminal am Seehafen gebracht. Die Prozesse und Übergabe des Auftrags vom Terminalbetreiber am Seehafen an den Reeder können bereits dem Hauptlauf zugeordnet werden und werden an dieser Stelle nicht weiter betrachtet.[870] In der Auftragsabwicklung im Vorlauf übernehmen somit der Reeder und der Intermodal-Operator die Planung der Transportaktivitäten (planende Akteure), während der LKW-Transporteur und das Eisenbahnverkehrsunternehmen die operative Durchführung des Transports vor dem oder am Versandtag steuern (operative Akteure).[871] Die Betrachtung endet an dieser Stelle, weil ab diesem Zeitpunkt in der Regel keine weiteren Auftragsänderungen durch den Versender zu erwarten sind und die Auftragsinformationen als final betrachtet werden können. Weitere Änderungen können sich während des Transports ergeben (z. B. Verspätungen durch Staus), werden aber in diesem Fall nicht berücksichtigt.

Bei der Bearbeitung der Änderungen werden ähnliche Prozessschritte wie bei der allgemeinen Auftragsbearbeitung durchlaufen. Der wesentliche Unterschied besteht darin, dass Änderungen nur dann zum nächsten Akteur übermittelt werden, wenn der Auftrag zuvor bereits weitergegeben wurde. Wenn Aufträge noch nicht an den nächsten Akteur übermittelt wurden, wird die Änderung im entsprechenden Auftrag ergänzt und nur der überarbeitete Auftrag wird weitergeleitet. Der Prozess für die spezifische Änderung endet an dieser Stelle. Wenn der Auftrag jedoch bereits zum nächsten Akteur übermittelt wurde, muss der Auftrag aktualisiert werden und die Änderung wird entsprechend auch an den nächsten Akteur übermittelt. Folglich müssen auch die folgenden Akteure den Auftrag entsprechend aktualisieren, was zu zusätzlichem Aufwand bei jedem Akteur führt.

Um ein Verständnis für die Prozesse, Interaktionen und Abhängigkeiten zwischen den Akteuren zu erlangen, wurde eine umfangreiche unternehmensübergreifende Prozessdokumentation durchgeführt.[872] Für die Simulation ist allerdings eine Aggregation der einzelnen Prozessschritte sinnvoll, da die Prozesszeiten auch nur auf dieser aggregierten Ebene erfasst werden können. Die einzelnen Schritte des Auftragsabwicklungsprozesses können daher weitestgehend aus der Literatur abgeleitet werden.[873] Sie wurden im Anschluss in den

---

[870] Auch die Stauplanung der Containerschiffe, wofür die Auftragsdaten zwischen dem Terminalbetreiber am Seehafen und dem Reeder ausgetauscht werden und gemeinsam ein bestmögliche Anordnung der geplanten Container für ein Containerschiff ermittelt werden, ist an dieser Stelle nicht mehr Teil der Betrachtung.

[871] Hierbei wird die Überschneidung des Informations- und Güterfluss in der Auftragskette deutlich. Während planende Akteure sich hauptsächlich mit dem vorauseilenden Informationsfluss beschäftigen, befassen sich die operativen Akteure mit den Güterfluss-begleitenden Informationen. Natürlich ist in der Realität diese Trennung zwischen planenden und operativen Akteuren nicht trennscharf, da vor allem operative Akteure zu einem gewissen Maß auch planende Aufgaben, um ausreichend Transportkapazitäten vorhalten zu können, übernehmen.

[872] Vgl. Pontow (2017), S. 133-152.

[873] Vgl. hierzu u. a. Lambert, García-Dastugue und Croxton (2005); Croxton (2003). Für weitere Details siehe Kapitel 2.1.1.

5.2 Asynchrone Auftragsabwicklung am Beispiel der Seefracht

Workshops besprochen und validiert, bevor die Zeiten für die jeweiligen Prozessschritte in den Interviews thematisiert und erfasst wurden.

Im konzeptionellen Modell wurden dabei im Prinzip die drei wesentlichen Prozessschritte der Auftragsabwicklung für jeden Akteur modelliert: Auftrag erhalten/erfassen, Auftrag bearbeiten und Auftrag zuteilen/senden. In der Literatur werden weitere Schritte, wie z. B. Rechnung erstellen und Leistung messen, für den Auftragsabwicklungsprozess angeführt.[874] Diese haben eine hohe Wichtigkeit, werden aber häufig von anderen Bereichen im Unternehmen übernommen und sind daher für die Prozesseffizienz in der Disposition nicht relevant. Für die Visualisierung des konzeptionellen Modells wurde UML als gängige Prozesssprache gewählt und für die Modellierung wurde MS Visio verwendet.[875] Wie aus dem konzeptionellen Modell ersichtlich wird, dargestellt in Abbildung 41, verläuft der Änderungsprozess parallel (jedoch zeitlich versetzt) zum Auftragsprozess. Durch den versetzen Startbeginn im konzeptionellen Modell soll verdeutlicht werden, dass Änderungen erst generiert und einem Auftrag zugeordnet werden können, wenn der Auftrag bereits erstellt ist. In der Literatur findet sich hierzu keine detaillierte Prozessbeschreibung, daher basieren die Prozessschritte ausschließlich auf den erhobenen Daten und der Validierung mit den Akteuren. Auch bezüglich der Änderungen wurden drei wesentliche Prozessschritte angenommen: Änderung erhalten/erstellen, Änderung bearbeiten und Änderung senden. Bis zu diesem Punkt ist der Änderungsprozess analog zum Auftragsprozess modelliert. Der entscheidende Unterschied liegt in der Entscheidung zwischen der Bearbeitung und dem Versand der Änderung. Ist ein Auftrag bereits an den nächsten Akteur in der Kette versendet worden, wird auch die Änderung an ihn weitergeleitet, damit die nachfolgenden Akteure entsprechende Änderungen vornehmen können. Muss die Frage, ob ein Auftrag bereits versendet ist, allerdings mit „Nein" beantwortet werden, endet der Auftragsänderungsprozess an dieser Stelle, da die Änderung in den Auftrag eingearbeitet ist und so der geänderte Auftrag direkt übermittelt werden kann. Dieser Zusammenhang verdeutlicht auch noch einmal die gewählte Forschungsmethode der Simulation. Neben stochastischen Einflüssen bei den einzelnen Prozessschritten (Bearbeitungszeiten, Eintrittswahrscheinlichkeiten etc.), ist vor allem die Verknüpfung und zeitliche Betrachtung elementar, um die Prozesseffizienz zu ermitteln.

Der Versender ist im konzeptionellen Modell mit aufgeführt, wird aber im computergestützten Modell nicht im Detail modelliert, da der Schwerpunkt der Analyse auf der Prozesseffizienz der Akteure der Transportkette liegt. Dennoch zeigt sich, dass beispielsweise die Häufigkeit der Änderungen oder der Zeitpunkt des Änderungseingangs zentral in der Betrachtung vom Versender abhängig ist. Das Modell fokussiert sich demnach auf die Herausforderungen, die sich für die Transportkette ergeben. Diese können den Versendern bzw. den Reedern, da diese im direkten Kontakt zu den Versendern stehen, aufgezeigt werden und ermöglichen die Diskussion von Handlungsmaßnahmen, um die Prozesseffizienz für die gesamte Transportkette zukünftig zu steigern.

---

[874] Vgl. hierzu u. a. Lambert, García-Dastugue und Croxton (2005); Croxton (2003). Für weitere Details siehe Kapitel 2.1.1.
[875] Vgl. Jede und Teuteberg (2016), S. 445; Roorda et al. (2010), S. 21; (Robinson 2004), S. 128.

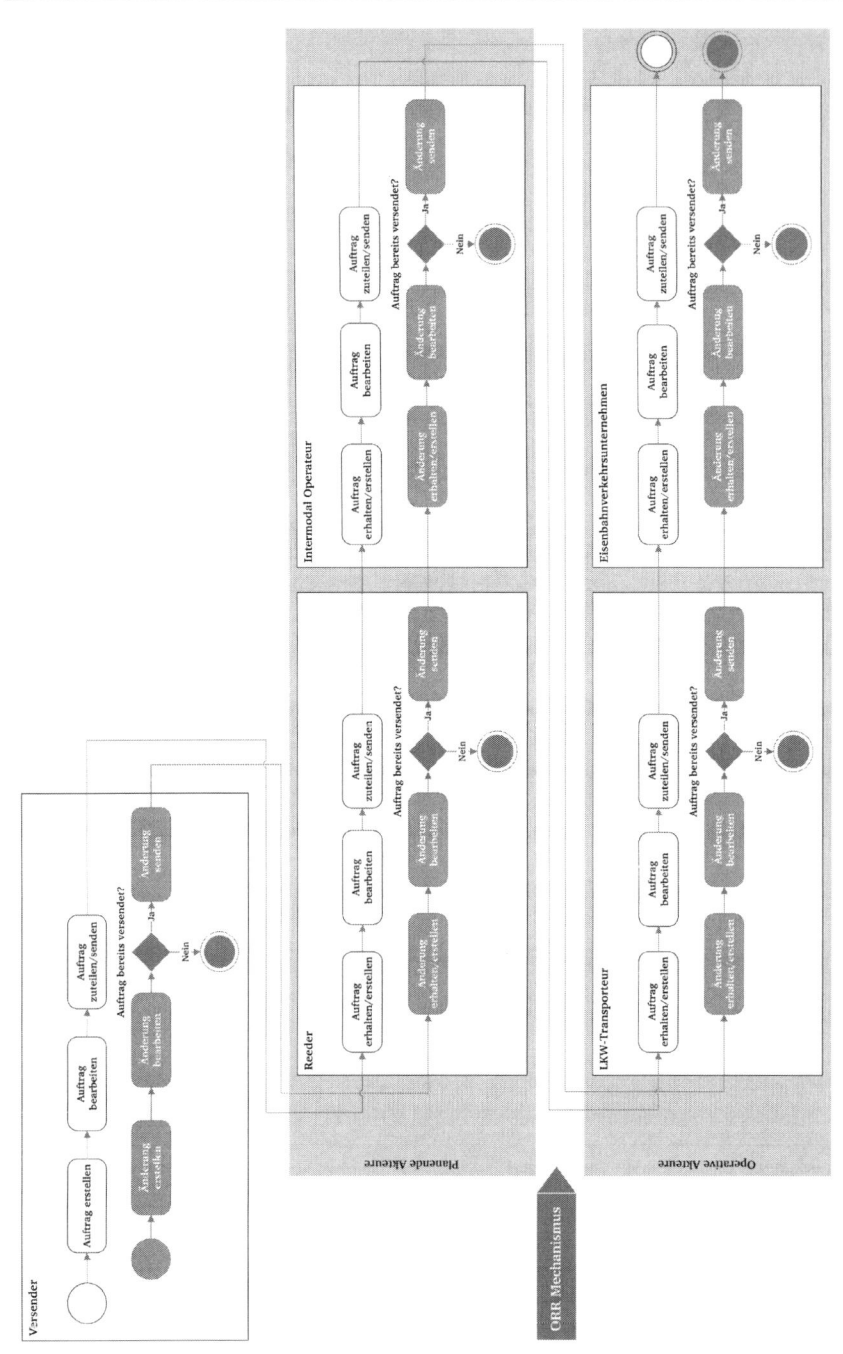

Abbildung 41: Konzeptionelles UML-Modell der asynchronen Auftragsabwicklungsprozesse am Beispiel der Seefracht mittels proprietärer Systeme und EDI (eigene Darstellung).

Der ORR-Mechanismus wurde bereits im konzeptionellen Modell berücksichtigt. Die betrachteten Weiterleitungszeiten („order release times") befinden sich zwischen den planenden und den operativen Akteuren und man kann sie anhand verschiedener Weiterleitungszeitpunkte („order review points") analysieren. Der Zeitpunkt der Auftragsübermittlung und der Beginn der Auftragsbearbeitung beim nächsten Akteur werden nicht durch eine Zeitverzögerung getrennt, so dass die Auftragsbearbeitung unmittelbar nach der Übermittlung beginnt. Der im Modell angewandte ORR-Mechanismus berücksichtigt die Differenz zwischen dem Bearbeitungszeitpunkt und der verbleibenden Zeit bis zum Versand-/Verladetag (Fälligkeitsdatum des Auftrags). Ist diese Zeitdifferenz kleiner als der vorgegebene Weiterleitungszeitpunkt, wird der Auftrag sofort von den planenden an die operativen Akteure übermittelt. Andernfalls wird er so lange zurückgestellt (in einen sogenannten „backlog order pool"), bis die Zeitdifferenz dem vordefinierten Weiterleitungszeitpunkt entspricht. Dieser Mechanismus kann als zeitlich restriktiver ORR-Mechanismus klassifiziert werden.[876] Die kapazitiven Restriktionen der Disponenten bleiben unberücksichtigt, da nur eine Teilmenge (Aufträge aus der Rhein-Main-Region) der zu bearbeitenden Aufträge berücksichtigt wird und somit die Arbeitsauslastung der Disponenten insgesamt nicht daraus abgeleitet werden kann.

Um das konzeptionelle in ein computergestütztes Modell zu überführen, wird sowohl die agentenbasierte als auch die ereignisdiskrete Modellierung in der Simulationssoftware AnyLogic 7.2 verwendet. Der Vorteil der agentenbasierten Modellierung ist der hohe Detaillierungsgrad, der sich realisieren lässt, sowie die Tatsache, dass Verhaltensweisen und Eigenschaften wie Autonomie, Mobilität, Lernen und Reaktionsfähigkeit detailliert modellierbar sind.[877] Daher eignet sich diese Art der Modellierung für die verschiedenen Akteure, Aufträge und Auftragsänderungen. Die generierten Auftragsänderungen sind mit bestimmten Aufträgen verknüpft (Zuordnung erfolgt anhand der Auftragsnummern), da die Information, ob ein Auftrag bereits bearbeitet und an den folgenden Akteur in der Kette übermittelt wurde oder nicht, für die Bearbeitung bzw. Weiterleitung der Änderung entscheidend ist. Die ereignisdiskrete Modellierung eignet sich hingegen für Probleme, bei denen die detaillierte Sequenzierung von Entitäten in einem Prozess im Vordergrund steht und stochastische Effekte wichtig sind.[878] Dies ist bei der Abbildung der Auftragsabwicklungsprozesse gegeben und kann somit realitätsnah bzw. entsprechend der erfassten UML-Prozesse implementiert werden. Die Hauptebene des Simulationsmodells ist in Abbildung 42 dargestellt.

---

[876] Vgl. Bergamaschi et al. (1997), S. 406.
[877] Vgl. Owen et al. (2010), S. 232.
[878] Vgl. Owen et al. (2010), S. 232.

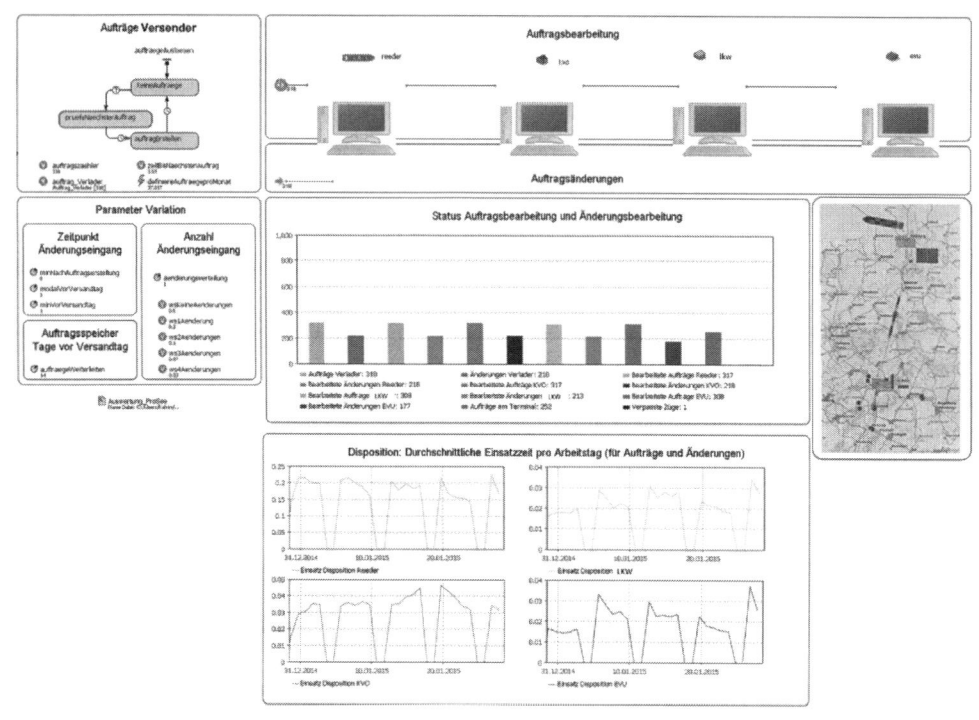

Abbildung 42:   Computergestütztes Simulationsmodell – Hauptebene (eigene Darstellung).

In der Abbildung 42 links sind die Generierung der Aufträge über sogenannte Statecharts sowie die festgelegten Parameter für einen Simulationsdurchlauf angegeben. Mittig sind die Verknüpfungen der einzelnen Akteure im Auftragsbearbeitungs- und -änderungsprozess abgebildet. Die einzelnen Prozesse sind in den jeweiligen Agenten bzw. Akteuren modelliert. In der Abbildung sind zudem verschiedene Auswertungsmöglichkeiten über z. B den Status der bereits bearbeiteten Aufträge und Änderungen jedes einzelnen Akteurs in Form eines Balkendiagramms sowie die jeweilige durchschnittliche Bearbeitungszeit der einzelnen Disponenten in Form von sogenannten „time plot" Diagrammen dargestellt. In der Abbildung rechts ist außerdem eine Geoinformationsystem(GIS)-Karte zur Visualisierung der Transportkette von der Rhein-Main-Region bis zum Hamburger Hafen abgebildet.

5.2.4 Validierung

Im Rahmen einer Simulation ist nicht nur die Validierung sondern auch die Verifikation von besonderer Bedeutung. Dabei ist die Verifikation der Prozess, der sicherstellt, dass ein computerbasiertes Modell mit dem konzeptionellen Modell übereinstimmt. Validierung ist derjenige Prozess, der sicherstellt, dass ein computergestütztes Modell die Realität mit für den Untersuchungsgegenstand zufriedenstellender Genauigkeit abbildet.[879] Der computergestützte Modellverifikation sowie eine operative und konzeptionelle Modellvalidierung sind im Rahmen einer Simulationsstudie unumgänglich und stellen sicher, dass das Modell eine adäquate Darstellung des untersuchten Systems darstellt.[880]

Zur kontinuierlichen computergestützten Modellverifikation wurde die Programmierung im Modell schrittweise erweitert. Bei jedem Schritt wurde der Code von zwei bis drei Wissenschaftlern (je nach Komplexität der Implementierung) überprüft, um einzelne Fehler parallel zur Modellentwicklung zu beseitigen („debugging").[881] Zur Sicherstellung der computergestützten Modellverifikation sowie zur konzeptionellen Modell- und Datenvalidierung wurden die Akteure in verschiedene Phasen des Verifikations- und Validierungsprozesses eingebunden.[882] Dabei wurden die erhobenen Daten, Prozesse und Modellkonzeptionen durch strukturiertes Durchgehen in den Workshops sowie Zusendung und Überprüfung der Protokolle durch die Interviewpartner systematisch validiert. So konnten Missverständnisse direkt während der Erhebungsphase beseitigt und gleichzeitig sichergestellt werden, dass die Datenbasis bzw. Input-Daten für das Modell die reale Situation möglichst korrekt abbilden. Außerdem wurden zur operativen Modellvalidierung Simulationsexperimente bereits im Entwicklungsprozess durchgeführt. Hierbei wurden Validierungsdaten (Zwischenergebnisse) generiert und somit das Ausgabeverhalten bzw. die Output-Daten des Modells bereits während der Modellentwicklung untersucht und validiert.[883]

Ferner wurden die Simulation sowie ausgewählte Ergebnisse in einem Ergebnisbericht dokumentiert und in Form von Konferenzbeiträgen veröffentlicht und präsentiert.[884] Die Konferenzbeiträge haben einen anonymen Begutachtungsprozess durchlaufen und konnten mit den wichtigen Kommentaren der Gutachter überarbeitet werden. Neben den schriftlichen Beiträgen, haben die Präsentationen dazu beigetragen, die Herangehensweise und Modellierung sowie die Ergebnisse einem wissenschaftlichen Publikum vorzustellen und zu diskutieren.

5.2.5 Entwicklung der Szenarien und Simulationsexperimente

Insgesamt wurden mittels Parametervariation im Rahmen der Simulationsexperimente 286 Szenarien analysiert. Dabei wurden für den Weiterleitungszeitpunkt 13 Iterationsstufen festgelegt, für die Änderungshäufigkeit elf Iterationsstufen und für den Zeitpunkt des Änderungseingangs zwei. Die konkrete Auswahl und Zusammensetzung werden im Folgenden beschrieben. Durch die unterschiedlichen Parameterkombinationen der unabhängigen Variablen ergibt sich die Anzahl der Szenarien (13x11x2=286). Für jedes Szenario

---

[879] Vgl. North und Macal (2007), S. 30 f.; siehe hierzu außerdem Kapitel 4.4.
[880] Vgl. Law (2013), S. 260 f.; Manuj, Mentzer und Bowers (2009), S. 185.
[881] Vgl. Sargent (2013), S. 16 f.
[882] Vgl. Sargent (2013), S. 22; siehe hierzu außerdem Kapitel 5.2.2.
[883] Vgl. Sargent (2013), S. 14; North und Macal (2007), S. 249.
[884] Vgl. Elbert, Scharf und Pontow (2015); sowie die Konferenzbeiträge für die Annual Conference of the International Association of Maritime Economists (IAME) (siehe Elbert und Scharf (2016)) und für die Winter Simulation Conference (WSC) (siehe Elbert, Scharf und Reinhardt (2018)).

wurden 50 Replikationen durchgeführt, um auf diese Weise die Abweichung der Durchschnittswerte zu minimieren. Insgesamt wurden somit 14.300 Datensätze generiert und analysiert. Die Startoberfläche zur Konfiguration der Parameter vor einem Simulationsdurchlauf ist in Abbildung 43 dargestellt.

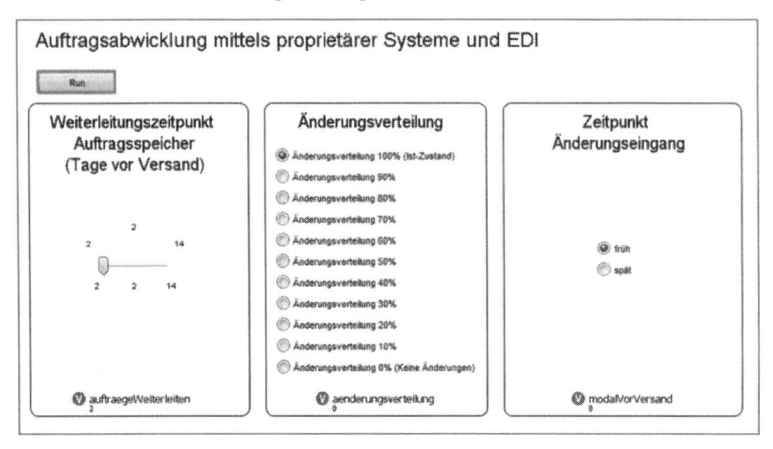

Abbildung 43: Computergestütztes Modell – Startoberfläche zur Konfiguration der Parameter (eigene Darstellung).

Das Basisszenario ist der Ausgangspunkt der Simulationsexperimente und stellt die aktuelle Ist-Situation der betrachteten Akteure dar. Zwischen dem System des Intermodal-Operators und dem des LKW-Transporteurs wird bereits heute eine Art ORR-Mechanismus verfolgt und zwar gibt es eine Zurückhaltung bzw. Zwischenspeicherung der Aufträge. Die Aufträge werden demnach im Basisszenario frühestens 14 Tage vor dem Versandtag an den LKW-Transporteur übermittelt. Es stellt sich allerdings die Frage, ob diese gewählten 14 Tage, die eher historisch gewachsen als fundiert hergeleitet sind, eine sinnvolle Zeitspanne für die Auftragsweiterleitung darstellen oder ob durch Veränderung dieser Zeitspanne eine Steigerung der Prozesseffizienz möglich ist. Die Verteilung der Änderungshäufigkeit zeigt, dass es heute bei der Hälfte aller Aufträge zu mindestens einer Änderung vor dem Versandtag kommt. Zu mehr als vier Änderungen pro Auftrag kommt es nur in Ausnahmefällen, daher sind diese hier nicht berücksichtigt. Außerdem werden die Änderungen meist eher kurz vor dem Versandtag übermittelt, da die Transportangaben (wie z. B. Gewicht des Containers) konkreter werden, je näher der Versandtag rückt. In Tabelle 18 sind die Ausprägungen der unabhängigen Variablen im Basisszenario dargestellt.

Tabelle 18: Konfiguration der unabhängigen Variablen im Basisszenario (eigene Darstellung).

Unabhängige Variablen	Konfiguration
Weiterleitungszeitpunkt zwischen planenden und operativen Akteuren	14 Tage vor Versandtag
Anzahl und Eintrittswahrscheinlichkeit der Auftragsänderungen pro Auftrag	(0 – 50 %, 1 – 30 %, 2 – 10 %, 3 – 7 %, 4 – 3 %)
Zeitpunkt Änderungseingang (Versender)	T (Datum Auftragseingang, Datum Versandtag, Datum Versandtag)

5.2 Asynchrone Auftragsabwicklung am Beispiel der Seefracht

In Tabelle 19 sind die Ausprägungen der drei unabhängigen Variablen für die Simulationsexperimente aufgeführt. Die Durchführung der Simulationsexperimente stellt somit eine systematische Parametervariation dar und ermöglicht die Analyse der drei Propositionen. Entsprechend der Propositionen werden die unabhängigen Variablen in den folgenden Kapiteln 5.2.6 bis 5.2.8 sukzessive betrachtet und hinsichtlich deren Einfluss auf die abhängige Variable (Prozesseffizienz, operationalisiert als Bearbeitungszeit und Kosten pro Auftrag) analysiert. Dazu wurde immer eine unabhängige Variable variiert, die anderen beiden wurden auf dem Wert des Basisszenarios festgesetzt.

Tabelle 19: Konfiguration der unabhängigen Variablen für die Simulationsexperimente (eigene Darstellung).

Unabhängige Variablen	Konfiguration
Weiterleitungszeitpunkt zwischen planenden und operativen Akteuren	[2, 3,...,13, 14] Tage vor Versandtag
Anzahl und Eintrittswahrscheinlichkeit der Auftragsänderungen pro Auftrag	100 %. Aktuelle Verteilung der Änderungswahrscheinlichkeit: (0 – 50 %, 1 – 30 %, 2 – 10 %, 3 – 7 %, 4 – 3 %) Reduzierte Verteilung der Änderungswahrscheinlichkeit (Reduktion jeweils um zehn Prozentpunkte): 90 %: (0 – 55 %, 1 – 27 %, 2 – 9 %, 3 – 6,3 %, 4 – 2,7 %) 80 %: (0 – 60 %; 1 – 24 %, 2 – 8 %, 3 – 5,6 %, 4 – 2,4 %) 70 %: (0 – 65 %; 1 – 21 %, 2 – 7 %, 3 – 4,9 %, 4 – 2,1 %) 60 %: (0 – 70 %; 1 – 18 %, 2 – 6 %, 3 – 4,2 %, 4 – 1,8 %) 50 %:(0 – 75 %; 1 – 15 %, 2 – 5 %, 3 – 3,5 %, 4 – 1,5 %) 40 %: (0 – 80 %; 1 – 12 %, 2 – 4 %, 3 – 2,8 %, 4 – 1,2 %) 30 %: (0 – 85 %; 1 – 9 %, 2 – 3 %, 3 – 2,1 %, 4 – 0,9 %) 20 %: (0 – 90 %; 1 – 6 %, 2 – 2 %, 3 – 1,4 %, 4 – 0,6 %) 10 %: (0 – 95 %; 1 – 3 %, 2 – 1 %, 3 – 0,7 %, 4 – 0,3 %) 0 %: Keine Änderungen (0 – 100 %)
Zeitpunkt Änderungseingang vom Versender	1. Später Änderungseingang: T_1 (Datum Auftragseingang, Datum Versandtag, Datum Versandtag) 2. Früher Änderungseingang: T_2 (Datum Auftragseingang, Datum Versandtag, Datum Auftragseingang)

Der Weiterleitungszeitpunkt wurde von zwei bis 14 Tagen vor Versandtag in 1-er Schritten variiert. Eine Weiterleitung von 14 Tagen vor Versandtag ist, wie im Basisszenario beschrieben, der aktuelle Zustand. Eine frühere Weiterleitung ist nach Aussage der Experten nicht sinnvoll, da sich die operativen Akteure vorher nicht mit den Aufträgen beschäftigen, viele Aufträge noch gar nicht vorhanden sind und noch zu vielen Unsicherheiten unterliegen. Eine Weiterleitung weniger als zwei Tage vor dem Versandtag wird auch von den Experten als kritisch bzw. nicht realisierbar gesehen, da dies zu kurzfristig ist und notwendige Prozessschritte hierbei nicht mehr abbildbar wären.

Bei der Änderungsverteilung entspricht 100 % der Verteilung im Basisszenario. Die Verteilung wird bei jeder Iterationsstufe um zehn Prozentpunkte reduziert. Das heißt, bei 90 % kommt es entsprechend der Verteilung zu 10 % weniger Änderungen. Das Schlusslicht bildet das 0 %-Szenario. In diesem Fall gibt es keine Auftragsänderungen. Dies ist zwar nicht realistisch, die Experten empfahlen allerdings, dieses hypothetische „best-case"-Szenario in die Analyse einzubeziehen.

Für den Zeitpunkt Änderungseingang vom Versender wurden zwei Verteilung angenommen. Hierbei wird in der Parametervariation der Modalwert vom Datum des Versandtags (Basisszenario) zum Datum des Auftragseingangs verändert. Das heißt, im Basisszenario kommen die Änderungen tendenziell eher später an (später Änderungseingang). Steht der Modalwert allerdings auf Datum Auftragseingang, kommen die Änderungen entsprechend der Verteilung eher früher an. Abbildung 44 zeigt die beiden im computergestützten Modell hinterlegten Verteilungen zum Änderungseingang.

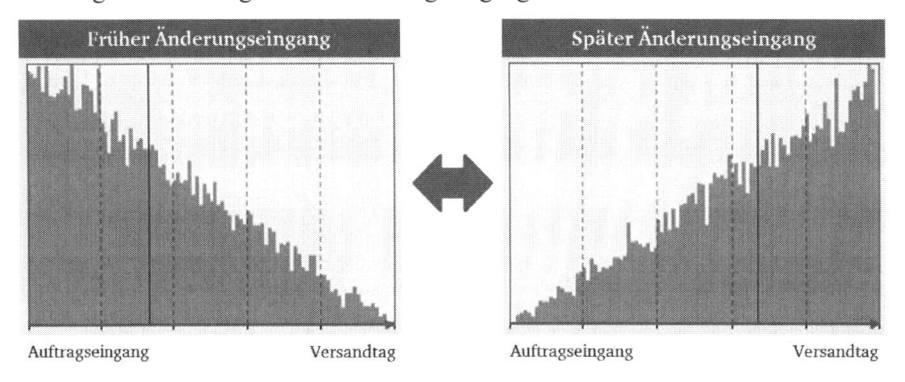

Abbildung 44: Zeitpunkt Änderungseingang (früh vs. spät) (eigene Darstellung).

Der Gesamtumfang jedes der insgesamt 286 Szenarios ergibt sich aus den Replikationen (im Folgenden auch Stichprobe genannt) und beträgt somit n=50 mit einer unabhängigen Erzeugung von Zufallszahlen für jede Replikation („random seed for unique simulation runs").[885] Der Datensatz mit über 14.300 Datenreihen wurde im Rahmen der Simulationsexperimente mit einer Parametervariation generiert, welche eine systematische Durchführungen der Iterationsstufe mit den festgelegten Replikationen ermöglicht. Die Ergebnisse dieser Simulationsexperimente werden automatisch in eine Excel-Tabelle geschrieben. Um das Ausgabeverhalten für jedes Szenario zu analysieren, wurden jeweils Mittelwerte, Varianzen, Standardabweichungen und Konfidenzintervalle (mit einem 95 %-Konfidenzniveau) der abhängigen Variablen (gesamte Bearbeitungszeit pro Auftrag) für die Transportkette insgesamt und für jeden Akteur einzeln berechnet. Die Output-Daten für jedes Szenario wurden auf ihre Verteilung mit Minitab 17 getestet und können alle als normalverteilt betrachtet werden. Die Voraussetzungen zur Durchführung einer ANOVA konnten somit bestätigt werden. Die Varianzanalyse wurde dazu genutzt, um signifikante Einflüsse (Haupt- und Interaktionseffekte) der unabhängigen Variablen auf die abhängige Variable zu identifizieren. Zunächst werden die Ergebnisse der unabhängigen Variablen

---

[885] Vgl. Robinson (2004), S. 130-133.

allerdings einzeln analysiert. Die Ergebnisse der ANOVA werden im Anschluss konsolidiert dargestellt und diskutiert.[886]

5.2.6 Einfluss der Weiterleitungszeitpunkte auf die Prozesseffizienz

Zunächst wurde die Variation des Weiterleitungszeitpunkts analysiert. Dabei bleibt wie beschrieben die Lokalisation des Weiterleitungszeitpunkts zwischen den planenden und den operativen Akteuren konstant und nur die zeitliche Weiterleitung (ORR) wird entsprechend der einzelnen Ausprägungen variiert. Das bedeutet, je höher der ORR-Wert ist, desto früher werden die Aufträge weitergeleitet. Die Änderungsverteilung sowie der Zeitpunkt des Änderungseingangs vom Versender werden konstant auf dem Wert des Basisszenarios gehalten. Die Ergebnisse sind in Abbildung 45 dargestellt. Jeder Graph zeigt dabei die durchschnittliche gesamte Bearbeitungszeit (Auftrags- und Änderungsbearbeitung) pro Auftrag für jeden Weiterleitungszeitpunkt einschließlich der Fehlerindikatoren für ein 95 %-Konfidenzintervall.

Für die Transportkette insgesamt zeigt sich, dass die Bearbeitungszeit pro Auftrag steigt, je höher der ORR ist. Das heißt, je früher der Auftrag von den planenden an die operativen Akteure weitergegeben wurde, desto höher wurde die Bearbeitungszeit pro Auftrag. Um die einzelnen Ergebnisse der Akteure besser interpretieren zu können, ist die Ordinate in den jeweiligen Graphen entsprechend der Werte angepasst. Bei Betrachtung der Ergebnisse der einzelnen Akteure fällt zunächst auf, dass der Reeder den größten Anteil an der Bearbeitungszeit pro Auftrag hat. Rund 70 % der gesamten Bearbeitungszeit pro Auftrag entfallen hierbei durchschnittlich auf den Reeder. Dies lässt sich mit seiner Rolle in der Carrier's Haulgae erklären, da er sowohl die Kommunikation zum Versender als auch die Koordination der Kette verantwortet. Ein Blick auf die planenden Akteure (Reeder und Intermodal-Operateur) zusammen zeigt, dass der Weiterleitungszeitpunkt keinen Einfluss auf die Bearbeitungszeit hat. Auch dies ist nachvollziehbar, da der ORR-Mechanismus erst nach den planenden Akteuren implementiert ist und daher zu erwarten war, dass der Weiterleitungszeitpunkt erst eine Auswirkung auf die danach folgenden operativen Akteure hat. Die planenden Akteure müssen unabhängig vom ORR alle eingehenden Aufträge und Änderungen in vollem Umfang bearbeiten. Bei den operativen Akteuren erhöht sich die Bearbeitungszeit pro Auftrag, je höher der ORR ist. Das heißt, je früher die Aufträge weitergegeben werden, desto höher wird die durchschnittliche Bearbeitungszeit pro Auftrag. Wenn die Aufträge durch den ORR-Mechanismus länger bei den planenden Akteuren zurückgehalten werden, können bis zum Zeitpunkt der Weiterleitung alle Änderungen vor der Übermittlung eingearbeitet werden. Somit müssen tendenziell weniger Änderungen von den operativen Akteuren nachgearbeitet werden, was die gesamte Bearbeitungszeit reduziert.

---

[886] Siehe hierzu auch Elbert, Scharf und Reinhardt (2017); Elbert und Scharf (2016).

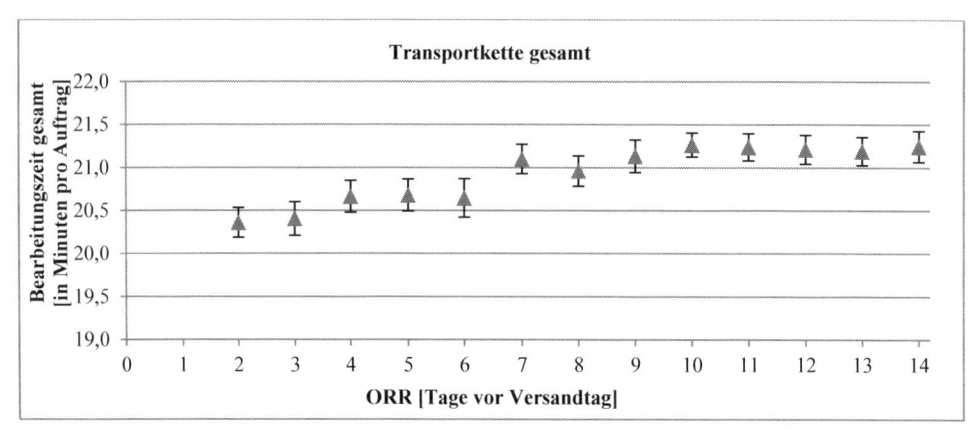

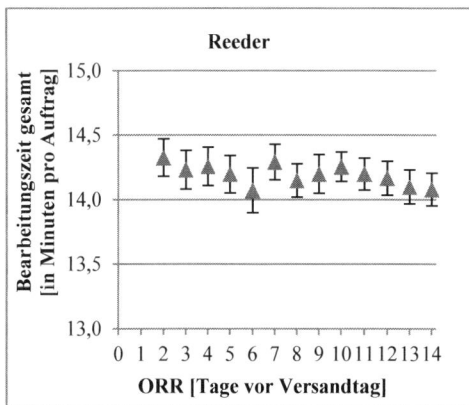

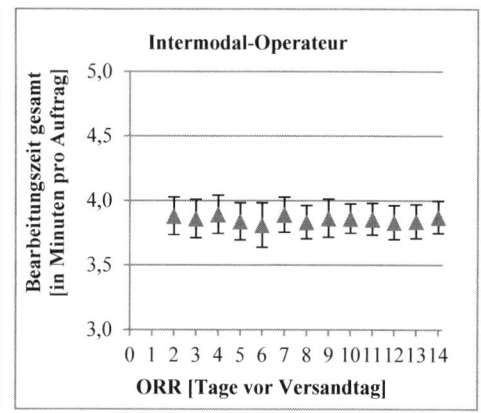

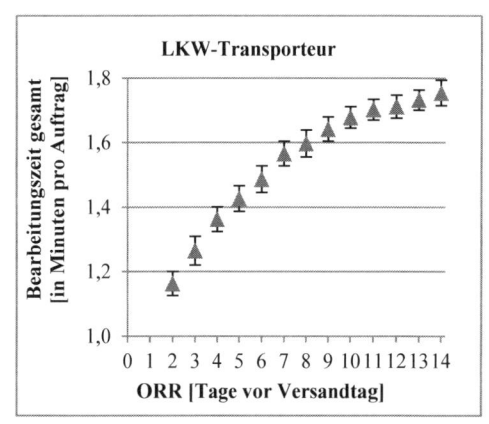

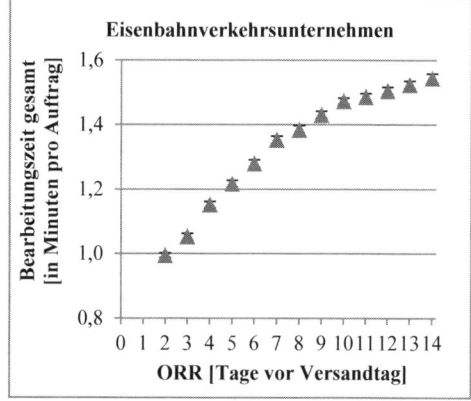

Abbildung 45: Weiterleitungszeitpunkt (ORR) der Aufträge (Fehlerindikatoren mit 95 %-KI) (eigene Darstellung).

5.2 Asynchrone Auftragsabwicklung am Beispiel der Seefracht

Es bleibt festzuhalten, dass eine längere Zurückhaltung der Aufträge vor allem den operativen Akteuren hilft, die Bearbeitungszeit pro Auftrag zu reduzieren und somit die Prozesseffizienz zu steigern. Dies wirkt sich vorteilhaft auf die Prozesseffizienz der gesamten Transportkette aus, da es für die planenden Akteure nicht darauf ankommt, wann Aufträge weitergeleitet werden, die operativen Akteure jedoch davon profitieren. Der Verlauf der Bearbeitungszeiten pro Auftrag der operativen Akteure entspricht einer Sättigungskurve. Das bedeutet, je näher der ORR am Versandtag ist, desto größer fällt der Effizienzgewinn aus bzw. die zeitliche Einsparung bei der Bearbeitung der Aufträge. Je weiter weg der ORR vom Versandtag ist, desto geringer wird das Delta der Bearbeitungszeiten pro Auftrag zwischen den Weiterleitungszeitpunkten. Dies lässt sich auch dadurch erklären, dass Änderungen in diesen Szenarien tendenziell spät, das heißt kurz vor Versandtag eingehen und somit das Einsparpotenzial näher am Versandtag größer ist. Durchschnittlich kann der LKW-Transporteur, wenn der ORR von 14 auf zwei Tage vor Versandtag reduziert wird, 34 % der Bearbeitungszeit pro Auftrag einsparen. Reduziert man den ORR von 14 auf 13 Tage vor Versandtag besteht nur ein Einsparpotenzial von ca. 1 %. Für das Eisenbahnverkehrsunternehmen gilt dies analog. Reduziert man den ORR von 14 auf zwei, können rund 36 % eingespart werden und von 14 auf 13 noch über 1 %. Allerdings bleibt zu beachten, dass die Bearbeitungszeit pro Auftrag des LKW-Transporteurs bzw. des Eisenbahnverkehrsunternehmens durchschnittlich nur ca. 7 % bzw. 6 % der gesamten Bearbeitungszeit der Transportkette ausmacht.

Ausgehend von dieser Auswertung würde man annehmen, dass ein ORR von 2 Tagen vor Versandtag am besten geeignet ist, da die Reduktion der Bearbeitungszeit und somit die Prozesseffizienz am größten ist. Betrachtet man allerdings weiterhin die Kosten, die für die Bearbeitung pro Auftrag anfallen sowie die Strafkosten für verpasste Züge,[887] kommt man zu einem anderen Schluss. In Abbildung 46 sind die durchschnittlich verpassten Züge sowie die Kosten pro Auftrag abgetragen. Hier sieht man, dass sich bei einem ORR von zwei Tagen vor Versandtag eine erhebliche Steigerung der verpassten Züge und somit eine Steigerung der Kosten ergibt. Dies zeigt, dass sich ein ORR von drei Tage vor Versandtag für diesen Fall am besten eignet und dass dieser nicht unterschritten werden sollte.

---

[887] Verpasste Züge werden als Variable beim Eisenbahnverkehrsunternehmen erfasst, sobald die Abfahrt eines Zuges, dem ein Auftrag zugeordnet wird, später ist als der geforderte Versandtag des Auftrags, gilt dieser als verspätet.

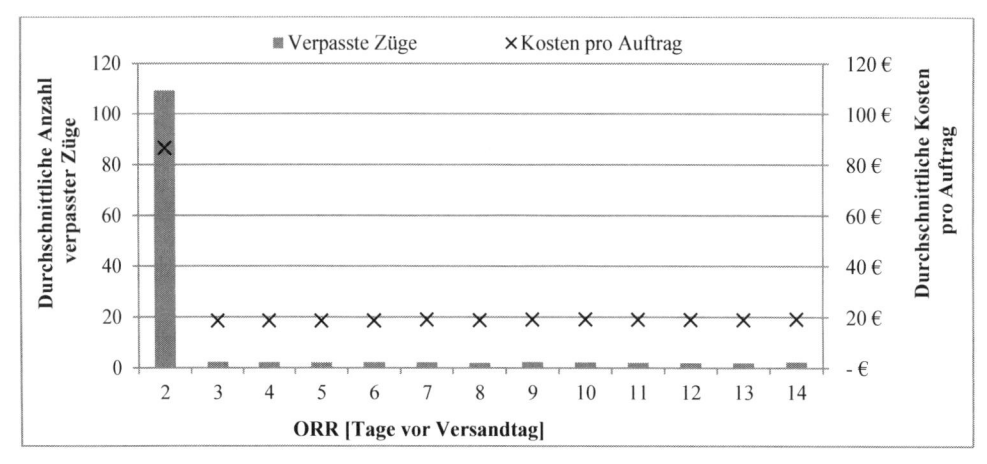

Abbildung 46: Anzahl verpasster Züge und Kosten pro Auftrag (eigene Darstellung).

In Abbildung 47 sind die durchschnittlichen Kosten pro Auftrag nun noch einmal im Detail, ohne ein ORR von zwei Tagen vor Versandtag, aufgetragen. Hierbei wird bestätigt, dass der größte Kostenvorteil bei einem ORR von drei Tagen vor Versandtag realisiert werden kann. Die Analyse der Weiterleitungszeitpunkte vermittelt einen ersten Eindruck, wie die Prozesseffizienz gesteigert werden kann. Dabei muss natürlich der große Einfluss der Auftragsänderungen mit berücksichtigt werden, die einen erheblichen Anteil an der gesamten Bearbeitungszeit pro Auftrag ausmachen. Dies soll im Detail mit der Variation der Änderungsverteilung im nächsten Abschnitt systematisch ausgewertet und analysiert werden.

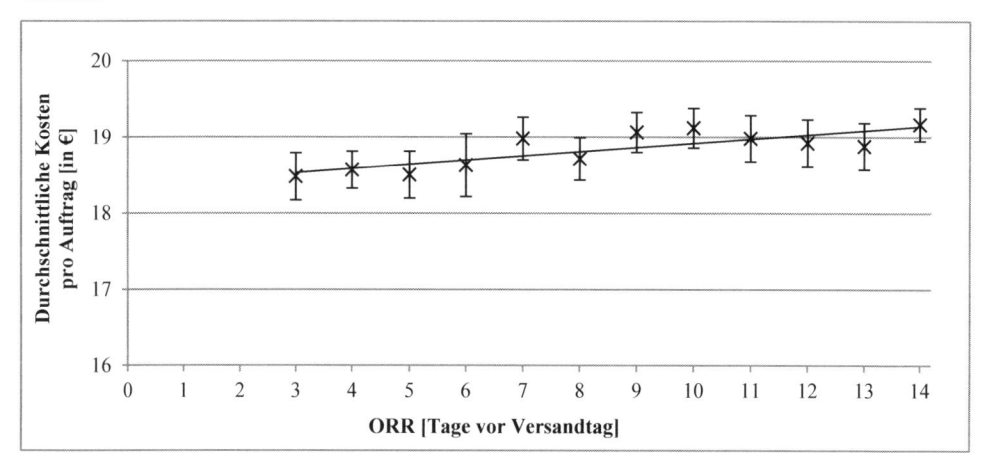

Abbildung 47: Kosten pro Auftrag (ohne ORR von 2 Tagen vor Versandtag) (eigene Darstellung).

5.2.7 Einfluss der Änderungsverteilung auf die Prozesseffizienz

Im nächsten Schritt wird die Änderungsverteilung, ausgehend vom Basisszenario (100 %), jeweils um zehn Prozentpunkte reduziert, bis es beim 0 %-Szenario zu keinen Auftragsänderungen mehr kommt. Der Weiterleitungszeitpunkt wurde für diese Analyse nun zunächst wieder auf einen Wert von 14 aus dem Basisszenario festgestellt. Die durchschnittlichen Bearbeitungszeiten pro Auftrag für die Transportkette insgesamt sowie für jeden einzelnen Akteur sind in Abbildung 48 dargestellt. Es ist ein linearer Zusammenhang erkennbar. Um diesen zu analysieren, wurde eine lineare Regression durchgeführt. Die entsprechenden Formeln sind auch in Abbildung 48 abgebildet, wobei y_{ges} für die Transportkette gesamt steht, y_R für den Reeder, y_{IO} für den Intermodal-Operateur, y_{LKW} für den LKW-Transporteur und y_{EVU} für das Eisenbahnverkehrsunternehmen. Weiterhin zeigt das Bestimmtheitsmaß R^2 zur Bestimmung der Anpassungsgüte der linearen Regression das Verhältnis der durch die Regression erklärten Variation zur gesamten zu erklärenden Variation.[888] In diesem Fall ergeben alle R^2 einen Wert >99 %. Das heißt, mit der linearen Regression können mehr als 99 % der Streuung der Daten erklärt werden. Das Bestimmtheitsmaß sagt zunächst nichts über die Signifikanz der Daten aus, diese wird anschließend mit der ANOVA überprüft und analysiert.

Für die Transportkette gesamt sowie für jeden Akteur gilt: Je weniger Auftragsänderungen vorliegen, desto geringer ist die gesamte Bearbeitungszeit pro Auftrag, das heißt desto höher (besser) ist die Prozesseffizienz. Das Delta für die gesamte Transportkette von 100 % auf 0 % liegt bei über 55 %. Das bedeutet, im Durchschnitt verbringen die Disponenten über 55 % ihrer Zeit mit den Auftragsänderungen.[889] Keine Änderungen sind theoretisch interessant, praktisch allerdings wenig relevant. Betrachtet man das realistische Szenario, Versender dazu zu bringen, Auftragsänderung beispielsweise um 10 % zu reduzieren, können dadurch bereits über 5 % der Bearbeitungszeit eingespart werden. Das hört sich zunächst nach keinem hohen Wert an. Wenn man allerdings beachtet, wie viele Aufträge von Disponenten täglich bearbeitet werden, ist eine durchschnittliche Reduktion von 5 % der Bearbeitungszeit pro Auftrag in Summe doch erheblich.

---

[888] Vgl. Cleff (2015), S. 144; siehe hierzu außerdem Kapitel 4.3.
[889] Wenn man zusätzlich die Änderungen, die während des Transports noch hinzukommen, berücksichtigen würde, wäre der prozentuale Anteil sogar noch höher.

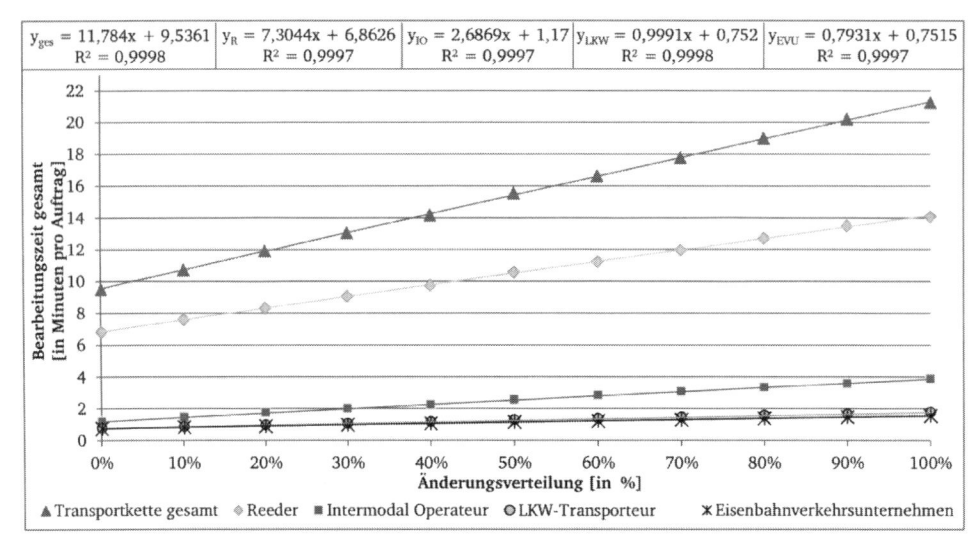

$y_{ges} = 11{,}784x + 9{,}5361$ $R^2 = 0{,}9998$	$y_R = 7{,}3044x + 6{,}8626$ $R^2 = 0{,}9997$	$y_{IO} = 2{,}6869x + 1{,}17$ $R^2 = 0{,}9997$	$y_{LKW} = 0{,}9991x + 0{,}752$ $R^2 = 0{,}9998$	$y_{EVU} = 0{,}7931x + 0{,}7515$ $R^2 = 0{,}9997$

Abbildung 48: Ergebnisse der Simulation – Änderungsverteilung inkl. linearer Regressionsmodelle (eigene Darstellung).

Das größte Einsparpotenzial ergibt sich für den Intermodal-Operateur. Dieser kann bei einem Vergleich der Änderungsverteilung von 100 % zu 0 % durchschnittlich fast 70 % der Bearbeitungszeit pro Auftrag einsparen, bei einem Vergleich von 100 % zu 90 % der Änderungsverteilung bleibt immer noch eine Einsparung von fast 8 % pro Auftrag. Diese Erkenntnisse haben natürlich auch einen Einfluss auf die durchschnittlichen Kosten pro Auftrag (siehe Abbildung 49). Durch Reduktion der Änderungsverteilung ergibt sich annäherungsweise eine Parallelverschiebung nach unten und es können deutlich mehr Kosten in der gesamten Transportkette eingespart werden, als es durch die Veränderung des Weiterleitungszeitpunkts (mit ORR-Mechanismus, vgl. Kapitel 5.2.6) möglich ist. Beispielsweise liegt der Wert bei 100 % (Ist-) Änderungsverteilung und einem Weiterleitungszeitpunkt von 3 Tagen vor Versandtag immer noch über dem Wert bei einer 90 %igen Änderungsverteilung und einer Weiterleitung der Aufträge von 14 Tagen vor Versandtag. Analog gilt dies für die anderen Werte, es gibt fast keine Überschneidungen der Werte bei einer übergreifenden Betrachtung über alle Änderungsverteilungen. Das bedeutet, insgesamt hat die Änderungsverteilung einen größeren Einfluss als die Weiterleitungszeitpunkte der Aufträge nach dem ORR-Mechanismus und sollte in der Praxis bei der Suche nach Effizienzsteigerungspotenzialen bzw. zur Kostensenkung zunächst präferiert werden. Dies verdeutlicht die hohe Relevanz der Änderungsverteilung und die Notwendigkeit hier Maßnahmen zu ergreifen, um die Prozesseffizienz zu steigern. Es hat sich gezeigt, dass Änderungen meistens sehr spät, das heißt kurz vor Versandtag eingehen. Ob auch der Zeitpunkt des Änderungseingangs einen Einfluss auf die Prozesseffizienz hat, soll im Folgenden analysiert werden.

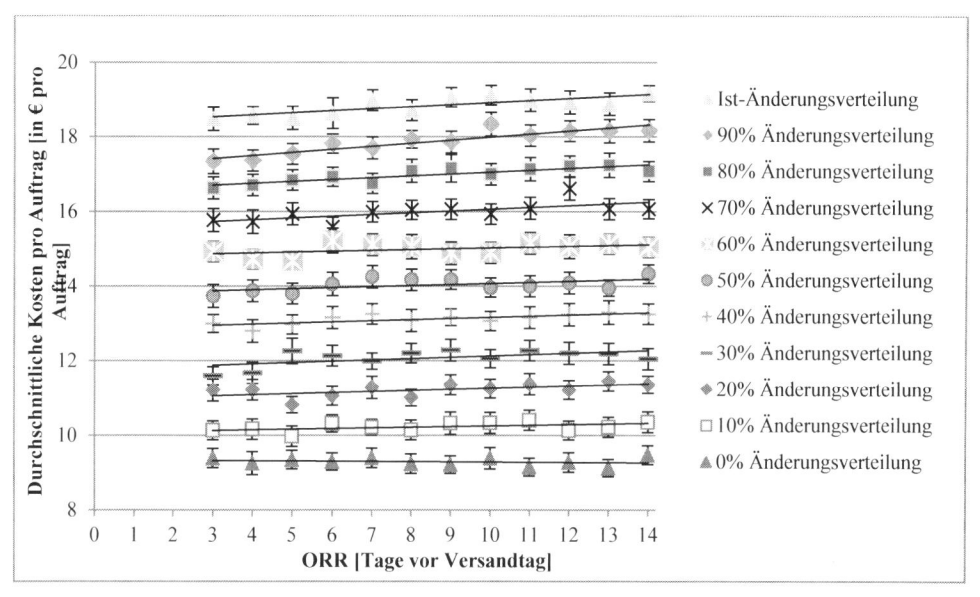

5.2 Asynchrone Auftragsabwicklung am Beispiel der Seefracht 197

Abbildung 49: Durchschnittliche Kosten pro Auftrag für alle ORR (ohne 2 Tagen vor Versandtag) und Änderungsverteilungen (eigene Darstellung).

5.2.8 Einfluss des Zeitpunkts Änderungseingang auf die Prozesseffizienz

Bei der Variation des Zeitpunkts Änderungseingang vom Versender wird der Modalwert der Verteilung, also der Zeitpunkt, wann Auftragsänderungen vom Versender übermittelt werden, variiert. Die Werte der anderen beiden unabhängigen Variablen werden hierbei zunächst wieder auf die Ausprägung im Basisszenario fixiert. Wie in Abbildung 50 dargestellt, zeigen die Ergebnisse der Simulationsexperimente, dass die durchschnittliche Bearbeitungszeit für die Transportkette insgesamt durch einen frühen Änderungseingang reduziert werden kann. Bei genauerer Analyse der einzelnen Akteure ergibt sich vor allem beim Intermodal-Operator und beim LKW-Transporteur eine Reduktion der durchschnittlichen Bearbeitungszeit. Beim Eisenbahnverkehrsunternehmen ergibt sich keine Veränderung. Für den Reeder kann sogar ein kleiner Anstieg der durchschnittlichen Bearbeitungszeit festgestellt werden. Bei weiterer Analyse mittels ANOVA zeigt sich jedoch, dass dieser Wert nicht signifikant ist. Insgesamt kann festgehalten werden, dass durch eine frühzeitige Übermittlung der Auftragsänderung durch den Versender die durchschnittliche Bearbeitungszeit reduziert werden kann.

[Figure: Bar chart showing Bearbeitungszeit gesamt [in Minuten pro Auftrag] for späterer Änderungseingang vs. früher Änderungseingang across categories: Transportkette gesamt (-4 %**), Reeder (+1 %*), Intermodal-Operateur (-23 %**), LKW-Transporteur (-11 %**), Eisenbahnverkehrsunternehmen (0 %*). ±Prozentuale Veränderung der Bearbeitungszeit von spätem zu frühzeitigem Änderungseingang; * nicht signifikant p>α (0,05); ** signifikant p ≤ α (0,05)]

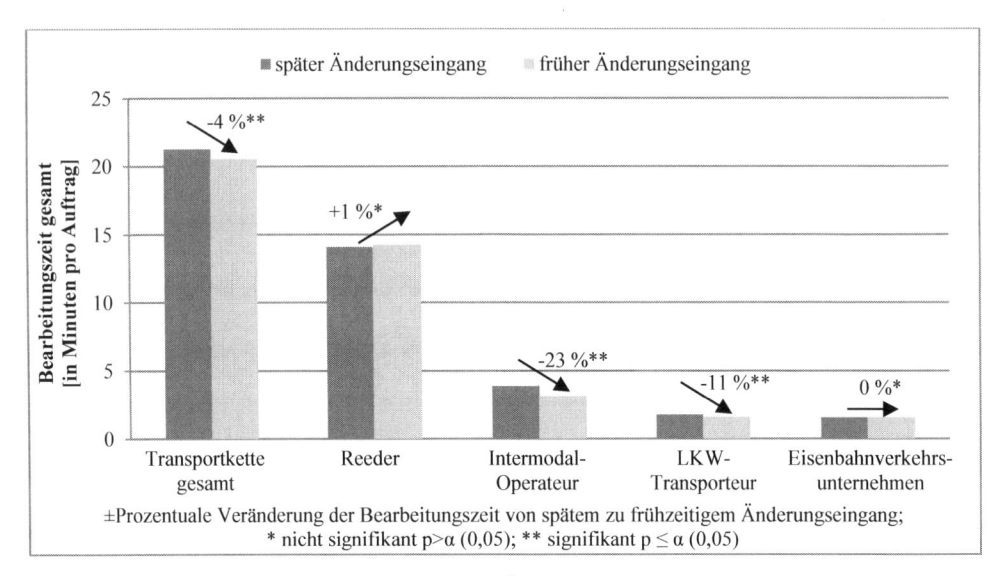

Abbildung 50: Ergebnisse Simulation – Zeitpunkt Änderungseingang vom Versender (eigene Darstellung).

Die Ergebnisse der ANOVA für alle drei unabhängigen Variablen sind in Tabelle 20 zusammengefasst. Da im vorliegenden Fall mehr als zwei Stichproben vorliegen, stellt der häufig verwendete (2-seitige) t-Test keine geeignete Auswertungsmöglichkeit dar. Für diesen Fall kommt eine andere Möglichkeit der statistischen Auswertung zum Einsatz – die Varianzanalyse bzw. ANOVA. Eine Stichprobe bezieht sich hierbei auf alle erfassten Werte einer Replikation jeweils mit einer bestimmten Parameterkonfiguration. Jede Stichprobe ist unabhängig voneinander, da die Werte der einen Stichprobe keine Informationen über die Werte der anderen Stichprobe enthalten. Die Voraussetzungen zur Durchführung einer ANOVA wurden für die vorliegenden Ergebnisse geprüft und bestätigt. Anhand des p-Werts kann eine Aussage über die statistische Signifikanz der Terme und des Modells getroffen werden.[890] Wenn der p-Wert kleiner oder gleich dem Signifikanzniveau α (mit p ≤ α=0,05) ist, kann die Nullhypothese, dass die Mittelwerte der Grundgesamtheit gleich sind, abgelehnt werden. Das bedeutet, die Differenzen zwischen den Mittelwerten sind statistisch signifikant. Wenn der p-Wert hingegen größer ist als das Signifikanzniveau (mit p > α=0,05), liegen keine ausreichenden Anzeichen zum Zurückweisen der Nullhypothese vor und die Differenzen zwischen den Mittelwerten sind statistisch nicht signifikant. Zur Erhöhung der Trennschärfe einer ANOVA wurde eine ausreichend große Stichprobe (n=50) für jeden Simulationsdurchlauf gewählt.[891]

---

[890] Vgl. Minitab (2017b), S. 4.
[891] Vgl. Minitab (2017a), S. 1. In den verschiedenen statistischen Tests zur Varianzanalyse und Hypothesentests wird häufig eine Stichprobe n>30 gefordert (dabei gilt ungefähr n<30 als kleine Stichprobe, 30≤n<40 als mittlere und n≥50 als große Stichprobe) (vgl. u. a. Lüpsen (2014), S. 36). Diese Forderung ist mit dem gewählten n=50 für jede Parameterkonfiguration vollumfänglich erfüllt.

5.2 Asynchrone Auftragsabwicklung am Beispiel der Seefracht

Tabelle 20: ANOVA – Überprüfung der Signifikanz der Simulationsergebnisse (eigene Darstellung).

	DF	Korr SS	Korr MS	F-Wert	p-Wert	R^2	R^2 (korr)
Transportkette gesamt						97,77 %	97,77 %
Weiterleitungszeitpunkt	12	597	49,7	183,03	**≤ 0,05**		
Änderungsverteilung	10	168283	16828,3	61946,19	**≤ 0,05**		
Zeitpunkt Änderungseingang	1	1324	1324,4	4875,05	**≤ 0,05**		
Reeder						97,57 %	97,57 %
Weiterleitungszeitpunkt	12	1,8	0,15	1,11	0,346		
Änderungsverteilung	10	77636,7	7763,67	57373,84	**≤ 0,05**		
Zeitpunkt Änderungseingang	1	0,3	0,32	2,35	0,591		
Intermodal-Operateur						96,44 %	96,44 %
Weiterleitungszeitpunkt	12	0,04	0,004	0,17	0,999		
Änderungsverteilung	10	7800,67	780,067	36584,32	**≤ 0,05**		
Zeitpunkt Änderungseingang	1	452,03	452,03	21199,56	**≤ 0,05**		
LKW-Transporteur						87,09 %	87,07 %
Weiterleitungszeitpunkt	12	158,58	13,2148	1539,68	**≤ 0,05**		
Änderungsverteilung	10	568,68	56,8681	6625,84	**≤ 0,05**		
Zeitpunkt Änderungseingang	1	99,19	99,1913	11557,01	**≤ 0,05**		
Eisenbahnverkehrsunternehmen						86,39 %	86,37 %
Weiterleitungszeitpunkt	12	153,753	12,8128	2102,81	**≤ 0,05**		
Änderungsverteilung	10	377,188	37,7188	6190,35	**≤ 0,05**		
Zeitpunkt Änderungseingang	1	21,233	21,2331	3484,74	0,926		

Bereits an den Auswertungen der Weiterleitungszeitpunkte konnte für den Reeder und für den Intermodal-Operateur abgeleitet werden, dass der Weiterleitungszeitpunkt keinen Einfluss auf die Bearbeitungszeit hat. Dies kann nun mit den Ergebnissen der ANOVA aus der Tabelle 20 bestätigt werden. Die Nullhypothese, dass die Mittelwerte gleich sind, kann nicht abgelehnt werden. Das heißt, die Mittelwerte unterscheiden sich nicht signifikant. Ein weiterer nicht signifikanter Zusammenhang ergibt sich für den Zeitpunkt Änderungseingang vom Versender beim Reeder und beim Eisenbahnverkehrsunternehmen. Auch hier kann demnach nicht davon ausgegangen werden, dass sich die Mittelwerte signifikant unterscheiden. Diese Erkenntnis ist insofern interessant, da sich für alle anderen Akteure und die Transportkette insgesamt ein signifikanter Unterschied der Mittelwerte zeigt. In der Carrier's Haulage ist allerdings der Reeder der einzige in der Kette, der direkten Kontakt zum Versender hat. Wenn dieser keinen Anreiz hat, den Versender zu motivieren, Änderungen möglichst frühzeitig zu senden, wird dies auch nicht forciert. Für alle anderen (außer dem Eisenbahnverkehrsunternehmen) kann allerdings so die Prozesseffizienz gesteigert werden. Dies zeigt, wie wichtig es ist, die Kette insgesamt sowie jeden einzelnen Akteur zu betrachten und zu analysieren, welcher Akteur welche Vorteile hat und auf welche Weise er andere Akteure beeinflussen kann. Es bietet sich an, das Verhalten der einzelnen Akteure durch das Setzen von positiven oder negativen Anreize (Belohnungs- oder Ausgleichszahlungen) zu beeinflussen, um die Prozesseffizienz der gesamten Kette zu erhöhen. Des Weiteren konnten durch Überprüfung der Korrelationen keine statistisch signifikanten Interaktionseffekte der unabhängigen Variablen festgestellt werden und erlauben somit eine seperate Interpretation der einzelnen Einflüsse auf die Prozesseffizienz.

5.2.9 Diskussion der Ergebnisse und Propositionen

Die Simulation der Auftragsabwicklungsprozesse mittels proprietärer Systeme und EDI verdeutlicht, wie die Prozesseffizienz unter Veränderung bestimmter Stellschrauben gesteigert werden kann. Dazu wurde ein Anwendungsfall aus der Seefracht mit etablierten Kooperationspartnern und einem großen gemeinsamen Transportvolumen gewählt. Dieser Anwendungsfall eignet sich besonders für eine simulationsbasierte Analyse, da die bestehenden Prozesse nachgebildet und reale Zeiten erhoben bzw. analysiert werden können. Dies ermöglicht die Ableitung von zielgerichteten Handlungsmaßnahmen. Hinsichtlich der ersten Propositionen wurden zunächst unterschiedliche Weiterleitungszeitpunkte im Auftragsabwicklungsprozess zwischen den planenden und den operativen Akteuren mit dem ORR-Mechanismus getestet:

P 2.1: Eine frühzeitige Informationsweitergabe der Transportaufträge hat einen positiven Einfluss auf die Prozesseffizienz.

Auch wenn eine frühzeitige Informationsweitergabe nach dem heutigen „Echtzeit-Informations-Verlangen" häufig gefordert wird, muss die Proposition für den vorliegenden Anwendungsfall abgelehnt werden. Beim Einsatz proprietärer Systeme und EDI sowie einem hohen manuellen Aufwand bei der Bearbeitung der Aufträge und Änderungen ist eine frühzeitige Informationsweitergabe nicht immer sinnvoll. Je nach Zeitpunkt muss unter Umständen jeder Akteur die eingehenden Änderungen bearbeiten, was die Prozesseffizienz durch den zusätzlichen Aufwand erheblich senkt. Wenn Änderungen allerdings bereits vor dem Weiterleiten der Aufträge auf einer Stufe eingearbeitet werden, kann die Prozesseffizienz gesteigert werden. Eine Zurückhaltung der Aufträge in Form von Auftragsspeichern ist daher im gegebenen Fall sinnvoll. Werden Aufträge zu lange zurückgehalten, gibt es allerdings einen Zeitpunkt, an dem diese Vorteilhaftigkeit sprunghaft verloren geht, da es zu Verzögerungen im Transport kommen kann. Dies sollte unbedingt vermieden werden, da die Prozesseffizienz nicht auf Kosten des Service Levels, der Qualität und der Kosten des Transports gesteigert werden darf. Sobald der Automatisierungsgrad in der Auftragsabwicklung allgemein steigt und weniger manuelle Eingriffe erfordert, sollte eine erneute Untersuchung durchgeführt werden, da andere Ergebnisse zu erwarten sind und dann eine frühzeitige Informationsweitergabe aufgrund der Verbesserung der Planbarkeit von Ressourcen und Kapazitäten anzustreben ist. In der aktuellen Situation ist diese bessere Planbarkeit bei frühzeitiger Informationsweitergabe noch nicht gegeben, da eine frühe Planung durch kurzfristige Änderungen häufig wieder hinfällig ist. Diese Problematik der Änderungshäufigkeiten wird mit der zweiten Proposition analysiert:

P 2.2: Die Änderungshäufigkeiten der Transportaufträge haben einen negativen Einfluss auf die Prozesseffizienz.

Disponenten verbringen unter den gegebenen Bedingungen über die Hälfte ihrer Zeit mit Auftragsänderungen. Dies entsteht nicht nur aus der reinen Bearbeitungszeit der Änderungen, sondern auch aus den Interaktionen mit anderen Aufträgen (Dominoeffekt), die die Änderung eines Auftrags bewirken kann. Wenn die Änderungen demnach komplett wegfallen, könnte die Bearbeitungszeit der Disponenten mehr als halbiert werden. Demzufolge kann die Proposition bestätigt werden, da die Änderungshäufigkeit einen erheblichen negativen Einfluss auf die Prozesseffizienz hat. Ein Szenario, in dem es keine Änderungen in der Auftragsabwicklung der Transportkette gibt, ist allerdings nicht realistisch. Der Transport als Dienstleistungssektor wird auch in Zukunft abhängig von Produktionsschwankungen der Industrie und anderen Unsicherheiten sein. Dennoch sollten aufgrund der großen Effizienzsteigerungspotenziale Maßnahmen ergriffen werden, um die Änderungshäufigkeit zu reduzieren. Dabei ist es wichtig zu wissen, welche Kostenvorteile eine bestimmte Reduktion einbringen könnte, um Belohnungs- oder Ausgleichszahlungen für eine bestimmte Anzahl Änderungen oder ab einem Zeitpunkt so zu wählen, dass ein positives Verhältnis von gesteigerter Prozesseffizienz zu verlorenen Aufträgen aufgrund der eingeführten Maßnahmen erzielt werden kann. Daher ist es auch wichtig zu wissen, welchen Einfluss der Änderungszeitpunkt auf die Prozesseffizienz hat, was mit der letzten Proposition in diesem Anwendungsfall untersucht wurde:

P 2.3   Der Änderungszeitpunkt vor Transportbeginn beeinflusst die Prozesseffizienz, somit kann durch eine frühzeitige Weiterleitung der Änderungen die Prozesseffizienz gesteigert werden.

Auch der Änderungszeitpunkt hat insgesamt einen Einfluss auf die Prozesseffizienz. Für einzelne Akteure gilt dies nur eingeschränkt, was auch nachvollziehbar ist aufgrund der nachgelagerten Bearbeitungszeiten. Dennoch bleibt festzuhalten, dass es im Sinne der gesamten Transportkette ist, Anreize zu schaffen, dass Versender die Änderungen möglichst frühzeitig übermitteln. Da keine Interaktionseffekte der unabhängigen Variablen ermittelt wurden, lässt sich für den vorliegenden Anwendungsfall insgesamt das beste Szenario bzw. die beste Parameterkonfiguration ermitteln. Erstens sollten Aufträge unter Anwendung des ORR-Mechanismus drei Tage vor Versandtag von den planenden an die operativen Akteure übermittelt werden. Zweitens sollte die Häufigkeit der Änderung gegen Null gehen, das heißt so weit wie möglich reduziert werden, und drittens sollten die verbleibenden Änderungen so früh wie möglich kommuniziert werden.

Das Simulationsmodell kann generell auf beliebig viele, andere Anwendungsfälle übertragen werden. Dazu müssen die fixen und die variablen Parameter angepasst werden und ggf. abweichende Verhaltensmuster implementiert werden. Der Mehrwert für die Praxis besteht in erster Linie darin, eine Transparenz über die bestehenden Prozesse in der Transportkette zu schaffen und durch die Simulationsexperimente und Analysen gezielte Maßnahmen abzuleiten, um die Potenziale der Effizienzsteigerung in den jeweiligen Prozessen sinnvoll zu realisieren. Im Einzelfall ist dies jedoch eine fallspezifische Betrachtung und die Ergebnisse sind zentral von den berücksichtigten Input-Daten und somit den betrachteten Akteuren abhängig. Des Weiteren erlaubt die Aggregation des Simulationsmodells auf dieser Ebene keine detaillierten Aussagen, welche Prozessschritte im Detail bei dem einzelnen Akteur durch beispielsweise fortschreitende Automatisierung das größte Verbesserungspotenzial zur Steigerung der Prozesseffizienz haben. Das Modell ist jedoch mühelos erweiterbar und es können tiefergehende Detailebenen im Modell ergänzt und analysiert werden. Die abhängige Variable der Prozesseffizienz wird in diesem Anwendungsfall durch die Bearbeitungszeiten pro Auftrag sowie die entstehenden Kosten pro Auftrag erfasst. Sie könnte in weiteren Forschungsarbeiten um weitere Faktoren (wie z. B. die gesamte Durchlaufzeit der Aufträge) erweitert werden. Doch bereits in der vorliegenden Arbeit konnte gezeigt werden, wie sich die Auftragsabwicklung mittels proprietärer Systeme und EDI aktuell gestaltet und wie die Prozesseffizienz gesteigert werden kann. Im Folgenden soll nun der Fokus auf die synchrone Auftragsabwicklung mittels plattformbasierter Systeme gelegt werden.

5.3 Synchrone Auftragsabwicklung am Beispiel der Luftfracht

Durch die zunehmende Vernetzung und die verstärkte Nachfrage nach Echt-Zeit-Kommunikation steigt die Anzahl an digitalen Plattformen, die eine synchrone Auftragsabwicklung ermöglichen und versuchen, sich am Markt zu etablieren. In anderen Branchen vollzieht sich dieser Wandel zwar etwas schneller als im Transportsektor, aber auch hier ist ein deutlicher Trend erkennbar. In dieser explorativen Analyse soll deshalb ein plattformbasiertes Cargo Community System (CCS) für die synchrone Auftragsabwicklung in der Transportkette am Beispiel der Luftfracht analysiert werden. Rein objektiv ergibt sich durch den Einsatz solcher Auftragsabwicklungssysteme eine Reihe von Vorteilen, die die Effizienz in der Auftragsabwicklung unternehmensintern und -übergreifend erhöhen können (vgl. Kapitel 2.1.2). In den letzten Jahren hat sich vereinzelt gezeigt, dass sich solche CCS vor allem an größeren Umschlags- und Knotenpunkten in der Transportkette etablieren, da hier viele Schnittstellen und Informationen zusammenlaufen, die jeweils von großem Interesse für (vor- und) nachgelagerte Akteure sind (z. B. Estimated Time of Arrival).[892] Trotz der Vorteile, um z. B. Redundanzen und die Fehleranfälligkeit durch manuelle Übertragung der Daten zu verringern, stellt sich die Verbreitung solcher Systeme als große Herausforderung dar und viele dieser Systeme scheitern. Die Gründe dafür sind bisher weitestgehend unerforscht und sollen im Folgenden am Beispiel der Luftfracht explorativ erörtert werden. Hierzu wird zunächst der Untersuchungsgegenstand eingegrenzt und die Zielsetzung formuliert. Im Anschluss werden die Durchführung der Datenerhebung dokumentiert sowie wichtige Schritte der Validierung erläutert. Danach folgen die Auswertungen und Analysen der erhobenen Daten mit Bezug zu den drei Propositionen, welche dann abschließend zusammengefasst und hinsichtlich der Erkenntnisse diskutiert werden.

5.3.1 Untersuchungsgegenstand und Zielsetzung

In der Seefracht gibt es bereits etablierte Auftragsabwicklungssysteme, wie beispielsweise Dakosy am Seehafen in Hamburg oder PortBase in Rotterdam und Amsterdam, welche eine synchrone Auftragsabwicklung ermöglichen.[893] Bei Betrachtung der unternehmensbezogenen Assimilationsprozesse befindet sich ein Großteil der beteiligten Unternehmen bereits in der Routinisierung.[894] Als Grund für das erfolgreiche Durchsetzen der Plattform im Hamburger Hafen wird beispielsweise angeführt, dass Dakosy eine Ausgründung der am Hafen

---

[892] Vgl. de Langen und Douma (2010a), S. 274 und de Langen und Douma (2010b), S. 10 und 14.
[893] Für einen Überblick siehe Carlan, Sys und Vanelslander (2016), S. 54 oder Keceli et al. (2008), S. 494.
[894] Auch hier gilt dies nur für Unternehmen, die am Hafen angesiedelt sind, weitere Akteure entlang der Kette sind momentan zum Großteil noch nicht bzw. werden nach und nach integriert. Das zeigt, dass auch diese Plattformlösungen bisher keine End-to-End Lösungen darstellen, wie sie zunehmend von den Versendern gefordert werden (siehe hierzu u. a. Cepolina und Ghiara (2013), S. 199 ff.).

5.3 Synchrone Auftragsabwicklung am Beispiel der Luftfracht

ansässigen Unternehmen ist.[895] Auch hier war der Diffusionsprozess langwierig und befindet sich weiterhin in der Entwicklung, die zwar weiter vorangeschritten ist als in der Luftfracht, aber nicht als abgeschlossen gewertet werden kann. Es ist zudem schwierig, im Detail zu vergleichen, was hier in der Vergangenheit anders gelaufen ist, und Faktoren herauszuarbeiten, die die Diffusion solcher Systeme beeinflussen, da hier häufig nur auf einzelne Erfahrungsberichte zurückgegriffen werden kann und viele Personen, die die Einführung begleitet haben, heute in neuen Positionen arbeiten. Daher lassen sich die Faktoren, die die Diffusion beeinflusst haben, im Nachhinein nicht mehr vollumfänglich erschließen.

In der Luftfracht ist der Zeit- und Qualitätsaspekt besonders wichtig, da hauptsächlich wertvolle oder zeitkritische Güter transportiert werden. Deshalb sollten die Vorteile von CCS sogar noch stärker ausgeprägt sein als in der Seefracht. Dennoch ist die Diffusion von CCS in der Luftfracht im Allgemeinen noch nicht sehr weit vorangeschritten und Unternehmen befinden sich meisten in der Phase des Bewusstseins oder der Adoption, je nach Betrachtungsfokus. Am Luftfrachthub[896] in Frankfurt am Main sind mehr als 250 Logistikunternehmen angesiedelt[897] und es kommt demnach in hohem Maße auf die Zusammenarbeit der Akteure am Drehkreuz an. Mit über 2,1 Millionen Tonnen Fracht in 2017 ist der Hub nicht nur der größte Frachtumschlagflughafen Europas, sondern er rangiert auch weltweit unter den Top 10.[898] Aus diesen Gründen dient der Luftfrachthub am Frankfurter Flughafen als geeignetes Anwendungsbeispiel für die empirische Analyse.[899]

Besonders im Vorlauf der Luftfracht-Transportkette sind viele Akteure beteiligt, die sicherlich in unterschiedlichem Ausmaß, aber dennoch überwiegend von einem CCS profitieren könnten. Es ergeben sich verschiedene Herausforderungen, die zeigen, warum es besonders interessant ist, den Fokus auf die Akteure am Luftfrachthub zu legen. Zum einen wird der Zollprozess mittlerweile vollständig elektronisch abgewickelt, das heißt die Auftragsinformationen müssen spätestens am Luftfrachthub elektronisch vorliegen und an das Zollsystem übermittelt werden. Momentan gibt es einzelne Eins-zu-eins-Verbindungen zwischen den proprietären Systemen der Akteure und dem Zollsystem.[900] In der Transportkette im Allgemeinen findet hingegen keine durchgängige elektronische Übertragung der Auf-

---

[895] Vgl. Gustafsson (2007), S. 17.
[896] Der Luftfrachthub am Frankfurter Flughafen unterteilt sich in die Cargo City Süd und in die Cargo City Nord. Im Norden sind hauptsächlich die Kurier-, Express- und Paket-Dienstleister angesiedelt und im Süden die großen Spediteure und Handling-Agenten zur Abwicklung der Luftfracht. Daher ist im Folgenden, wenn vom Luftfrachthub am Frankfurter Flughafen gesprochen wird, immer die Cargo City Süd gemeint.
[897] Betrachtet man auch die umliegenden Standorte verdreifacht sich die Anzahl der Unternehmen. So ist im Umkreis Frankfurt am Main im Allgemeinen die höchste Dichte an Logistikunternehmen in der Rhein-Main-Region vorzufinden (vgl. Planungsverband Ballungsraum Frankfurt/Rhein-Main (2007), S. 15 ff.).
[898] Vgl. Statistisches Bundesamt (2018a), S. 1; Mayer (2016), S. 55. Je nach Auswertung und Fokus der Statistik, liegt entweder Frankfurt oder Paris vorne. Das Frachtaufkommen ergibt sich natürlich nicht nur aus der umliegenden Region, sondern auch aus den Zubringerverkehren.
[899] Vgl. Wallbach, Coleman und Elbert (2018), S. 2.
[900] Zwischen den Akteuren gibt es auch zum Teil EDI Verbindungen, häufig findet aber der Informationsaustausch papier-basiert als Begleitdokument des Transportgutes statt und es gibt zwischen den Akteuren zum Teil keinen elektronischen Informationsaustausch.

tragsinformationen statt und jeder Akteur pflegt die für ihn relevanten Informationen in seine proprietären Systeme ein. Zum anderen wird der durchgängige elektronische Informationsfluss durch fehlende Vertragsbeziehungen zwischen den Akteuren unterbunden. Es gibt keinen Anreiz, in kostenintensive EDI-Verbindungen zu investieren zwischen Akteuren, die zwar bei der Transportgüterübergabe miteinander im Kontakt stehen, aber keine vertragliche Bindung haben. Eine Plattform könnte hierbei die Auftragsabwicklung vereinfachen und verkürzen. Zusammenfassend lässt sich sagen, dass die Plattform den zusätzlichen Zeit- und Arbeitsaufwand und somit Stand- und Wartezeiten, beispielsweise bei Anmeldeprozessen, erheblich reduzieren könnte, da nicht die gleichen Informationen in unterschiedlichen proprietäre Systeme eingepflegt werden müssen. Diese Vorteile sind nicht auf die untersuchten Akteure am Luftfrachthub beschränkt, sondern konzentrieren sich hier nur verstärkt und können analog auf andere Akteure in der Transportkette übertragen werden. Die Beziehungen zwischen den Akteuren in der Luftfracht-Transportkette sind in Abbildung 51 dargestellt.

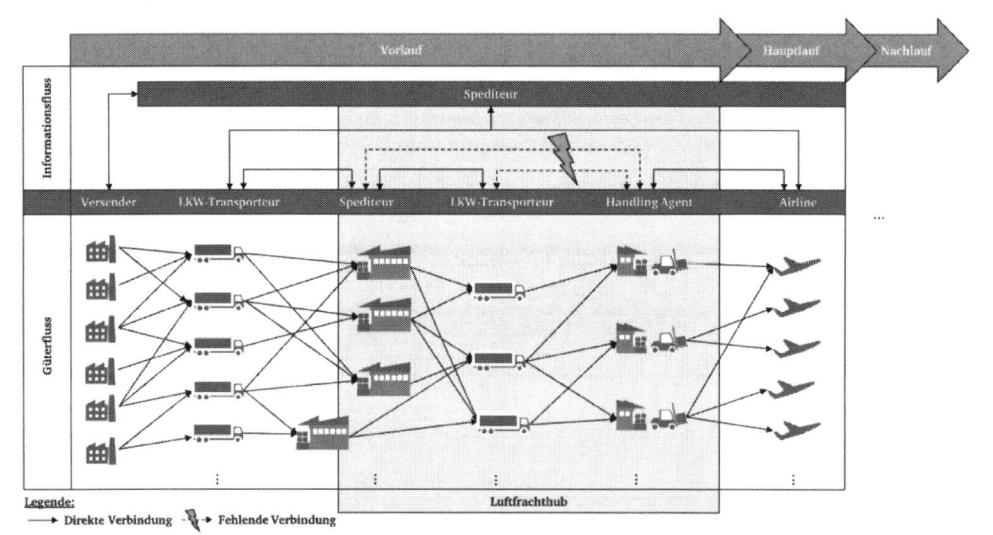

Abbildung 51: Beziehungen zwischen den Akteuren der Luftfracht-Transportkette (eigene Darstellung; in Anlehnung an Wallbach, Coleman und Elbert (2018), S. 7).

Zu Beginn beauftragt der Versender einen Spediteur mit einem entsprechenden Transportauftrag, der in der Regel die Transportkette in der Luftfracht koordiniert.[901] Im Rahmen dieses Prozesses fragt der Spediteur Transportkapazitäten bei Fluggesellschaften und LKW-Transporteuren an – auch heutzutage häufig noch telefonisch – die den Straßentransport vom Versender zum Konsolidierungshub des Spediteurs durchführen. Der Konsolidierungshub der Spediteure kann entweder in der Nähe strategisch wichtiger Versender oder in der Nähe des Flughafens bzw. direkt am Flughafen angesiedelt sein. Der Spediteur konsoli-

---

[901] Vgl. Forster und Regan (2003), S. 51.

5.3 Synchrone Auftragsabwicklung am Beispiel der Luftfracht

diert seine zu organisierenden Transportmengen mit einem optimalen Gewichts-Volumen-Mix auf der Luftfrachtpalette. Der Transporteur transportiert die Paletten und lose Ladung zum Handling-Agent. Der Handling-Agent bündelt die verbleibende lose Ladung verschiedener Spediteure und stellt die fertigen Luftfrachtpaletten den Fluggesellschaften auf dem Vorfeld zur Verfügung, welche meist von den Bodenverkehrsdiensten verladen werden. Wie die Bodenverkehrsdienste können zwischen den anderen Akteuren noch weitere Akteure (Agenturen, der Zoll etc.) eingesetzt sein. Nach diesem Vorlauf werden die Paletten von der Fluggesellschaft zum Zielflughafen transportiert. Danach folgt der Nachlauf im Zielland analog zum Vorlauf in umgekehrte Reihenfolge.[902]

Eine große Herausforderung ist die Vertragssituation zwischen den Unternehmen. Der Handling-Agent wird von der Airline und der LKW-Transporteur vom Spediteur beauftragt. Infolgedessen existiert oft keine direkte Schnittstelle zum Informationsaustausch zwischen Spediteur, LKW-Transporteur und Handling-Agent. Aufgrund der direkten Verknüpfung im physischen Güterfluss sollten diese Unternehmen jedoch am meisten von einem frühzeitigen Informationsaustausch profitieren, um planerische und operative Unsicherheiten zu verringern. Zwischen den Unternehmen werden Transportinformationen per Telefon, Fax und E-Mail übermittelt oder häufig sogar nur papierbasiert als Begleitdokumente mit der Ladung übergeben.[903] Folglich gibt fast jedes Unternehmen derzeit relevante Transportinformationen in sein eigenes proprietäres System ein. Obwohl Kosten und Aufwand für die Umsetzung individuell bewertet werden müssen, können die meisten Unternehmen von einem CCS profitieren, bei dem alle Akteure elektronischen Zugang zu den für sie relevanten Informationen haben.

Ziel des CCS ist es, die Prozesseffizienz und die Qualitätsstandards am Hub zu verbessern und die Durchlaufzeit insgesamt zu verkürzen, indem alle Akteure elektronisch kontrollierten Zugang zu relevanten Transportinformationen haben. Darüber hinaus erweitern mehrere ergänzende Module die Funktionalitäten des CCS zur Auftragsabwicklung um u. a. Zoll- und Lagerprozesse, welche entweder vom Systemanbieter selbst oder von anderen Systemanbietern angebunden werden können. Dies verdeutlicht die Entstehung eines Ökosystems, welches um das CCS herum entsteht, was für mehrseitige Plattformen charakteristisch ist und deutet das Auftreten von Netzwerkeffekten an.[904] Die ersten Gespräche zur Einführung des CCS am Flughafen wurden bereits 2008 zwischen einzelnen Akteuren am Standort und verschiedenen Anbietern geführt. Es wurde eine kleine Arbeitsgruppe[905] am Standort gegründet, die sich regelmäßig[906] über die Bestrebungen am Standort hinsichtlich der Einführung eines CCS austauschten. Im Jahr 2011 wurde eine Machbarkeitsstudie ver-

---

[902] Für eine ausführlichere Beschreibung der Luftfracht-Transportkette siehe u. a. Feng, Li und Shen (2015), S. 264 ff oder Christiaanse und Damsgaard (2000), S. 15 ff.
[903] Vgl. Elbert, Pontow und Benlian (2016), S. 165 f.; Perego, Perotti und Mangiaracina (2011), S. 470.
[904] Vgl. Hein et al. (2016), S. 4; Benlian, Hilkert und Hess (2015), S. 210 f.
[905] Die Arbeitsgruppe startete mit acht Akteuren vornehmlich Spediteure, was sich im Verlauf änderte und mehr Handling-Agenten dazu kamen und einzelne Spediteure sogar zwischenzeitlich wieder ausgestiegen sind. LKW-Transporteure waren nicht in der Arbeitsgruppe vertreten.
[906] Regelmäßig bedeutet zu Beginn zwei Mal im Monat, später (das heißt beim Übergang der Testphase in den Regelbetrieb) wurde dies sukzessive reduziert.

schiedener Anbieterkonstellationen von einem Beratungsunternehmen durchgeführt. Die Entscheidung ist damals zugunsten eines externen Anbieters gefallen, da sich dieser Anbieter bereits an einem Seehafen als erfolgreicher CCS-Anbieter etabliert hat. 2012 fand die Pilotierung statt und seit 2014 läuft das CCS im Regelbetrieb. Über zehn Jahre später ist die Nutzungsrate weiterhin gering. Bisher haben ca. 20 % (50 der 250 am Luftfrachthub ansässigen Unternehmen) einen Zugang bzw. eine Schnittstelle zum CCS hergestellt.[907] Diese Unternehmen nutzen das CCS für ca. 10 bis 30 % der Transportaufträge, wobei die Nutzungsrate im Import wesentlich höher ist als im Export.[908] Aufgrund der dynamischen und kompetitiven Netzwerkstrukturen im Vorlauf der Luftfracht-Transportkette und der benannten Eigenschaften der Luftfracht (z. B. zeitkritische und hochwertige Güter) müsste sich dieses Umfeld im Allgemeinen (noch stärker als die Seefracht) für den Einsatz der CCS eignen, um Prozesseffizienz und -qualität zu verbessern. Weshalb das CCS dennoch nur sehr zögerlich angenommen wird, soll im Folgenden analysiert werden.

5.3.2 Datenerhebung

Der Fokus wurde, wie in Kapitel 5.3.1 eingeleitet, auf die im Vorlauf aktiven Akteure der Luftfracht-Transportkette gelegt: Spediteure, LKW-Transporteure und Handling-Agenten sowie Softwareanbieter. Im Rahmen der Stakeholder-Analyse wurde bei der Auswahl der Unternehmen darauf geachtet, dass ein unterschiedlicher Unternehmensfokus (global vs. lokal)[909] in der Stichprobe vertreten ist. Außerdem befinden sich die ausgewählten Unternehmen in unterschiedlichen Stufen des Assimilationsprozesses, während 36 % in der Phase des Bewusstseins sind, befinden sich 64 % bereits in der Phase der Adoption.[910] Bei der Auswahl der Interviewpartner in den Unternehmen wurde zudem darauf geachtet, dass unterschiedliche Hierarchiestufen der befragten Mitarbeiter (strategisch vs. operativ) abgedeckt sind, um möglichst viele Perspektiven in der Untersuchung abzudecken. Ziel des intensiven Auswahlprozesses war es, mögliche Verzerrungen („Interview Biases") zu vermeiden und eine hohe Validität der Ergebnisse zu erreichen. Für die Interviews wurde ein Leitfaden, bestehend aus verschiedenen Themenblöcken, entwickelt, um beispielsweise die Ist-Situation in den Unternehmen (analoger vs. elektronischer Informationsfluss), die Bewertung von CCS (im Allgemeinen und im spezifischen Anwendungsfall inkl. Perspektivwechsel) sowie Herausforderungen und Barrieren von CCS zu ergründen. Der Leitfaden

---

[907] Die Zahlen wurden in Vorgesprächen bzw. Präsentationen des Systemanbieters genannt.
[908] Die Zahlen wurden in Vorgesprächen bzw. Präsentationen des Systemanbieters genannt. Diese sind kein Bestandteil der folgenden systematischen Auswertung und dienen an dieser Stelle ausschließlich der Hervorhebung der Relevanz des Untersuchungsgegenstands.
[909] Global bedeutet in diesem Zusammenhang, dass das Unternehmen an vielen Standorten weltweit vertreten ist, lokal, dass der Fokus auf dem Luftfrachthub in Frankfurt liegt.
[910] Dies konnte im Vorfeld nur durch Vorgespräche grob abgeschätzt werden, die finale Kategorisierung in die einzelnen Phasen des Assimilationsprozesses fand final erst nach den geführten Interviews statt. Die Verteilung am Standort insgesamt ist noch nicht ganz so ausgeprägt, das heißt erst Unternehmen die eine Entscheidung für die Einführung des Systems getroffen haben und in Anpassung etc. investieren befinden sich in der Adoptionsphase (was aktuell 20 %) entspricht. Es ist allerdings schwieriger Unternehmen zu rekrutieren, die das CCS nicht kennen oder kein Interesse daran haben. In der Routinisierung befindet sich aktuell noch kein Unternehmen am Standort, daher ist auch keins in der Stichprobe vertreten.

5.3 Synchrone Auftragsabwicklung am Beispiel der Luftfracht

wurde in Pretests mit drei weiteren Forschern, die nicht an der Entwicklungsphase beteiligt waren, getestet und verifiziert. Er dient der Orientierung in den Interviews, je nach Verlauf wurde dieser abgewandelt, einzelne Fragen weggelassen und durch Zwischenfragen ergänzt. Somit wurde sichergestellt, dass individuell auf die Interviewpartner eingegangen werden konnte. Wenn sich diese stärker auf einzelne Aspekte konzentrierten, war es mit dem Leitfaden jederzeit möglich, die Perspektive zu wechseln oder andere Aspekte anzusprechen. Gerade bei der Bewertung von CCS wurde im Gespräch sichergestellt, dass die Interviewpartner sich nicht zu sehr auf einzelne Themen versteifen und auch andere Punkte in Betracht ziehen. Hierzu wurden die Charakteristiken und zugehörigen Variablen von Petter, DeLone und McLean (2013) herangezogen.[911] Beispielsweise wenn ein Interviewpartner sich zu sehr auf die Herausforderungen bei der Einführung des Systems und dessen technische Spezifikationen konzentrierte, wurden im Verlauf des Gespräches auch organisationalen, sozialen und aufgabenspezifischen Kriterien angesprochen. Zudem wurden die Interviewpartner auch immer wieder dazu angeregt, die Perspektive von anderen Personen oder Unternehmen hinein einzunehmen, um ein möglichst umfangreiches Meinungsbild einzufangen.

Von August 2017 bis Januar 2018 wurden insgesamt 15 Interviews mit über 20 Personen der ausgewählten Unternehmen geführt (siehe Tabelle 21). Alle Interviews wurden von zwei Forschern durchgeführt, aufgezeichnet und auf über 300 Seiten transkribiert.[912] Darüber hinaus wurden weiterführende Gedanken, die während des Interviews entstanden sind, innerhalb oder direkt nach jedem Interview dokumentiert. Eventuelle Inkonsistenzen, die bei der Transkription aufgetreten sind, wurden in Diskussionen zwischen den beteiligten Wissenschaftlern besprochen und behoben. Jedes Interview wurde direkt nach der Durchführung transkribiert und analysiert, um mögliche Ansatzpunkte in den folgenden Interviews aufzugreifen. Die explorative Datenanalyse wurde hauptsächlich – wie in Kapitel 4.5 beschrieben – mit der Software MAXQDA 18.1 durchgeführt.[913] Entsprechend dem Grounded-Theory-Ansatz wurde ein systematisches Codierungsverfahren angewendet. Insgesamt wurden elf Interviews für die Codierung verwendet. Das Abbruchkriterium wurde im zehnten Interview (Nr. 12) erreicht, da hier keine weiteren Codes erforderlich waren, sondern die bestehenden Codes ausreichend waren, um die Transkripte vollständig zu codieren. Ein weiteres Interview (Nr. 13) wurde durchgeführt, um nachzuweisen, dass das Abbruchkriterium erreicht ist. Darüber hinaus wurden vier Interviews (Nr. 1, 7, 14 und 15) mit Softwareanbietern durchgeführt. Einer davon ist der dedizierte CCS Anbieter am Standort mit zusätzlichen Modulen und Softwareanwendungen für Unternehmen am Luftfrachthub, die anderen sind Wettbewerber. Diese vier Interviews mit den Anbietern

---

[911] Vgl. Petter, DeLone und McLean (2013), S. 16 ff.
[912] Da im Vorfeld nicht klar war, ob die Interviews aufgezeichnet werden können, hätte der zweite Forscher im negativen Fall als Protokollant dienen können. Da alle Interviewpartner der Aufzeichnung zugestimmt haben, konnten sich so beide Forscher auf den Gesprächsverlauf konzentrieren und abwechselnd gezielt offene Fragen stellen.
[913] Für eine Übersicht der in der Forschung häufig eingesetzten Werkzeuge siehe auch Kuckartz (2014), S. 137; Mayring (2014), S. 117.

dienten dem Verständnis sowie der Validierung der Ergebnisse, da diese Experten Erfahrungen mit allen relevanten Akteuren haben, und nicht der Entwicklung weiterer Codes.

Tabelle 21: Übersicht der Experteninterviews zur synchronen Auftragsabwicklung (Datenerhebung zur Exploration der CCS-Diffusion) (eigene Darstellung).

Nr.	Datum	Akteur	Fokus	Anzahl der Teilnehmer und deren Positionen	Hierarchie	Codes	Dauer [in Std.]
1	06.07.2017	Systemanbieter	Lokal	1. Leiter Communication Services und Prokurist	-	-	1:14
2	10.08.2017	Handling-Agent	Global	2. Office Manager 3. Warehouse Manager	Operativ	Ja	1:39
3	14.09.2017	Handling-Agent	Lokal	4. Managing Director / COO	Strategisch	Ja	0:52
4	14.09.2017	Handling-Agent	Lokal	5. Manager Customer Service Center	Operativ	Ja	0:49
5	20.09.2017	Spediteur	Global	6. Senior Vice President	Strategisch	Ja	1:23
6	20.09.2017	Spediteur	Global	7. Manager Operational Projects	Operativ	Ja	1:25
7	21.09.2017	Systemanbieter	Lokal	8. Vice President	-	-	1:19
8	04.10.2017	Spediteur	Global	9. Vice President	Strategisch	Ja	1:36
9	04.10.2017	Spediteur	Global	10. Manager Import 11. + 12. Manager Export 13. Manager Warehouse	Operativ	Ja	1:36
10	06.10.2017	Spediteur	Global	14. Vice President	Strategisch	Ja	1:22
11	16.10.2017	LKW-Transporteur	Lokal	15. Operations Manager	Operativ	Ja	1:03
12	18.10.2017	Handling-Agent	Lokal	16. Manager Customer Service Operations 17. Process Manager Import	Operativ	Nein	1:33
13	24.10.2017	LKW-Transporteur	Global	18. Managing Director	Strategisch	Nein	1:35
14	24.01.2018	Systemanbieter	Global	19. Manager Community Integration 20. Implementation Consultant	-	-	1:29
15	26.01.2018	Systemanbieter	Global	21. Managing Director	-	-	1:37

Die drei Arten der Codierung (offene, axiale und selektive Codierung)[914] kamen wie folgt zum Einsatz. In der Anfangsphase wurde die offene Codierung verwendet, um die gesammelten Daten in den Transkripten aufzuschlüsseln. Ziel der offenen Codierung ist die Erzeugung von Codes, die sich direkt aus den Daten ergeben und auf diese zurückzuführen sind. Nach den ersten Interviews konnte bereits ein Großteil der Codes entwickelt werden, die Anzahl der neu entstehenden Codes hat tendenziell mit jedem weiteren Interview

---

[914] Vgl. Beattie, Fearnley und Brandt (2004), S. 6 f.; Böhm (2004), S. 270 f.; Charmez (2006), S. 42 ff.; Batra, Xia und Zhang (2017), S. 20; siehe außerdem Kapitel 4.5.

abgenommen.[915] Um ein gemeinsames Verständnis der entstehenden Codes in diesem Verfahren zu gewährleisten, wurde Cohens Kappa (k) als Indikator für die Übereinstimmung zwischen Wissenschaftlern (Interrater-Reliabilität) ermittelt, die die gleichen Abschnitte in einem Transkript codieren. Die allgemein akzeptierte Schwelle liegt bei k=0,70.[916] Diese wurde in allen getesteten Abschnitten überschritten.[917] Für die Codierung zweiter Ordnung wurde die axiale Codierung verwendet, um die entstandenen Codes in Kategorien zusammenzufassen. Dieser Prozess startete nach Interview Nr. 4 und ist ein iterativer Prozess, der erst nach dem letzten Interview abgeschlossen wurde. Die zusammenfassenden Kategorien stellen die hemmenden Faktoren dar, welche im Zentrum der folgenden Analyse stehen. Nachdem ein Faktor bestimmt wurde, kehrte der Fokus als deduktives Verfahren zu den Daten zurück, um die Gültigkeit der Faktoren zu validieren. Die dritte und letzte Form der Codierung, die selektive Codierung, bestand darin, die Faktoren systematisch auf einer höheren Ebene als übergreifende Themen zu abstrahieren. Die Liste von Codes, Faktoren und Themen wurde mit Wissenschaftlern und Praxisvertretern diskutiert. Dazu wurden sechs Workshops durchgeführt, bei denen Zwischenstände weiteren Wissenschaftlern sowie einem Vertreter der Akteure vorgestellt und validiert wurden. Eine Übersicht der Workshop-Teilnehmer ist in Tabelle 22 dargestellt.

Tabelle 22: Übersicht der Gruppendiskussionen im Rahmen der Workshops zur synchronen Auftragsabwicklung (Validierung der Daten und Ergebnisse zur Exploration der CCS-Diffusion) (eigene Darstellung).

Nr.	Datum	Akteur	Anzahl teilgenommener Personen und deren Position im Unternehmen/Institution
1	10.02.2017	Forschungsinstitution	1. Professor aus dem Bereich Logistik 2. Professor aus dem Bereich IS
2	05.04.2017		3. + 4. Wissenschaftliche Mitarbeiter
3	20.07.2017	Forschungsinstitution	5. Professor aus dem Bereich Logistik 6. Wissenschaftlicher Mitarbeiter
4	12.09.2017	Forschungsinstitution	7. Professor aus dem Bereich Logistik (an zwei Terminen beteiligt)
5	15.02.2018		
6	17.05.2018	Gemeinschaftsverein/ Akteursvertretung	8. Geschäftsführer (an drei Terminen beteiligt)

Aus den Erkenntnissen der Interviews und Workshops wurde auch für die Luftfracht-Transportkette ein UML-Prozessdiagramm erstellt (siehe Abbildung 52), um die Interaktion zwischen den Akteuren bei der synchronen Auftragsabwicklung mittels CCS zu visualisieren. Hierzu wurde wie in Kapitel 5.2.3 die gängige Software MS Visio verwendet.

---

[915] Dies war nicht immer der Fall. Je nach Interviewpartner konnten auch mehr Codes als im zuvor geführten Interview entstehen. Beispielsweise sind in Interview Nr. 5, was das erste mit einem Spediteur war, mehr Codes entstanden, als in Interview Nr. 4, was bereits das dritte Interview mit einem Handling-Agenten war.
[916] Vgl. Lombard, Snyder-Duch und Bracken (2002), S. 593; Krippendorff (2004), S. 423.
[917] Es wurden drei Abschnitte getestet, auch hier konnte eine Verbesserung bzw. Angleichung des Verständnisses zwischen den Wissenschaftlern festgestellt werden: k_1=0,79, k_2=0,86 und k_3=0,89.

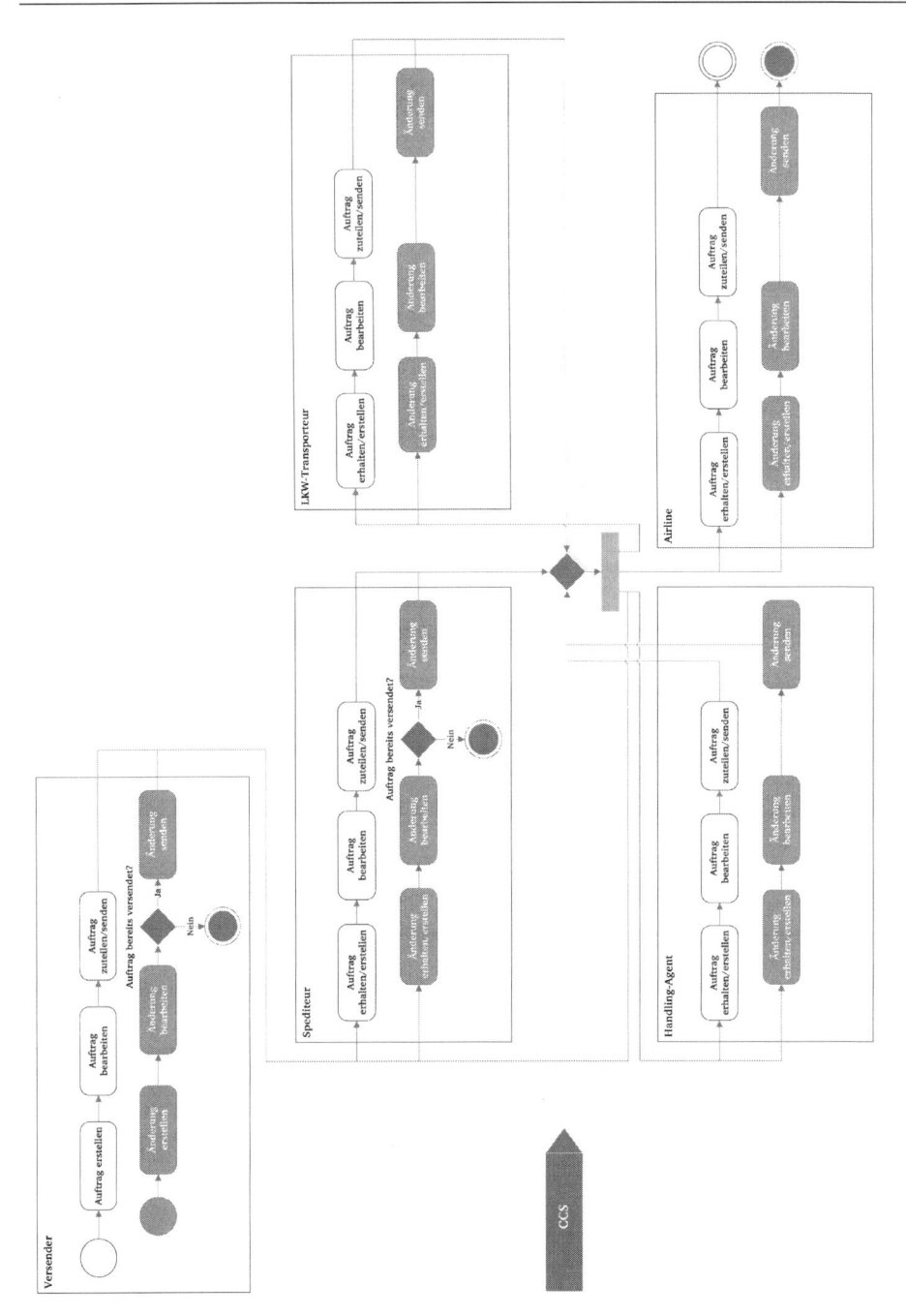

Abbildung 52: Konzeptionelles UML-Modell der synchronen Auftragsabwicklungsprozesse am Beispiel der Luftfracht mittels plattformbasierter Systeme (CCS) (eigene Darstellung).

Die einzelnen Prozessschritte werden zwar nicht weiter im Detail untersucht, dennoch stellt das prozessseitige Verständnis eine wichtige Grundlage dar, um die Interviews fundiert analysieren und interpretieren zu können. Der Unterschied zum UML-Modell der asynchronen Auftragsabwicklung ist die zentrale Positionierung des CCS, über das jeder Auftrag und jede Änderung für berechtigte Unternehmen einsehbar ist. Eine sequentielle Weitergabe von Aufträgen ist demnach nicht notwendig. Eine Prüfung im Änderungsprozess muss nur erfolgen bevor der Auftrag im CCS eingegeben wurde, alle weiteren Änderungen werden ab diesem Zeitpunkt direkt im System vorgenommen, bis der Auftrag für den Vorlauf abgeschlossen ist.

5.3.3 Validierung

In Kapitel 4.5 wurden die Gütekriterien nach Mayring (2002) eingeführt, welche hier wieder aufgegriffen und eingesetzt werden. Die zentralen Schritte zur Erfüllung der Gütekriterien sind zusammenfassend in Tabelle 23 aufgeführt.

Tabelle 23: Anwendung erweiterter Gütekriterien zur explorative Datenanalyse (eigene Darstellung; in Anlehnung an Mayring (2002), S. 145 ff.).

Gütekriterium	Anwendung
Verfahrens-dokumentation	▪ Kontinuierlicher, iterativer Abgleich von Daten und Erkenntnissen in MAXQDA ▪ Verfolgung unterschiedlicher methodischer Dokumentationsarten (Fließtext, stichpunktartige Zusammenfassungen, Mindmaps, graphische Darstellung von Zusammenhängen, Prozessdokumentationen, etc.)
Argumentative Interpretations-absicherung	▪ Rückfragen und Unklarheiten wurden mit den Interviewpartner im Nachgang (per Telefon oder E-Mail) geklärt ▪ Weitere Interpretationsspielräume wurden in den Workshops thematisiert
Regelgeleitetheit	▪ Verfolgung eines Grounded-Theory-Ansatzes (starke theoretische Orientierung an bestehenden Modellen und deren Weiterentwicklung) ▪ Verwendung eines systematischen Codierungsverfahrens (offene, axiale und selektive Codierung)
Nähe zum Untersuchungsgegenstand	▪ Vertrauen zu Beginn der Interviews aufgebaut durch intensive Vorstellungsrunden und Erörterung, welches Ziel mit den Interviews verfolgt wird ▪ Durch mehrere Abstimmungsschleifen wurde auch im Nachgang ein Vertrauensverhältnis aufrechterhalten und weitere Daten (z. B. Fehlerstatistiken) geteilt
Kommunikative Validierung	▪ Vorstellung von Zwischen- und Endergebnissen einem kleinen, selektiven Teilnehmerkreis aus Forschung und Praxis in den Workshops ▪ Vorstellung von Zwischen- und Endergebnissen einem breiten Fachpublikum auf wissenschaftlichen und praxisorientierten Konferenzen[918] ▪ Endergebnisse wurden an die Interviewpartner übermittelt (in Form einer Ergebnispräsentation bzw. -bericht)[919]
Triangulation	▪ Perspektivwechsel durch Trennung der Datenbasis (z. B. strategisch vs. operativ) ▪ Ermittlung der Interrater-Reliabilität mittels Minitab

---

[918] Konferenzbeiträge sowie -präsentation wurden u. a. auf der praxisorientierten Air Cargo Conference (ACC) und auf der wissenschaftlichen International Conference on Information Systems (ICIS) (vgl. Wallbach, Coleman und Elbert (2018) eingereicht und präsentiert.
[919] Vgl. hierzu (Elbert et al. 2018).

Vor allem im Bereich der explorativen Datenanalyse ist die Validierung besonders wichtig, da nur so sichergestellt werden kann, dass keine vorschnellen, subjektiven Schlüsse aus den Daten gezogen werden. Da statistische Auswertungen aufgrund der Eigenschaft der Daten und der Teilnehmerzahl bei dieser explorativen Datenanalyse nicht einsetzbar sind, müssen andere Ansätze verwendet werden, die die Erzeugung von aussagekräftigen und validen Ergebnissen sicherstellen. Die Validierung ist ein zentraler Bestandteil der systematischen Herangehensweise beim Grounded-Theory-Ansatz und wird daher begleitend zur Datenerhebung und -analyse durchgeführt.

5.3.4 Entwicklung der Faktoren

Durch die systematische Vorgehensweise nach dem Grounded-Theory-Ansatz wurden im Zuge der offenen Codierung 56 Codes aus den Transkripten ermittelt. Beispielsweise ist der Code *Fehlende Umsetzung lokaler Bedürfnisse und Spezifikationen* durch Zitate entstanden wie *„Es kann keine globale Lösung geben. Lokale Anforderungen müssen im System abgebildet werden."* oder *„Die Lösung muss lokal sein. Sie haben an jedem Flughafen weltweit unterschiedliche Anforderungen, unterschiedliche Verträge, unterschiedliche Systeme, unterschiedliche Akteure, [....]".* Im nächsten Schritt konnten bei der axialen Codierung 21 Faktoren abgeleitet werden. Diese Faktoren haben eine hemmende Wirkung auf die Diffusion des CCS. Weiterhin wurden die Faktoren in der dritten, der selektiven Codierung zu fünf übergreifenden Themen zusammengefasst. Die Themen dienen der Strukturierung der Faktoren und stellen komplementäre Handlungsbereiche in Bezug auf die CCS-Nutzung dar. Die Codes, Faktoren und Themen wurden dabei akteursübergreifend entwickelt und Aussagen wurden nicht getrennt voneinander (akteursspezifisch), sondern aggregiert über alle Akteure hinweg analysiert.

Ob die hemmende Wirkung der einzelnen Faktoren allerdings eher auf strategische oder operative Mitarbeiter zurückzuführen ist, wird mit dem errechneten Hierarchiegrad (h) zu jedem Faktor in den entsprechenden Abbildungen angegeben. Dieser Verhältnis basiert auf über 700 verschiedenen Zitaten aus elf codierten Interviews mit Handling-Agenten, LKW-Transporteuren und Spediteuren (ohne Systemanbieter). Das Verhältnis errechnet sich aus der Anzahl (#) der strategischen Zitate eines Faktors (i), dividiert durch die Gesamtzahl der Zitate für diesen Faktor (strategische plus operative Zitate). Die Formalisierung ist in Anlehnung an Voss, Tsikriktsis und Frohlich (2002) abgeleitet von der etablierten Formel für das Zutreffen bzw. die Zuverlässigkeit einzelner Interviewgruppen.[920] Ein Hierarchiegrad h größer als 0,5 deutet darauf hin, dass dieser Faktor häufiger von strategischen Mitarbeitern genannt wurde. Ein Hierarchiegrad h kleiner als 0,5 bedeutet hingegen, dass dieser Faktor meist von operativen Mitarbeitern erwähnt wurde. Ein Wert von genau 0,5 deutet darauf hin, dass der Faktor sowohl für die strategischen als auch für die operativen Mitarbeiter eine hohe Bedeutung hat, da diese den Faktor gleich oft genannt haben. Formal wird ein Faktor (i) durch das Tupel (#StrategischeZitate, #OperativeZitate) und die Funktion auf das geschlossene Intervall zwischen 0 und 1 abgebildet:

---

[920] Vgl. Voss, Tsikriktsis und Frohlich (2002), S. 208.

5.3 Synchrone Auftragsabwicklung am Beispiel der Luftfracht

$$h(i) = \frac{\#StrategischeZitate_i}{\#StrategischeZitate_i + \#OperativeZitate_i} \quad \forall\, i \in F$$

$$F := \{(\#StrategischeZitate, \#OperativeZitate)\ \#StrategischeZitate, \#OperativeZitate \in \mathbb{R}^+\}$$

$$h: \{i\} \to [0,1]$$

Zum einen konnten die Faktoren, die in einem ähnlichen Kontext (z. B. SCM) identifiziert wurden, teilweise aus der bestehenden Literatur abgeleitet werden.[921] Zum anderen bauen die identifizierten Faktoren auf dieser bestehenden Literatur auf und entwickeln bestehende Ansätze weiter, da nicht alle Aspekte übertragbar waren oder identifiziert werden konnten. Zur Identifikation wird für jeden Faktor ein Innovationsgrad angegeben.[922] Jeder Faktor ist mit einer distinkten Stufe, das heißt ein, zwei oder drei Sternchen, gekennzeichnet. Ein bestehender Faktor (*) bedeutet, dass der Faktor und alle zugehörigen Codes komplett aus der Literatur extrahiert werden konnten. Ein erweiterter Faktor (**) bedeutet, dass der Faktor und die Codes teilweise aus der Literatur abgeleitet und zum Teil erweitert wurden. Schließlich bedeutet ein neuer Faktor (***), dass dieser Faktor und alle zugehörigen Codes neuartig ist und sich somit vollständig aus den empirischen Erkenntnissen dieser Forschungsarbeit ergeben. Im Folgenden wird ein Überblick über die entwickelten Codes, Faktoren und Themen gegeben. Da die Faktoren auch in den weiteren Kapiteln im Fokus der Untersuchung stehen, werden alle Faktoren definiert und deren Bedeutung mit exemplarischen Zitaten untermauert.[923] Die Beschreibung erfolgt themenbezogen und ist in den Abbildung 53 bis Abbildung 57 jeweils zusammenfassend dargestellt.[924]

Das erste übergreifende Thema *Technische und regulatorische Anforderungen* (siehe Abbildung 53) wird durch vier Faktoren bestimmt: *IT Infrastruktur, Funktionalitäten, Rechtliche Anforderungen* und *Gemeinschaftsspezifische Anforderungen*. Im Vergleich zu den nachfolgenden Themen, welche sich eher aus den kompetitiven und dynamischen Strukturen der Transportkette ergeben, können diese vier Faktoren als allgemein gültig und universell angesehen werden. Dies bestätigt sich auch in der Tatsache, dass alle vier Faktoren in der bestehenden Forschung identifiziert werden konnten.[925] Insgesamt fällt zudem auf, dass diese Faktoren hauptsächlich von strategischen Mitarbeitern thematisiert wurden, die *Rechtlichen Anforderungen* sogar ausschließlich. Die hemmende Wirkung des Faktors *Funktionalitäten* ergibt sich beispielsweise aus den nicht vorhandenen aber für die Nutzer relevanten Basisfunktionen oder Module. Im Umkehrschluss bedeutet dies, dass die Diffusion gefördert werden kann, wenn die fehlenden Funktionalitäten identifiziert und implementiert werden.

---

[921] Vgl. hierzu u. a. Kembro, Näslund und Olhager (2017); Teo, Ranganathan und Dhaliwal (2006)
[922] Auch für Codes wird der Innovationsgrad angegeben. Dieser kann allerdings nur die Ausprägung bestehend (*) oder neu (***) annehmen. Ein erweiterter Faktor ergibt sich demnach aus bestehenden und neuen Codes.
[923] Die Zitate wurden anonymisiert, so dass keine Rückschlüsse auf einzelne Interviewpartner möglich sind.
[924] Selektiv bedeutet, dass alle Faktoren zwar im Text genannt werden. Die Erläuterung allerdings hier nur beispielhaft der Verdeutlichung, z. B. der Wirkungsweise, dient. Faktoren, die hier nicht ausführlich im Text thematisiert werden, sind ggf. noch Bestandteil der Analysen in Kapitel 5.3.5 oder 5.3.6 und werden dort entsprechend aufgegriffen und erläutert.
[925] Vgl. Kembro, Näslund und Olhager (2017), S. 80 ff.

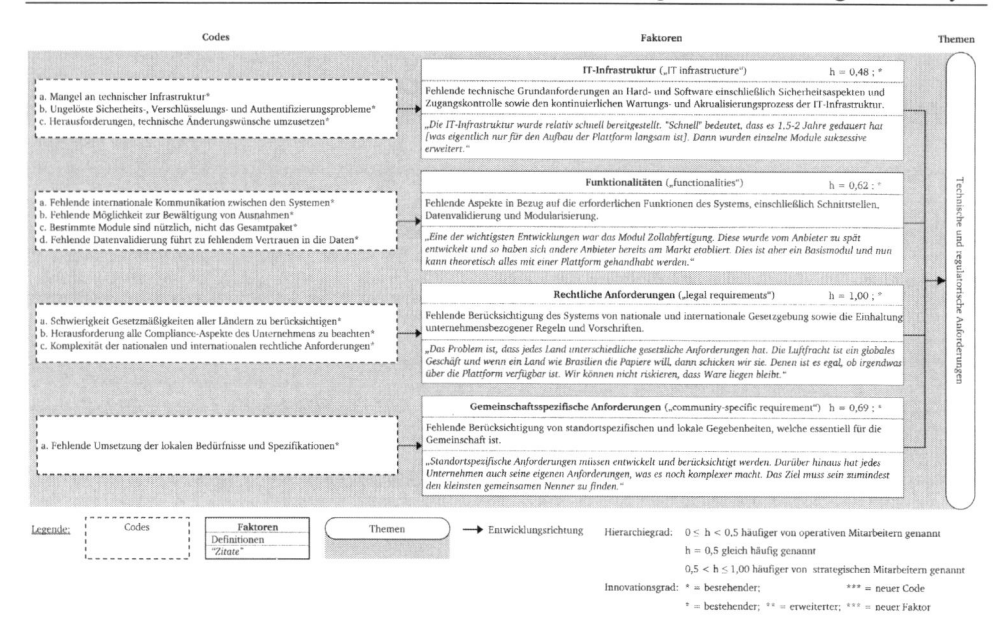

Abbildung 53: Übersicht Codes, Faktoren und Themen – Technische und regulatorische Anforderungen (eigene Darstellung).

Beim Thema *Mentalität und Denkweise* sind insgesamt die meisten Faktoren enthalten (siehe Abbildung 54): *Erkennung von Potenzialen, Behelfslösungen, Selbstverpflichtung des Managements, Qualifizierte Arbeitskräfte, Innovationsgeist, Benutzerfreundlichkeit und Schuldzuweisungen.* Beispielsweise zeigt sich die hemmende Wirkung des Faktors *Selbstverpflichtung des Managements*, wenn das Management keine Vorbildfunktion einnimmt und eine Nutzung des CCS nicht propagiert oder durch Zielvereinbarungen o. ä. verpflichtend forciert. Operative Mitarbeiter, die auf den ersten Blick hauptsächlich den Mehraufwand und nicht den Nutzen des Systems sehen, sehen sich somit nicht verpflichtet, das CCS zu nutzen. Dies verdeutlicht, warum der Faktor *Selbstverpflichtung des Managements* hauptsächlich von operativen Mitarbeitern genannt wurde und erklärt dessen hemmende Wirkung auf die Diffusion des CCS. Auch, dass die mangelnde *Benutzerfreundlichkeit* hauptsächlich von operativen Mitarbeitern, die das CCS in ihrer täglichen Arbeit einsetzen sollen, genannt wurde, hingegen die aufgrund des Fachkräftemangels fehlenden *Qualifizierten Arbeitskräfte* häufiger von den strategischen Mitarbeitern angesprochen wurden, erscheint nachvollziehbar.

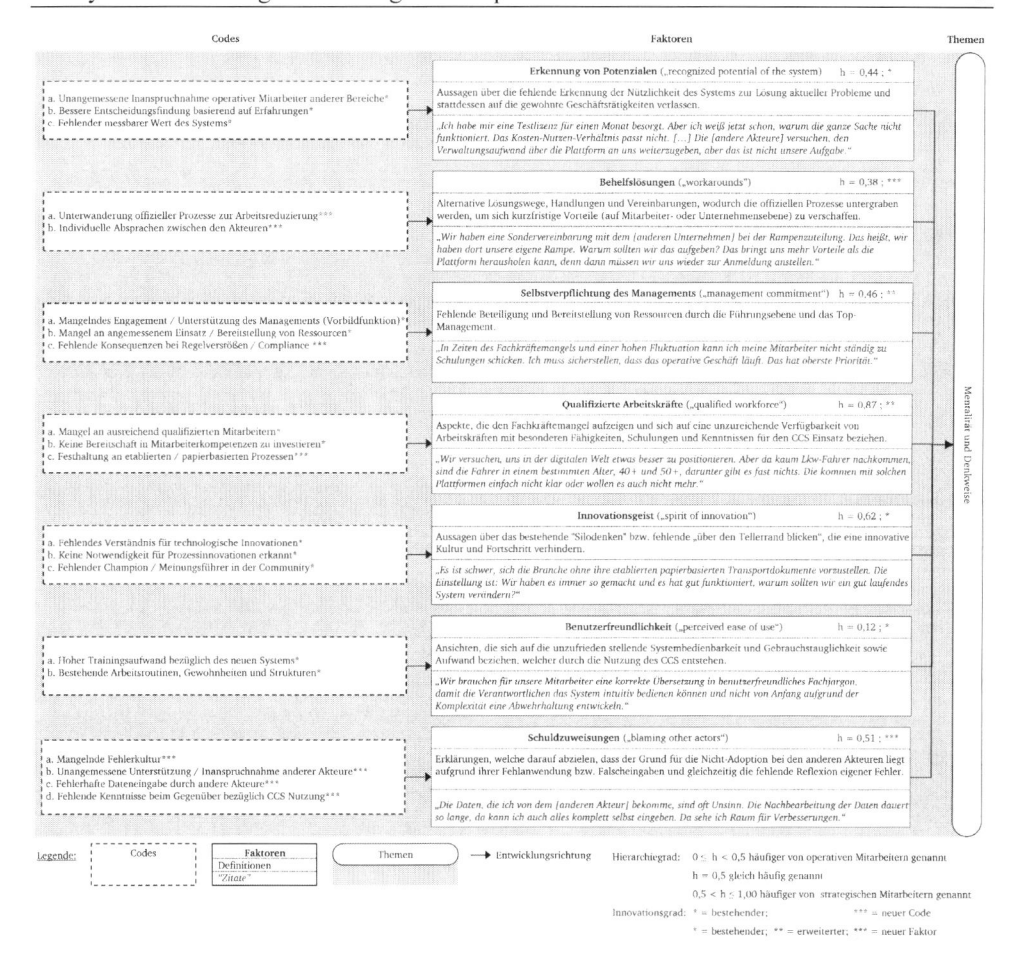

5.3 Synchrone Auftragsabwicklung am Beispiel der Luftfracht

Abbildung 54: Übersicht Codes, Faktoren und Themen – Mentalität und Denkweise (eigene Darstellung).

Drei Faktoren (*Erkennung von Potenzialen, Innovationsgeist, Benutzerfreundlichkeit*) können hierbei aus der Literatur abgeleitet werden, zwei mussten erweitert (*Selbstverpflichtung des Managements* und *qualifizierte Arbeitskräfte*) und zwei neu (*Behelfslösungen*[926] und *Schuldzuweisungen*) kategorisiert bzw. ergänzt werden. Beim Faktor *Qualifizierte Arbeitskräfte* sind die ersten beiden Codes, *Mangel an ausreichend qualifizierten Mitarbeitern* und *Keine Bereitschaft in Mitarbeiterkompetenz zu investieren*, bereits aus der Litera-

---

[926] Die sogenannten Workarounds werden in der IS Forschung zwar hinsichtlich der Einsatzgebiete und Auswirkungen untersuchen (vgl. hierzu u. a. Zainuddin und Staples (2016); Alter (2014)), allerdings nicht im Zusammenhang mit der Diffusion von IS-Technologien. Daher ist eine Kategorisierung als neu hier zweckmäßig. Dennoch kann an dieser Stelle auf die weiteren Definitionen und Erläuterungen verwiesen werden (vgl. Alter (2014), S. 1045).

tur bekannt.[927] Der dritte Code, *Beibehaltung etablierter/papierbasierter Prozesse*, ist neu hinzugekommen. Dieser wurde häufig von strategischen Mitarbeitern angeführt, die zum Teil die Problematik sehen, dass Mitarbeiter sich gegen Veränderungen stellen und diese aktiv boykottieren, auch wenn in Schulungen investiert wird. Der neue Faktor *Schuldzuweisung* ist mit insgesamt über 80 Zitaten der am häufigsten genannte Faktor mit einer weitestgehend ausgeglichenen Verteilung der Nennungen seitens strategischer und operativer Mitarbeiter. Dieser Faktor bezieht sich zumeist auf eine akteursübergreifende Schuldzuweisung. Gerade wenn viele verschiedene Akteure zusammenarbeiten, ändern sich Prozesse oder Verantwortlichkeiten schnell. Daher ist es sehr komplex, die Herkunft eines Fehlers zurückzuverfolgen und es erscheint einfacher, einen Fehler abzuweisen, als die eigene Schuld oder Teilschuld zuzugeben. Das bedeutet, für die gehemmte Diffusion wird meistens ein anderer Akteur, aufgrund z. B. fehlerhafter Dateneingabe oder falschen Nutzung des CCS, verantwortlich gemacht.

Das nächste Thema, *Eigenschaften des Systemanbieters*, beinhaltet drei Faktoren (siehe Abbildung 55): *Neutralität des Systems, Zuverlässigkeit des Anbieters* sowie *Kommunikation und Beratung*. Während *Neutralität des Systems* als neuer Faktor kategorisiert wurde, sind die beiden anderen Faktoren bereits teilweise aus der bestehenden Literatur bekannt.[928] Auch ist es nachvollziehbar, dass die *Neutralität des Systems* sowie vor allem *Kommunikation und Beratung* eher von operativen Mitarbeitern genannt wurde, da diese Faktoren ihre Tätigkeitsbereiche direkt beeinflussen, während die *Zuverlässigkeit des Anbieters* strategische und operative Aspekte gleichermaßen tangiert bzw. genannt wurde. Vor allem der letzte Faktor *Kommunikation und Beratung*, verdeutlicht, dass Missverständnisse über die Einsatzmöglichkeiten des CCS die Diffusion hemmen können. Das Zitat des Faktors *Zuverlässigkeit des Anbieters* könnte auch beim Faktor *Kommunikation und Beratung* angeführt werden, da ein falscher Fokus in der Kommunikation (auf Marketing anstelle tiefgehender inhaltlicher Beratung) zu einem Vertrauensverlust führen kann. Dies verdeutlicht, dass die Zitate nicht überschneidungsfrei sind und zum Teil mehreren Faktoren zuzuordnen sind, da in den Sätzen mehrere Aspekte thematisiert werden. Das deutet darauf hin, dass Faktoren sich zum Teil gegenseitig in ihrer hemmenden Wirkung auf die Diffusion beeinflussen bzw. verstärken. Die Interdependenzen zwischen den Faktoren können hier allerdings nur vermutet werden, eine nähere Bestimmung ist nur durch weitere quantitative Untersuchungen möglich.

---

[927] Vgl. Hazen, Overstreet und Cegielski (2012), S. 126; Teo, Ranganathan und Dhaliwal (2006), S. 399 und 403.
[928] Vgl. Hong und Zhu (2006), S. 211; Teo, Ranganathan und Dhaliwal (2006), S. 403.

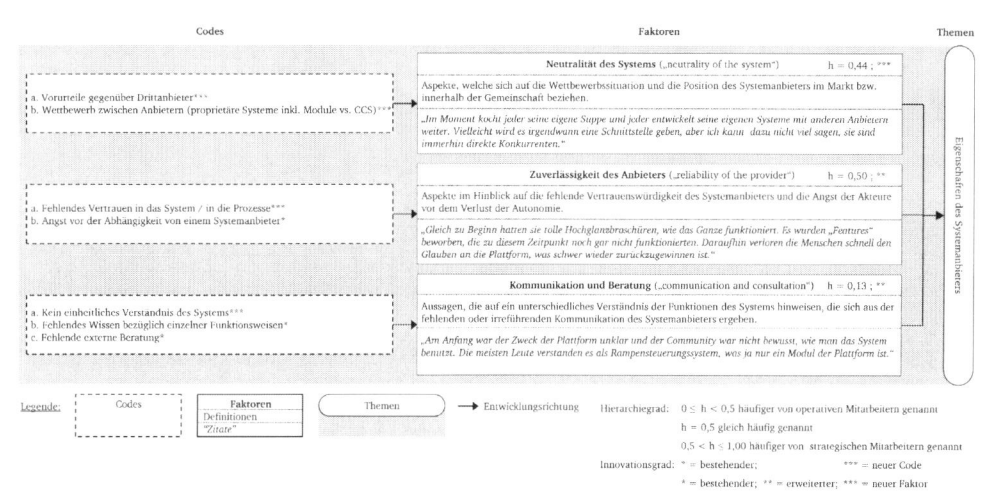

5.3 Synchrone Auftragsabwicklung am Beispiel der Luftfracht

Abbildung 55: Übersicht Codes, Faktoren und Themen – Eigenschaften des Systemanbieters (eigene Darstellung).

Das Thema *Wettbewerb* ist in Abbildung 56 zusammenfassend dargestellt und umfasst die vier Faktoren: *Interessenkonflikt, Vertragliche Beziehung, Zentrale Leitungsstruktur* und *Gemeinschaftsgedanke*. Die Grundidee des Faktors *Gemeinschaftsgedanke* ist es, mit langfristigem Wachstum den Luftfrachthub für alle beteiligten Akteure zu stärken und damit zusätzlichen individuellen Nutzen für die Unternehmen am Standort zu generieren. Dies kann erfordern, dass gemeinschaftliche über individuelle Ziele gestellt werden und es macht somit auch die damit verbundene Herausforderung deutlich. In der Regel priorisieren Unternehmen nämlich Investitionen, die ihnen einen Vorteil stiften, um kurzfristige Gewinnziele zu realisieren. Gemeinschaftliche Ziele werden nur verfolgt, wenn sie einen individuellen Nutzen stiften. Durch einen zu starken Egoismus und damit fehlenden *Gemeinschaftsgedanken* wird die CCS-Diffusion gehemmt. Der Faktor *Interessenkonflikt* entsteht aus dem beschriebenen Spannungsfeld der „Co-opetition", was bedeutet, dass Unternehmen mit den von ihnen angebotenen Leistungen zu mehreren Akteursgruppen gehören und somit mit Unternehmen kooperieren, mit denen sie gleichzeitig in Konkurrenz stehen. Einleuchtend ist zudem auch, dass diese Faktoren eher von strategischen Mitarbeitern angesprochen wurden, da sie sich mit unternehmensübergreifenden Themen und Ausrichtungen des Unternehmens beschäftigen. Weiterhin wurde ein Faktor erweitert und drei Faktoren sind neuartig. Dies bekräftigt die Relevanz des bisher vernachlässigten Forschungsfelds der unternehmensübergreifenden Beziehungen, hier in Form der Wettbewerbssituation, bei der Diffusion von Plattformen.

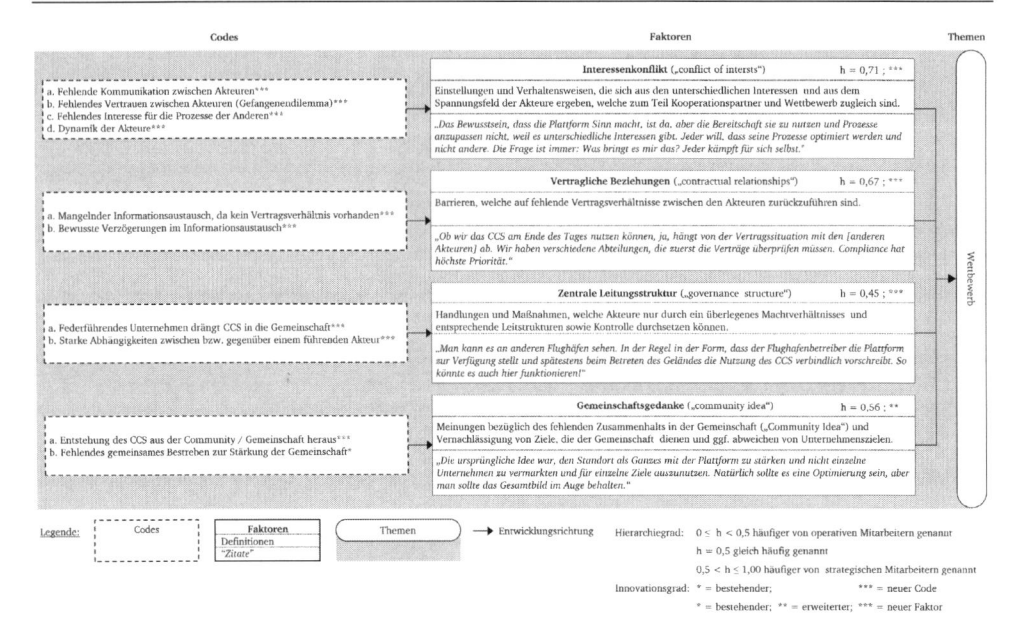

Abbildung 56: Übersicht Codes, Faktoren und Themen – Wettbewerb (eigene Darstellung).

Das letzte übergreifende Themengebiet beschäftigt sich mit den *Prozessen* (siehe Abbildung 57) und enthält die drei ausstehenden Faktoren: *Interne* und *externe Prozesse* sowie *Prozessdynamik*. Neben dem Faktor *Schuldzuweisungen* ist der Faktor *Externe Prozesse* der am zweit häufigsten genannte Faktor. Das zeigt die hohe Relevanz dieses Faktors, der auf unternehmensübergreifende Abhängigkeiten und fehlende Standards bei der Einführung eines CCS zurückzuführen ist. So sind Unternehmen von der Zusammenarbeit und Prozessanpassung anderer Akteure abhängig, damit diese Prozesse intern bestmöglich umgesetzt werden können. Alle Faktoren zum Thema *Prozesse* wurden häufiger von operativen Mitarbeitern angesprochen, da diese viel stärker in die Prozesse eingebunden und in ihrem täglichen Geschäft von Änderungen betroffen sind. Während die *Internen Prozesse* einen häufig behandelten Faktor in der Literatur darstellen,[929] werden *Externe Prozesse* nur teilweise behandelt.[930] Gerade die Etablierung von Standards wird als grundlegend und zwingend erforderlich angesehen, um eine möglichst breite Diffusion der Plattform zu ermöglichen. Prozessdynamik ist auch ein neuartiger Faktor, welcher sich verstärkt aus der synchronen Auftragsabwicklung und der intensiven unternehmensübergreifenden Interaktion ergibt.

---

[929] Vgl. Wright, Roberts und Wilson (2017), S. 511; Walther et al. (2015), S. 11; Son und Benbasat (2007), S. 61 ff.; Teo, Ranganathan und Dhaliwal (2006), S. 398; Zhu und Kraemer (2005), S. 64 ff.
[930] Vgl. Jede und Teuteberg (2015), S. 881; Lin und Lin (2008), S. 136 ff.; Teo, Ranganathan und Dhaliwal (2006), S. 398.

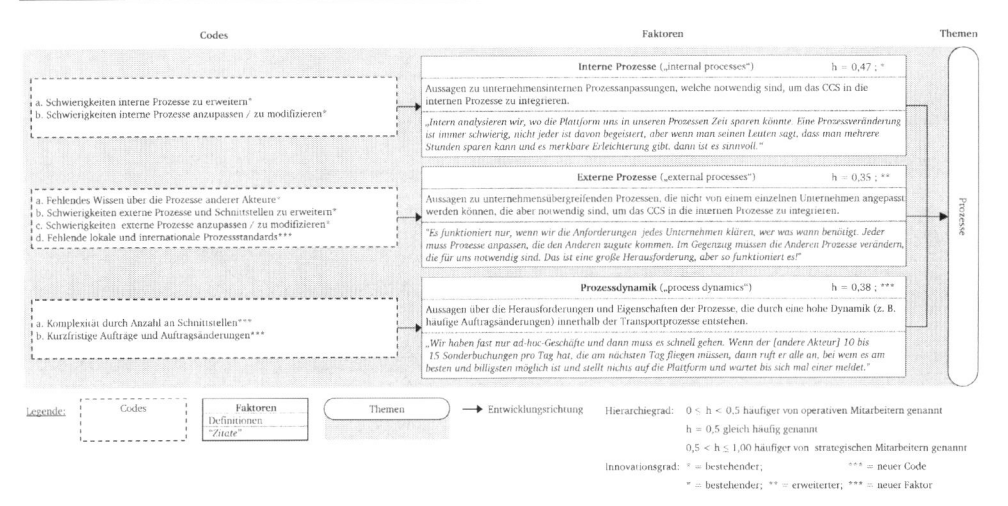

5.3 Synchrone Auftragsabwicklung am Beispiel der Luftfracht

Abbildung 57: Übersicht Codes, Faktoren und Themen – Prozesse (eigene Darstellung).

Faktoren wie Bedenken aufgrund von gestiegenen *Sicherheitsanforderungen*, die durch Plattformen verursachte höhere *Transparenz* oder die *Angst um den Arbeitsplatz* aufgrund solcher disruptiver Technologien werden in der IS-Literatur oftmals als hemmende Faktoren für die Diffusion mehrseitiger, cloudbasierter Plattformen aufgeführt.[931] Daher wurden diese Faktoren in den Interviews explizit erwähnt, konnten aber nicht bestätigt werden. Beispielsweise sehen weder die strategischen (hinsichtlich der Existenz des Unternehmens), noch die operativen (bezüglich der Arbeitsplatzbedrohung) Mitarbeiter ihre Existenz durch das CCS bedroht. Die gestiegenen *Sicherheitsanforderungen* und die zunehmende *Transparenz* durch den CCS-Einsatz wurden ebenfalls nicht als Gefahr angesehen. Somit wurden diese Faktoren nicht als hemmende Faktoren für die CCS-Diffusion aufgenommen.

Zusammenfassend konnten von den 21 Faktoren, acht aus bereits existierender Forschung abgeleitet werden, sechs erweitert sowie sieben neue Faktoren identifiziert werden. Diese wirken sich hemmend auf die CCS-Diffusion aus. Die Codes, Definitionen sowie Zitate verdeutlichen jedoch, dass die Faktoren durch gezielte Gegenmaßnahmen zu neutralen oder die Diffusion fördernden Faktoren weiterentwickelt werden können. Ob der Fokus der Faktoren eher auf strategischen oder operativen Ansichten beruht, kann nicht einheitlich bestätigt werden. Während sich wettbewerbsrelevante Aspekte eher auf der strategischen Ebene bewegen, sind prozessbezogene Aspekte operativ von größerem Interesse. Es zeigt sich allerdings, dass ein Großteil der Faktoren, abgesehen von den Faktoren zum Thema *Technische und regulatorische Anforderungen*, durch die unternehmensübergreifende intensive Zusammenarbeit bei der synchronen Auftragsabwicklung mittels CCS geprägt sind, was im Folgenden näher betrachtet werden soll.

---

[931] Vgl. Son und Benbasat (2007), S. 63 ff.

5.3.5 Weiterentwicklung TOE(I)-Framework

Im folgenden Kapitel rückt der Fokus stärker auf die 21 identifizierten Faktoren und deren Zuordnung in das TOE-Framework. Wie in Kapitel 3.4.2 eingeführt, findet das TOE-Framework in der wissenschaftlichen Literatur eine breite Anwendung und dient der Kategorisierung der identifizierten Faktoren. Um die einzelnen Faktoren in das TOE-Framework einzuordnen, wurden zunächst auf Codeebene alle Codes mit den bestehenden von Teo, Ranganathan und Dhaliwal (2006) verglichen und entsprechend zugeordnet.[932] Insgesamt konnten dabei drei Faktoren dem technologischen (T), sechs dem organisatorischen (O) und vier dem umfeldbedingten (E) Kontext zugeordnet werden. Bei diesem Verfahren stellte sich heraus, dass das bestehende TOE-Framework aufgrund der vorliegenden intensiven unternehmensübergreifenden Zusammenarbeit bei der synchronen Auftragsabwicklung in der Transportkette nicht ausreicht. Daher wird eine Erweiterung des TOE-Frameworks um den inter-organisationalen Kontext (I) vorgeschlagen (siehe Abbildung 58).

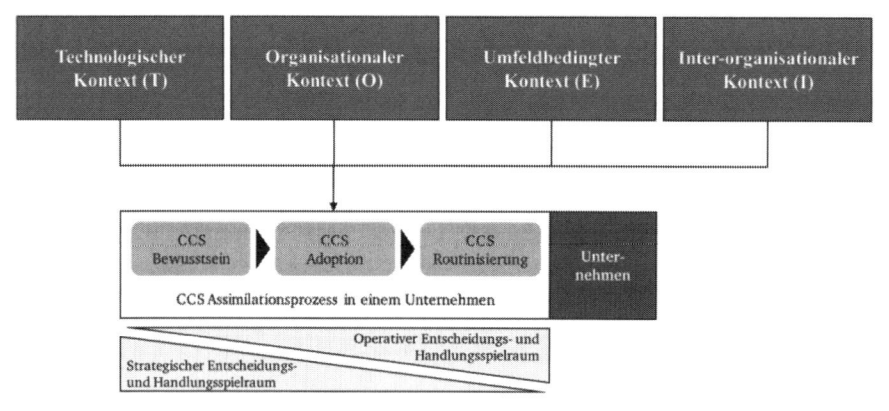

Abbildung 58: TOE(I)-Framework – Erweiterung des TOE-Frameworks um den inter-organisationalen Kontext (I) (eigene Darstellung; in Anlehnung an Wallbach, Coleman und Elbert (2018), S. 13).

In der Literatur sind Faktoren, die hier dem inter-organisationalen Kontext zugeordnet werden, zum Teil entweder dem technologischen, z. B. *Externe Prozesse*,[933] oder dem umfeldbedingten Kontext zugeordnet, z. B. der *Gemeinschaftsgedanke* oder der Wettbewerbsaspekt der *Interessenkonflikte*.[934] Diese Kategorisierung wurde aus zwei zentralen Gründen nicht übernommen. Zum einen sind *Externe Prozesse* von der Interaktion zwischen den Akteuren abhängig und nicht nur von der technischen Implementierung. Zum anderen sind gerade die Wettbewerbsaspekte bis zu einem gewissen Grad beeinflussbar, da jeder Akteur eine aktive Rolle im Wettbewerb einnimmt: sie passen somit nicht in den rein

---

[932] Für eine literaturbasierten Überblick über bestehende Codes und deren Referenzen siehe Teo, Ranganathan und Dhaliwal (2006).
[933] Vgl. hierzu u. a. Teo, Ranganathan und Dhaliwal (2006), S. 398.
[934] Vgl. hierzu u. a. Hsu und Lin (2016), S. 809.

5.3 Synchrone Auftragsabwicklung am Beispiel der Luftfracht

fremd- oder von außen bestimmten, umfeldbedingten Kontext. Neben diesen, um weitere Codes erweiterten und einem neuen Kontext zugeordneten Faktoren sind hauptsächlich die neu identifizierten Faktoren dem inter-organisationalen Kontext zugeordnet. Insgesamt wurden diesem Kontext acht Faktoren zugeordnet. Eine Übersicht der Kontexte aus dem TOE-Framework und der zugeordneten Faktoren mit Bezug zum CCS-Diffusionsprozess ist in Abbildung 59 zusammenfassend dargestellt.

Dem technologischen Kontext sind die bestehenden Faktoren *IT-Infrastruktur, Funktionalitäten* und *Gemeinschaftsspezifische Anforderungen* aus dem übergreifenden Thema *Technische und regulatorische Anforderungen* zugeordnet.[935] Dies ist wenig überraschend und untermauert die Annahme aus der Literatur und den Erkenntnissen aus Kapitel 0, dass der technologische Kontext die Basis bzw. eine Grundvoraussetzung darstellt. Wenn diese Faktoren nicht vorhanden sind, brauchen die folgenden meist nicht weiter untersucht werden. Der Satz *„Die Technik ist nicht das Problem"*, ist in mehreren Interviews gefallen und legitimiert die weitere Erforschung der hemmenden Faktoren und deren Einfluss auf die CCS-Diffusion.

Dem umfeldbedingten Kontext sind die drei Faktoren zum Thema *Eigenschaften des Systemanbieters* (*Kommunikation und Beratung, Zuverlässigkeit des Anbieters* und *Neutralität des Systems*) zugeordnet sowie die *Rechtlichen Anforderungen*. Diese Faktoren sind weitestgehend von außen bestimmt und können nicht oder nur indirekt von den im CCS beteiligten Akteuren beeinflusst werden. Der neue Faktor *Neutralität des Systems* ist aus der Kritik entstanden, dass der Systemanbieter als gewinnorientiertes Unternehmen agiert und somit nicht automatisch davon ausgegangen werden kann, dass er stets im Sinne der Gemeinschaft handelt: *„Es war auch mal angedacht, dass man da eine unabhängige Firma gründet, mit eigenem Board, die dann aus [den Akteuren am Standort] besteht. Die sollten das Ganze hier neutral betreiben, es soll ja niemand bevorzugt oder benachteiligt werden."* Wenn dieses Vorhaben umgesetzt worden wäre, wäre der Faktor nicht dem umfeldbedingten Kontext als externer, fremdbestimmter Einfluss bzw. Anbieter zugeordnet worden, sondern einem internen Einfluss bzw. der Anbieter wäre stärker als Akteur in die Gemeinschaft integriert gewesen.

---

[935] Für weitere Details und Referenzen siehe Teo, Ranganathan und Dhaliwal (2006), S. 398.

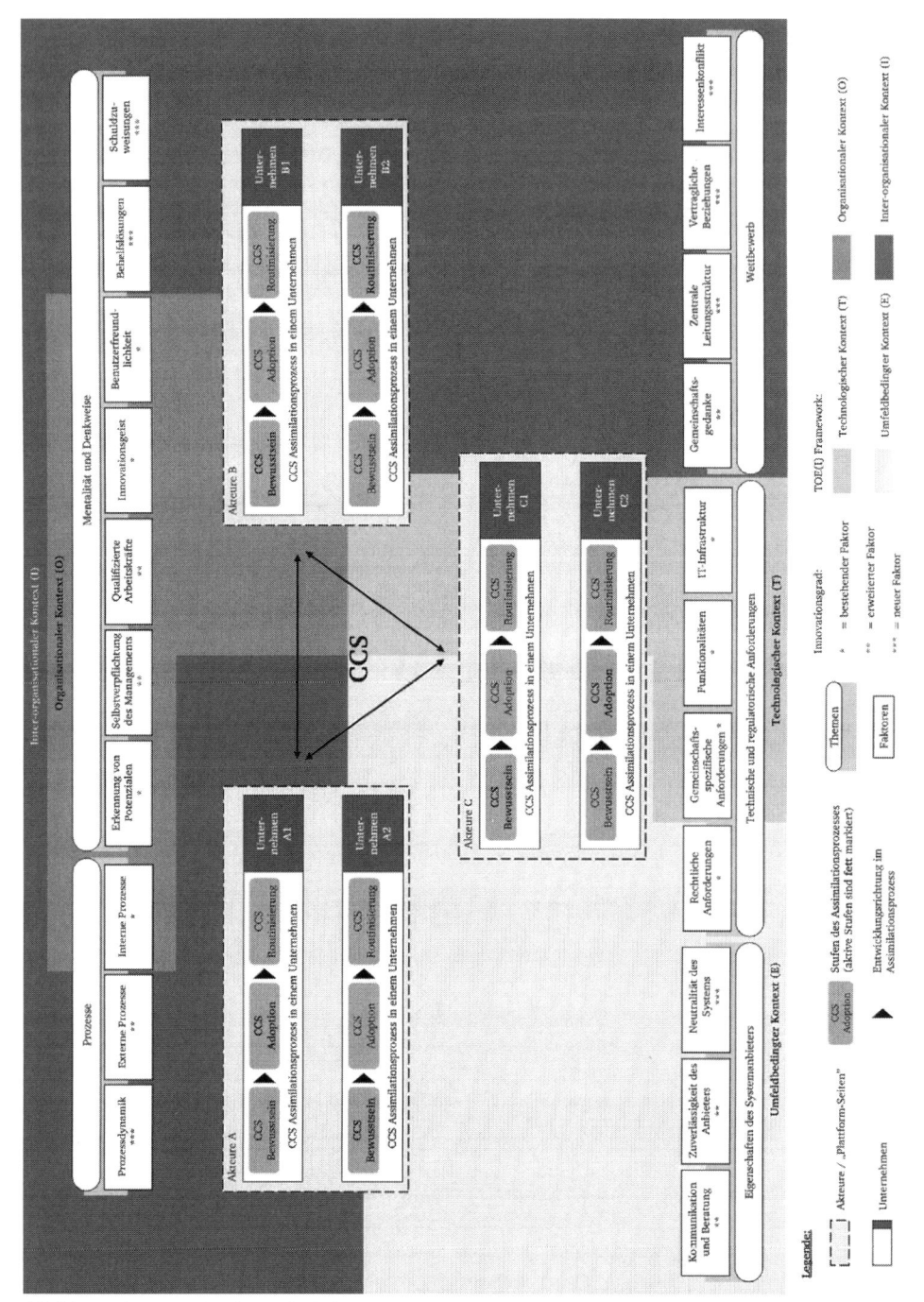

Abbildung 59: Zuordnung der Faktoren zum TOE(I)-Framework (eigene Darstellung).

5.3 Synchrone Auftragsabwicklung am Beispiel der Luftfracht

Dem organisationalen Kontext sind sechs Faktoren zugeordnet. Als siebten Faktor hätte man hier auch den Faktor *Behelfslösungen* zuordnen können, wenn dieser stärker auf unternehmensinterne Prozesse bezogen worden wäre. Da dies nicht der Fall ist und hier hauptsächlich opportunistisches Verhalten basierend auf Absprachen mit anderen Akteuren vorliegt, folgt dieser Faktor nach der hier gültigen Definition erst im Abschnitt zum inter-organisationalen Kontext. Der bestehende Faktor *Interne Prozesse* bezieht sich hauptsächlich auf die Anpassung oder Erweiterung intra-organisationaler Prozesse. Die anderen fünf Faktoren, die dem inter-organisationalen Kontext zugeordnet werden können, stammen alle aus dem Thema *Mentalität und Denkweise*: *Erkennung von Potenzialen, Selbstverpflichtung des Managements, Qualifizierte Arbeitskräfte, Innovationsgeist* und *Benutzerfreundlichkeit*. Alle diese Faktoren sind weitestgehend so in der bestehenden Literatur vorzufinden. Der wahrscheinlich bekannteste ist die wahrgenommene *Benutzerfreundlichkeit* („perceived ease of use"), was ein grundlegender Faktor im TAM-Modell darstellt.[936] Der Faktor beeinflusst die individuelle IS-Akzeptanz und wird auch im ursprünglichen Sinne von der persönlichen Einschätzung bestimmt, dass ein System ohne großen zusätzlichen Aufwand eingesetzt werden kann.[937] Hier wird deutlich, dass im ursprünglichen Sinne der Betrachtungsfokus stärker auf der individuellen Ebene lag und dieser hier auf die Mitarbeiter als Teil des Unternehmens übertragen wird, das heißt dem organisationalen Kontext zuzuordnen ist.

Dem neuen inter-organisationalen Kontext wurden acht Faktoren zugeordnet. Davon sind zwei aus dem Thema *Mentalität und Denkweise* (*Behelfslösungen* und *Schuldzuweisungen*), vier aus dem Thema *Wettbewerb* (*Interessenkonflikt, Vertragliche Beziehungen, Zentrale Leitungsstruktur* und *Gemeinschaftsgedanke*) sowie zwei aus dem Thema *Prozesse* (*Externe Prozesse* und *Prozessdynamik*). Wie bereits erwähnt, sind die beiden Faktoren *Externe Prozesse* und *Gemeinschaftsgedanke* in Ansätzen – d. h. einzelne Codes aus angrenzenden Untersuchungen – in der Literatur vorzufinden. Aufgrund der Erweiterung durch unternehmensübergreifende Aspekte wurden sie hier dem neuen inter-organisationalen Kontext zugeordnet. Beispielsweise ist die Modifikation von *Externen Prozessen* keine rein technologische Angelegenheit. Natürlich müssen die Prozesse technisch umgesetzt werden, aber das Spannende ist der Weg dorthin und dieser ist zentral abhängig von der Interaktion der Akteure, die die Prozesse nur im Austausch miteinander effizienter gestalten können. Die anderen sechs Faktoren sind neu identifizierte Faktoren. In Tabelle 24 sind alle Faktoren, die dem inter-organisationalen Kontext zugeordnet wurden, mit einem jeweiligen Zitat, das die Zuordnung zum inter-organisationalen Kontext begründet, aufgeführt. Die Zuordnung der Faktoren zu dem erweiterten TOE(I)-Framework strukturiert die Faktoren und ermöglicht eine kontextbezogene Analyse. Allerdings gibt diese Kategorisierung zunächst keine Auskunft über deren Wirkung auf die Verbreitung des CCS. Dies soll im nächsten Kapitel anhand von Netzwerkeffekten näher beleuchtet werden.

---

[936] Vgl. Davis, Bagozzi und Warshaw (1989), S. 982.
[937] Vgl. Davis, Bagozzi und Warshaw (1989), S. 985.

Tabelle 24: Dem inter-organisatorischen Kontext zugeordnete Faktoren mit Beispiel-Zitaten (eigene Darstellung).

Themen	Faktoren	Zitate
Mentalität und Denkweise	Behelfslösungen	„Wir haben andere Möglichkeiten, spezielle Vereinbarungen mit dem [anderen Akteur], und die funktionieren gut. Die sind aber nicht mit dem CCS kompatibel."
	Schuldzuweisungen	„Das glaubt einem keiner, aber die [anderen Akteure] arbeiten mit Software, die ist fast 30 Jahre alt. [...] Da ist natürlich keine Schnittstelle zum CCS möglich. Die machen einfach nicht ihre Hausaufgaben."
Wettbewerb	Interessenkonflikte	„Die Marktsituation macht es uns in der Tat nicht leicht. Da kollidieren die Interessen und es besteht einfach keine Bereitschaft, das zu verändern, weil der [andere Akteur] ja selbst Geld damit verdienen will."
	Vertragliche Beziehungen	„Die Ironie ist, dass die [Akteure ohne Vertragsverhältnis] uns die Daten über das CCS aus Haftungsgründen nicht geben wollen. [...] Es ist so lächerlich, weil ich die Daten später ja sowieso in Papierform erhalte."
	Zentrale Leitungsstruktur	„Ohne irgendeine Form der zentralen Governance wird es kein standortweites System geben. Wenn das Ziel ist, dass alles über das CCS laufen soll, dann muss z. B. der Flughafenbetreiber die Verwendung verbindlich machen. Die wollen sich aber nicht zu sehr in die Prozesse einmischen."
	Gemeinschaftsgedanke	„Die Unternehmen am Standort sollten alle an einem Strang ziehen. Wenn wir alle zusammen mit dem CCS arbeiten, dann wären wir viel besser dran. Es gibt genug Ladung für alle auf dem Markt."
Prozesse	Externe Prozesse	„Es wäre so viel einfacher, wenn nicht jeder seine eigenen Prozesse abstimmen müsste, sondern Standards, zumindest für den Hub und am besten Luftfracht-weit, anerkannt werden. Wenn überall der gleiche Lieferprozess gilt, ist es für alle einfacher."
	Prozessdynamik	„Sie liegt an den kurzfristigen Änderungen bei der sowieso schon sehr zeitsensiblen Luftfracht. Bis ich alle Informationen im CCS bearbeitet oder geändert habe, ist der Transport bereits verzögert. Ich sortiere einfach nur schnell den Papierkram ohne das System."

5.3.6 Einfluss der Faktoren auf Netzwerkeffekte

Um den Einfluss der Faktoren auf Netzwerkeffekte zu untersuchen, wurden alle Transkripte nochmals Schritt für Schritt evaluiert. Dabei konnte bestätigt werden, dass das untersuchte CCS die für Plattformen charakteristischen Netzwerkeffekte aufweist. Zitate wie z. B.: *„Je mehr Unternehmen sich beteiligen, desto besser."* oder *„Durch die Weiterentwicklung bringt uns das System mehr Vorteile und es kommen mittlerweile mehr Unternehmen dazu als aussteigen. Es gab Zeiten, da war das anders."* zeigen, dass die kritische Masse erreicht ist und somit das Henne-Ei Dilemma gelöst ist. Wie theoretisch bereits dargelegt, ist diese Erkenntnis die Grundvoraussetzung und legitimiert die weitere Untersuchung von Netzwerkeffekten.

Wie in Kapitel 3.4.3 bereits eingeleitet, ergeben sich positive und negative Netzwerkeffekte aus den hinzukommenden Teilnehmern bzw. Unternehmen. Beispielsweise ergeben sich durch den Einsatz eines CCS in einem weiteren Unternehmen positive Netzwerkeffekte, in dem es potenziell weniger Medienbrüche zwischen den kooperierenden Akteuren gibt und die Prozesseffizienz durch einen schnelleren sowie transparenteren Informations- und Güterfluss gesteigert werden kann. Im Gegensatz dazu lassen sich negative Netzwerkeffekte dadurch charakterisieren, dass durch ein zusätzliches Unternehmen die Leistung des CCS

5.3 Synchrone Auftragsabwicklung am Beispiel der Luftfracht

sinkt. Dies konnte allerdings in keinem Transkript nachgewiesen werden. Es wurde zudem explizit in den Interviews danach gefragt, welchen negativen Einfluss es geben könnte, wenn mehr Unternehmen dem CCS beitreten. Hier wurden trotz des Nachfragens keine Gründe angeführt. Daraus lässt sich schließen, dass in dem vorliegenden Anwendungsfall keine negativen Netzwerkeffekte vorhanden bzw. bekannt sind und auch für die Zukunft nicht befürchtet werden. Die Faktoren haben somit alle eine hemmende Wirkung auf positive Netzwerkeffekte, welche die langsame Diffusion erklären. Somit ist im Folgenden, wenn von Netzwerkeffekten gesprochen wird, immer die Rede von positiven Netzwerkeffekten.

Insgesamt konnten bei 16 der 21 identifizierten Faktoren eine hemmende Wirkung auf Netzwerkeffekte herausgearbeitet werden. Ein Netzwerkeffekt gilt als vorhanden, sobald ein Zitat des jeweiligen Faktors auf einen positiven Netzwerkeffekt hinweist. Im Gegensatz dazu gibt es fünf Faktoren, die keine Hinweise auf Netzwerkeffekte aufzeigen. Diese sind: *Selbstverpflichtung des Managements, Qualifizierte Arbeitskräfte, Innovationsgeist, Benutzerfreundlichkeit* und *Interne Prozesse*. Alle diese fünf Faktoren liegen im organisationalen Kontext des TOE(I)-Frameworks und hieraus ergibt sich auch bereits die Erklärung, warum für diese Faktoren keine Netzwerkeffekte identifiziert werden konnten. Die rein nach innen gerichtete Ausrichtung dieser Faktoren widerspricht dem Gedanken der Netzwerkeffekte, welche sich durch die Interaktion und den dadurch entstehenden selbstverstärkenden Effekt ergeben. Es könnte natürlich argumentiert werden, dass der *Innovationsgeist* nicht nur die interne Einstellung, sondern auch die Außenwahrnehmung beeinflusst. Dies lässt sich allerdings nicht aus den Daten herauslesen und erfordert einen großen Interpretationsspielraum. Um diese Auslegung entsprechend des Grounded-Theory-Ansatzes zu vermeiden, beschränken sich die folgenden Ausführungen nur auf die Erkenntnisse aus den erhobenen Daten. Somit hat der Faktor *Innovationsgeist* keinen Einfluss auf die Netzwerkeffekte.

Die verbleibenden 16 Faktoren wurden in einem nächsten Schritt hinsichtlich der hemmenden Wirkung auf die gleich- oder wechselseitigen Netzwerkeffekte analysiert. Dazu wurden zwei Quotienten (q_1 und q_2) ermittelt. Inhaltlich entwickelt sind die beiden Quotienten aus den für die qualitative Forschung etablierten Effektgrößen („effect size") von Onwuegbuzie (2003) und formalisiert wurden sie in Anlehnung an Polyanin und Manzhirov (2007).[938] Der erste Quotient (q_1) entspricht dem Häufigkeitsmaß (auch Frequenz-Effektgröße genannt) von Onwuegbuzie (2003) und ermöglicht die Einordnung der Faktoren, welche entweder hauptsächlich gleich- oder wechselseitige Netzwerkeffekte hemmen.[939] Dazu wurden über 700 Zitate in zwei Gruppen geteilt und entweder als „GleichseitigeZitate" (unternehmensübergreifender, horizontaler Bezug) oder „WechselseitigeZitate" (unternehmensübergreifender, vertikaler Bezug) kategorisiert. Aus dieser Zuordnung der Zitate wurde das Verhältnis q_1 berechnet, das die Anzahl (#) der WechselseitigenZitate eines Faktors durch die Gesamtzahl der Zitate für diesen Faktor dividiert. Formal bedeutet dies, dass ein Faktor (i) durch das Tupel (#WechselseitigeZitate, #GleichseitigeZitate, Kategorie)

---

[938] Vgl. Onwuegbuzie (2003), S. 393 ff.; Polyanin und Manzhirov (2007), S. 6.
[939] Vgl. Onwuegbuzie (2003), S. 396.

repräsentiert wird, wobei die Kategorie (K) zunächst leer ist und im nächsten Schritt durch das Ergebnis von q_1 bestimmt wird:

$$q_1(i) = \frac{\#WechselseitigeZitate_i}{(\#WechselseitigeZitate_i + \#GleichseitigeZitate_i)} \forall\, i \in F$$

F := {(#WechselseitigeZitate, #GleichseitigeZitate, Kategorie) #CrossSeitigeZitate, #GleichSeitigeZitate ∈ $\mathbb{R}^+$ ∧ Kategorie ∈ K}

$$K := \{\}$$

$$q_1: \{i\} \to [0,1]$$

Innerhalb der 16 Faktoren konnten fünf mit einer gleichmäßig verteilten Anzahl von WechselseitigenZitaten und GleichseitigenZitaten identifiziert werden. Diese Erkenntnisse wurden mit den anderen Wissenschaftlern in den Workshops diskutiert und entschieden, dass sich diese Faktoren nicht eindeutig einer der beiden Kategorien gleich- oder wechselseitige Netzwerkeffekte zuordnen lassen. Aus diesem Grund wurde eine zusätzliche Kategorie, die beidseitige Netzwerkeffekte genannt wurde, eingeführt. Bei dieser dritten Kategorie wirken sich die hemmenden Faktoren in gleichem Maße auf gleichseitige als auch auf wechselseitige Netzwerkeffekte aus. Basierend auf dem ermittelten Quotienten q_1 wurden folgende Intervalle gebildet: Bei einem Wert unter 0,4 wirkt sich der Faktor hauptsächlich hemmend auf gleichseitige Netzwerkeffekte aus ($0 \leq q_1 < 0,4$), während ein Wert über 0,6 auf eine vornehmlich hemmende Wirkung auf wechselseitige Netzwerkeffekte hinweist ($0,6 < q_1 \leq 1$). Ein Wert zwischen 0,4 und 0,6 ($0,4 \leq q_1 \leq 0,6$) weist auf einen hemmenden Einfluss auf beidseitige Netzwerkeffekte hin. Insgesamt konnten auf diese Weise neun Faktoren identifiziert werden, die hauptsächlich wechselseitige Netzwerkeffekte hemmen, zwei Faktoren, die sich auf gleichseitige Netzwerkeffekte auswirken, und schließlich fünf Faktoren, die beide Richtungen beeinflussen, also auf beidseitige Netzwerkeffekte hinweisen (siehe Abbildung 60). Mit diesen Erkenntnissen kann die Aussage von Arroyo-Barrigüete et al. (2010), dass wechselseitige Netzwerkeffekte allgemein häufiger vorkommen, bestätigt werden.[940] Der Grund, warum einige Faktoren hemmend auf beidseitige Netzwerkeffekte wirken, lässt auf die Existenz der Co-opetition zwischen den beteiligten Akteuren zurückführen. In diesem Zusammenhang ist zum jetzigen Zeitpunkt keine Literatur bekannt, die sich im Umfeld von Co-opetition mit der Erforschung von Netzwerkeffekten beschäftigt.

---

[940] Vgl. Arroyo-Barrigüete et al. (2010), S. 646.

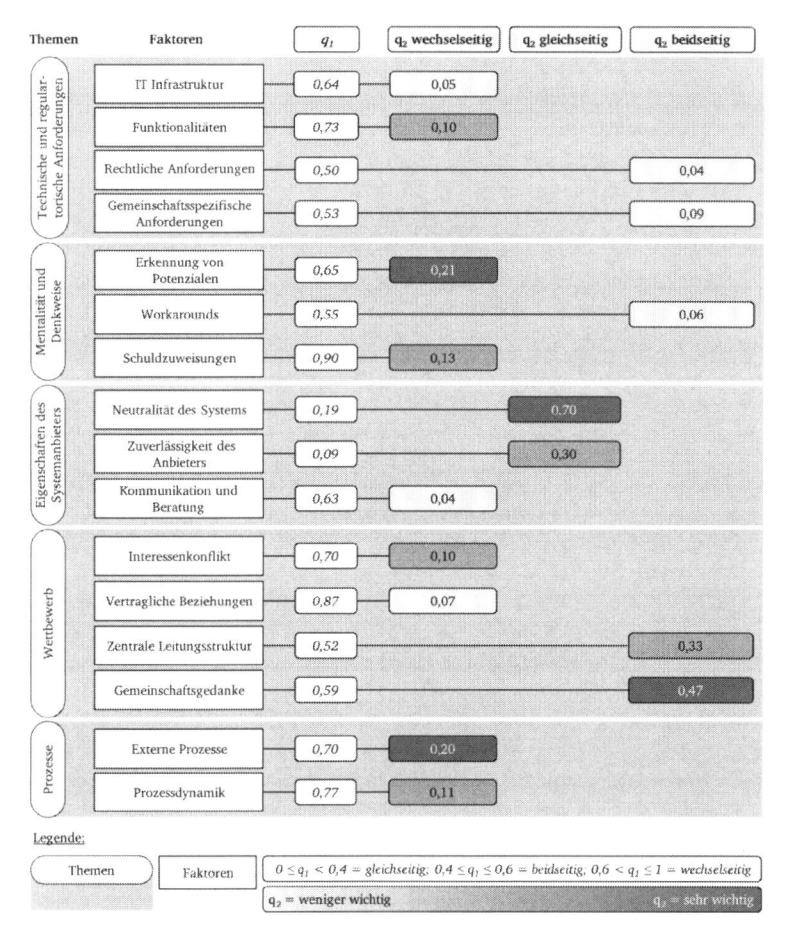

5.3 Synchrone Auftragsabwicklung am Beispiel der Luftfracht

Themen	Faktoren	q_1	q_2 wechselseitig	q_2 gleichseitig	q_2 beidseitig
Technische und regulatorische Anforderungen	IT Infrastruktur	0,64	0,05		
	Funktionalitäten	0,73		0,10	
	Rechtliche Anforderungen	0,50			0,04
	Gemeinschaftsspezifische Anforderungen	0,53			0,09
Mentalität und Denkweise	Erkennung von Potenzialen	0,65		0,21	
	Workarounds	0,55			0,06
	Schuldzuweisungen	0,90		0,13	
Eigenschaften des Systemanbieters	Neutralität des Systems	0,19			0,70
	Zuverlässigkeit des Anbieters	0,09			0,30
	Kommunikation und Beratung	0,63	0,04		
Wettbewerb	Interessenkonflikt	0,70		0,10	
	Vertragliche Beziehungen	0,87	0,07		
	Zentrale Leitungsstruktur	0,52			0,33
	Gemeinschaftsgedanke	0,59			0,47
Prozesse	Externe Prozesse	0,70		0,20	
	Prozessdynamik	0,77		0,11	

Legende: $0 \leq q_1 < 0,4$ = gleichseitig; $0,4 \leq q_1 \leq 0,6$ = beidseitig; $0,6 < q_1 \leq 1$ = wechselseitig
q_2 = weniger wichtig ... sehr wichtig

Abbildung 60: Netzwerkeffekte – Zuordnung Faktoren zu Kategorien (q_1) und Relevanz innerhalb der Kategorie (q_2) (eigene Darstellung).

Demnach bewertet der zweite Quotient q_2 die Relevanz eines Faktors innerhalb einer Kategorie (wechsel-, gleich- oder beidseitige Netzwerkeffekte). Dieser entspricht der Intensitäts-Effektgröße von Onwuegbuzie (2003),[941] was auch häufig als „hit ratio" errechnet wird. Er überprüft wie gut ein Faktor in eine Kategorie passt.[942] Der Quotient q_2 berechnet die Summe aller Zitate eines Faktors (#WechselseitigeZitate plus #GleichseitigeZitate) dividiert durch die Summe aller Zitate aller Faktoren in der zugeordneten Kategorie. Das bedeutet, die Summe aller q_2 in einer Kategorie ist gleich eins. In Abbildung 60 sind die Ergebnisse von q_1 (Zuordnung zu einer Kategorie) und q_2 (Relevanz innerhalb der Kategorie) übersichtlich dargestellt.

---

[941] Vgl. Onwuegbuzie (2003), S. 397 f.
[942] Vgl. Benlian, Koufaris und Hess (2011), S. 121 f.; Moore und Benbasat (1991), S. 201.

$$q_2(i) = \frac{\#WechselseitigeZitate_i + \#GleichseitigeZitate_i}{\sum_{j \in F, k_j = k_i} \#Wechselseitige\,Zitate_j + \#GleichseitigeZitate_j} \quad \forall\, i \in F$$

F := {(#WechselseitigeZitate, #GleichseitigeZitate, Kategorie) #WechselseitigeZitate, #GleichseitigeZitate ∈ ℝ⁺ ∧ Kategorie ∈ K}

K := {wechselseitige Netzwerkeffekte, gleichseitige Netzwerkeffekte, beidseitige Netzwerkeffekte}

$$q_2: \{i\} \to [0,1]$$

Exemplarisch soll der jeweils wichtigste Faktor, d. h. der mit dem größten Wert q_2, innerhalb der jeweiligen Kategorie kurz erläutert werden. Dies ist der Faktor *Erkennung von Potenzialen* für wechselseitige Netzwerkeffekte, *Neutralität des Systems* für gleichseitige Netzwerkeffekte und *Gemeinschaftsgedanke* für beidseitige Netzwerkeffekte. Außerdem fasst Abbildung 61 die Ergebnisse zusammen und zeigt die Wirkungsweisen der einzelnen Faktoren auf die jeweiligen Netzwerkeffekte.

Bei der größten Gruppe von Faktoren, die mit einem Einfluss auf wechselseitige Netzwerkeffekte, zeigt der Faktor *Erkennung von Potenzialen* mit q_2=0,21 zwar die größte Relevanz für diese Kategorie, ist allerdings dicht gefolgt von *Externen Prozessen* mit q_2=0,20. Die Gründe, warum keine Potenziale oder keine Notwendigkeit für das CCS gesehen werden, sind unterschiedlich. Auf der einen Seite bezieht sich die Ausführung der Experten häufig auf einzelne operative Prozesse und die Experten sehen für diese Prozesse keine Verbesserungspotenziale durch das CCS. Dies zeigt außerdem, dass hier eine große Schnittmenge der zugeordneten Zitate zu den Faktoren *Erkennung von Potenzialen* und *Externen Prozessen* vorliegt. Das folgende Zitat verdeutlicht dies: *„Bereits heute sind wir vertraglich verpflichtet, diese Daten im Falle von Schäden, Verlust, usw. zur Verfügung zu stellen. Dies ist ein Klick in unserem System und dann geht die Diskrepanz-Meldung raus an den [anderen Akteur]. Dafür brauchen wir kein neues System [....]"*. Auf der anderen Seite ist es für Unternehmen schwierig, dem System einen direkt messbaren Wert zuzuordnen. Dies erklärt, dass Unternehmen eher zögern, bevor sie eine finanzielle Investition in eine Plattform tätigen: *„Zuerst wollten wir beobachten, wie sich das Ganze entwickelt."*

Bei den beiden Faktoren, die einen Einfluss auf gleichseitige Netzwerkeffekte haben, hat der Faktor *Neutralität des Systems* mit q_2=0,70 die größte Relevanz. Unternehmen haben Vorurteile gegen einen gewinnorientierten Anbieter: *„Das Einzige, was die interessiert, ist der Gewinn."* Insbesondere die modulare Weiterentwicklung des CCS haben die Befragten als Indikator für einen zunehmenden horizontalen Wettbewerb zwischen dem CCS-Anbieter und anderen IT-Dienstleistern wahrgenommen: *„Das Problem von [dem CCS-Anbieter] besteht darin, dass sie in den Wettbewerb eingestiegen sind. Sie haben die ursprüngliche Idee aufgegeben, eine reine Datenplattform anzubieten und verschiedene bestehende Systeme zu verbinden. Durch die Zusatzmodule, die Lösungen für Zoll- und Lagerprozesse bieten, konkurrierten sie nun mit unseren etablierten Softwareanbietern, die nun gezielt den Aufbau von Schnittstellen zum [CCS-Anbieter] behindern."* Dieses Zitat zeigt sehr anschaulich, dass durch die Entwicklung des CCS-Anbieters auch gleichseitige Netzwerkeffekte auf der Anbieterseite entstehen und somit die Diffusion der Plattform hemmen.

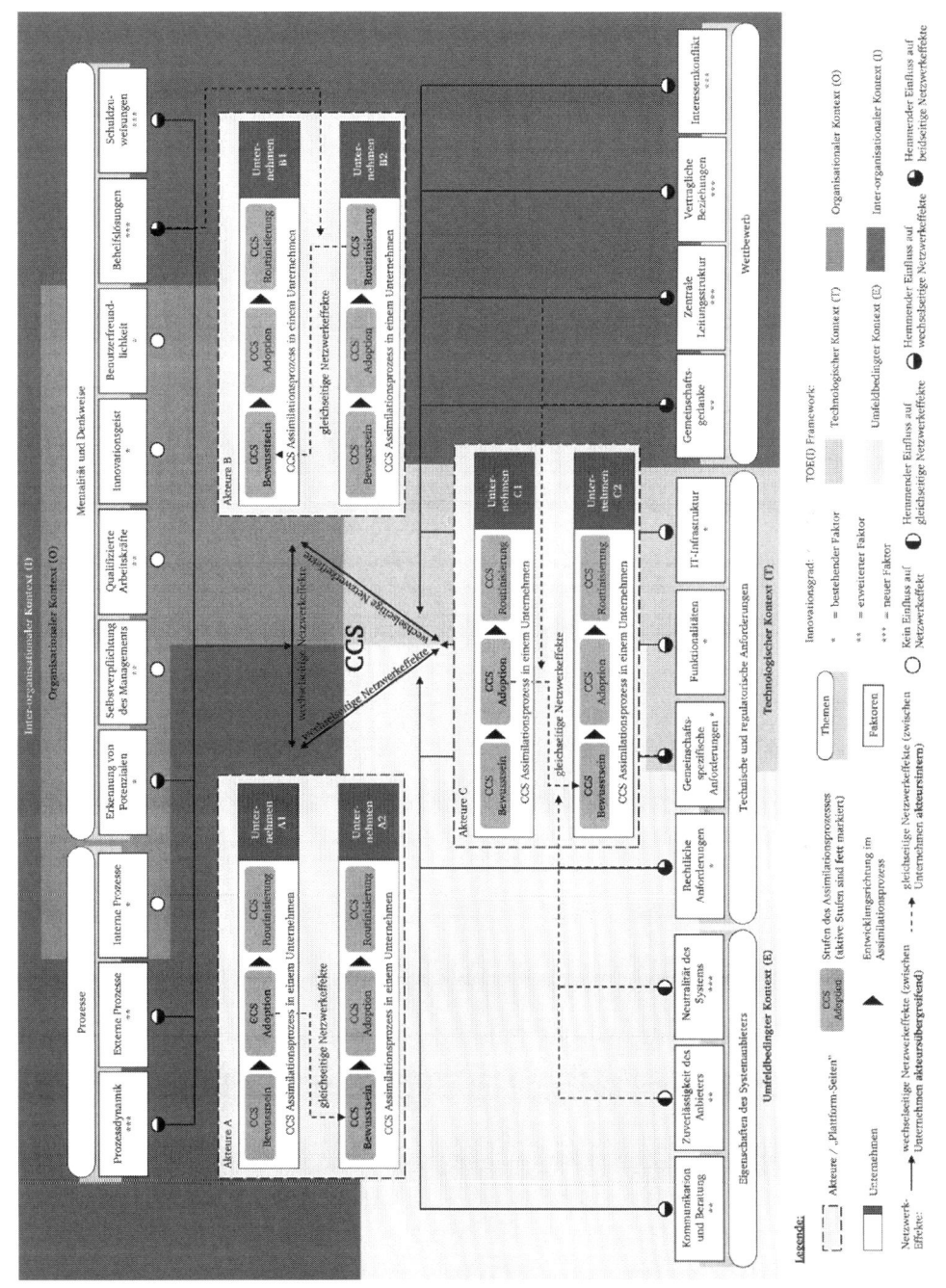

5.3 Synchrone Auftragsabwicklung am Beispiel der Luftfracht

Abbildung 61: Überblick Einfluss der Faktoren auf Netzwerkeffekte (eigene Darstellung).

Bei den beidseitigen Netzwerkeffekten hat der Faktor *Gemeinschaftsgedanke* mit $q_2=0{,}47$ die höchste Relevanz. Dieser Faktor verfolgt das Ziel, den Luftfrachthub attraktiver zu gestalten, um dem langfristig steigenden Wachstum mit effizienten Prozessen zu begegnen. Unternehmen der gleichen Akteursgruppe sehen sich oft mit den gleichen Herausforderungen konfrontiert. Durch den Austausch in der Gemeinschaft und die kooperative Erarbeitung von Lösungen können Verbesserungspotenziale für alle durch das CCS umgesetzt werden, was effizientere Prozesse auf einer Wertschöpfungsstufe ermöglicht. Diese Potenziale sind aufgrund der hohen Wettbewerbsintensität schwierig zu realisieren, auch wenn jeder Beteiligte sich davon große Vorteile verspricht. Sobald jedoch einzelne horizontale Kooperationen auf diesem Gebiet etabliert sind, steigt der Druck auf Mitwettbewerber, an diesen Prozessen bzw. am CCS zu partizipieren, um wettbewerbsfähig zu bleiben. Dies zeigt die Wirkung auf die gleichseitigen Netzwerkeffekte. Da der Ursprungsgedanke, den Standort zu stärken, über die Jahre zum Teil wieder verloren gegangen ist, liegt hier momentan eine hemmende Wirkung auf gleichseitige Netzwerkeffekte vor. Ein ähnlicher Effekt besteht zwischen Unternehmen verschiedener Akteursgruppen und er verursacht somit wechselseitige Netzwerkeffekte. Der interdisziplinäre Austausch zwischen verschiedenen Akteuren erhöht das Wissen über die Prozesse der anderen Akteure und die Vorteile der Plattform an sich und kann somit die Verbreitung entlang der Transportkette fördern.

5.3.7 Diskussion der Ergebnisse und Propositionen

In der Analyse der synchronen Auftragsabwicklung mittels plattformbasierter Systeme konnten am Beispiel der Luftfracht umfassende Erkenntnisse gewonnen werden. In der Luftfracht-Transportkette sind viele Akteure beteiligt, die unter starkem Wettbewerbsdruck stehen. Zudem ist der Prozess der Auftragsabwicklung einer hohen Dynamik ausgesetzt, weshalb sich dieser Anwendungsfall besonders gut eignet, um die bestehende Forschungslücke – die bisher nicht ausreichend berücksichtigte Diffusion von Plattformen im kompetitiven und dynamischen B2B-Bereich – zu adressieren. Die explorative Datenanalyse eignet sich hierzu besonders, um die Gründe für eine sehr langsam voranschreitende Diffusion der Plattform zu ergründen. In diesem Rahmen wurden drei Propositionen untersucht, die anhand der vorgestellten Ergebnisse nun sukzessiv zusammengefasst und diskutiert werden sollen.

> *P 3.1: Die Diffusion von CCS in Transportketten wird durch Faktoren beeinflusst, die bisher durch bestehende Ansätze der Diffusionstheorie nicht vollumfänglich erklärt werden.*

Im Rahmen der ersten Propositionen wurden zunächst basierend auf den durchgeführten Interviews und einer systematischen Codierung der Transkripte, wie sie im Grounded-Theory-Ansatz angewendet wird, 21 Faktoren identifiziert. Für die Faktoren wurde zum einen analysiert, ob diese eher von strategischen oder von operativen Mitarbeitern genannt wurden, und zum anderen, ob sie bereits in der Literatur vorzufinden sind, ob sie um neue Codes erweitert werden müssen oder ob sie neue Faktoren darstellen. Wettbewerbsrelevante Aspekte werden dabei eher von strategischen Mitarbeitern thematisiert und prozessbezogene Aspekte eher von operativen. Hinsichtlich des Innovationsgrads konnten acht bestehende, sechs erweiterte und sieben neue Faktoren identifiziert werden, welche einen hem-

5.3 Synchrone Auftragsabwicklung am Beispiel der Luftfracht

menden Einfluss auf die Diffusion des CCS haben. Aufgrund der durch neue Codes erweiterten Faktoren und der komplett neuen Faktoren kann der ersten Proposition zugestimmt werden. Das heißt, durch die bestehenden Faktoren kann die Diffusion von CCS in Transportketten nicht vollumfänglich erklärt werden. Die neuen Faktoren ergeben sich vor allem aus der Wettbewerbssituation und der unternehmensübergreifenden Zusammenarbeit, die in der nächsten Proposition adressiert wurden. Dabei wurde die zweite Proposition durch eine Zuordnung der Faktoren in das etablierten TOE-Framework operationalisiert und untersuchte den bisher in der Forschung vernachlässigten inter-organisationalen Kontext:

> *P 3.2:* *Die identifizierten Faktoren ergeben sich aus der unternehmensübergreifenden Zusammenarbeit und verdeutlichen die Notwendigkeit einer stärkeren Berücksichtigung des inter-organisationalen Kontexts.*

Im Rahmen der Zuordnung wurden drei Faktoren dem technologischen (T), sechs Faktoren dem organisationalen (O) und vier Faktoren dem umfeldbedingten (E) Kontext zugeordnet. Acht Faktoren konnten nicht in die bestehenden Kontexte eingeordnet werden. Die Proposition kann somit bestätigt werden und es wird daher eine Erweiterung des TOE Frameworks um den inter-organisationalen Kontext (I) vorgeschlagen. Diese Erweiterung umfasst z. B. alle vier Faktoren aus dem übergreifenden Thema *Wettbewerb*. Die Faktoren wurden bereits vereinzelt in anderen wissenschaftlichen Studien im Zusammenhang mit dem TOE-Framework untersucht und dort dem umfeldbedingten Kontext zugeordnet. Der Grund, warum diese Zuordnung nicht geteilt wird, liegt in der abweichenden Definition der Kontexte. Der umfeldbedingte Kontext wird als rein fremd- oder von außen bestimmter Kontext gesehen, in den die an dem CCS teilnehmenden Akteure und Unternehmen nur begrenzt eingreifen können. Im inter-organisationalen Kontext hingegen sind die teilnehmenden Unternehmen fester Bestandteil und gestalten die Faktoren durch Verhaltensweise und Interaktionen aktiv mit. Die Kategorisierung sagt jedoch nichts über die Wirkung der Faktoren auf die Diffusion aus. Hierzu wurde in der dritten Proposition der Fokus nochmals verstärkt auf die Interaktion gelegt und untersucht, ob und welche Netzwerkeffekte für das untersuchte CCS vorliegen:

> *P 3.3:* *Die identifizierten Faktoren haben eine hemmende Wirkung auf die plattformspezifischen Netzwerkeffekte und verlangsamen mit unterschiedlichem Einfluss die Diffusion.*

Zunächst wurden durch eine erneute Sichtung der Transkripte die plattformspezifischen Netzwerkeffekte identifiziert. Das bedeutet, dem ersten Teil der Propositionen kann somit zugestimmt werden. Um den unterschiedlichen Einfluss zu analysieren, wurden alle vier Arten der Netzwerkeffekte näher betrachtet. Es konnten keine negativen Netzwerkeffekte festgestellt werden, das heißt hinzukommende Unternehmen steigern im Allgemeinen den Wert der Plattform (positive Netzwerkeffekte). Für fünf Faktoren konnte kein Einfluss auf Netzwerkeffekte identifiziert werden. Die verbleibenden 16 Faktoren, denen ein Einfluss auf Netzwerkeffekte nachgewiesen werden konnte, wurden hinsichtlich der gleich- und wechselseitigen Netzwerkeffekte untersucht. Auch hier konnten nicht alle Faktoren in die bestehenden Strukturen eingeordnet werden. Dadurch, dass die Unternehmen teilweise gleichzeitig in unterschiedlichen Akteursgruppen agieren, das heißt sie stehen zum Teil mit kooperierenden Unternehmen in Konkurrenz, gibt es Faktoren, die sich sowohl auf gleichseitige als auch auf wechselseitige Netzwerkeffekte auswirken. Diese Kategorie wurde beidseitige Netzwerkeffekte benannt. Insgesamt haben von den verbleibenden 16 Faktoren zwei Faktoren einen Einfluss auf gleichseitige Netzwerkeffekte, neun Faktoren wirken auf wechselseitige Netzwerkeffekte und fünf Faktoren können beiden zugeordnet werden, das heißt sie haben einen Einfluss auf beidseitige Netzwerkeffekte. Hiermit bestätigt sich also auch die Annahme, dass die identifizierten Faktoren einen unterschiedlichen Einfluss auf die Netzwerkeffekte und damit auf die Diffusion haben. Es wurde zwar die Relevanz der einzelnen Faktoren in den Kategorien bestimmt. Wie dieser unterschiedliche Einfluss allerdings im Detail zu bewerten ist, sollte in einem nächsten Schritt z. B. mit einer großzahligen empirischen Erhebung näher analysiert werden. Weitere Implikationen für Forschung und Praxis sollen im folgenden Kapitel mit Bezug zur Beantwortung der Forschungsfragen herausgearbeitet werden.

5.4 Zusammenfassende Erläuterungen und Beantwortung der Forschungsfragen

Die empirische Untersuchung konnte durch den Einsatz eines Multi-Methoden-Ansatzes das Thema der arbeitsteiligen Auftragsabwicklung in der Transportkette umfassend von verschiedenen Perspektiven beleuchten und analysieren. Die theoriegeleiteten Propositionen konnten bereits im Rahmen der jeweiligen Untersuchung beantwortet werden. Auf diese soll hier nur noch übergreifend zur Beantwortung der Forschungsfragen eingegangen werden. Bevor die drei Forschungsfragen, welche ihren Erkenntnisgewinn hauptsächlich aus der empirischen Erhebung und Analyse ziehen, zusammenfassend beantwortet werden, soll an dieser Stelle noch einmal die Basisforschungsfrage, welche im Rahmen der systematischen Literaturrecherche in Kapitel 2.3 gestellt und beantwortet wurde, aufgegriffen werden:

FF 0: Was ist aus der bestehenden Literatur über die arbeitsteilige Auftragsabwicklung in der Transportkette bekannt und wie kann dieser Forschungsbereich theoretisch eingeordnet werden?

Die Ergebnisse der systematischen Literaturrecherche konnten beide Teilfragen umfassend beantworten. Der Stand der Forschung verdeutlicht, dass die arbeitsteilige Auftragsabwicklung besonders in der Transportkette bisher nicht ausreichend untersucht wurde. Daher ist es sinnvoll, angrenzende Forschungsströme (z. B. SCM oder IS) mit in den Erkenntnisgewinn einzubeziehen, um relevante Ansätze (z. B. ORR-Mechanismus oder Diffusionstheorie) zu identifizieren und auf den Untersuchungsgenstand (z. B. asynchrone und synchrone Auftragsabwicklungssysteme in der Transportkette) anzuwenden. Forschungslücken bestehen dementsprechend nicht nur in der allgemeinen, inhaltlichen Aufarbeitung der arbeitsteiligen Auftragsabwicklung in der Transportkette, sondern auch in der theoretischen Einordnung. Die relevante Literatur gibt hier einen umfangreichen Überblick, welche Perspektiven, nämlich die verhaltens-, die informations- und innovationsökonomische, von besonderem Interesse sind und stellen somit die Basis für die weitere Ausarbeitung dar. Insgesamt zeigte sich, dass es wichtig ist, das Thema nicht nur einseitig (beispielsweise durch eine reine Betrachtung der Technik) zu bearbeiten, sondern auch den Menschen und die Organisation bzw. Aufgabe als Teil des soziotechnischen Systems zu berücksichtigen.

5.4 Zusammenfassende Erläuterungen und Beantwortung der Forschungsfragen

Im Detail sei an dieser Stelle auf Kapitel 2.3.2 verwiesen, wo weitere Aspekte zum Stand der Forschung, zum Forschungsbedarf und zur theoretischen Einordnung ausführlich erarbeitet wurden. Wie sich die arbeitsteilige Auftragsabwicklung in der Transportkette neben den Erkenntnissen aus Forschung und Theorie gestaltet, wurde schwerpunktmäßig im Rahmen einer Explorationsstrategie im angewandten Wissenschaftsverständnis untersucht. Zur Beantwortung der ersten Forschungsfrage stehen zunächst die Erkenntnisse aus Kapitel 5.1 im Fokus:

FF 1: Wie gestaltet sich die Auftragsabwicklung in der Transportkette hinsichtlich des Einsatzes unterschiedlicher IS-Technologien und welche Entwicklungen sind zu erwarten?

Zusammenfassend zeigte sich, dass sich die Auftragsabwicklung in der Transportkette aufgrund der langsamen, aber stetig zunehmenden Digitalisierung der gesamten Branche in einem Entwicklungsprozess befindet. Durch das einhellige Meinungsbild der befragten Experten im Verlauf dieser Arbeit, bestätigte sich die Annahme, dass sich die Prozesse und die systemseitige Einbindung in der Auftragsabwicklung in den nächsten Jahren anders gestalten werden, als es heute der Fall ist. Was „anders" allerdings im Detail bedeutet, darüber besteht keine einhellige Meinung. Für Unternehmen ist es wichtig, die Potenziale einzelner Veränderungen – technischer und prozessualer Natur – für die Auftragsabwicklung individuell abzuwägen und zu bewerten, da sich hieraus Potenziale zur Steigerung der Prozesseffizienz ergeben können. Dies kann vor allem aufgrund der steigenden Transportmenge und des zunehmenden Wettbewerbsdrucks durch etablierte und neu hinzukommende Konkurrenten für die Wettbewerbsfähigkeit entscheidend sein. Aufgrund der zahlreichen Möglichkeiten und begrenzten Ressourcen ist eine unternehmens- oder fallspezifische Betrachtung, welche Umsetzungen verfolgt werden sollen, unerlässlich. Dies kann im Rahmen dieser Arbeit nicht geleistet werden. Zur Beantwortung der Forschungsfrage wurden daher akteurs- und unternehmensübergreifende Erkenntnisse erarbeitet. Um die einzelnen branchenrelevanten Hintergründe zu erforschen und ein umfangreiches Verständnis für die aktuelle Situation und die Entwicklungen herauszuarbeiten, wurden die Daten im Rahmen der webbasierten Umfrage sowie den Experteninterviews erhoben. Die Ergebnisse basieren auf den methodischen Ansätzen zur deskriptiven Datenanalyse.

Die Rhein-Main-Region ist für den Transport aufgrund ihrer verkehrsgünstigen geographischen Lage von besonderem Interesse und für die Untersuchung der Auftragsabwicklung in der Transportkette geeignet. Die gute Lage bringt im Umkehrschluss auch einige Nachteile mit sich, z. B. die enorme Verkehrsbelastung, was die Notwendigkeit zur Steigerung der Prozesseffizienz in der Region verstärkt. Die Konzentration der Transportunternehmen und der Beschäftigten in der Branche ist in der Region zwar hoch. Dennoch hat sich gezeigt, dass die Region beim Thema Digitalisierung keine Vorreiterrolle einnimmt, was das Verbesserungspotenzial und den Handlungsbedarf zusätzlich unterstreicht.

Insgesamt konnte dargelegt werden, dass Informationssysteme bei der arbeitsteiligen Auftragsabwicklung – trotz der vielen Vorteile – immer noch eine zu geringe Rolle spielen. Fast die Hälfte der Transportaufträge wird manuell per Telefon, Fax oder E-Mail übermittelt, was mit dem heutigen Stand der Technik, gerade für Branchenfremde oder im Vergleich zum privaten Alltag, nicht immer nachvollziehbar ist. Der Entwicklungstrend zeigt, dass es hier zu einigen Veränderungen in den nächsten Jahren kommen wird. Die Entwicklungsrichtung ist dennoch nicht einheitlich und somit noch nicht umfassend absehbar. Unternehmen investieren verstärkt in ihre proprietären Systeme und fokussieren bei etablierten, langfristigen Geschäftspartnern verstärkt EDI-Schnittstellen, was die unternehmensübergreifende asynchrone Auftragsabwicklung ermöglicht. In den Interviews, vor allem mit Versendern wird allerdings deutlich, dass die Nachfrage nach einer synchronen Auftragsabwicklung steigt, um schneller über Unregelmäßigkeiten informiert zu werden und auf diese reagieren zu können. Dazu eignen sich plattformbasierte Systeme. Neben der Reduktion der Komplexität ergeben sich vor allem Vorteile hinsichtlich der Flexibilität für das dynamische und kompetitive Umfeld, in dem sich die Auftragsabwicklung in der Transportkette bewegt. So wird es von den Akteuren in der Transportkette wahrgenommen. Dennoch bleibt unklar, welche Plattformen sich durchsetzen und welche Rolle diese im Einzelnen in Zukunft spielen werden. Es zeigt sich allerdings bereits jetzt, dass sich plattformbasierte Auftragsabwicklungssysteme vor allem an den großen Umschlags- und Knotenpunkten, wie den See- und Flughäfen, an welchen viele Unternehmen zusammenarbeiten, sukzessive durchsetzen.

Allerdings ist der Arbeitsalltag von Planern und Disponenten heutzutage weiterhin von vielen manuellen Prozessschritten geprägt. Durch die Beteiligung vieler Unternehmen resultieren hierdurch große Ineffizienzen im Prozess der Auftragsbawicklung. Verstärkt wird dies durch die Anzahl an Auftragsänderungen, welche häufig eine manuelle Nachbearbeitung erfordern. Es zeigt sich, dass durchschnittlich jeder zweite Transportauftrag mindestens einmal geändert werden muss. Dies geschiet meist kurz bevor der Transport startet. Dennoch spiegelt sich diese Dynamik nicht im Buchungsverhalten der Akteure, ausgehend vom Versender, wieder. Vor allem die Großunternehmen haben für ihre Transportvolumen zwar meistens Rahmenverträge mit einer Laufzeit von häufig mehr als einem Jahr, dennoch wird der einzelne Transportauftrag erst sehr kurzfristig, das heißt weniger als zwei Wochen vor Transportbeginn, erteilt. Wenn man sich im Gegenzug veranschaulicht, wie unflexibel kurzfristig zusätzliche Kapazitäten auf den Verkehrsträgern – ausgenommen dem Straßentransport – geschaffen werden können, wird schnell deutlich, dass hier häufig eine große Diskrepanz zwischen Plan- und Ist-Werten besteht und eine Auslastungsrate weit entfernt vom Optimum die Folge ist. Daran setzte die nächste Forschungsfrage zur Prozesseffizienz in der asynchronen Auftragsabwicklung an:

FF 2:   Wie kann die Prozesseffizienz bei der asynchronen Auftragsabwicklung mittels proprietärer Systeme und EDI unternehmensübergreifend gesteigert werden?

Bei der asynchronen Auftragsabwicklung bearbeiten die beteiligten Akteure in der Transportkette die Aufträge nacheinander jeweils in ihren eigenen proprietären Systemen und nutzen beispielsweise EDI für die Übermittlung an nachgelagerte Akteure. Im Verlauf der Arbeit zeigte sich, dass angesichts der unternehmensspezifischen Investitionen eine langfristige Geschäftsbeziehung zwischen Akteuren eine Voraussetzung für die Etablierung von EDI-Verbindungen ist. Daher eignet sich die Seefracht als Anwendungsfall, da es aufgrund der großen Transportmengen häufig zu langfristigen Beziehungen zwischen den Akteuren kommt. Aufgrund der hohen Transportvolumen wurde der maritime Vorlauf einer intermodalen Transportkette aus der Rhein-Main-Region über Frankfurt am Main nach Hamburg gewählt. Zur Analyse der Auftragsabwicklungsprozesse wurde ein agentenbasiertes und ereignisdiskretes Simulationsmodell entwickelt. Die Datenbasis wurde in Interviews sowie in teilnehmenden Beobachtungen bei den Akteuren einer bespielhaften Transportkette dieser Relation erhoben.

Aus den Simulationsexperimenten ergibt sich ein bestmögliches Szenario, bei dem die Prozesseffizienz am höchsten ist, das heißt der Aufwand für die Disponenten und die Kosten pro Auftrag sind am geringsten. Dieses Szenario setzt sich aus den folgenden drei Ausprägungen der unabhängigen Variablen zusammen, woraus sich Handlungsempfehlungen ableiten lassen. Erstens sollten Aufträge unter Anwendung des ORR-Mechanismus drei Tage vor dem Versandtag von den planenden an die operativen Akteure übermittelt werden. Eine frühere oder spätere Weiterleitung ist aufgrund der hohen Änderungsrate und dem damit verbundenen großen manuellen Aufwand, den diese für jeden nachgelagerten Akteur zur Folge hat, bei der asynchronen Auftragsabwicklung nicht sinnvoll. Zweitens sollten die Auftragsänderungen, welche vom Versender eingehen, gegen Null gehen, da diese eine Quelle für den hohen manuellen Aufwand in der Auftragsabwicklung sind. Die Änderungshäufigkeit der Aufträge hat den größten Einfluss der drei analysierten unabhängigen Variablen auf die Prozesseffizienz. Momentan verbringen Disponenten über die Hälfte ihrer Zeit mit den Änderungen und den Folgeaktivitäten, die sich aus den Änderungen ergeben. Die Änderungsrate auf null zu reduzieren, ist allerdings nicht realistisch, da Änderungen sich aufgrund der vielseitig vorhandenen Unsicherheiten in der Transportkette nicht werden vermeiden lassen. Daher ergibt sich drittens, dass Änderungen möglichst frühzeitig kommuniziert werden sollten. Die Ergebnisse sind im Einzelnen natürlich abhängig von den Input-Daten und können somit nicht vollumfänglich generalisiert werden. Das entwickelte Modell und die Wirkungsweisen liefern dennoch wichtige Erkenntnisse für Forschung und Praxis zur Steigerung der Prozesseffizienz in der asynchronen Auftragsabwicklung. Bei der synchronen Auftragsabwicklung ist eine realitätsgetreue, fallspezifische Prozessbetrachtung häufig noch nicht in diesem Umfang möglich, da sich die Systeme zur synchronen Auftragsabwicklung noch nicht ausreichend verbreitet haben. Obwohl diese plattformbasierten Systeme viele Vorteile bieten, stellt sich die Frage, warum diese nicht genutzt werden, was mit der dritten Forschungsfrage analysiert wurde:

FF 3: Welche Faktoren beeinflussen die Diffusion plattformbasierter Systeme zur synchronen Auftragsabwicklung und wie kann der Einfluss der Faktoren eingeordnet werden?

Bei der synchronen Auftragsabwicklung können beteiligte Akteure der Transportkette parallel an den Transportaufträgen arbeiten. Plattformbasierte Systeme ermöglichen über eine unternehmensspezifische Zugriffsteuerung, dass relevante Informationen der Transportaufträge eingesehen und bearbeitet werden können. Unternehmen müssen somit keine direkte Verbindung zu einzelnen Geschäftspartnern sondern nur zur jeweiligen Plattform integrieren. Viele Softwareanbieter versuchen seit einigen Jahren, sich am Markt zu etablieren. Zu einer großflächigen Durchdringung wie in anderen Bereichen, z. B. im Fall Amazon im B2C-Bereich, kam es bisher allerdings nicht. Die Gründe dafür wurden in einer explorativen Datenanalyse untersucht. Dazu wurden angelehnt an die strukturierte Vorgehensweise des Grounded-Theory-Ansatzes die Daten in Interviews erhoben und systematisch analysiert. Hierzu wurde die Luftfracht als Untersuchungsgegenstand gewählt, da aufgrund der zu transportierenden Güter schnelle Prozesse in besonderem Maße gefragt sind. Zudem befindet sich in der Rhein-Main-Region am Frankfurter Flughafen der größte Luftfrachthub Europas und eignet sich somit mit den vielen dort ansässigen Unternehmen und einer Plattform, die seit Jahren versucht sich am Standort zu etablieren, besonders für die Untersuchung.

Insgesamt konnten bei der Datenanalyse 21 Faktoren ermittelt werden, die die Diffusion von plattformbasierten Systemen zur synchronen Auftragsabwicklung hemmen. Acht davon sind aus der bestehenden Literatur bekannt, sechs wurden erweitert und sieben neue Faktoren wurden identifiziert. Der neue Faktor *Schuldzuweisungen* wurde am häufigsten genannt, was auch teilweise die raue Mentalität in der Branche widerspiegelt. Generell wurden wettbewerbsbezogene Faktoren, die einen Großteil der neuen Faktoren darstellen, eher von strategischen Mitarbeitern thematisiert, während prozessbezogene Faktoren eher Mitarbeiter der operativen Ebene angebracht wurden. Nach der Identifikation der Faktoren, wurden sie in das in der Diffusionstheorie weit verbreitete TOE-Framework eingeordnet. Dabei zeigt sich, dass nicht alle identifizierten Faktoren in die bestehende Struktur eingeordnet werden können. Daher wurde die Erweiterung um den inter-organisationalen Kontext zum TOE(I)-Framework vorgeschlagen. Diesem neuen Kontext wurden acht Faktoren zugeordnet. Zudem konnten bei 16 der 21 Faktoren die für plattformbasierte Systeme spezifischen Netzwerkeffekte identifiziert werden. Alle Faktoren haben eine hemmende Wirkung auf positive Netzwerkeffekte. Das heißt, dass der Wert der Plattform zwar mit jedem zusätzlichen Teilnehmer bzw. Unternehmen steigt, dies aber aufgrund der hemmenden Wirkung der Faktoren nicht realisiert werden kann. Negative Netzwerkeffekte konnten nicht identifiziert werden. Eine Unterscheidung lässt sich außerdem aus der Wirkungsrichtung der Faktoren ablesen. Hierbei wirken zwei Faktoren auf die gleichseitigen oder direkten Netzwerkeffekte und verhindern somit die Verbreitung horizontal bei Akteuren auf derselben Plattformseite. Entsprechend der Erkenntnisse aus der Litertaur wirken sich die meisten, hier neun, Faktoren auf wechselseitige bzw. indirekte Netzwerkeffekte aus und beeinflussen somit die Verbreitung vertikal bei anderen Akteuren bzw. auf den anderen Plattformseiten. Der Faktor *Externe Prozesse* konnte für die Kategorie der wechselseitigen Netzwerkeffekte als am wichtigsten herausgearbeitet werden. Die verbleibenden fünf Faktoren wirken sich auf beide, also gleich- und wechselseitige Netzwerkeffekte aus. Dafür wurde die Kategorie der beidseitigen Netzwerkeffekte vorgeschlagen. Das Vorkommen dieser Faktoren begründet sich vor allem in der „co-opetiven" Marktstruktur, wobei sich die Geschäftsmodelle der Akteure überschneiden und Unternehmen zum Teil kooperieren und gleichzeitig konkurrieren. Innerhalb dieser Kategorie spielt der Faktor *Gemeinschaftsgedanke* die größte Rolle. Hier verhindert der fehlende *Gemeinschaftsgedanke* beidseitige Netzwerkeffekte und hemmt somit die Diffusion der Plattform. Die Bewertung der einzelnen Faktoren in den Kategorien basiert ausschließlich auf den qualitativen Daten und Erkenntnissen. Weitere Quantifizierungen könnten Gegenstand zukünftiger Forschung sein. Alles in allem zeigte sich aber auch in diesem Anwendungsfall wie bereits bei der ersten Forschungsfrage, dass sich die Entwicklung in den vergangenen Jahren beschleunigt und Hindernisse abgebaut werden. Wissenschaftliche Studien wie diese fördern außerdem eine thematische Sensibilisierung und kritische Auseinandersetzung, was zur weiteren Verbreitung beitragen kann.

6 Fazit

Ähnlich wie beim vorweihnachtlichen Geschenkeeinkauf wird sich auch das Verhalten bei der arbeitsteiligen Auftragsabwicklung in der Transportkette hinsichtlich des Einsatzes von IS-Technologien in den nächsten Jahren zunehmend verändern. Die Digitalisierung nimmt stetig zu, wodurch sich einzelne Prozesse automatisieren lassen, andere Prozesse werden durch eine IS-basierte Entscheidungsunterstützung adaptiert und wieder andere verändern sich gar nicht. Die arbeitsteilige Auftragsabwicklung als zentraler Bestandteil des Informationsflusses bei jeglicher Transportdienstleistung wird sich demnach insgesamt weiterentwickeln. Dennoch wird hierbei auch in Zukunft das soziotechnische System Bestand haben und aus dem Menschen, also den Planern und Disponenten, der Aufgabe, also der arbeitsteiligen Auftragsabwicklung, und der Technik, welche in Form von unterschiedlichen IS-Technologien den Menschen bei der Erfüllung der Aufgabe unterstützt, bestehen. Dies ist eine Erkenntnis, welche sich durch die vorliegende Arbeit bestätigt und verfestigt. Die einzelnen Erkenntnisse der vorliegenden Arbeit sollen im Folgenden noch einmal zusammengefasst werden. Danach werden die daraus folgenden praktischen und theoretischen Implikationen resümiert, bevor abschließend die Einschränkungen dieser Arbeit sowie ein Ausblick auf den weiteren Forschungsbedarf im Rahmen der arbeitsteiligen Auftragsabwicklung in der Transportkette aufgezeigt werden.

6.1 Zusammenfassung der Arbeit

Die vorliegende Arbeit beleuchtet die arbeitsteilige Auftragsabwicklung in der Transportkette aus unterschiedlichen Perspektiven und leistet somit einen vielseitigen Erkenntnisgewinn über den heutigen Stand und die Entwicklungen sowie Ursache-Wirkungs-Zusammenhänge bei der asynchronen sowie bei der synchronen Auftragsabwicklung. Durch den Einsatz von IS-Technologien bei der arbeitsteiligen Auftragsabwicklung in der Transportkette können die Komplexität reduziert und die Zusammenarbeit effizienter gestaltet werden. Da bestimmte Prozesse automatisiert werden können und die systemseitig unterstützte Entscheidungsfindung über Transportmittel und -wege vereinfacht wird, tendieren Akteure dazu einzelne Prozesse zu übernehmen, die sie zuvor an externe Dienstleister vergeben haben. Die Aufgabengebiete einzelner Akteure lassen sich dadurch in Zukunft noch schwieriger abgrenzen und bereits jetzt sind ein zunehmender Wettbewerb und eine steigende Dynamik innerhalb der Branche erkennbar. Gerade bei Standarddienstleistungen kann die Auftragsabwicklung zunehmend über Algorithmen und Plattformen automatisiert werden. Der Mensch mit seiner Koordinations- und Steuerungsrolle als Planer und Disponent bleibt dennoch weiterhin zentraler Bestandteil in der arbeitsteiligen Auftragsabwicklung der Transportkette. Demnach wird auch zukünftig das soziotechnische System fortbestehen, allerdings werden sich die Anteile und Inhalte für Mensch, Aufgabe und Technik im Zuge der Digitalisierung verschieben. Dies muss jeder Akteur spezifisch bewerten und

© Springer Fachmedien Wiesbaden GmbH, ein Teil von Springer Nature 2019
K. Coleman, *Arbeitsteilige Auftragsabwicklung in der Transportkette*,
https://doi.org/10.1007/978-3-658-26911-1_6

Konsequenzen für seine Geschäftsmodelle, Prozesse und Arbeitsweisen ziehen, um wettbewerbsfähig zu bleiben. Eine Auseinandersetzung und Aufarbeitung dieser Thematik ist demnach für Forschung und Praxis von hoher Relevanz und wurde in der Vergangenheit stark vernachlässigt.

Besonders in der Forschung mangelt es an einer theoretischen Fundierung der arbeitsteiligen Auftragsabwicklung in der Transportkette. In angrenzenden Forschungsdisziplinen (z. B. SCM oder IS) sind theoretische Ansätze vorhanden, welche auch für die arbeitsteilige Auftragsabwicklung in der Transportkette relevant sind und somit deduktiv für den vorliegenden Untersuchungsgegenstand genutzt werden können. Eine Eins-zu-eins-Übertragung der auf den theoretischen Ansätzen basierenden Erkenntnisse aus den anderen Forschungsdisziplinen ist meistens nicht möglich, da in der Transportkette besondere Voraussetzungen (wie die starke Fragmentierung, die geringen Margen, der intensive Wettbewerb und die hohe Dynamik) gelten, die eine gesonderte Auseinandersetzung mit den theoretischen Ansätzen erfordern. Auf der einen Seite leistet beispielsweise die Anwendung des ORR-Mechanismus aus der Produktionsplanung für den vorliegenden Untersuchungsgegenstand wichtige Erkenntnisse darüber, wie die Prozesseffizienz in der asynchronen Auftragsabwicklung gesteigert werden kann. Auf der anderen Seite kann durch die Verwendung von Diffusionsmodellen aus der IS-Forschung die langsame Verbreitung von mehrseitigen Plattformen für die synchrone Auftragsabwicklung theoretisch eingeordnet werden. Die Erkenntnisse aus der empirischen Erhebung und Analyse zeigen allerdings, dass die bestehende Literatur die Ursache-Wirkungs-Beziehungen bisher nur teilweise erklärt. Daher werden basierend auf den Erkenntnissen der vorliegenden Arbeit induktiv sinnvolle Erweiterungen der theoretischen Ansätze vorgeschlagen.

Insgesamt ist der Untersuchungsgegenstand der arbeitsteiligen Auftragsabwicklung in der Transportkette sehr breit gewählt und es werden unterschiedliche Facetten anhand von drei Forschungsfragen empirisch untersucht. Hierzu eignet sich im Besonderen ein in der Literatur verstärkt geforderter Multi-Methoden-Ansatz. Durch den komplementären Einsatz von qualitativen und quantitativen Methoden kann das Forschungsfeld umfassend erschlossen werden. Hierbei ist eine systematische Vorgehensweise unerlässlich, um Erkenntnisse nachzuvollziehbar darzulegen und valide Ergebnisse zu generieren. Die Datenerhebungen erfolgten dabei anhand der Umfrage, den Interviews und der teilnehmenden Beobachtung. Um Missverständnisse und Verzerrungen in den erhobenen Daten möglichst zu vermeiden, wurden zu jeder Erhebung umfangreiche Validierungsmaßnahmen ergriffen, beispielsweise Gruppendiskussionen im Rahmen verschiedener Workshops, weitere Interviews, die schriftliche Abstimmung von Protokollen sowie die strukturierten Durchsprachen von Modellen und Weiterentwicklungen mit anderen Wissenschaftlern und Praktikern. Nur so konnte eine valide Datenbasis für die Analyse sichergestellt werden. Die Datenanalyse unterteilte sich dabei entsprechend des Multi-Methoden-Ansatzes in die deskriptive, die simulationsbasierte und die explorative Herangehensweise.

In der deskriptiven Datenanalyse wurden basierend auf der webbasierten Umfrage und den Interviews zunächst der Status quo und Entwicklungstrends von Auftragsabwicklungssystemen in Transportketten erarbeitet. Hierbei zeigte sich, dass die Rhein-Main-Region eine herausragende Rolle für die Branche spielt, aber dennoch Handlungsbedarf besteht, um diese Position in Zukunft zu behalten oder auszubauen. Vor allem hinsichtlich der Digitalisierung zeigt sich Nachholbedarf, der im Rahmen der verschiedenen Entwicklungen zum Teil bereits heute adressiert wird. Der starke manuelle Aufwand in der Auftragsabwicklung wird durch den zunehmenden Einsatz von IS-Technologien zurückgehen, aber nicht verschwinden, da die Komplexität und verschiedene Unsicherheiten reduziert, aber nicht behoben werden können. EDI wird verstärkt in langfristigen, etablierten Transportketten eingesetzt werden. Plattformlösungen – wie ein CCS – für die Auftragsabwicklung werden unterschiedlich bewertet und sich zunehmend an Umschlags- und Knotenpunkten etablieren, um eine synchrone Zusammenarbeit mit mehreren Akteuren gleichzeitig zu ermöglichen. Komplett digital integrierte Auftragsketten sind in der Transportkette, vor allem vom Versender, zwar häufig gewünscht, aber auch in den nächsten Jahren nach einhelliger Expertenmeinung noch keine Realität. Es besteht weiterhin Handlungsbedarf, um Medienbrüche zu beseitigen und Insellösungen zu vermeiden. Verbesserungspotenziale ergeben sich nicht zuletzt aus einer stärkeren Berücksichtigung der Dynamik in der Auftragsabwicklung, indem das Buchungsverhalten im Sinne der Transportkette (frühzeitige Buchung von Transporten und frühzeitige Weitergabe von entsprechenden Änderungen) angepasst wird, um die Planung von Ressourcen und Kapazitäten zu verbessern und Potenziale zur Steigerung der Prozesseffizienz zu realisieren.

Wie die Prozesseffizienz im Rahmen der asynchronen Auftragsabwicklung mittels proprietärer Systeme und EDI verbessert werden kann, wurde anhand von einer etablierten Transportkette im Vorlauf der Seefracht in einer Simulationsstudie analysiert. Bei der unternehmensübergreifenden Zusammenarbeit der Akteure im maritimen Hinterland bieten sich weiterhin viele Verbesserungspotenziale. Durch die Analyse der Szenarien im Rahmen der Simulationsexperimente zeigte sich, dass es nicht immer sinnvoll ist, Informationen innerhalb der Transportkette so schnell wie möglich weiterzugeben, da sich bei der sukzessiven, stark manuell geprägten Bearbeitung der Aufträge und Änderungen große Effizienzverluste ergeben. Damit ist nicht das geforderte frühzeitige Buchungsverhalten der Versender gemeint – dieses bleibt im Sinne der besseren Planbarkeit der Transportkette davon unberührt – sondern bezieht sich ausschließlich auf die Weitergabe der Aufträge von den planenden an die operativen Akteure innerhalb der Transportkette. Gründe für die Effizienzverluste, die in der vorliegenden Arbeit nachgewiesen werden konnten, sind: der hohe manuelle Aufwand und Doppelarbeiten entlang der Kette, die große Anzahl von Auftragsänderungen sowie der späte Zeitpunkt der Änderungseingänge. Die Akteure können an diesen Stellen ansetzen (z. B. durch Anreize zur Vermeidung von Auftragsänderungen vom Versender), um die Prozesseffizienz in der asynchronen Auftragsabwicklung zu steigern.

Bei der synchronen Auftragsabwicklung ergeben sich nach dem aktuellen Stand andere Herausforderungen. Plattformen bieten für die arbeitsteilige Auftragsabwicklung in der Transportkette zwar viele Vorteile, werden aber trotzdem nur vereinzelt genutzt. Daher ist die Analyse der Diffusion und den dahinterliegenden Mechanismen von besonderem Interesse. Dies wird am Beispiel der Luftfracht, in der es insbesondere auf Schnelligkeit und hohe Prozessqualität ankommt, im Rahmen einer explorativen Datenanalyse untersucht. Nicht alle der identifizierten Faktoren, die die Diffusion von Plattformen hemmen, wurden bislang in der Literatur berücksichtigt. Eine Erweiterung ist aufgrund der zunehmenden Vernetzung der Akteure notwendig. Die erweiterte Betrachtung der unternehmensübergreifenden Zusammenhänge in diesem Kontext trägt dabei zum grundlegenden Verständnis der Wirkungsmechanismen in der Diffusion von Plattformen in einem dynamischen und kompetitiven Unternehmenskontext bei. Diese Wirkungszusammenhänge der Faktoren auf die Diffusion werden durch die Analyse von gleich-, wechsel- und beidseitigen Netzwerkeffekten konkretisiert und erweitert. Insgesamt konnten dadurch unterschiedliche Ansatzpunkte zur Realisierung von Verbesserungspotenzialen beim Einsatz von IS-Technologien in der arbeitsteiligen Auftragsabwicklung mehrgliedriger Transportketten aufgezeigt werden. Je nach Gestaltungsform der arbeitsteiligen Auftragsabwicklung und unter Berücksichtigung des soziotechnischen Systems ergeben sich somit verschiedene Implikationen, die im Folgenden differenziert werden.

6.2 Praktische und theoretische Implikationen der Arbeit

Die vorliegende Arbeit liefert – trotz oder gerade wegen der Anwendungsorientierung – einen Beitrag für Praxis und Forschung. Das Thema der arbeitsteiligen Auftragsabwicklung in der Transportkette wurde, obwohl es eine hohe Relevanz besitzt, sowohl aus Sicht der Praxis als auch aus Sicht der Forschung bisher nicht ausreichend untersucht. Dem wird mit der vorliegenden Arbeit Rechnung getragen. Es wird herausgearbeitet, wie vielseitig dieses Thema ist und welche Verbesserungspotenziale noch in diesem Themenkomplex stecken. Einzelne Aspekte werden zudem empirisch analysiert, was eine fundierte Ableitung praktischer und theoretischer Implikationen ermöglicht.

Praktische Implikationen ergeben sich aus dem Status quo und den Entwicklungstrends. Zum einen wurden Praktiker durch die Offenlegung der aktuellen Situation für das Thema sensibilisiert. Zum anderen konnte aufgrund der zu erwartenden Veränderungen der nächsten Jahre die Notwendigkeit aufgezeigt werden, wie wichtig es ist, sich mit der Gestaltung der Auftragsabwicklung auseinanderzusetzen. Diese Auseinandersetzung muss sowohl unternehmensintern als auch unternehmensübergreifend stattfinden. Da dieses Thema je nach Betrachtungsfokus die strategische und die operative Ebene betrifft, ist eine kooperative Auseinandersetzung zur Definition von Zielen und zur Realisierung von Verbesserungspotenzialen unerlässlich. Im Einzelnen konnten Verbesserungspotenziale im Rahmen der Arbeit in der asynchronen Auftragsabwicklung herausgearbeitet werden und es wurde gezeigt, wie Akteure in einer Transportkette Schwachstellen analysieren können und welche Stellschrauben zu einer Verbesserung der Prozesseffizienz führen können. Die Ergebnisse der Simulationsstudie sind zwar fallspezifisch und können nicht eins-zu-eins auf andere Transportketten übertragen werden. Dennoch zeigt dieses Beispiel Möglichkeiten (z. B. Weiterleitungszeitpunkte, Änderungshäufigkeiten und Änderungszeitpunkt) auf, die weiteren Akteuren eine Analyse und Interpretation erleichtern. Hinsichtlich der synchronen Auftragsabwicklung können aus den entwickelten Faktoren sowie deren theoretischer Einordnung faktorspezifische Handlungsempfehlungen abgeleitet werden, die den hemmenden Einfluss der Faktoren reduzieren und somit zur Verbreitung von Plattformen in der Transportkette beitragen können.

Die theoretischen Implikationen ergeben sich aus der geforderten stärkeren theoretischen Fundierung in der Logistikforschung. Die Arbeit hebt die Relevanz der theoretischen

Einordnung hervor und zeigt Möglichkeiten, wie sie stärker in die auf diesem Gebiet sehr stark fallstudienbezogene empirische Forschung integriert werden und damit einen Mehrwert für den Erkenntnisgewinn liefern kann. Ein Mehrwert ergibt sich außerdem aus der Verwendung eines Multi-Methoden-Ansatzes, der sich in der vorliegenden Arbeit bewährt hat und – wie von Wall, Stahl und Salam (2015) gefordert – stärker in der empirischen Forschung eingesetzt werden sollte. Die unterschiedlichen Perspektiven des Untersuchungsgegenstands, die dadurch empirisch erfasst werden können, ergänzen sich und setzen sich schlussendlich zu einem umfassenden thematischen Verständnis zusammen. Beispielsweise lassen sich aus dem Status quo und den Entwicklungstrends nicht nur praktische Handlungsbedarfe, sondern auch der wissenschaftliche Forschungsbedarf für die Auftragsabwicklung in der Transportkette ableiten. Eine detaillierte Auseinandersetzung mit den Verbesserungspotenzialen bei der asynchronen Auftragsabwicklung zur Steigerung der Prozesseffizienz decken neue Ursache-Wirkungs-Zusammenhänge auf und heben Ansatzpunkte für die anwendungsorientierte Forschung hervor. Schließlich bringt die kritische Auseinandersetzung mit Faktoren, welche die Diffusion von Plattformen zur synchronen Auftragsabwicklung hemmen, neue Erkenntnisse und ermöglicht die Weiterentwicklung bestehender, theoretischer Modelle. Die Analysen bieten dementsprechend auch Implikationen für die grundlagenorientierte Forschung, welche in Zukunft weiter (quantitativ) fokussiert werden können. Welche Einschränkungen bei der vorliegenden Arbeit zu beachten sind und wie sich daraus der weitere Forschungsbedarf ableitet, wird abschließend im folgenden Kapitel behandelt.

6.3 Einschränkungen der Arbeit und Ausblick auf den weiteren Forschungsbedarf

Zur Erforschung des Untersuchungsgegenstands der arbeitsteiligen Auftragsabwicklung in der Transportkette wurde im Rahmen dieser Arbeit eine anwendungsorientierte Explorationsstrategie verfolgt. Daraus ergibt sich, dass einzelne Ergebnisse nicht generalisierbar sind und die Interpretation immer im Kontext der Anwendungsfälle stattfinden muss. Des Weiteren wurde durch die detaillierte Beschreibung der einzelnen Methoden versucht, mögliche Verzerrungen in der empirischen Erhebung und bei der Analyse zu vermeiden. So wurde beispielsweise durch den systematischen Auswahl- und Durchführungsprozess der jeweiligen Interviews versucht, den Stichproben- und Interview-Bias so gering wie möglich zu halten. Dennoch kann eine Verzerrung in den Daten und Analysen nie ganz ausgeschlossen werden. Außerdem werden einzelne diskret erfasste Daten durch Datentriangulation und Annahmen ergänzt, um beispielsweise dahinterliegende Verteilungen schätzen zu können. Auch diese wurden zwar iterativ verifiziert und validiert, eine Abweichung von der Realität kann trotzdem nicht vollständig ausgeschlossen werden. Die Datenerhebungen wurden zudem weitestgehend anonymisiert, um keine Rückschlüsse auf einzelne Unternehmen zu ermöglichen. Hierdurch gehen allerdings auch einige Erkenntnisse verloren (z. B. unterschiedliche Meinungen und Haltungen der einzelnen Akteure). In der anwendungsorientierten Forschung wird häufig das Spannungsfeld zwischen Aggregations- und Detaillierungsgrad angeführt, in dem sich die jeweiligen fallspezifischen Daten, Modellierungen, Erweiterungen und Ergebnisse bewegen. Dies trifft somit auch auf die vorliegende Arbeit zu. Für die Praxis wäre demnach zum Teil ein größerer Detaillierungsgrad sinnvoll, um spezifische Erkenntnisse zu generieren. In der Forschung wird hingegen eher ein höherer Abstraktionsgrad verfolgt, um allgemeingültige Erkenntnisse zu generieren. Hier wurde in der vorliegenden Arbeit versucht, ein geeignetes Maß zu wählen, um einen Erkenntnisgewinn und Implikationen für beide Seiten zu generieren.

Daraus ergibt sich der weitere Forschungsbedarf, der in diesem Forschungsbereich noch vielseitig vorhanden ist. Beispielsweise kann die Untersuchung weitere Anwendungsfälle zur weiteren Generalisierung einzelner Erkenntnisse beitragen. Hierbei sind Übertragungen auf andere Regionen, andere Verkehrsträger, andere Branchen, etc. denkbar. In der Simulation könnte eine detailliertere Prozessbetrachtung dazu beitragen, dass Verbesserungspotenziale weiter konkretisiert werden. Wie sich gezeigt hat, hat der Versender grundsätzlich einen großen Einfluss auf die Prozesseffizienz in der Transportkette. Daher können Versender bei einer zukünftigen Untersuchung stärker eingebunden werden. Außerdem können die hier erarbeiteten Erkenntnisse untermauert oder weitergeführt werden, indem weitere quantitative Forschungsmethoden, z. B. in Form von Hypothesentests und großzahligen Erhebungen, durchgeführt werden. Außerdem können in weiteren Forschungsarbeiten zukunftsträchtige IS-Technologien, wie z. B. die Blockchain-Technologie, berücksichtigt und evaluiert werden. Die stärkere Sensibilisierung von Verbesserungspotenzialen sowie die kritische Auseinandersetzung mit den Vor- und Nachteilen verschiedener IS-Technologien für die arbeitsteilige Auftragsabwicklung in der Transportkette können auf weitere Chancen und Risiken hinweisen und eine umfassende Erschließung dieses sehr aktuellen Themenkomplexes ermöglichen. Die aufgezeigten, zukünftigen Forschungsbedarfe bieten demzufolge sowohl für die Logistikforschung als auch für die der IS-Forschung wissenschaftlich interessante und praktisch relevante Forschungsfelder. Die vorliegende Arbeit leistet einen Beitrag zur Erkundung dieses Themenkomplexes und soll weitere Wissenschaftler dazu motivieren, angrenzende Fragestellungen zur anwendungsorientierten Auseinandersetzung mit der arbeitsteiligen Auftragsabwicklung in der Transportkette weiterführend zu erforschen.

Literaturverzeichnis

Aarikka-Stenroos, L.; Ritala P. (2017): Network Management in the Era of Ecosystems: Systematic Review and Management Framework. In: Industrial Marketing Management, 67, S. 23–36.

Abid, C.; D'Amours, S.; Montreuil, B. (2004): Collaborative Order Management in Distributed Manufacturing Chafik. In: International Journal of Production Research, 42(2), S. 283–302.

Achilleos, A.P.; Kapitsaki, G.M.; Sielis, G.; Sesana, M.; Gusmeroli, S.; Papadopoulos, G.A. (2012): Enterprise COllaboration and INteroperability (COIN) Platform: Two Case Studies in the Marine Shipping Domain. In: Proceedings of the International Conference on Web Information Systems Engineering (WISE), S. 396–410.

Alarcón, F.; Verdecho, M.J.; Alemany, M.M.E.; Lario, F.C. (2009): A Conceptual Framework for Modelling the Collaborative Order Management Process. In: Proceedings of the 9th International Conference on Interoperability for Enterprise Software and Applications (IESA), S.70–75.

Albers, S.; Klapper, D.; Konradt, U.; Walter, A.; Wolf, J. (2007): Methodik der empirischen Forschung. 2. Aufl., Wiesbaden: Gabler GWV Fachverlag.

Alicke, K. (2005): Planung und Betrieb von Logistiknetzwerken – Unternehmensübergreifendes Supply Chain Management. 2. Aufl., Berlin, Heidelberg: Springer: Springer.

Almotairi, B.; Flodén, J.; Stefansson, G.; Woxenius, J. (2011): Information Flows Supporting Hinterland Transportation by Rail: Applications in Sweden. In: Research in Transportation Economics, 33(1), S. 15–24.

Alt, R. (2017): Electronic Markets on Transaction Costs. In: Electronic Markets, 27(4), S. 297–301.

Alt, R.; Gizanis, D.; Legner, C. (2005): Collaborative Order Management: Toward Standard Solutions for Interorganisational Order Management. In: International Journal of Technology Management, 31(1), S. 78–98.

Alt, R.; Gizanis, D.; Österle, H. (2003): Logistics Web Services for Collaborative Order Management. St. Gallen: BePress.

Alt, R.; Gizanis, D.; Österle, H.; Gründel, K. (2002): Logistik WebServices zur Unterstützung des Distributed Order Management. St. Gallen: BePress.

Alter, S. (2014): Theory of WorkaroundS. In: Communications of the Association for Information Systems, 34(55), S. 1041–1066.

Álvarez-SanJaime, Ó.; Cantos-Sánchez, P.; Moner-Colonques, R.; Sempere-Monerris, J.J. (2015): The Impact on Port Competition of the Integration of Port and Inland Transport Services. In: Transportation Research Part B: Methodological, 80, S. 291–302.

Alvesson, M. (2003): Beyond Neopositivisits, Romantics and Localists: A Reflective Approach to Interviews in Organizational Research. In: Academy of Management

Review, 28(1), S. 13–33.

Andrey, J.F.; Reinaldo, D. (2018): Order Fulfillment Information System for Small Medium Business. In: Journal of Business and Audit Information Systems, 1(1), S. 1–7.

Arencibia, A.I.; Feo-Valero, M.; García-Menéndez, L.; Román, C. (2015): Modelling Mode Choice for Freight Transport Using Advanced Choice Experiments. In: Transportation Research Part A: Policy and Practice, 75, S. 252–267.

Arnold, D.; Cardeneo, A.; Frindik, R.; Heidmeier, S.; Siegmann, J.; Frye, J.; Rall, B. (2008): Außerbetriebliche Logistik, C 3. In: Arnold, D.; Iserman, H.; Kuhn, A.; Tempelmeier, H.; Furmans, K. (Hrsg.): Handbuch Logistik. 3. Aufl., Berlin, Heidelberg: Springer, S. 727–788.

Arroyo-Barrigüete, J.L.; Ernst, R.; López-Sánchez, J.I.; Orero-Giménez, A. (2010): On the Identification of Critical Mass in Internet-Based Services Subject to Network Effects. In: Service Industries Journal, 30(5), S. 643–654.

Arshinder, K.; Kanda, A.; Deshmukh, S.G. (2008): Supply Chain Coordination: Perspectives, Empirical Studies and Research Directions. In: International Journal of Production Economics, 115(2), S. 316–335.

Asare, A.K.; Alejandro, T.G.B.; Granot, E.; Kashyap, V. (2011): The Role of Channel Orientation in B2B Technology Adoption. In: Journal of Business and Industrial Marketing, 26(3), S. 193–201.

Asare, A.K.; Alejandro, T.G.B.; Kang, J. (2016): B2B Technology Adoption in Customer Driven Supply Chains. In: Journal of Business & Industrial Marketing, 31(1), S. 1–12.

Asawasakulsorn, A. (2015): Transportation Collaboration: Partner Selection Criteria and Interorganizational System Design Issues for Supporting Trust. In: International Journal of Business and Information, 4(2), S. 199–220.

Ascencio, L.M.; González-Ramírez, R.G.; Bearzotti, L.A.; Smith, N.R.; Camacho-Vallejo J.F. (2014): A Collaborative Supply Chain Management System for a Maritime Port Logistics Chain. In: Journal of Applied Research and Technology, 12, S. 444–458.

Atkinson, R.D.; Ezell, S.J. (2012): Innovation Economics. New Haven: Yale University Press.

Bailey, K.; Francis, M. (2008): Managing Information Flows for Improved Value Chain Performance. In: International Journal of Production Economics, 111 (2008) 1, S. 2–12.

Baindur, D.; Viegas, J.M. (2011): An Agent Based Model Concept for Assessing Modal Share in Inter-Regional Freight Transport Markets. In: Journal of Transport Geography, 19(6), S. 1093–1105.

Bala, H.; Venkatesh, V. (2007): Assimilation of Interorganizational Business Process Standards. In: Information Systems Research, 18(3), S. 340–362.

Ballis, A.; Golias, J. (2004): Towards the Improvement of a Combined Transport Chain Performance. In: European Journal of Operational Research, 152(2), S. 420–436.

Bandara, W.; Furtmueller, E.; Gorbacheva, E.; Miskon, S.; Beekhuyzen, J. (2015): Achieving Rigor in Literature Reviews: Insights from Qualitative Data Analysis and Tool-Support. In: Communications of the Association for Information Systems, 37, S. 154–204.

Bardey, D.; Cremer, H.; Lozachmeur, J.M. (2014): Competition in Two-Sided Markets with Common Network Externalities. In: Review of Industrial Organization, 44(4), S. 327–345.

Barney, J. (1991): Firm Resources and Sustained Competitive Advantage. In: Journal of Management, 17(1), S. 99–120.

Barratt, M. (2004): Understanding the Meaning of Collaboration in the Supply Chain. In: Supply Chain Management: An International Journal, 9(1), S. 30–42.

Barrett, M.; Davidson, E.; Vargo, S.L. (2015): Service Innovation in the Digital Age: Key Contributions and Future Directions. In: MIS Quarterly, 39(1), S. 135–154.

Barth, H.; Lorentz, B. (2018): Standort Deutschland weiter im Aufschwung? Ernst & Young Attractiveness Survey. Verfügbar: https://www.ey.com/Publication/vwLUAssets/ey-standort-deutschland-weiter-im-aufschwung/$FILE/ey-standort-deutschland-weiter-im-aufschwung.pdf (Letzter Zugriff: 29.11.2018).

Bartscher, T.; Meier, G.W.; Nissen, R. (2018): Taylorismus. In: Gabler Wirtschaftslexikon. Verfügbar: https://wirtschaftslexikon.gabler.de/definition/taylorismus-48480 (Letzter Zugriff am: 15.05.2018).

Barua, A.; Kriebel, C.H.; Mukhopadhyay, T. (1995): Information Technologies and Business Value: An Analytic and Empirical Investigation. In: Information Systems Research, 6(1), S. 3–23.

Batra, D.; Xia, W.; Zhang, M. (2017): Collaboration in Agile Software Development: Concept and Dimensions. In: Communications of the Association for Information Systems, 41(1), S. 429–449.

Baudach, J.; Voll, R.; Eufinger, L.; Meier, F.; Sender, J.; Goedicke, I.; Thaller, C. (2013): Modellentwicklung. In: Clausen, U.; Geiger, C. (Hrsg.): Verkehr- Und Transportlogistik. 2. Aufl., Berlin, Heidelberg: Springer: S. 327–404.

Bauernhansl, T.; Hörcher, G.; Bressner, Böhm, M. (2018): ManuFuture-DE – Ermittlung prioritärer Forschungsthemen für die nachhaltige Ausgestaltung von europäischen Forschungsprogrammen für die produzierende Industrie bis 2030. Stuttgart: Fraunhofer-Institut für Produktionstechnik und Automatisierung IPA.

Baums, A.; Schössler, M.; Scott, B. (2015): Industrie 4.0 – Wie digitale Plattformen die Wirtschaft verändern und wie die Politik gestalten kann. In: Kompendium digitale Standortpolitik. Band 2., 1. Aufl., Berlin: Stiftung Neue Verantwortung.

Baxter, P.; Jack, S. (2008): Qualitative Case Study Methodology: Study Design and Implementation for Novice Researchers. In: The Qualitative Report, 13(4), S. 544–559.

Bazarhanova, A.; Yli-huumo, J.; Smolander, K. (2018): How Do Practitioners Understand External Platforms and Services? A Grounded Theory Investigation. In: Proceedings of the 27th International Conference on Information Systems Development (ISD), S. 1–12.

Beattie, V.; Fearnley, S.; Brandt, R. (2004): A Grounded Theory Model of Auditor-Client Negotiations. In: International Journal of Auditing Journal of Auditing, 19, S. 1–19.

Beck, H. (2014): Behavioral Economics: Eine Einführung. Wiesbaden: Springer Gabler 2014.

Beck, R.; Weitzel T. (2005): Some Economics of Vertical Standards: Integrating SMEs in EDI Supply Chains. In: Electronic Markets, 15(4), S. 313–322.

Becker, H.S. (1990): Generalizing from Case Studies. In: Eisner, E.; Peshkin, A. (Hrsg.): Qualitative Inquiry in Education: The Continuing Debate. New York: College Press, S. 233–242.

Becker, T.; Herrmann, R.; Sandor, V.; Schäfer, D.; Wellisch, U. (2016): Stochastische Risikomodellierung und statistische Methoden. Berlin, Heidelberg: Springer.

Bendriss, S.; Benabdelhafid, A.; Le Havre, C. (2011): Multimodal Transport Information System: Modelling Approach for Goods Traceability. In: International Journal of Business Information Systems, 7(4), S. 365.

Benlian, A.; Hess, T.; Buxmann, P. (2009): Drivers of SaaS-Adoption – An Empirical Study of Different Application Types. In: Business & Information Systems Engineering, 1(5), S. 357–369.

Benlian, A.; Hilkert, D.; Hess, T. (2015): How Open Is This Platform? The Meaning and Measurement of Platform Openness from the Complementors' Perspective. In: Journal of Information Technology, 30(3), S. 209–228.

Benlian, A.; Kettinger, W.J.; Sunyaev, A.; Winkler, T.J. (2018): The transformative value of Cloud Computing: A Decoupling, Platformization, and Recombination theoretical Framework. In: Journal of Management Information Systems, 35(3), S. 719–739.

Benlian, A.; Koufaris, M.; Hess, T. (2011): Service Quality in Software-as-a-Service: Developing the SaaS-Qual Measure and Examining its Role in Usage Continuance. In: Journal of Management Information Systems, 28(3), S. 85–126.

Bergamaschi, D.; Cigolini, R.; Perona, M.; Portioli, A. (1997): Order Review and Release Strategies Ina Job Shop Environment: A Review and a Classification. In: International Journal of Production Research, 35(2), S. 399–420.

Bharadwaj, A.; El Sawy, O.A.; Pavlou, P.A.; Venkatraman, N. (2013): Digital Business Strategy: Toward a Next Generation of Insights. In: MIS Quarterly, 37(2), S. 471–482.

Biebig, P.; Althof, W.; Wagener, N. (2008): Seeverkehrswirtschaft: Kompendium. 4. Aufl., Oldenburg: Walter de Gruyter.

Bogusch, C. (2016): Revenue Sharing als Anreizmechanismus in Logistikbeziehungen mit Informationsasymmetrien. Diss. Darmstadt, Deutschland. Göttingen: Sierke.

Böhm, A. (2004): Theoretical Coding: Text Analysis in Grounded Theory. In: Flick, U.; Kardorff, E.; Steinke, I. (Hrsg.): A Companion to Qualitative Research. London: Sage, S. 270–275.

Bölsche, D.; Eßig, M.; Zentes, J.; Janker, C.G.; Lasch, R. (2008): Koordination und Organisation der Logistischen Leistungserstellung, D 4. In: Arnold, D.; Iserman, H.; Kuhn, A.; Tempelmeier, H; Furmans K. (Hrsg.): Handbuch Logistik. 3. Aufl., Berlin, Heidelberg: Springer, S. 971–1016.

Bonabeau, E. (2002): Agent-Based Methods and Techniques for Simulating Human Systems. In: Proceedings of the National Academy of Sciences of the USA, 99(10), S. 7280–7287.

Borgman, H.P.; Bahli, B.; Heier, H.; Schewski, F. (2013): Cloudrise: Exploring Cloud Computing Adoption and Governance with the TOE Framework. In: Proceedings of the Annual Hawaii International Conference on System Sciences, S. 4425–4435.

Borshchev, A. (2013): The Big Book of Simulation Modeling: Multimethod Modeling with

AnyLogic 6. North America: AnyLogic.

Borshchev, A.; Filippov, A. (2004): From System Dynamics to Agent Based Modeling. In: Proceeding of the 22nd International Conference of the System Dynamics Society, S. 1–23.

Bösseler, U. (2000): Qualifizierung von Transport-Disponenten – Bedarfsanalyse sowie partizipativ orientierte Gestaltung eines Qualifizierungs-Systems und Schritte zu dessen Evaluierung. Diss. Bochum, Deutschland.

Boukef Charki, N.; Charki, M.H.; Limayem, M. (2011): Making & Giving Sense to the Global Data Synchronization Network Standard Adotpion. In: Proceedings of the 19th European Conference on Information Systems (ECIS), S. 1–9.

Boyson, S.; Corsi, T.; Verbraeck, A. (2003): The E-Supply Chain Portal: A Core Business Model. In: Transportation Research Part E: Logistics and Transportation Review, 39(2), S. 175–192.

Breiter, A.; Hegmanns, T.; Hellingrath, B.; Spinler, S. (2009): Logistik Management: Systeme, Methoden, Integration. Berlin, Heidelberg: Springer.

Brereton, P.; Kitchenham, B.A.; Budgen, D.; Turner, M.; Khalil, M. (2007): Lessons from Applying the Systematic Literature Review Process within the Software Engineering Domain. In: Journal of Systems and Software, 80(8), S. 571–583.

Brink, A. (2013): Anfertigen Wissenschaftlicher Arbeiten – Ein Prozessorientierter Leitfaden. 4. Aufl., Wiesbaden: Springer Gabler 2013.

Brocke, J.; Simons, A.; Riemer, K.; Niehaves, B.; Plattfaut, R.; Cleven, A. (2015): Standing on the Shoulders of Giants: Challenges and Recommendations of Literature Search. In: Communications of the Association for Information Systems, 37(9), S. 205–224.

Bruhn, M.; Meffert, H. (2012): Handbuch Dienstleistungsmarketing: Planung-Umsetzung-Kontrolle. Berlin, Heidelberg: Springer 2012.

Bundesamt für Güterverkehr (2018): Marktbeobachtung Güterverkehr – Jahresbericht 2017. Verfügbar: https://www.bag.bund.de/SharedDocs/Downloads/DE/Marktbeobachtung/ Herbst_und_Jahresberichte/Jahr_2017.pdf?__blob=publicationFile (Letzter Zugriff am: 21.11.2018).

Bundesministerium für Verkehr und digitale Infrastruktur (2014): Verkehrsverflechtungsprognose 2030. Verfügbar: https://www.bmvi.de/SharedDocs/DE/Artikel/ G/verkehrsverflechtungsprognose-2030.html (Letzter Zugriff am: 27.09.2018).

Bundesministerium für Wirtschaft und Energie (2017): Weißbuch Digitale Plattformen – Digitale Ordnungspolitik für Wachstum, Innovation, Wettbewerb und Teilhabe. Verfügbar: https://www.bmwi.de/Redaktion/DE/Publikationen/Digitale-Welt/weissbuch-digitale-plattformen.html (Letzter Zugriff am: 28.09.2018).

Bundeskartellamt (2016): Arbeitspapier – Marktmacht von Plattformen und Netzwerken Az. B6-113/15. Verfügbar: https://www.bundeskartellamt.de/SharedDocs/ Publikation/DE/Berichte/Think-Tank-Bericht.pdf;jsessionid=A8BFCB824DB035B61 D28FE51F725C204.1_cid378?__blob=publicationFile&v=2 (Letzter Zugriff am: 10.12.2018).

Bundesministerium für Bildung und Forschung (2013): Zukunftsbild „Industrie 4.0". Verfügbar: http://www.forschungsunion.de/pdf/forschungsunion_perspektivenpapier_2013.pdf

(Letzter Zugriff am: 19.09.2018)

Bundesministerium für Bildung und Forschung (2018): Digitale Wirtschaft und Gesellschaft – Zukunftsprojekt Industrie 4.0. Verfügbar: https://www.bmbf.de/de/zukunfts projekt-industrie-4-0-848.html (Letzter Zugriff am: 19.09.2018)

Bundesverband der Deutschen Luftverkehrswirtschaft (2016): Zur Bedeutung der Bellyfracht für den Luftverkehr. Verfügbar: https://www.presseportal.de/download/.../ 386360-bdl-zurbedeutungderbellyfracht.pdf (Letzter Zugriff am: 25.10.2018).

Burgess, T.F. (2001): A General Introduction to the Design of Questionnaires for Survey Research. In: Information System Services – Guide to the Design of Questionnaires, S. 1–27.

Caillaud, B.; Jullien, B. (2003): Chicken & Egg: Competition among Intermediation Service Providers. In: The RAND Journal of Economics, 34(2), S. 309–328.

Cámara, S.B.; Fuentes, J.M.; Marín, J.M.M. (2015): Cloud Computing, Web 2.0 and Operational Performance: The Mediating Role of Supply Chain Integration. In: The International Journal of Logistics Management, 26(3), S. 426–358.

Cao, Q.; Gan, Q.; Thompson, M.A. (2013): Organizational Adoption of Supply Chain Management System: A Multi-Theoretic Investigation. In: Decision Support Systems, 55(3), S. 720–727.

Carlan, V.; Sys, C.; Vanelslander. T. (2016): How Port Community Systems Can Contribute to Port Competitiveness: Developing a Cost-Benefit Framework. In: Research in Transportation Business and Management, 19, S. 51–64.

Cepolina, S.; Ghiara, H. (2013): New Trends in Port Strategies – Emerging Role for ICT Infrastructures. In: Research in Transportation Business and Management, 8, S. 195–205.

Chan, F. T. S.; Humphreys, P.; Lu, T.H. (2001): Order Release Mechanisms in Supply Chain Management: A Simulation Approach. In: International Journal of Physical Distribution & Logistics Management, 31(2), S. 124–139.

Charmez, K. (2006): Constructing Grounded Theory. A Practical Guide Through Qualitative Analysis. 1. Aufl., London: Sage.

Chau, P.Y.K.; Jim, C.C.F. (2002): Adoption of Electronic Data Interchange in Small and Medium Sized Enterprises. In: Journal of Global Information Management, 10(4), S. 61–85.

Childerhouse, P.; Hermiz, R.; Mason-Jones, R.; Popp, A.; Towill, D.R. (2003): Information Flow in Automotive Supply Chains – Identifying and Learning to Overcome Barriers to Change. In: Industrial Management & Data Systems, 103(7), S. 491–502.

Cho, D.W.; Hae Lee, Y.; Hwa Ahn, S.; Kyu Hwang, M. (2012): A Framework for Measuring the Performance of Service Supply Chain Management. In: Computers and Industrial Engineering, 62(3), S. 801–888.

Choi, H.; Kim, S.H.; Lee, J. (2010): Role of Network Structure and Network Effects in Diffusion of Innovations. In: Industrial Marketing Management, 39(1), S. 170–177.

Chong, A.Y.L.; Ooi, K.B. (2008): Adoption of Interorganizational System Standards in Supply Chains: An Empirical Analysis of RosettaNet Standards. In: Industrial Management and Data Systems, 108(4), S. 529–547.

Chong, A.Y.L.; Ooi, K.B.; Sohal, A. (2009): The Relationship between Supply Chain

Factors and Adoption of E-Collaboration Tools: An Empirical Examination. In: International Journal of Production Economics, 122(1), S. 150–160.

Choy, K.L.; Bun Lee, W. (2001): Multi-Agent Based Virtual Enterprise Supply Chain Network for Order Management. In: Portland International Conference on Management of Engineering and Technology (PICMET), S. 466–480.

Christiaanse, E.; Been, J.; van Diepen, T. (1996): Factors Determining the Failure of Global Systems in the Air Cargo Community. In: Proceedings of the 29th Hawaii International Conference on System Sciences (HICSS), S. 418–429.

Christiaanse, E; Sinnecker, R.; Mossinkoff, M. (2001): The Impact of B2B Exchanges on Brick and Mortar Intermediaries: The Elemica Case. In: Proceedings of the 9th European Conference on Information Systems (ECIS). S 422–432.

Christiaanse, E.; Damsgaard, J. (2000): A Comparison of Electronic Infrastructures in the Air Cargo Industry in the Netherlands and Hong Kong SAR. In: Journal of Global Information Management, 29, S. 1–18.

Christiaanse, E.; van Diepen, T.; Damsgaard, J. (2004): Proprietary versus Internet Technologies and the Adoption and Impact of Electronic Marketplaces. In: Journal of Strategic Information Systems, 13(2), S. 151–165.

Christiaanse, E.; Markus, M.L. (2003): Participation in Collaboration Electronic Marketplaces. In: Proceedings of the 36th Hawaii International Conference on System Sciences (HICSS), S. 1–8.

Chu, J.; Manchanda, P. (2016): Quantifying Cross and Direct Network Effects in Online C2C Platforms. In: Marketing Science, 35(6), S. 870–893.

Chwesiuk, K. (2011): Integrated Computer System of Management in Logistics. In: Archives of Transport, 23(2), S. 153–163.

Clarivate Analytics (2018): Web of Science – Databases. Verfügbar: https://clarivate.com/products/web-of-science/databases/ (Letzter Zugriff am: 17.07.2018).

Clausen, U. (2013): Einführung und Begriffe. In: Clausen, C.; Geiger, C. (Hrsg.): Verkehr- und Transportlogistik. 2. Aufl., Berlin, Heidelberg: Springer 2013, S. 3–6.

Cleff, T. (2015): Deskriptive Statistik und Explorative Datenanalyse. 3. Aufl., Wiesbaden: Springer Gabler.

Clement, R.; Schreiber, D. (2016): Internet-Ökonomie: Grundlagen und Fallbeispiele der vernetzten Wirtschaft. 3. Aufl., Berlin, Heidelberg: Springer 2016.

Coase, R.H. (1937): The Nature of the Firm. In: Economica, 4(16), S. 386–405.

Cooper, H.M. (1989): Integrating Research - A Guide for Literature Reviews. 2. Aufl., London: Sage.

Cooper, M.C.; Lambert, D.M.; Pagh, J.D. (1997): Supply Chain Management: More Than a New Name for Logistics. In: The International Journal of Logistics Management, 8(1), S. 1–14.

Corbin, J.; Strauss, A.L. (2015): Basics of Qualitative Research. London: Sage.

Coronado Mondragon, A.E.; Coronado Mondragon, C.E.; Coronado, E.S. (2017): ICT Adoption in Multimodal Transport Sites: Investigating Institutional-Related Influences in International Seaports Terminals. In: Transportation Research Part A: Policy and Practice, 97, S. 69–88.

Corsten, H.; Roth, S. (2016): Handbuch Dienstleistungsmanagement. 1. Aufl., Frankfurt:

Beck.

Croom, S.; Romano, P.; Giannakis, M. (2000): Supply Chain Management: An Analytical Framework for Critical Literature Review. In: European Journal of Purchasing & Supply Management, 6(1), S. 67–83.

Croxton, K. L. (2003): The Order Fulfillment Process. In: The International Journal of Logistics Management, 14(1), S. 19–32.

Croxton, K. L.; García-Dastugue, S.J.; Lambert, D.M.; Rogers, D.S. (2001): The Supply Chain Management Processes. In: The International Journal of Logistics Management, 12(2), S. 13–36.

Cua, Francisco C. (2012): Applying "Business Case" Construct Using the Diffusion of Innovations" Theory Framework: Empirical Case Study in the Higher Education. In: Dwivedi, Y.K.; Wade, M.R.; Schneberger, S.L. (Hrsg.): Information Systems Theory. 1. Aufl., New York: Springer.

Cullinane, K.; Toy, N. (2000): Identifying Influential Attributes in Freight Route/Mode Choice Decisions : A Content Analysis. In: Transportation Research Part E: Logistics and Transportation, 36, S. 41–53.

da Silveira, G.J.C.; Cagliano, R. (2006): The Relationship between Interorganizational Information Systems and Operations Performance. In: International Journal of Operations & Production Management, 26(3), S. 232–253.

Dakosy (2018): FAIR@Link – Das Air Cargo Community System für Frankfurt. Verfügbar: https://www.dakosy.de/loesungen/cargo-communications/air-cargo-community-system/fairlink/ (Letzter Zugriff am: 22.11.2018).

Danson, M.; Arshad, N. (2015): The Literature Review. In: O'Gorman, K.; MacIntosh, R. (Hrsg.): Research Methods for Business and Management: A Guide to Writing Your Dissertation. 1. Aufl., Oxford: Goodfellow Publishers, S. 37–57.

Datta, P.P.; Christopher, M.G. (2011): Information Sharing and Coordination Mechanisms for Managing Uncertainty in Supply Chains: A Simulation Study. In: International Journal of Production Research, 49(3), S. 765–803.

Davis, F.D. (1985): A Technology Acceptance Model for Empirically Testing New End-User Information Systems: Theory and Results. Diss. Massachusetts, USA.

Davis, F.D.; Bagozzi, R.P.; Warshaw, P.R. (1989): User Acceptance of Computer Technology: A Comparison of Two Theoretical ModelS. In: Management Science, 35(8), S. 982–1003.

de Langen, P.W.; Lases Figueroa, D.M.; van Donselaar K.H., Bozuwa, J. (2017): Intermodal Connectivity in Europe, an Empirical Exploration. In: Research in Transportation Business and Management, 23, S. 3–11.

de Langen, P.W.; Douma, A. (2010a): Challenges for Using ICT to Improve Coordination in Hinterland Chains: An Overview. In: International Journal of Transport Economics, 28(3), S. 261–279.

de Langen, P.W.; Douma, A. (2010b): Round Table on Information and Communications Technologies for Innovative Global Freight Transport Systems. In: Report of the International Transport Forum (ITF) and Organisation for Economic Co-operation and Development (OECD).

de Langen, P.W. (2007): Port Competition and Selection in Contestable Hinterlands ; the

Case of Austria. In: European Journal of Transport and Infrastructure Research, 1(7), S. 1–14.
de Ugarte, B.S.; Hajji, A.; Pellerin, R.; Artiba, A. (2010): Engineering Change Order Processing in ERP Systems: An Integrated Reactive Model. In: European Journal of Industrial Engineering, 4(4), S. 394.
de Vries, H.; Verheul, H.; Willemse, H. (2003): Stakeholder Identification in IT Standardization Processes. In: Proceedings of the MISQ Special Issue Workshop on Standard Making: A Critical Research Frontier for Information Systems, S. 92–107.
Deckert, A.; Klein, R. (2014): Simulation-Based Optimization of an Agent-Based Simulation. In: NETNOMICS: Economic Research and Electronic Networking 15(1), S. 33–56.
Dedrick, J.; Gurbaxani, V.; Kraemer, K.L. (2003): Information Technology and Economic Performance. In: ACM Computing Surveys 35(1), S. 1–28.
Dedrick, J.; West, J. (2003): Why Firms Adopt Open Source Platforms: A Grounded Theory of Innovation and Standards Adoption. In: MISQ Special Issue Workshop: Standard Making: A Critical Research Frontier for Information Systems, S. 236–257.
Delfmann, W.; Albers, S.; Gehring, M. (2002): The Impact of Electronic Commerce on Logistics Service Providers. In: International Journal of Physical Distribution & Logistics Management, 32(3), S. 203–222.
Delfmann, W.; Reihlen, M.; Klaas-Wissing, T.; Spengler, T.; Bachmann, H.; Stölzle, W.; Sucky, E. (2008): Strategien in Der Logistik, D 2. In: Arnold, D.; Iserman, H.; Kuhn, A.; Tempelmeier, H.; Furmans, K. (Hrsg.): Handbuch Logistik. 3. Aufl., Berlin, Heidelberg: Springer 2008, S. 891–946.
DeLone, W.; McLean, E. (1992): The Quest for the Dependent Variable. In: Information Systems Research, 3(1), S. 60–65.
Delone, W.; Mclean, E. (2017): The DeLone and McLean Model of Information Systems Success: A Ten-Year Update. In: Journal of Management Information Systems, 19(4), S. 9–30.
Denolf, J.M.; Trienekens, J.H.; van der Vorst, J.G.A.J.; Omta, S.W.F. (2015): The Role of Governance Structures in Supply Chain Information Sharing. In: Journal on Chain and Network Science, 15(1), S. 83–99.
Denyer, D.; Tranfield, D. (2009): Producing a Systematic Review. In: Buchanan, D.A.; Bryman, A. (Hrsg.): The Handbook of Organizational Research Methods. London: Sage, S. 671–689.
Deutsch, A. (2013): Verlagerungseffekte Im Containerbasierten Hinterlandverkehr – Analyse, Bewertung, Strategieentwicklung. In: Sucky, E.; Asdecker, B.; Dobhan, A.; Haas, S.; Wiese, J. (Hrsg.): Logistik und Supply Chain Management. Band 8. Diss. Bamberg, Deutschland. University of Bamberg Press.
di Febbraro, A.; Sacco, N.; Saeednia, M. (2016): An Agent-Based Framework for Cooperative Planning of Intermodal Freight Transport Chains. In: Transportation Research Part C: Emerging Technologies, 64, S. 72–85.
Die Bundesregierung (2018): Die Digitalstrategie der Bundesregierung. Verfügbar: https://www.bundesregierung.de/breg-de/aktuelles/die-digitalstrategie-der-bundesregierung-1549554 (Letzter Zugriff am: 04.12.2018).

Domschke, W. (1997): Transportmittel. In: Bloech, J.; Ihde, G.B. (Hrsg.): Logistik Total – Vahlens Großes Logistiklexikon. München: Vahlen.

Dong, C.; Boute, R.; McKinnon, A.; Verelst, M. (2018): Investigating Synchromodality from a Supply Chain Perspective. In: Transportation Research Part D: Transport and Environment, 61, S. 42–57.

Döring, N.; Bortz,J. (2016): Wissenschaftstheoretische Grundlagen der empirischen Sozialforschung. In: Döring, N.; Bortz, J.; Pöschl, S. (Hrsg.): Forschungsmethoden und Evaluation in den Sozial- und Humanwissenschaften. Berlin, Heidelberg: Springer, S. 31–41.

Döring, T. (2015): Öffentliche Finanzen und Verhaltensökonomik. Berlin, Heidelberg: Springer 2015.

Dovbischuk, I. (2016): Information and Communication Technologies in Freight Transport: A Taxonomy of Applications and Key Barriers. In: Proceedings of the Annual Conference of the International Association of Maritime Economists (IAME), 173, S. 1–21.

Drexl, J. (1998): Die wirtschaftliche Selbstbestimmung des Verbrauchers – Eine Studie zum Privat- und Wirtschaftsrecht unter Berücksichtigung gemeinschaftsrechtlicher Bezüge. Tübingen: Mohr Siebeck.

Duin, H.; Hauge, J.B. (2014): Work Process Oriented Competence Development for the Port of the Future. In: Proceedings of the IEEE International Engineering, Technology and Innovation Conference (ICE), S. 1–8.

Dumas, M.; La Rosa, M.; Mendling, J.; Reijers, H.A. (2013): Fundamentals of Business Process Management. Berlin, Heidelberg: Springer.

Durach, C.F.; Kembro, J.; Wieland, A. (2017): A New Paradigm for Systematic Literature Reviews in Supply Chain Management. In: Journal of Supply Chain Management, 53(4), S. 67–85.

Dürr, E.; Giannopoulos, G.A. (2002): SITS: A System for Uniform Intermodal Freight Transport Information Exchange. In: International Journal of Transport Management, 1(3), S. 175–186.

DVZ (2018): Transport Management Systeme (TMS). Verfügbar: www.dvz.de/tms (Letzter Zugriff am: 05.12.2018).

Dybå, T.; Dingsøyr, T.; Hanssen, G.K. (2007): Applying Systematic Reviews to Diverse Study Types: An Experience Report. In: Proceedings – 1st International Symposium on Empirical Software Engineering and Measurement (ESEM), S. 225–234.

Dyer, J.H.; Singh, H. (1998): The Relational View: Cooperative Strategy and Sources of Interorganizational Competitive Advantage. In: Academy of Management Review, 23(4), S. 660–679.

EBSCOhost (2018): Reserach Databases – Business Source Premier. Verfügbar: https://www.ebsco.com/products/research-databases/business-source-premier (Letzter Zugriff am: 17.07.2018).

Economides, N.; Katsamakas, E. (2006): Two-Sided Competition of Proprietary vs. Open Source Technology Platforms and the Implications for the Software Industry. In: Management Science, 52(7), S. 1057–1071.

Eisend, M.; Kuß, A. (2017): Grundlagen Empirischer Forschung. Wiesbaden: Springer

Gabler.

Eisenhardt, K.M. (1989): Building Theories from Case Study Research. In: The Academy of Management Review, 14(4), S. 532–550.

Eisenmann, T.; Parker, G.; van Alstyne, M.W. (2011): Platform Envelopment. In: Strategic Management Journal, 32, S. 1270–1285.

El-Gazzar, R.F. (2014): A Literature Review on Cloud Computing Adoption Issues in Enterprises. In: International Working Conference on Transfer and Diffusion of IT. Berlin, Heidelberg: Springer, S. 214–242.

Elbert, R.; Pontow, H.; Benlian, A. (2016): The Role of Inter-Organizational Information Systems in Maritime Transport Chains. In: Electronic Markets, 27(2), S. 157–173.

Elbert, R.; Scharf, K. (2015): Der Bullwhip Effekt. In: Wirtschaftswissenschaftliches Studium (WiSt), 4, S. 211–214.

Elbert, R.; Scharf, K. (2016): The Impact of Order Changes on the Order Process Efficiency in the Maritime Transport Chain. In: Proceedings of Annual Conference of the International Association of Maritime Economists (IAME), S. 1–25.

Elbert, R.; Scharf, K. (2018): Analysis of the Choice Behavior F or Container Transport Services in the Maritime Hinterland. In: Freitag, M.; Kotzab, H.; Pannek J. (Hrsg.): Dynamics in Logistics – Proceedings of the 6th International Conference (LDIC), S. 199–203.

Elbert, R.; Scharf, K.; Müller, J.P. (2017): The Influence of Digitalisation on the Port Choice Behaviour – An Analysis of Decision-Makers in South-West Germany. In: 3rd Interdisciplinary Conference on Production, Logistics and Traffic (ICPLT), S. 1–4.

Elbert, R.; Scharf, K.; Müller, J.P. (2018): HiRo – Marktpotenzial von Containertransporten Aus Dem Südwestdeutschen Hinterland. In: Ergebnisbericht, Nr. 26, Fachgebiet Unternehmensführung und Logistik der TU Darmstadt. Darmstadt.

Elbert, R.; Scharf, K.; Müller, J.P; Kaeding, D. (2017): Logistikstudie IHK Darmstadt Rhein Main Neckar. Verfügbar: https://www.darmstadt.ihk.de/blob/daihk24/.../ Logistikstudie_2017-data.pdf (Letzter Zugriff am: 27.12.2018).

Elbert, R.; Scharf, K.; Pontow, H. (2015): ProSee Rhein-Main – Analyse zur Steigerung der Prozesseffizienz im Seehafenhinterland. In: Ergebnisbericht, Nr. 18, Fachgebiet Unternehmensführung und Logistik der TU Darmstadt. Darmstadt.

Elbert, R.; Scharf, K.; Reinhardt, D. (2017): Simulation of the Order Process in Maritime Hinterland Transportation: The Impact of Order Release Times. In: Chan, W. K. V.; D'Ambrogio, A.; Zacharewicz, G.; Mustafee, N.; Wainer, G.; Page, E. (Hrsg.): Proceedings of the 2017 Winter Simulation Conference (WSC). 2017, S. 3471–3482.

Elbert, R.; Scharf, K.; Wallbach, S.; Benlian, A. (2018): LogIn – Analyse der Akzeptanz von akteursübergreifenden Cargo Community Systemen in der Luftfracht. In: Ergebnisbericht, Nr. 28, Fachgebiet Unternehmensführung und Logistik der TU Darmstadt. Darmstadt.

Elbert, R.; Walter, F. (2010): Behavioral Logistics - Analysis of Behavioral Routines and Governance Structures in the Interorganizational Maritime Transport Chain. In: Electronic Scientific Journal of Logistics, 6(3), S. 11–19.

Elbert, R.; Walter, F.; Grig, R. (2012): Delphi-Based Planning Approach in the Maritime

Transport Chain. In: Journal of Shipping and Ocean Engineering, 2(3), S. 175–181.

Ellram, L.M. (1996): The Use of the Case Study Method in Logistics Research. In: Journal of Business Logistics, 17(2), S. 93–138.

Elsevier (2017a): About Scopus. Verfügbar: https://www.elsevier.com/solutions/scopus (Letzter Zugriff am: 17.07.2018).

Elsevier (2017b): Content. Vefügbar: https://www.elsevier.com/solutions/scopus/content (Letzter Zugriff am: 17.07.2018)

Engel, R.; Krathu, W.; Zapletal, M.; Pichler, C.; Bose, R.P.C.; van der Aalst, W.; Werthner, H.; Huemer, C. (2016): Analyzing Inter-Organizational Business Processes: Process Mining and Business Performance Analysis Using Electronic Data Interchange Messages. In: Information Systems and E-Business Management, 14(3), S. 577–612.

Espino-Rodriguez, T.F.; Rodriguez-Diaz, M. (2014): Determining the Core Activities in the Order Fulfillment Process: An Empirical Application. In: Business Process Management Journal, 20(1), S. 2–24.

European Commission (Europäische Kommission für Mobiliät und Transport) (2011): White Paper on Transport: Roadmap to a Single European Transport Area – Towards a Competitive and Resource-Efficient Transport System. Luxembourg.

Evans, D.S. (2002): The Antitrust Economics of Multi-Sided Platform Markets. In: Yale Journal on Regulation, 20(2, 4), S. 325–384.

Evans, D.S. (2013): Economics of Vertical Restraints for Multi-Sided Platforms. In: Coase-Sandor Institute for Law & Economics Working Paper, Nr. 626.

Evans, D.S.; Schmalensee, R. (2007): The Industrial Organization of Markets with Two-Sided Platforms. In: Competition Policy International, 3(1), S. 151–179.

Evans, D.S.; Schmalensee, R. (2010): Failure to Launch: Critical Mass in Platform Businesses. In: Review of Network Economics, 9(4), S. 1–33.

Farahani, R.Z.; Rezapour, S.; Drezner, T.; Fallah, S. (2014): Competitive Supply Chain Network Design: An Overview of Classifications, Models, Solution Techniques and Applications. In: Omega, 45, S. 92–118.

Fawcett, S.E.; Magnan, G.M.; McCarter, M.W. (2008): Benefits, Barriers, and Bridges to Effective Supply Chain Management. In: Supply Chain Management: An International Journal, 13(1), S. 35–48.

Fawcett E.; Paul Osterhaus, S.; Magnan G.M.; Brau J.C.; McCarter M.W. (2007): Information Sharing and Supply Chain Performance: The Role of Connectivity and Willingness. In: Supply Chain Management: An International Journal, 12(5), S. 358–368.

Feng, B.; Li, Y.; Shen, Z.J.M. (2015): Air Cargo Operations: Literature Review and Comparison with PracticeS. In: Transportation Research Part C: Emerging Technologies, 56, S. 263–280.

Feng, F.; Pang, Y.; Lodewijks, G. (2014): An Intelligent Agent-Based Information Integrated Platform for Hinterland Container Transport. In: Proceedings of IEEE International Conference on Service Operations and Logistics and Informatics (SOLI), S. 84–89.

Feng, F.; Pang, Y.; Lodewijks, G. (2015): Integrate Multi-Agent Planning in Hinterland Transport: Design, Implementation and Evaluation. In: Advanced Engineering Informatics, 29(4), S. 1055–1071.

Feng, F.; Pang, Y.; Lodewijks, G.; Li, W. (2017): Collaborative Framework of an Intelligent Agent System for Efficient Logistics Transport Planning. In: Computers & Industrial Engineering, 112, S. 551–567.

Feo, M.; Espino, R.; García, L. (2011): A Stated Preference Analysis of Spanish Freight Forwarders Modal Choice on the South-West Europe Motorway of the Sea. In: Transport Policy, 18, S. 60–67.

Ferstl, O.K.; Stadtler, H. (2008): Informations- und Planungssysteme in der Logistik, A 4. In: Arnold, D.; Iserman, H.; Kuhn, A.; Tempelmeier, H.; Furmans, K. (Hrsg.): Handbuch Logistik. 3. Aufl., Berlin, Heidelberg: Springer 2008, S. 181–211.

Fettke, P. (2006): State-of-the-Art des State-of-the-Art – Eine Untersuchung der Forschungsmethode 'Review' innerhalb der Wirtschaftsinformatik. In: Wirtschaftsinformatik, 48(4), S. 257–266.

Fichman, R.G.; dos Santos, B.L.; Zheng, Z. (2014): Digital Innovation as a Fundamental and Powerful Concept in the Information Systems Curriculum. In: MIS Quarterly, 38(2), S. 329–353.

Fleischmann, B.; Arnold, D.; Papier, F.; Thonemann, U. (2008): Grundlagen: Begriff der Logistik, logistische Systeme und Prozesse, A 1. In: Arnold, D.; Iserman, H.; Kuhn, A.; Tempelmeier, H.; Furmans, K. (Hrsg.): Handbuch Logistik. 3. Aufl., Berlin, Heidelberg: Springer 2008, S. 3–34.

Forslund, H. (2006): Performance Gaps in the Dyadic Order Fulfillment Process. In: International Journal of Physical Distribution & Logistics Management, 36(8), S. 580–595.

Forschungs-Informations-System für Mobilität und Verkehr (2018): Synthesebericht: Akteure des Güterverkehrs im Überblick. Verfügbar: https://www.forschungs informationssystem.de/servlet/is/288483/ (Letzter Zugriff am: 3.12.2018).

Forster, P.W; Regan, A.C. (2003): Electronic Integration in the Air Cargo Industry: An Information Processing Model of On-Time Performance. In: Transportation Journal, 40(4), S. 46–61.

Foster, A.D.; Rosenzweig, M.R. (2010): Microeconomics of Technology Adoption. In: Annual Review of Economics, 2, S. 395–424.

Franzke, T. (2018): Qualitative und Quantitative Analyse des Einflussfaktors "Mensch" in der manuellen Kommissionierung. Diss. Darmstadt, Deutschland. Wiesbaden: Springer Gabler.

Freeman, C.; Soete, L. (2005): The Economics of Industrial Innovation. 3. Aufl., 2005 London: Routledge.

Frye, H. (2013): Luftfrachtverkehr. In: Clausen, U.; Geiger, C. (Hrsg.): Verkehr- und Transportlogistik. 2. Aufl., Berlin, Heidelberg: Springer 2013, S. 217–252.

Fuhrberg-Baumann, J.; Müller, R. (1994): Marktorientierte Auftragsabwicklung. Band 350. Malmsheim: expert-Verlag.

Fülbier, R.U. (2004): Wissenschaftstheorie und Betriebswirtschaftslehre. In: Wirtschaftswissenschaftliches Studium (WiSt), 33(5), S 266–271.

Fynes, B.; de Búrca, S.; Marshall, D. (2004): Environmental Uncertainty, Supply Chain Relationship Quality and Performance. In: Journal of Purchasing and Supply Management, 10(4), 5, S. 179–190.

Gabler, C.B.; Agnihotri, R.; Moberg, C.R. (2014): Collaborative Communication between Sales and Logistics and Its Impact on Business Process Effectiveness: A Theoretical Approach. In: Journal of Marketing Channels, 21(4), S. 242–253.

Gebhard, M. (2009): Hierarchische Produktionsplanung. 1. Aufl., Wiesbaden: Gabler GWV.

Geiger, C.; van Bonn, B.; Miodrag, Z. (2013): Analytische Planungsansätze. In: Clausen, U.; Geiger, C. (Hrsg.): Verkehr- und Transportlogistik. 2. Aufl., Berlin, Heidelberg: Springer 2013, S. 305–326.

Giannopoulos, G.A. (2004): The Application of Information and Communication Technologies in Transport. In: European Journal of Operational Research, 152(2), S. 302–320.

Gilham, B. (2000): Case Study Research Methods. London: Continuum.

Gimenez, J.C. (2006): Embedded Business Emails: Meeting New Demands in International Business Communication. In: English for Specific Purposes, 25(2), S. 154–172.

Gizanis, D. (2006): Kooperative Auftragsabwicklung – Architektur, Praxisbeispiele und Nutzenpotenziale. Diss. St. Gallen, Österreich. Bamberg: Difo-Druck.

Glaser, B.G.; Strauss, A.L. (2017): Discovery of Grounded Theory: Strategies for Qualitative Research. 4. Aufl., New York: Routledge.

Gläser, J.; Laudel, G. (2010): Experteninterviews und Qualitative Inhaltsanalyse. 4. Aufl., Wiesbaden: VS.

Gnyawali, D.R.; Park, B.J. (2011): Co-Opetition between Giants: Collaboration with Competitors for Technological Innovation. In: Research Policy, 40(5), S. 650–663.

Göthlich, S.E. (2003): Fallstudien als Forschungsmethode: Plädoyer für einen Methodenpluralismus in der Deutschen Betriebswirtschaftlichen Forschung. In: Manuskripte aus den Instituten für Betriebswirtschaftslehre der Universität Kiel, Nr. 578.

Greenwood, D.; Dannegger, C.; Dorer, K.; Calisti, M. (2009): Dynamic Dispatching and Transport Optimization-Real-World Experience with Perspectives on Pervasive Technology Integration. In: Proceedings of the 42nd Hawaii International Conference on System Sciences (HICSS).

Gregor, S. (2006): Nature of Theory in Information Systems. In: MIS Quarterly, 30(3), S. 611–642.

Grig, R. (2011): Governance-Strukturen in der Maritimen Transportkette. Diss. Berlin, Deutschland. Berlin: Universitäts-Verlag der TU.

Grimm, A. (2011): Prozessorientierter Umgang mit Anforderungen für die kundenspezifische Auftragsabwicklung. Diss. München, Deutschland. Wiesbaden: Springer Gabler.

Grimm, F.; Britze, N. (2018): Bitkom Digital Office Index 2018. Verfügbar: https://www.bitkom.org/noindex/Publikationen/2016/Sonstiges/Bitkom-Digital-Office-Index-Ergebnisbericht/2016-05-31-Bitkom-Digital-Office-Index-Studien bericht.pdf (Letzter Zugriff am: 06.12.2018).

Gronalt, M.; Höfler, L.; Humpl, D.; Käfer, A.; Pehersdorfer, H.; Posset, M.; Pripfl, H.; Starkl, F. (2011): Handbuch Intermodaler Verkehr – Kombinierter Verkehr: Schiene – Straße – Binnenwasserstraße. 2. Aufl., Wien: Shaker.

Grubic, T.; Veza, I.; Bilic, B. (2011): Integrating Process and Ontology to Support Supply Chain Modelling. In: International Journal of Computer Integrated Manufacturing,

24(9), S. 847–863.

Grupp, H. (1997): Messung und Erklärung des Technischen Wandels – Grundzüge einer Empirischen Innovationsökonomik. Berlin, Heidelberg: Springer.

Gudehus, T. (2011): Dynamische Disposition: Strategien, Algorithmen und Werkzeuge zur optimalen Auftrags-, Bestands-und Fertigungsdisposition. Berlin, Heidelberg: Springer.

Gudehus, T. (2012a): Logistik 1 – Grundlagen, Verfahren und Strategien. 4. Aufl., Heidelberg: Springer Vieweg.

Gudehus, T. (2012b): Logistik 2 – Netzwerke, Systeme und Lieferketten. 4. Aufl., Heidelberg: Springer Vieweg.

Gunasekaran, A.; Papadopoulos, T.; Dubey, R.; Fosso Wamba, S.; Childe, S.J.; Hazen, B.; Akter, S. (2017): Big Data and Predictive Analytics for Supply Chain and Organizational Performance. In: Journal of Business Research, 70, S. 308–317.

Gupta, S.; Kumar, S.; Kumar Singh, S.; Foropon, C.; Chandra, C. (2018): Role of Cloud ERP on the Performance of an Organization: Contingent Resource-Based View Perspective. In: International Journal of Logistics Management, 29(2), S. 659–675.

Gustafsson, I. (2007): Interaction Between Transport, Infrastructure, and Institutional Management: Case Study of a Port Community System. In: Transportation Research Record: Journal of the Transportation Research Board, 2033, S. 14–20.

Gutenschwager, K.; Rabe, M.; Spieckermann, S.; Wenzel, S. (2017): Simulation in Produktion und Logistik – Grundlagen Und Anwendungen. Heidelberg: Springer Vieweg.

Hagiu, A. (2006): Pricing and Commitment by Two-sided Platforms.pdf. In: RAND Journal of Economics, 37(3), S. 720–737.

Hagiu, A.; Rothman, S. (2016): Network Effects Aren't Enough. In: Harvard Business Review, April, S. 40–51.

Hagiu, A.; Wright, J. (2015): Multi-Sided Platforms. In: Harvard Business School Press, S. 1–33.

Hahn, D. (2000): Problemfelder des Supply Chain Management. In: Wildemann, H. (Hrsg.): Supply Chain Management. S. 9–19.

Hajdul, M.; Cudzilo, M. (2011): One Common Framework for Information and Communication Systems in Transport and Logistics – Case study. In: Golinska, P.; Fertsch, M.; Marx-Gomez, J. (Hrsg.): Information Technologies in Environmental Engineering. 3, Berlin, Heidelberg: Springer, S. 501–514.

Halim, R.A.; Kwakkel, J.H.; Tavasszy, L.A. (2016): A Strategic Model of Port-Hinterland Freight Distribution Networks. In: Transportation Research Part E: Logistics and Transportation Review, 95, S. 368–384.

Hammann, M.; Jördens, J. (2014): Offene Aufgaben Codieren. In: Krüger, D.; Parchmann, I.; Schecker, H. (Hrsg.): Methoden in der Naturwissenschaftsdidaktischen Forschung. Berlin, Heidelberg: Springer, S. 169–178.

Hammann, M.; Jördens, J.; Schecker, H. (2014): Übereinstimmung zwischen Beurteilern: Cohens Kappa (κ). In: Krüger, D.; Parchmann, I.; Schecker, H. (Hrsg.): Methoden in der Naturwissenschaftsdidaktischen Forschung. Berlin, Heidelberg: Springer, S. 1–6.

Handelsdaten (2018): Weihnachtsgeschäft in Deutschland. In: EHI Handelsdaten. Verfügbar: https://www.handelsdaten.de/handelsthemen/weihnachten (Letzter Zugriff am:

16.12.2018).
Handelsverband Deutschland (2018): Weihnachtsumsatz Im Internet. In: HDE. Verfügbar: https://einzelhandel.de/?option=com_content&view=article&id=2622 (Letzter Zugriff am: 16.12.2018).
Hannappel, S.; Rehm, R.; Roth, S.J. (2017): Welche Faktoren bestimmen, ob digitale Plattform-Märkte einer Regulierung bedürfen? In: Otto-Wolff-Discussion Paper, 3, S. 1–26.
Hänninen, M.; Smedlund, A.; Mitronen, L. (2018): Digitalization in Retailing: Multi-Sided Platforms as Drivers of Industry Transformation. In: Baltic Journal of Management, 13(2), S. 152–168.
Harland, C.M.; Lamming, R.C.; Zheng, J.; Johnsen, T.E. (2001): A Taxonomy of Supply Networks. In: Journal of Supply Chain Management, 37(3), S. 21–27.
Harris, I.; Wang, Y.; Wang, H. (2015): ICT in Multimodal Transport and Technological Trends: Unleashing Potential for the Future. In: International Journal of Production Economics, 159, S. 88–103.
Haucap, J.; Wenzel, T. (2011): Wettbewerb im Internet: Was ist online anders als offline? In: Düsseldorf Institute for Competition Economics (DICE) Ordnungspolitische Perspektiven, Nr. 16.
Hausman, A.; Stock, J.R. (2003): Adoption and Implementation of Technological Innovations within Long-Term Relationships. In: Journal of Business Research, 56, S. 681–686.
Hazen, B.T.; Overstreet, R.E.; Cegielski, C.G. (2012): Supply Chain Innovation Diffusion: Going beyond Adoption. In: International Journal of Logistics Management, 23(1), S. 119–134.
Heilig, L.; Lalla-Ruiz, E.; Voß, S. (2017): Digital Transformation in Maritime Ports: Analysis and a Game Theoretic Framework. In: NETNOMICS: Economic Research and Electronic Networking, 18(2, 3), S. 227–254.
Hein, A.; Schreieck, M.; Wiesche, M.; Krcmar, H. (2016): Multiple-Case Analysis on Governance Mechanisms of Multi-Sided Platforms. In: Multikonferenz Wirtschaftsinformatik. March, S. 1–12.
Heistermann, F.; Mallée, T.; Hompel, M. (2017): Digitalisierung in der Logistik – Antworten auf Fragen aus der Unternehmenspraxis. In: Positionspapier der BVL. Verfügbar: https://www.bvl.de/misc/filePush.php?id=35017&name=BVL17+Positionspapier+Digitalisierung+in+der+Logisti (Letzter Zugriff am: 14.08.2018).
Hek, G.; Langton, H. (2000): Systematically Searching and Reviewing Literature. In: Nurse Researcher, 7(3), S. 40–57.
Helm, R.; Steiner, M. (2008): Präferenzmessung – Methodengestütze Entwicklung zielgruppenspezifischer Produktinnovationen. Stuttgart: Kohlhammer.
Hendricks, K.B.; Singhal, V.R.; Stratman, J.K. (2007): The Impact of Enterprise Systems on Corporate Performance: A Study of ERP, SCM, and CRM System Implementations. In: Journal of Operations Management, 25(1), S. 65–82.
Hesse, M.; Rodrigue, J.P. (2004): The Transport Geography of Logistics and Freight Distribution. In: Journal of Transport Geography, 12(3), S. 171–184.
Hildebrand, W.C. (2008): Management von Transportnetzwerken im containerisierten

Seehafenhinterlandverkehr. Diss. Berlin, Deutschland. Berlin: Universitäts-Verlag der TU.

Hillman, A.J.; Withers, M.C.; Collins, B.J. (2009): Resource Dependence Theory: A Review. In: Journal of Management, 35(6), S. 1404–1427.

Hoffmann, J.; Kumar, S. (2013): Globalization - The Maritime Nexus. In: Grammenos, C. (Hrsg.): The Handbook of Maritime Economics and Business. 2. Aufl., London: Lloyd's List, S. 35–64.

Holler, M.J.; Illing, G. (2006): Einführung in die Spieltheorie. Berlin, Heidelberg: Springer.

Holmgren, J.; Davidsson, P.; Persson, J.A.; Ramstedt, L. (2012): TAPAS: A Multi-Agent-Based Model for Simulation of Transport Chains. In: Simulation Modelling Practice and Theory, 23, S. 1–18.

Hompel, M.; Rehof, J.; Heistermann, F. (2014): Logistik und IT als Innovationstreiber für den Wirtschaftsstandort Deutschland – Die neue Führungsrolle der Logistik in der Informationstechnologie. In: Positionspapier der BVL. Verfügbar: https://www.bvl.de/misc/filePush.php?id=26066&name=BVL14_Positionspapier_Logistik_IT.pdf. (Letzter Zugriff am: 15.08.2018).

Hong, W.; Chan, F.K.Y.; Thong, J.Y.L.; Chasalow, C.; Lewis; Dhillon, G. (2014): A Framework and Guidelines for Context-Specific Theorizing in Information Systems Research. In: Information Systems Research, 25(1), S. 111–136.

Hong, W.; Zhu, K. (2006): Migrating to Internet-Based E-Commerce: Factors Affecting E-Commerce Adoption and Migration at the Firm Level. In: Information and Management, 43(2), S. 204–221.

Hsieh, C.T.; Lin, B. (2004): Impact of Standardization on EDI in B2B Development. In: Industrial Management and Data Systems, 104(1), S. 68–77.

Hsu, C.L.; Chuan-Chuan Lin, J. (2016): Factors Affecting the Adoption of Cloud Services in EnterpriseS. In: Information Systems and E-Business Management, 14(4), S. 791–822.

Huang, G.Q.; Zhang, Y.F.; Jiang P.Y. (2008): RFID-Based Wireless Manufacturing for Real-Time Management of Job Shop WIP Inventories. In: International Journal of Advanced Manufacturing Technology, 36(7,8), S. 752–764.

Hüttner, M.; Heuer, K.R. (2004): Betriebswirtschaftslehre - Einführung und Überblick. München: Oldenbourg.

Iannone, F. (2012): The Private and Social Cost Efficiency of Port Hinterland Container Distribution through a Regional Logistics System. In: Transportation Research Part A: Policy and Practice, 46(9), S. 1424–1448.

Iansiti, M; Lakhani, K.R. (2017): It will Take Years to Transform Business, but the Journey Begins Now. In: Harvard Business Review, Jan.-Feb., S. 2–11.

Inkinen, T.; Tapaninen, U.; Pulli, H. (2009): Electronic Information Transfer in a Transport Chain. In: Industrial Management & Data Systems, 109(6), S. 809–824.

Isermann, H.; Klaus, P. (2008): Logistikmanagement, D 1. In: Arnold, D.; Iserman, H.; Kuhn, A.; Tempelmeier, H.; Furmans, K. (Hrsg.): Handbuch Logistik. 3. Aufl., Berlin, Heidelberg: Springer, S. 875–890.

Jakobs, K.; Graham, I.; Lloyd, A. (2001): An Integrated Approach Towards Next Generation Tracking & Tracing. In: Proceedings of the IEEE Intelligent Transportation Systems Conference, S. 603–607.

Jarillo, J.C. (1993): Strategic Networks - Creating the Borderless Organization. London: Routledge.

Jarvenpaa, S.L.; Ives, B. (1991): Executive Involvement and Participation in the Management of Information Technology. In: MIS Quarterly, 15(2), S. 205–227.

Jede, A.; Teuteberg, F. (2015): Integrating Cloud Computing in Supply Chain Processes. In: Journal of Enterprise Information Management, 28(6), S. 872–904.

Jede, A.; Teuteberg, F. (2016): Towards Cloud-Based Supply Chain Processes: Designing a Reference Model and Elements of a Research Agenda. In: International Journal of Logistics Management, 27(2), S. 438–462.

Jesson, J.K.; Metheson, L.; Lacey, F.M. (2012): Doing Your Literature Review: Traditional and Systematic Techniques. London: Sage.

Johnson, M.; Mena, C (2008): Supply Chain Management for Servitised Products: A Multi-Industry Case Study. In: International Journal of Production Economics, 114(1), S. 27–39.

Johnson, R. (2003): Consolidated Order Management – ERP Alone Doesn't Deliver. In: AMR Research. USA: Boston.

Johnson, R. (2007): Achieving the Perfect Order. In: AMR Research in Manufacturer's Monthly. USA: Boston.

Jost, P.J. (2001): Die Prinzipal-Agenten-Theorie in der Betriebswirtschaftslehre. Stuttgart: Schäffer-Poeschel.

Jugović, T.P.; Hadžić, A.P.; Ogrizović, D. (2009): Importance and Effects of the Electronic Documents Implementation in the Service of Logistics-Forwarder Operator. In: Pomorstvo, 1, S. 221–242.

Jullien, B. (2011): Two-Sided B2B Platforms. In: Peitz, M.; Waldfogel, J. (Hrsg.): The Oxford Handbook of Digital Economics. USA: Oxford, S. 1–29.

Kaffka, J. (2013): Kombinierter Verkehr. In: Clausen, U.; Geiger, C. (Hrsg.): Verkehr- und Transportlogistik. 2. Aufl., Berlin, Heidelberg: Springer, S. 253–274.

Kahneman, D.; Tversky, A. (2013): Prospect Theory: An Analysis of Decision under Risk. In: MacLean, L.C.; Ziemba, W.T. (Hrsg.): Handbook of the Fundamentals of Financial Decision Making: Part I. London: World Scientific, S. 99–127.

Kahneman, D.; Tversky, A. (1979): Prospect Theory: An Analysis of Decision under Risk. In: Econometrica, 47(2), S. 263–292.

Kahrs, O. (2017): Transporeon Group Transport Logistics 4.0 or Why Digitalization will Lead into Infinite Collaboration. In: Vortrag am Fachgebiet Unternehmensführung und Logistik der TU Darmstadt. Darmstadt, 30.05.2017.

Kakhki, M.D.; Nemati, H.; Hassanzadeh, F. (2018): A Virtual Supply Chain System for Improved Information Sharing and Decision Making. In: International Journal of Business Analytics, 5(1), S. 16–32.

Kaluza, B.; Dullnig, H.; Malle, F. (2003): Principal-Agent-Probleme in Der Supply Chain – Problemanalyse und Diskussion von Lösungsvorschlägen. In: Diskussionspapier, Nr. 03, Klagenfurt.

Kauremaa, J.; Tanskanen, K. (2016): Designing Interorganizational Information Systems for Supply Chain Integration: A Framework. In: International Journal of Logistics

Management, 27(1), S. 71–94.

Ke, W.; Liu, H.; Kee Wei, K.; Gu, J.; Chen, H. (2009): How Do Mediated and Non-Mediated Power Affect Electronic Supply Chain Management System Adoption? The Mediating Effects of Trust and Institutional Pressures. In: Decision Support Systems, 46(4), S. 839–851.

Keceli, Y.; Choi, H.R.; Cha, Y.S.; Aydogdu, Y.V. (2008): A Study on Adoption of Port Community Systems according to Organization Size. In: Proceedings of the International Conference on Convergence and Hybrid Information Technology (ICCIT), 1, S. 493–501.

Kelle, U.; Reith, F.; Metje, B. (2013): Empirische Forschungsmethoden. Wiesbaden: Springer VS, S. 27–64.

Kembro, J.; Näslund, D. (2014): Information Sharing in Supply Chains, Myth or Reality? A Critical Analysis of Empirical Literature. In: International Journal of Physical Distribution & Logistics Management, 44(3), S. 179–200.

Kembro, J.; Näslund, D.; Olhager, J. (2017): Information Sharing across Multiple Supply Chain Tiers: A Delphi Study on Antecedents. In: International Journal of Production Economics, 193, S. 77–86.

Kembro, J.; Selviaridis, K. (2015): Exploring Information Sharing in the Extended Supply Chain: An Interdependence Perspective. In: Supply Chain Management, 20(4), S. 455–470.

Kembro, J.; Selviaridis, K.; Näslund, D. (2014): Theoretical Perspectives on Information Sharing in Supply Chains: A Systematic Literature Review and Conceptual Framework. In: Supply Chain Management: An International Journal, 19(5), 6, S. 609–625.

Kersten, W.; Seiter, M.; von See, B.; Hackius, N.; Maurer, T. (2017): Trends und Strategien in Logistik und Supply Chain Management - Chancen der Digitalen Transformation. In: Trendstudie der BVL. Verfügbar: https://logistiktrends.bvl.de/ (Letzter Zugriff am: 15.08.2018).

Kießler, O. (1994): Betriebswirtschaftslehre – Eine Theorie Der Wirtschaftlichen PraxiS. In: Fischer-Winkelmann, W.F. (Hrsg.): Das Theorie-Praxis-Problem der Betriebswirtschaftslehre. Tagung der Kommission Wissenschaftstheorie. Wiesbaden 1994, S. 55–71.

Kille, C.; Meißner, M.; Bretzke, W.R.; Froschmayer, A.; Grotemeier, C.; Hager, H.J.; Klug, M.; Lehmacher, W.; Nehm, A.; Roth, A.; Schwemmer, M.; Terner, D.; Wagner, S. (2016): Logistik trifft Digitalisierung. In: Gipfel der Logistikweisen zur Prognose des Logistikstandorts Deutschland. Verfügbar: www.logistikweisen.de/wAssets/docs/Logistik_trifft_Digitalisierung_2016_LR.pdf (Letzter Zugriff am: 15.08.2018).

Kim, S.W.; Jung, R.; Kim, M.S. (2005): Frameworks on New XML/EDI System for B2B Shipping Companies in Korea. In: Proceedings of the International Conference on Software Engineering Research, Management and Applications (SERA), S. 353–358.

King, W.R.; He, J. (2005): Understanding the Role and Methods of Meta-Analysis in IS Research. In: Communications of the Association for Information Systems, 16, S. 665–686.

Kirche, E.T.; Srivastava, R. (2010): Real-Time Order Management with Supplier Capacity Reservation. In: International Journal of Manufacturing Technology and Management, 19(1, 2), S. 124–139.

Kischporski, M. (2017): EDI – Digitalisierung und IT-Wertbeitrag konkret umgesetzt: Eine Einführung in Electronic Data Interchange und zur Digitalen Transformation. Wiesbaden: Springer Gabler.

Kitchenham, B. (2004): Procedures for Performing Systematic Reviews. In: Technical Report TR/SE-0401, S. 1–33.

Kitchenham, B.; Brereton, O.P.; Budgen, D.; Turner, M.; Bailey, J.; Linkman, S. (2009): Systematic Literature Reviews in Software Engineering – A Systematic Literature Review. In: Information and Software Technology, 51(1), S. 7–15.

Klein, R. (2007a): Competitive and Cooperative Positioning in Supply Chain Logistics RelationshipS. In: Decision Sciences, 38(4), S. 611–646.

Klein, R. (2007a): Customization and Real Time Information Access in Integrated eBusiness Supply Chain Relationships. In: Journal of Operations Management, 25(6), S 1366–1381.

Klein, R.; Rai, A. (2009): Interfirm Strategic Information Flows in Logistics Supply Chain Relationships. In: MIS Quarterly, 33(4), S. 735–762.

Klein, R.; Scholl, A. (2012): Planung und Entscheidung: Konzepte, Modelle und Methoden einer modernen Betriebswirtschaftlichen Entscheidungsanalyse. München: Vahlen.

Klügl, F. (2006): Multiagentensimulation. In: Informatik Spektrum, 29(6), S. 412–415.

Klügl, F. (2008): A Validation Methodology for Agent-Based Simulations. In: Proceedings of the 2008 ACM Symposium on Applied Computing (SAC), October, S. 39–43.

Koch, O.F.; Benlian, A. (2015): Promotional Tactics for Online Viral Marketing Campaigns: How Scarcity and Personalization Affect Seed Stage Referrals. In: Journal of Interactive Marketing, 32, S. 37–52.

Koch, S. (2012): Logistik: Eine Einführung in Ökonomie und Nachhaltigkeit. Berlin, Heidelberg: Springer.

Kornmeier, M. (2007): Wissenschaftstheorie und Wissenschaftliches Arbeiten – Eine Einführung für Wirtschaftswissenschaftler. Heidelberg: Springer Physica.

Kosfeld, R. (2015): Methoden der Regionalanalyse. In: Bericht der Universität Kassel, S. 1–50.

Kotzab, H. (2000): Zum Wesen von Supply Chain Management vor dem Hintergrund der Betriebswirtschaftlichen Logistikkonzeption – Erweiterte Überlegungen. In: Wildemann, H. (Hrsg.): Supply Chain Management. S. 21–47.

Krcmar, H.; Eckert, C.; Roßnagel, A.; Sunyaev, A.; Wiesche, M. (2018): Management sicherer Cloud-Services. Wiesbaden: Springer.

Krippendorff, K. (2004): Reliability in Content Analysis. In: Human Communication Research, 30(3), S. 411–433.

Kuan, K.; Chau, P. (2001): A Perception-Based Model for EDI Adoption in Small Businesses Using a Technology Organization Environment Framework. In: Information & Management, 38, S. 507–521.

Kubicek, H. (1977): Heuristische Bezugsrahmen und Heuristische Forschungsdesigns als Element einer Konstruktionsstrategie empirischer Forschung. In: Köhler, R. (Hrsg.): Empirische und Handlungstheoretische Forschungskonzeptionen in der Betriebswirtschaftslehre. Stuttgart: Poeschel, S. 3–36.

Kuckartz, U. (2014): Qualitative Inhaltsanalyse. Methoden, Praxis, Computerunterstützung. 2. Aufl., Weinheim: Beltz.

Kuhn, A.; Wenzel, S. (2008): Simulation logistischer Systeme, A 2.4. In: Arnold, D., Iserman, H., Kuhn, A., Tempelmeier, H., Furmans, K. (Hrsg.): Handbuch Logistik. 3. Aufl., Berlin, Heidelberg: Springer, S. 73–94.

Kümmerlen, R.; Semmann, C. (2018): Logistikwirtschaft wächst aber nur um 1,7 Prozent. In: DVZ, Nr. 42, 17.10.2018, S. 8–9.

Kundu, K.; Staudacher, A.P. (2017): Order Review and Release Methods in Internal Logistics of a MTO Company. In: IEEE International Conference on Service Operations and Logistics, and Informatics, S. 133–138.

Kutvonen, L.; Metso, J.; Ruokolainen, T. (2005): Inter-Enterprise Collaboration Management in Dynamic Business Networks. In: OTM Confederated International Conferences „On the Move to Meaningful Internet Systems". Berlin, Heidelberg: Springer, S. 593–611.

Lagoudis, I.N.; Theotokas, I.; Dimitrios B. (2017): A Literature Review of Port Competition Research. In: International Journal of Shipping and Transport Logistics, 9(6), S. 724–762.

Lai, F.; Wang, J.; Hsieh, C.T.; Chen, J.C. (2007): On Network Externalities, E-Business Adoption and Information Asymmetry. In: Industrial Management & Data Systems, 107(5-6), S. 728–746.

Lam, J.S.L. (2011): Patterns of Maritime Supply Chains: Slot Capacity Analysis. In: Journal of Transport Geography, 19(2), S. 366–374.

Lambert, D.M.; García-Dastugue, S.J.; Croxton, K.L. (2005): An Evaluation of Process-Oriented Supply Chain Management Frameworks. In: Journal of Business Logistics, 26(1), S. 25–51.

Lambert, D.M.; García-Dastugue, S.J.; Croxton, K.L. (2008): The Role of Logistics Managers in the Cross-Functional Implementation of Supply Chain Management. In: Journal of Business Logistics, 29(1), S. 113–132.

Lang, S. (2017): Empirische Forschungsmethoden. In: Skript. Bad Dürkheim. S. 1–28.

Latour, B. (2014): Existenzweisen – Eine Anthropologie der Modernen. Berlin: Suhrkamp.

Laudon, K.C.; Laudon, J.P.; Schoder, D. (2010): Wirtschaftsinformatik – Eine Einführung. 3. Aufl., London: Pearson.

Lavie, D. (2006): The Competitive Advantage of Interconnected Firms: An Extension of the Resource-Based View. In: Academy of Management Review, 31(3), S. 638–658.

Lavie, D. (2007): Alliance Portfolios and Firm Performance: A Study of Value Creation and Appropriation in the US Software Industry." In: Strategic Management Journal, 28, S. 1187–1212.

Law, A.M. (2013): Simulation Modeling and Analysis. 5. Aufl., New York: Mc Graw Hill.

Lawrence, J.; Tar, U. (2013): The Use of Grounded Theory Technique as a Practical Tool for Qualitative Data Collection and Analysis. In: The Electronic Journal of Business Research Methods, 11(1), S. 29–40.

Lazzarini, S.; Chaddad, F.; Cook, M. (2001): Integrating Supply Chain and Network Analyses: The Study of Netchains. In: Journal on Chain and Network Science, 1(1), S. 7–22.

Lee, H. L.; Padmanabhan, V.; Whang, S. (1997): Information Distortion in a Supply Chain: The Bullwhip Effect. In: Management Science, 43(4), S. 546–558.

Lee, S.L.; Ainin, S.; Dezdar, S.; Mallasi, H. (2015): Electronic Data Interchange Adoption from Technological, Organisational and Environmental Perspectives. In: International Journal of Business Information Systems, 18 (3), S. 299–320.

Lee, S.Y.; Tongzon, J. L.; Kim, Y. (2016): Port E-Transformation, Customer Satisfaction and Competitiveness. In: Maritime Policy and Management, 43(5), S. 630–643.

Lee, S.C.; Pak, B.Y.; Lee, H.G. (2003): Business Value of B2B Electronic Commerce: The Critical Role of Inter-Firm Collaboration. In: Electronic Commerce Research and Applications, 2(4), S. 350–361.

Lee, T.W.; Park, N.K.; Joint, J.F.; Kim, W.G. (2000): A New Efficient EDI System for Container Cargo Logistics. In: The Flagship Journal of International Shipping and Port Research, 27(2), S. 133–144.

Levy, Y.; Ellis, T.J. (2006): A Systems Approach to Conduct an Effective Literature Review in Support of Information Systems Research. In: Informing Science, 9, S. 181–211.

Lewandowski, D. (2006): Suchmaschinen als Konkurrenten der Bibliothekskataloge. In: Zeitschrift für Bibliothekswesen und Bibliographie, 53(2), S. 71–78.

Li, J.; Sikora, R.; Shaw, M.J.; Tan, G.W. (2006): A Strategic Analysis of Inter Organizational Information Sharing. In: Decision Support Systems, 42(1), S. 251–266.

Li, L.; Negenborn, R.R.; de Schutter, B. (2015): Intermodal Freight Transport Planning - A Receding Horizon Control Approach. In: Transportation Research Part C: Emerging Technologies, 60, S. 77–95.

Li, L.; Negenborn, R.R.; de Schutter, B. (2017): Distributed Model Predictive Control for Cooperative Synchromodal Freight Transport. In: Transportation Research Part E: Logistics and Transportation Review, 105, S. 240–260.

Hsu, C.L.; Lin C.C. (2016): Factors Affecting the Adoption of Cloud Services in Enterprises. In: Information Systems and e-Business Management, 14(4), S. 791–822.

Lin, H.F., Lin, S.M. (2008): Determinants of E-Business Diffusion: A Test of the Technology Diffusion Perspective. In: Technovation, 28, S. 135–145.

Link, H. (2004): Rail Infrastructure Charging and on-Track Competition in Germany. In: International Journal of Transport Management, 2, S. 17–27.

Liu, Z.; Prajogo, D.; Oke, A. (2016): Supply Chain Technologies: Linking Adoption, Utilization, and Performance. In: Journal of Supply Chain Management, 52(4), S. 22–41.

Lombard, M.; Snyder-Duch, J.; Bracken, C.C. (2002): Content Analysis in Mass Communication. In: Human Communication Research, 28(4), S. 587–604.

Lorenzen, P. (1974): Konstruktive Wissenschaftstheorie – Methodisches Denken. Frankfurt am Main: Suhrkamp.

Low, C.; Chen, Y.; Wu, M. (2011): Understanding the Determinants of Cloud Computing Adoption. In: Industrial Management and Data Systems, 111(7), S. 1006–1023.

Lu, H.L.; Huang, G.Q.; Yang, H.D. (2011): Integrating Order Review/Release and Dispatching Rules for Assembly Job Shop Scheduling Using a Simulation Approach. In: International Journal of Production Research, 49, S. 647–669.

Lufthansa Cargo (2018): Lufthansa Cargo vermarktet Luftfrachtkapazitäten im Spotmarkt auf der digitalen Plattform cargo.one. Verfügbar: https://lufthansa-cargo.com/de/-/lufthansa-cargo-markets-air-cargo-capacities-on-the-spot-market-using-the-digital-platform-cargo-one (Letzter Zugriff am: 13.07.2018).

Lukinskiy, V.; Lukinskiy, V.; Shulzhenko, T. (2017): Logistic Systems Efficiency Increase Based on the Supply Chains Integration. In: Procedia Engineering, 178, S. 117–122.

Lüpsen, H. (2014): Multiple Mittelwertvergleiche – Parametrisch und Nichtparametrisch – Sowie α-Adjustierungen mit praktischen Anwendungen mit R und SPSS. In: Report der Universität zu Köln, Nr. 0.90.

Mac, R. (2014): Alibaba Claims Title for Largest Global IPO Ever with Extra Share Sales. In: Forbes. 22.09.2014. Verfügbar: https://www.forbes.com/sites/ryanmac/2014/09/22/alibaba-claims-title-for-largest-global-ipo-ever-with-extra-share-sales/#2fa2425b8dcc (Letzter Zugriff am: 14.10.2018)

Macal, C.M.; North M.J. (2010): Tutorial on Agent-Based Modelling and Simulation. In: Journal of Simulation, 4(3), S. 151–162.

Maestrini, V.; Luzzini, D.; Maccarrone, P.; Caniato, F. (2017): Supply Chain Performance Measurement Systems: A Systematic Review and Research Agenda. In: International Journal of Production Economics, 183, S. 299–315.

Mahajan, V.; Muller, E.; Bass, F.M. (1990): New Product Diffusion Models in Marketing: A Review and Directions for Research. In: Journal of Marketing, 54(1), S. 1.

Mahdavi, I.; Mohebbi, S.; Zandakbari, M.; Cho, N.; Mahdavi-Amiri, N. (2009): Agent-Based Web Service for the Design of a Dynamic Coordination Mechanism in Supply Networks. In: Journal of Intelligent Manufacturing, 20(6), S. 727–749.

Malinova, M.; Hribar, B.; Mendling, J. (2014): A Framework for Assessing BPM Success. In: Proceedings of the 22nd European Conference on Information Systems (ECIS), S. 1–15.

Manis, J. (2005): An Inquiry Into the Nature and Causes of the Wealth of Nations by Adam Smith. In: An Electronic Classics Series Publication. USA: Hazleton.

Manuj, I.; Mentzer, J.T.; Bowers, M.R. (2009): Improving the Rigor of Discrete-event Simulation in Logistics and Supply Chain Research. In: International Journal of Physical Distribution & Logistics Management, 39(3), S. 172–201.

Marchesini, M.M.P.; Alcântara, R.L.C. (2016): Logistics Activities in Supply Chain Business Process: A Conceptual Framework to Guide Their Implementation. In: The International Journal of Logistics Management, 27(1), S. 6–30.

Markus, M.L.; Steinfield, C.W.; Wigand, R.T. (2006): Industry-Wide Information Systems Standardization as Collective Action: The Case of the U.S. Residential Mortgage Industry. In: MIS Quarterly, 30(August, Special Issue on Standard Making), S. 439–465.

Martinez Sanchez, A.; Perez, M. (2005): EDI and the Moderator Effect of Interorganizational Cooperation in the Supply Chain. In: Journal of Organizational Computing and Electronic Commerce, 15(2), S. 83–104.

Mason-Jones, R.; Towill, D.R. (1999): Using the Information Decoupling Point to Improve Supply Chain Performance. In: The International Journal of Logistics Management, 10(2), S. 13–26.

Mathias, B.; Huyghe, A.; Frid, C.J.; Galloway, T.L. (2018a): An Identity Perspective on Coopetition in the Craft Beer Industry. In: Strategic Management Journal, 39(12), S. 3086–3115.

Mathias, B.; Huyghe, A.; Frid, C.J.; Galloway, T.L. (2018b): It Isn't All About Competition. Collaboration as Strategy among Craft Brewers. In: Journal of Business & Industrial Marketing (2018).

Maxwell, J. A. (2010): Using Numbers in Qualitative Research. In: Qualitative Inquiry, 16(6), S. 475–482.

Mayer, R. (2016): Airport Classification based on Cargo Characteristics. In: Journal of Transport Geography, 54, S. 53–65.

Mayring, P. (2002): Einführung in Die Qualitative Sozialforschung – Eine Anleitung zu Qualitativem Denken. 5. Aufl., Weinheim: Beltz.

Mayring, P. (2003): Qualitative Inhaltsanalyse – Grundlagen und Techniken. 8. Aufl., Weinheim: Beltz.

Mayring, P. (2014): Qualitative Content Analysis: Theoretical Foundations, Basic Procedures and Software Solution. Weinheim: Beltz.

Meersman, H.; van de Voorde, E.; Vanelslander, T. (2010): Port Competition Revisited. In: Review of Business and Economics, 2, S. 210–232.

Mei, Z.; Dinwoodie, J. (2005): Electronic Shipping Documentation in China's International Supply Chains. In: Supply Chain Management, 10(3), S. 198–205.

Meier, F.; Sender, J.; Voll, R. (2013): Schienengüterverkehr. In: Clausen, U.; Geiger, C. (Hrsg.): Verkehr- und Transportlogistik. 2. Aufl., Berlin, Heidelberg: Springer 2013, S. 161–178.

Mell, P.; Grance, T. (2011): The NIST Definition of Cloud Computing Recommendations of the National Institute of Standards and Technology. In: National Institute of Standards and Technology (NIST) Special Publication 800-145, S. 1–8.

Melnyk, S.A.; Ragatz, G.L. (1989): Order Review/Release: Research Issues and Perspectives. In: International Journal of Production Research, 27(7), S. 1081–1096.

Melnyk, S.A.; Ragatz, G.L.; Fredendall, L.D. (1991): Load Smoothing by the Planning and Order Review/Release Systems: A Simulation Experiment. In: Journal of Operations Management, 10(4), S. 512–523.

Merk, O.; Notteboom, T. (2015): Port Hinterland Connectivity. In: OECD (Organisation für wirtschaftliche Zusammenarbeit und Entwicklung); ITF (International Transport Forum) (Hrsg.): Discussion Paper, Nr. 2015-13.

Merkel, A. (2017): Spatial Competition and Complementarity in European Port Regions. In: Journal of Transport Geography, 61, S. 40–47.

Mersch, T. (2018): Mit Einem Starken TMS Die Vernetzung Meistern. In: DVZ, Nr. 40, 02.10.2018, S. 8–9.

Miles, R.E.; Snow, C.C. (1984): Fit, Failure and the Hall of Fame. In: California Management Review, 26(3), S. 10–28.

Mingers, J.; Brocklesby, J. (1997): Multimethodology: Towards a Framework for Mixing Methdologies. In: Omega, 25(5), S. 489–509.

Minguela-Rata, B.; Arias-Aranda, D.; Opazo-Basáez, M. (2014): Processes Integration and E-Business in Supply Chain Management. In: Martínez-López, F.J. (Hrsg.): Handbook of Strategic E-Business Management. Berlin, Heidelberg: Springer, S. 217–236.

Minitab (2017a): Trennschärfe. In: Support for Minitab 18. Verfügbar: https://support.minitab.com/de-de/minitab/18/help-and-how-to/statistics/power-and-sample-size/supporting-topics/what-is-power/ (Letzter Zugriff am: 15.11.2018).

Minitab (2017b): Varianzanalyse – ANOVA. In: Support for Minitab 18. Verfügbar: https://support.minitab.com/de-de/minitab/18/help-and-how-to/modeling-statistics/anova/how-to/one-way-anova/interpret-the-results/all-statistics-and-graphs/analysis-of-variance/ (Letzter Zugriff am: 15.11.2018).

Miodrag, Z. (2013): Verkehr und Logistik als Wirtschaftsfaktor. In: Clausen, U.; Geiger, C. (Hrsg.): Verkehr- und Transportlogistik. 2. Aufl., Berlin, Heidelberg: Springer, S. 7–15.

Mitchell, R.K.; Agle, B.R.; Wood, D.J. (1997): Toward a Theory of Stakeholder Identification and Salience: Defining the Principle of Who and What Really Counts. In: The Academy of Management Review, 22(4), S. 853–886.

Mochalin, S.M.; Tyukina, L.V.; Novikova, T.V.; Pogulyaeva, I.V.; Romanenko, E. V. (2016): Problems of Inter-Organizational Interaction of Participants in Motor Transport Cargo Shipments. In: Indian Journal of Science and Technology, 9(21), S. 1–7.

Molinillo, S.; Japutra, A. (2017): Organizational Adoption of Digital Information and Technology: A Theoretical Review. In: The Bottom Line, 30(1), S. 33–46.

Mollenkopf, D.; White, M.; Zwart, A. (2001): EDI Adoption in New Zealand Firms. In: Journal of Marketing Channels, 8(1–2), S. 33–63.

Moore, G.C.; Benbasat, I. (1991): Development of an Instrument to Measure the Perception of Adopting an Information Technology Innovation. In: Information Systems Research, 2(3), S. 192–222.

Müller, M. (2005): Informationstransfer Im Supply Chain Management - Analyse Aus Sicht Der Neuen Informationsökonomie. Habil. Deutschland: Oldenburg. Wiesbaden: DUV/GWV.

Murtaza, M.B.; Gupta, V.; Carroll, R.C. (2004): E-Marketplaces and the Future of Supply Chain Management: Opportunities and Challenges. In: Business Process Management Journal, 10(3), S. 325–335.

Muschkiet, M. (2013): Binnenschiffgüterverkehr. In: Clausen, U.; Geiger, C. (Hrsg.): Verkehr- und Transportlogistik. 2. Aufl., Berlin, Heidelberg: Springer, S. 179–202.

Muschkiet, M.; Ebel, G. (2013): Begriffe und Systematik. In: Clausen, U.; Geiger, C. (Hrsg.): Verkehr- und Transportlogistik. 2. Aufl., Berlin, Heidelberg: Springer, S. 123–136.

Myers, M.D.; Newman, M. (2007): The Qualitative Interview in IS Research: Examining the Craft. In: Information and Organization, 17(1), S. 2–26.

Nabais, J.L; Negenborn, R.R.; Carmona Benítez, R.B.; Botto, M.A. (2015): Achieving Transport Modal Split Targets at Intermodal Freight Hubs Using a Model Predictive Approach. In: Transportation Research Part C: Emerging Technologies, 60, S. 278–297.

Narayanan, S.; Marucheck, A.S.; Handfield, R.B. (2009): Electronic Data Interchange: Research Review and Future Directions, In: Decision Science, 40(1), S. 121–163.

Narr, C.; Große Wienker, R. (2008): Die myOpenFactory-Plattform – Standard und Technologien. In: Schuh, G. (Hrsg.): Effiziente Auftragsabwicklung mit myOpenFactory. München: Hanser, S. 89–128.

Neumann, J.; Morgenstern, O. (1944): Theory of Games and Economic Behavior. Princeton: University Press.

Neumeier, A. (2017): Wert Der Digitalisierung – Erfolgreiche Auswahl von Digitalisierungsprojekten. IN: HMD Praxis der Wirtschaftsinformatik, 54(3), S. 338–350.

Noche, B.; Scholtissek, P. (1993): Anwendung der Simulation in der Unternehmensplanung. In: Kuhn, A.; Reinhardt, A.; Wiendahl, H.P. (Hrsg.): Handbuch Simulationsanwendungen in Produktion und Logistik. Wiesbaden: Springer.

Nonnenmann, S. (2017): Die Zehn Größten Containerschiffe Der Welt. In: Verkehrsrundschau. Verfügbar: https://www.verkehrsrundschau.de/mediathek/galerie/die-zehn-groessten-containerschiffe-der-welt-2017-1984817.html (Letzter Zugriff am: 17.09.2018)

North, M.J.; Macal, C.M. (2007): Managing Business Complexity: Discovering Strategic Solutions with Agent-Based Modeling and Simulation. Oxford: University Press.

Notteboom, T.E. (2008): Bundling of Freight Flows and Hinterland Network Developments. In: Konings, R.; Priemus, H.; Nijkamp, P. (Hrsg.): The Future of Intermodal Freight Transport – Operations, Design and Policy. Cheltenham: Edward Elgar, S. 66–88.

Nurmilaakso, J.M. (2008): Adoption of E-Business Functions and Migration from EDI-Based to XML-Based E-Business Frameworks in Supply Chain Integration. In: International Journal of Production Economics, 113(8), S. 721–733.

Nyrkov, A.; Sokolov, S.; Chernyi, S.; Chernyakov, A.; Karpina, A. (2016): Providing the Integrity and Availability in the Process of Data Transfer in the Electronic Documents Management Systems of Transport-Logistical Clusters. In: Proceedings of the 2nd International Conference on Industrial Engineering, Applications and Manufacturing (ICIEAM), S. 1–4.

OECD, Organisation für wirtschaftliche Zusammenarbeit und Entwicklung; ITF, International Transport Forum (2009): Port Competition and Hinterland Connectivity. In: OECD/ITF Discussion Paper, Round Table, Oktober, Nr. 143.

OECD, Organisation für wirtschaftliche Zusammenarbeit und Entwicklung; ITF, International Transport Forum (2018): Key Transport Statistics – 2017 Data. Verfügbar: https://www.itf-oecd.org/sites/default/files/docs/key-transport-statistics-2018.pdf (Letzter Zugriff: 27.12.2018).

Okoli, C. (2015): A Guide to Conducting a Standalone Systematic Literature Review. In: Communications of the Association for Information Systems, 37(43), S. 879–910.

Okoli, C.; Schabram, K. (2010): A Guide to Conducting a Systematic Literature Review of Information Systems Research. In: Working Papers on Information Systems, 10(16), S. 1–51.

Okongwu, U.; Lauras, M.; Dupont, L.; Humez, V. (2012): A Decision Support System for Optimising the Order Fulfilment Process. In: Production Planning and Control, 23(8), S. 581–598.

Olhager, J. (2010): The Role of the Customer Order Decoupling Point in Production and

Supply Chain Management. In: Computers in Industry, 61(9), S. 863–868.

Olhager, J. (2012): The Role of Decoupling Points in Value Chain Management. In: Jodlbauer, H.; Olhager, J.; Schonberger, R.J. (Hrsg.): Modelling Value – Contributions to Management Science. Heidelberg: Physica. S. 37–47.

Oliveira, T.; Martins, M. (2011): Literature Review of Information Technology Adoption Models at Firm Level. In: The Electronic Journal Information Systems Evaluation, 14(1), S. 110 – 121.

Oliveira, T.; Thomas, M.; Espadanal, M. (2014): Assessing the Determinants of Cloud Computing Adoption: An Analysis of the Manufacturing and Services Sectors. In: Information and Management, 51(5), S. 497–510.

Omta, S.W.F.; Trienekens, J.H.; Beers, G. (2001): Chain and Network Science. In: Journal on Chain and Network Science, 1(1), S. 1–6.

Omta, S.W.F.; Trienekens, J.; Beers, G. (2002): A Research and Management Agenda for Chain and Network Science. In: Journal on Chain and Network Science, 2(1), S. 1–5.

Onwuegbuzie, A.J. (2003): Effect Sizes in Qualitative Research. In: Quality and Quantity, 37, S. 393–409.

Owen, C.; Albores, P.; Greasley, A.; Love, D. (2010): Simulation in the Supply Chain Context: Matching the Simulation Tool to the Problem. In: Proceedings of the 2010 Operational Research Society Simulation Workshop (SW), S. 229–242.

Pagani, M.; Pardo, C. (2017): The Impact of Digital Technology on Relationships in a Business Network. In: Industrial Marketing Management, 67, S. 185–192.

Pal, K.; Karakostas, B. (2013): The Use of Cloud Computing in Shipping Logistics. In: E-Logistics and E-Supply Chain Management: Applications for Evolving Business, Nr. April, S. 104–24.

Parker, G.; van Alstyne, M.W.; Choudary, S.P. (2016): Platform Revolution. New York: W.W. Norton & Company.

Parker, G.; van Alstyne, M.W.; Jiang, X. (2017): Platform Ecosystems: How Developers Invert the Firm. In: MIS Quarterly; 41(1), S. 255–266.

Patterson, K. A.; Grimm, C.M.; Corsi, T.M. (2003): Adopting New Technologies for Supply Chain Management. In: North, 39, S. 95–121.

Paul, M.; Sridharan, R.; Ramanan T.R. (2015): An Investigation of Order Review/Release Policies and Dispatching Rules for Assembly Job Shops with Multi Objective Criteria. In: Procedia of Social and Behavioral Sciences, 189, S. 376–384.

Perego, A.; Perotti, S.; Mangiaracina, R. (2011): ICT for Logistics and Freight Transportation: A Literature Review and Research Agenda. In: International Journal of Physical Distribution & Logistics Management, 41(5), S. 457–483.

Peres, R. (2014): The Impact of Network Characteristics on the Diffusion of Innovations. In: Physica A: Statistical Mechanics and Its Applications, 402, S. 330–343.

Petter, S.; DeLone, W.; McLean, E.R. (2013): Information Systems Success: The Quest for the Independent Variables. In: Journal of Management Information Systems, 29(4), S. 7–62.

Pfohl, H.C. (2004): Logistikmanagement. 2. Aufl., Berlin, Heidelberg: Springer.

Pfohl, H.C. (2010): Logistiksysteme. 8. Aufl., Berlin, Heidelberg: Springer.

Pfoser, S.; Treiblmaier, H.; Schauer, O. (2016): Critical Success Factors of Synchromodality: Results from a Case Study and Literature Review. In: Transportation Research, 14, S. 463–471.

Picot, A. (1985): Transaktionskosten. In: DBW-Die Betriebswirtschaft, 45(2), S. 223–225.

Picot, A.; Dietl, H.; Franck, E.; Fiedler, M.; Royer, S. (2012): Organisation – Theorie und Praxis aus ökonomischer Sicht. 6. Aufl., Stuttgart: Schäffer-Poeschel.

Pires, M.C.; Frazzon, E.M.; de Souza Silva, L.; Holtz, T.H.; Hellingrath, B.; Saalmann, P. (2018): Collaborative Distributed Operational Planning for Spare Parts Supply Chains. In: Freitag, M.; Kotzab, H.; Pannek, J. (Hrsg.): In Dynamics in Logistics – Proceedings of the 6th International Conference (LDIC), S. 95–101.

Pitelis, C.N.; Desyllas, P.; Panagopoulos, A. (2017): Profiting from Innovation through Cross-Border Market Co-Creation and Co-Opetition: The Case of Global Pharmaceuticals. In: European Management Review, S. 1–14.

Planungsverband Ballungsraum Frankfurt/Rhein-Main (2007): Branchenreport Logistik Und Verkehr Frankfurt/RheinMain. Verfügbar: http://www.frankfurt.de/sixcms/ media.php/738/LogistFRM2007.pdf (Letzter Zugriff am: 15.11.2018).

Polyanin, A.D.; Manzhirov, A.V. (2007): Handbook of Mathematics for Engineers and Scientists. Boca Raton: Taylor & Francis.

Pontow, H. (2017): Interorganisationale Informationssysteme in der Maritimen Transportkette – Eine informationsökonomische Untersuchung im Bereich containerisierter Hinterlandtransporte. Diss. Darmstadt, Deutschland. Wiesbaden: Springer Gabler.

Popper, K.R. (1994): Logik der Forschung. 10. Aufl., Tübingen: JCB Mohr.

Power, D.; Simon, A. (2004): Adoption and Diffusion in Technology Implementation: A Supply Chain Study. In: International Journal of Operations and Production Management, 24(5–6), S. 566–587.

Prajogo, D.; Olhager, J. (2012): Supply Chain Integration and Performance: The Effects of Long-Term Relationships, Information Technology and Sharing, and Logistics Integration. In: International Journal of Production Economics, 135(1), S. 514–522.

Premkumar, G.; Ramamurthy, K.; Crum, M. (1997): Determinants of EDI Adoption in the Transportation Industry. In: European Journal of Information Systems, 6(2), S. 107–121.

Provan, K.G.; Kenis, P. (2008): Modes of Network Governance: Structure, Management, and Effectiveness. In: Journal of Public Administration Research and Theory, 18(8), S. 229–252.

Puettmann, C.; Stadtler, H. (2010): A Collaborative Planning Approach for Intermodal Freight Transportation. In: OR Spectrum, 32(3), S. 809–830.

Cooper, R.B.; Zmud, R.W. (1990): Information Technology Implementation Research: A Technological Diffusion Approach. In: Management Science, 36(2), S. 123–139.

Rabe, M.; Spiekermann, S.; Wenzel, S. (2008): Verifikation und Validierung für die Simulation in Produktion und Logistik. Berlin, Heidelberg: Springer.

Ranganathan, C.; Dhaliwal, J. S.; Thompson, T.S.H. (2004): Assimilation and Diffusion of Web Technologies in Supply-Chain Management: An Examination of Key Drivers and Performance Impacts. In: International Journal of Electronic Commerce, 9(1), S. 127–161.

Regionalverband FrankfurtRheinMain (2018): Die Region FrankfurtRheinMain in Zahlen

Und Fakten. Verfügbar: https://www.region-frankfurt.de/Regionalverband/Region-in-Zahlen (Letzter Zugriff am: 15.11.2018).

Reimann, S. (2018): Maersk drängt ins Hinterland – Die Linienreederei will hierzulande verstärkt End-to-end-Lösungen anbieten. In: DVZ, Nr. 29, 18.07.2018; S. 13.

Reis, V.; Meier J.F.; Pace, G.; Palacin, R. (2013): Rail and Multi-Modal Transport. In: Research in Transportation Economics, 41(1), S. 17–30.

Reuter, U. (2011): Der relationale ressourcenbasierte Ansatz als Weiterentwicklung des ressourcenbasierten Ansatzes unter Einbezug externer Ressourcen. In: Diskussionspapierreihe Innovation, Servicedienstleistungen und Technologie, Nr. 4/2011. Verfügbar: http://hdl.handle.net/10419/66489 (Letzter Zugriff am: 28.11.2018).

Rezapour, S.; Farahani, R.Z.; Drezner, T. (2011): Strategic Design of Competing Supply Chain Networks for Inelastic Demand. In: Journal of the Operational Research Society, 62(10), S. 1784–1795.

Rhein-Main im Internet (2018): Das Rhein-Main-Gebiet. Verfügbar: http://www.rhein main-internet.de/das-rhein-main-gebiet.html (Letzter Zugriff am: 18.07.2018).

Richter, R. (1994): Institutionen ökonomisch analysiert: Zur jüngeren Entwicklung auf einem Gebiet der Wirtschaftstheorie. Tübingen: Mohr Siebeck.

Richter, R.; Furubotn, E.G. (2007): Neue Institutionenökonomik. 4. Aufl., Tübingen: Mohr Siebeck

Riedl, R.; Benlian, A.; Hess, T.; Stelzer, D.; Sikora, H. (2017): On the Relationship Between Information Management and Digitalization. In: Business & Information Systems Engineering, 59(6), S. 475–482.

Robinson, S. (2004): Simulation: The Practice of Model Development and Use. West Sussex: John Wiley & Sons.

Rodón, J.; Sesé, F. (2010): Analysing IOIS Adoption through Structural Contradictions. In: European Journal of Information Systems, 19(6), S. 637–648.

Rodrigue, J.P.; Notteboom, T.E. (2012): Dry Ports in European and North American Intermodal Rail Systems: Two of a Kind? In: Research in Transportation Business & Management, 5, S. 4–15.

Roe, M.; Xu, W.; Song, D. (2015): Optimizing Supply Chain Perfomance. New York: Palgrave Macmillan.

Rogers, E.M. (2003): Diffusion of Innovations. 5. Aufl. New York: Free Press.

Roh, J.J.; Hong, P. (2015): Taxonomy of ERP Integrations and Performance Outcomes: An Exploratory Study of Manufacturing Firms. In: Production Planning and Control, 26(8), S. 617–636.

Rohleder, B. (2017): Digitalisierung der Logistik. In: bitkom Report, 28.03.2017. Verfügbar: https://www.bitkom.org/Presse/Anhaenge-an-PIs/2017/03-Maerz/Bitkom-Charts-Digitalisierung-der-Logistik-28-03-2017-final.pdf (Letzter Zugriff: 20.09.2018).

Roorda, M.J.; Cavalcante, R.; McCabe, S.; Kwan, H. (2010): A Conceptual Framework for Agent-Based Modelling of Logistics Services. In: Transportation Research Part E: Logistics and Transportation Review, 46(1), S. 18–31.

Ruiz-Aguilar, J.J.; Turias, I.J.; Cerbán, M.; Jiménez-Come, M.J.; González, M.J.; Pulido, A. (2016): Time Analysis of the Containerized Cargo Flow in the Logistic Chain Using Simulation Tools: The Case of the Port of Seville (Spain). In: Transportation Research Procedia, 18, S. 19–26.

Saeedi, H.; Wiegmans, B.; Behdani, B.; Zuidwijk, R. (2017): Analyzing Competition in Intermodal Freight Transport Networks: The Market Implication of Business Consolidation Strategies. In: Research in Transportation Business and Management, 23, S. 12–20.

Saldaña, J. (2014): The Coding Manual for Qualitative Researchers. London: Sage.

Saldanha, J.P. (2006): Choosing the Right Information Coordinating Mechanism for the International Ocean Shipping Process. Diss. Pennsylvania, USA.

Sales, M. (2017): Air Cargo Management - Air Freight and the Global Supply Chain. 2. Aufl. London: Routledge.

Sargent, R.G. (2013): Verification and Validation of Simulation Models. In: Journal of Simulation, 7(1), S. 12–24.

Sarker, S.; Xiao X.; Beaulieu, T.; Lee, A.S. (2018): Learning from First-Generation Qualitative Approaches in the IS Discipline: An Evolutionary View and Some Implications for Authors and Evaluators (PART 1/2). In: Journal of the Association for Information Systems, 19, S. 752–774.

Sartell, G. (2013): 5 Trends That Will Drive the Future of Technology. In: Forbes, 12.03.2013. Verfügbar: https://www.forbes.com/sites/gregsatell/2013/03/12/5-trends-that-will-drive-the-future-of-technology/#4568951451ee (Letzter Zugriff am: 05.12.2018).

Saurí, S.; Martín, E. (2011): Space Allocating Strategies for Improving Import Yard Performance at Marine Terminals. In: Transportation Research Part E: Logistics and Transportation Review, 47(6), S. 1038–1057.

SCC, Supply Chain Council (2012): Supply Chain Operations Reference Model, 11.0. Verfügbar: https://docs.huihoo.com/scm/supply-chain-operations-reference-model-r11.0.pdf (Letzter Zugriff: 29.11.2018).

Schäffer, T.; Stelzer, D. (2018): Barriers to Adopting Data Pools for Product Information Sharing – A Literature Review. In: Multikonferenz Wirtschaftsinformatik (MKWI), 6(9), S. 295–306.

Schieck, A. (2008): Internationale Logistik – Objekte, Prozesse und Infrastrukturen Grenzüberschreitender Güterströme. München: Oldenbourg.

Schildhauer, T.; Hünnekens, W. (2013): Schlüsselfaktoren der Digitalen Kommunikation – Entwicklungen auf dem Weg in die Digitale Zukunft. Verfügbar: http://www.schluesselfaktoren.de/downloads/Studie_Schluesselfaktoren_V1-r1.pdf (Letzter Zugriff am: 18.07.2018).

Schmidt, R.; Lyytinen, K.; Keil, M.; Cule, P. (2001): Identifying Software Project Risks: An International Delphi Study. In: Journal of Management Information Systems, 17(4), S. 5–36.

Scholl, A.; Furmans, K.; Kuhn, A.; Wenzel, S. (2008): Modellierung logistischer Systeme, A 2. In: Arnold, D.; Iserman, H.; Kuhn, A.; Tempelmeier, H.; Furmans, K. (2008): Handbuch Logistik. 3. Aufl., Berlin, Heidelberg: Springer, S. 35–94.

Scholz-Reiter, B.; Toonen, C.; Windt, K. (2008): Logistikdienstleistungen, B 9. In: Arnold, D.; Iserman, H.; Kuhn, A.; Tempelmeier, H.; Furmans, K. (2008): Handbuch Logistik. 3. Aufl., Berlin, Heidelberg: Springer, S. 581–607.

Schönknecht, A. (2007): Entwicklung eines Modells zur Kosten- und Leistungsbewertung von Containerschiffen in intermodalen Transportketten. Diss. Hamburg, Deutschland.

Schönknecht, A. (2009): Maritime Containerlogistik – Leistungsvergleich von Containerschiffen in intermodalen Transportketten. Berlin, Heidelberg: Springer.

Schreieck, M.; Wiesche, M. (2017): How Established Companies Leverage IT Platforms for Value Co- Creation – Insights From Banking. In: Proceedings of the 25th European Conference on Information Systems (ECIS), S. 1726–1741.

Schryen, G. (2015): Writing Qualitative IS Literature Reviews – Guidelines for Synthesis, Interpretation, and Guidance of Research. In: Communications of the Association for Information Systems, 37(12), S. 286–325.

Schuh, G; Anderl, R.; Gausemeier, J.; ten Hompel, M.; Wahlster, W. (2017): Industrie 4.0 Maturity Index – Managing the Digital Transformation of Companies. In: acatech Study Series. Verfügbar: https://www.acatech.de/wp-content/uploads/2018/03/acatech_STUDIE_Maturity_Index_eng_WEB.pdf (Letzter Zugriff: 25.07.2018).

Schwickert, A.C.; Pfeiffer, E. (2000): Elektronische Marktplätze – Formen, Beteiligte, Zutrittsbarrieren. In: Arbeitspapier WI, Mainz, Nr. 5/2000.

Scott, A. (2017): GE Shifts Strategy, Financial Targets for Digital Business after Missteps. In: Reuters, 28.08.2017. Verfügbar: https://www.reuters.com/article/us-ge-digital-outlook-insight/ge-shifts-strategy-financial-targets-for-digital-business-after-missteps-idUSKCN1B80CB (Letzter Zugriff am: 31.10.2018).

See, W.B. (2007): Wireless Technologies for Logistic Distribution Process. In: Journal of Manufacturing Technology Management, 18(7), S. 876–888.

Seo, Y.J.; Dinwoodie, J.; Roe, M. (2015): Measures of Supply Chain Collaboration in Container Logistics. In: Maritime Economics and Logistics, 17(3), S. 292–314.

Shaik, M.N.; Abdul-Kader, W. (2013): Interorganizational Information Systems Adoption in Supply Chains. In: International Journal of Information Systems and Supply Chain Management, 6(1), S. 24–40.

Shaikh, A.A.; Karjaluoto, H. (2015): Making the Most of Information Technology & Systems Usage: A Literature Review, Framework and Future Research Agenda. In: Computers in Human Behavior, 49, S. 541–566.

Shan, Z.; Kumar, A. (2012): Optimal Adapter Creation for Process Composition in Synchronous vs. Asynchronous Communication. In: ACM Transactions on Management Information Systems 3(2), S. 1–33.

Shapiro, C.; Varian, H.R. (1998): Information Rules: A Strategic Guide to the Network Economy. Boston: Harvard Business Press.

Sherif, M.H. (2007): Standardization of Business-to-Business Electronic Exchange. In: Proceedings of the 7th IEEE Conference on Standardization and Innovation in Information Technology (SIIT), S. 193–206.

Shih, H.P.; Lai, K.H.; Cheng, T.C.E. (2015): Examining Structural, Perceptual, and Attitudinal Influences on the Quality of Information Sharing in Collaborative Technology Use. In: Information Systems Frontiers, 17(2), S. 455–470.

Siebers, P.O.; MacAl, C.M.; Garnett, J.; Buxton, D.; Pidd, M. (2010): Discrete-Event Simulation is Dead, Long Live Agent-Based Simulation. In: Journal of Simulation,

4(3), S. 204–210.

Sivadas, E.; Holmes, T.L.; Dwyer, F.R. (2012): Interorganizational Information Systems and Business-to-Business Relationships: System Characteristics, Assistance, Performance, Satisfaction, and Commitment Model. In: Journal of Marketing Channels, 19(1), S. 17–48.

Solow, R.M. (1987): We'd Better Watch out. In: New York Times Book Review, 12.07.1987.

Son, J. Y., Benbasat, I. (2007): Organizational Buyers' Adoption and Use of B2B Electronic Marketplaces: Efficiency- and Legitimacy-Oriented Perspectives. In: Journal of Management Information Systems, 24(1), S. 55–99.

Sorgenfrei, J. (2013): Port Business. 1. Aufl. Norderstedt: BoD.

Sriram, S.; Manchanda, P.; Bravo, M.E.; Chu, J.; Ma, L.; Song, M.; Shriver, S.; Subramanian, U. (2015): Platforms: A Multiplicity of Research Opportunities. In: Marketing Letters, 26(2), S. 141–152.

Stadtler, H.; Kilger, C.; Meyr, H. (2015): Supply Chain Management and Advanced Planning – Concepts, Models, Software, and Case Studies. 5. Aufl., Berlin, Heidelberg: Springer.

Stake, R.E. (1995): The Art of Case Study Research. Thousand Oaks: Sage.

Standing, S.; Standing, C.; Love, P.E.D. (2010): A Review of Research on E-Marketplaces 1997-2008. In: Decision Support Systems, 49(1), S. 41–51.

Statistisches Bundesamt (2008): Verkehr NST-2007 – Einheitliches Güterverzeichnis für die Verkehrsstatistik. Verfügbar: https://www.destatis.de/DE/ZahlenFakten/Wirtschaftsbereiche/TransportVerkehr/Gueterverkehr/Tabellen/NST2007.pdf?__blob=publicationFile (Letzter Zugriff: 15.08.2018).

Statistisches Bundesamt (2016): Transport und Verkehr. In: Statistisches Jahrbuch. Verfügbar: https://www.destatis.de/DE/.../StatistischesJahrbuch/StatistischesJahrbuch2016.pdf?_blob=publicationFile (Letzter Zugriff: 15.08.2018), S. 585–606.

Statistisches Bundesamt (2018a): Größte Frachtflughäfen in Europa im Jahr 2017 nach der Menge verladener Güter. Verfügbar: https://de.statista.com/statistik/daten/studie/282384/umfrage/groesste-frachtflughaefen-europas/ (Letzter Zugriff am: 30.11.2018).

Statistisches Bundesamt (2018b): Güteraufkommen je Verkehrsträger in Deutschland in den Jahren 2011 bis 2017 (in Millionen Tonnen). Verfügbar: https://de.statista.com/statistik/daten/studie/12240/umfrage/gueteraufkommen-in-deutschland-je-verkehrstraeger/ (Letzter Zugriff am: 30.11.2018).

Statistisches Bundesamt (2018c): Transportaufkommen im Straßenverkehr in Deutschland in den Jahren 2013 bis 2021 (in Millionen Tonnen). Verfügbar: https://de.statista.com/statistik/daten/studie/205940/umfrage/prognose-zum-transportaufkommen-im-strassenverkehr-in-deutschland/ (Letzter Zugriff am 30.11.2018).

Statistisches Bundesamt (2018d): Wert der Exporte aus Deutschland nach Bundesländern im Jahr 2017 (in Millionen Euro). Verfügbar: https://de.statista.com/statistik/daten/studie/232897/umfrage/wert-der-exporte-aus-deutschland-nach-bundeslaendern/ (Letzter Zugriff am: 19.07.2018).

Statistisches Bundesamt (2018e): Wo Kaufen Sie Ihre Weihnachtsgeschenke? Verfügbar:

https://de.statista.com/statistik/daten/studie/949019/umfrage/umfrage-in-deutschland-zu-kauforten-fuer-weihnachtsgeschenke/ (Letzter Zugriff am: 15.12.2018).

Steinfield, C.; Markus, M.L.; Wigand, R.T. (2011): Through a Glass Clearly: Standards, Architecture, and Process Transparency in Global Supply Chains. In: Journal of Management Information Systems, 28(2), S. 75–108.

Stiglitz, J.E. (2000): The Contributions of the Economics of Information to Twentieth Century Economics. In: The Quarterly Journal of Economics, 115(4), S. 1441–1478.

Stock, J.R.; Lambert, D.M. (2001): Strategic Logistics Management. 4. Aufl., New York: McGraw Hill.

Stölzle, W.; Schmidt, T.; Kille, C.; Schulze, F.; Wildhaber, V. (2018): Digitalisierungswerkzeuge in der Logistik: Einsatzpotenziale, Reifegrad und Wertbeitrag. Göttingen: Cuvillier.

Stummer, C.; Haurand, M.D. (2018): The Early-Stage Development of Two-Sided Digital Platforms: A Simulation Approach. In: Proceedings of the European Conference on Information Systems (ECIS), S. 1–15.

Stummer, C.; Kundisch, D.; Decker, R. (2018): Platform Launch Strategies. In: Business and Information Systems Engineering, 60(2), S. 167–173.

Sturm, M.; Junghanns, J.; Eichstedt, M. (2014): Next Stop Digital: How Logistics Service Providers Can Rethink Operating Models to Benefit From Emerging Technology. Verfügbar: https://www.accenture.com/t20150523T030128__w__/my-en/_acnmedia/Accenture/Conversion-Assets/DotCom/Documents/Global/PDF/Dualpub_4/Accenture-Digital-Future-For-LSPs.pdf (Letzter Zugriff: 15.08.2018).

Sydow, J. (2010): Management von Netzwerkorganisationen – Beiträge aus der „Managementforschung". 5. Aufl., Wiesbaden: Gabler|GWV.

Tako, A.A.; Robinson, S. (2012): The Application of Discrete Event Simulation and System Dynamics in the Logistics and Supply Chain Context. In: Decision Support Systems, 52(4), S. 802–815.

Tămășilă, M.; Proștean, G.; Diaconescu, A. (2018): Order Management Empowering Entrepreneurial Partnerships in the Context of New Technologies. In: IOP Conference Series: Materials Science and Engineering, 294, S. 1–10.

Tapaninen, U.; Ojala, L.; Menachof, D. (2010): IT in Logistics and Maritime Business. In: Grammenos, C.T. (Hrsg.): The Handbook of Maritime Economics and Business. London: Taylor & Francis, S. 1017–1032.

Tassey, G. (2000): Tandardization in Technology-Based Markets. In: Research Policy, 29(4–5), S. 1–40.

Te'eni, D. (2015): Current Issue and Future Submissions, Contextualized. In: European Journal of Information Systems, 24(4), S. 361–363.

Templier, M.; Paré, G. (2015): A Framework for Guiding and Evaluating Literature Reviews. In: Communications of the Association for Information Systems, 37, S. 112–137.

Teo, T.S.H.; Ranganathan, C.; Dhaliwal, J. (2006): Key Dimensions of Inhibitors for the Deployment of Web-Based Business-to-Business Electronic Commerce. In: IEEE Transactions on Engineering Management, 53(3), S. 395–411.

Thies, F.; Wessel, M.; Benlian, A. (2018): Network Effects on Crowdfunding Platforms:

Exploring the Implications of Relaxing Input Control. In: Information Systems Journal, 28, S. 1239–1262.
Tiwana, A. (2014): Platform Ecosystems – Aligning Architecture, Governance, and Strategy. London: Elsevier.
Tiwana, A.; Konsynski, B.; Bush, A.A. (2010): Platform Evolution: Coevolution of Platform Architecture, Governance, and Environmental Dynamics. In: Information Systems Research, 21(4), S. 675–687.
Tornatzky, L.G.; Fleischer, M. (1990): The Processes of Technological Innovation. Toronto: Lexington Books.
Tranfield, David; Denyer, D.; Smart, P. (2003): Towards a Methodology for Developing Evidence-Informed Management Knowledge by Means of Systematic Review. In: British Journal of Management, 14, S. 207–222.
Truschkin, E.; Elbert, R. (2013): Horizontal Transshipment Technologies as Enablers of Combined Transport: Impact of Transport Policies on the Modal Split. In: Transportation Research Part A: Policy and Practice, 49, S. 91–109.
Tyssen, C. (2010): Güterverkehrsunternehmen im Überblick. In: Stölzle, W.; Fagagnini, H.P. (2010): Güterverkehr Kompakt. München: Oldenbourg, S. 19–38.
UN/ECE, United Nations Economic Commission for Europe (2001): Terminologie des Kombinierten Verkehrs. Verfügbar: http://www.unece.org/fileadmin/DAM/trans/wp24/documents/term.pdf (Letzter Zugriff am: 29.11.2018).
UNCTAD, United Nations Conference on Trade and Development (2017): Review of Maritime Transport 2017. Verfügbar: https://unctad.org/en/PublicationsLibrary/rmt2017_en.pdf (Letzter Zugriff: 29.11.2018).
Vahrenkamp, R.; Siepermann, C. (2012): Logistik: Management und Strategien. 6. Aufl., München, Wien: Oldenbourg.
Valentine, V.F.; Benamara, H.; Hoffmann, J. (2013): Maritime Transport and International Seaborne Trade. In: Maritime Policy & Management, 40(3), S. 226–242.
van der Horst, M.R.; van der Lugt, L.M. (2011): Coordination Mechanisms in Improving Hinterland Accessibility: Empirical Analysis in the Port of Rotterdam. In: Maritime Policy & Management, 38(4), S. 415–435.
van der Horst, M.R.; van der Lugt, L.M. (2014): An Institutional Analysis of Coordination in Liberalized Port-Related Railway Chains: An Application to the Port of Rotterdam. In: Transport Reviews, 34(1), S. 68–85.
van der Horst, M.R.; de Langen, P.W. (2008): Coordination in Hinterland Transport Chains: A Major Challenge for the Seaport Community. In: Maritime Economics & Logistics, 10, S. 108–129.
Vastag, A.; Hellingrath, B. (2008): Distribution, B5. In: Arnold, D.; Iserman, H.; Kuhn, A.; Tempelmeier, H.; Furmans, K. (2008): Handbuch Logistik. 3. Aufl., Berlin, Heidelberg: Springer, S. 405–458.
VDI, Verein Deutscher Ingenieure (2018): VDI Richtlinie 3633 – Simulation von Logistik-, Materialfluss- und Produktionssystemen. Verfügbar: https://www.vdi.de/index.php?id=49777&tx_wmdbvdirilisearch_pi1%5Brilinr%5D=3633&tx_wmdbvdirilisearch_pi1%5Bblattnr%5D=&tx_wmdbvdirilisearch_pi1%5BCMD%5D=redirect&tx_wmdbvdirilisearch_pi1%5Bmode%5D=1 (Letzter Zugriff am: 28.11.2018)

Venkatesh, V.; Morris, M.G.; Davis, G.B.; Davis, F.D. (2003): User Acceptance of Information Technology: Toward A Unified View. In: MIS Quarterly, 27(3), S. 425–478.
Venkatesh, V. (2006): Where to Go from Here? Thoughts on Future Directions for Research on Individual-Level Technology Adoption with a Focus on Decision Making. In: Decision Sciences, 37(4), S. 497–518.
VHB, Verband der Hochschullehrer für Betriebswirtschaft e.V. (2018): Alphabetische Gesamtliste der Fachzeitschriften in VHB-JOURQUAL3. Verfügbar: https://vhbonline.org/vhb4you/jourqual/vhb-jourqual-3/gesamtliste/ (Letzter Zugriff am: 20.07.2018).
Vogel-Heuser, B.; Bauernhansl, T.; ten Hompel, M. (2017): Handbuch Industrie 4.0, Band 3. 2. Aufl. Berlin: Springer Vieweg.
Vogt, K.I.; Piekenbrock, D. (2018): Arbeitsteilung. In: Gabler Wirtschaftslexikon. Verfügbar: https://wirtschaftslexikon.gabler.de/definition/arbeitsteilung-28649 (Letzter Zugriff am: 15.05.2018).
von Maur, E. (2009): Konstruktivismus und Wirtschaftsinformatik – Begriffsver(w)irrungen. In: Becker, J., Krcmar, H., Niehaves, B. (Hrsg.): Wissenschaftstheorie und Gestaltungsorientierte Wirtschaftsinformatik. Heidelberg: Physica, S. 133–159.
Voss, C.; Tsikriktsis, N.; Frohlich, M. (2002): Case Research in Operations Management. In: International Journal of Operations & Production Management, 22(2), S. 195–219.
Wall, J.; Stahl, B.; Salam, A. (2015): Critical Discourse Analysis as a Review Methodology: An Empirical Example. In: Communications of the Association for Information Systems, 37(1, 11), S. 257–285.
Wallbach, S.; Coleman, K.; Elbert, R. (2018): Factors Inhibiting the Adoption of Cloud Community Systems in Dynamic B2B Networks: The Case of Air Cargo. In: Proceedings of the 39th International Conference on Information Systems (ICIS), S. 1–17.
Walter, F. (2015): Informationsaustausch in der Maritimen Transportkette. Diss. Darmstadt, Deutschland. Wiesbaden: Springer Gabler.
Walther, S.; Sarker, S.; Urbach, N.; Sedera, D. (2015): Exploring Organizational Level Continuance of Cloud-Based Enterprise Systems. In: Proceedings of the 23rd European Conference on Information Systems (ECIS), 4801, S. 1–17.
Walther, S.; Urbach, N.; Eymann, T.; Otto, B.; Sarker, S. (2018): Should We Stay or Should We Go? Analyzing Continuance of Cloud Enterprise Systems. In: Journal of Information Technology Theory and Application, 19(2), S. 57–88.
Wan, X.; Cenamor, J.; Parker, G.; van Alstyne, M. (2017): Unraveling Platform Strategies: A Review from an Organizational Ambidexterity Perspective. In: Sustainability, 9(734), S. 1–18.
Wan, Y.; Zhang, A.; Li, K.X. (2018): Port Competition with Accessibility and Congestion: A Theoretical Framework and Literature Review on Empirical Studies. In: Maritime Policy and Management, 45(8), S. 239–259.
Wang, G.; Gunasekaran, A.; Ngai, E.W.T.; Papadopoulos, T. (2016): Big Data Analytics in Logistics and Supply Chain Management: Certain Investigations for Research and Applications. In: International Journal of Production Economics, 176, S. 98–110.

Wang, Z.; Liu, Y. (2014): Information Sharing System for Logistics Service Supply Chains Based on XML. In: Proceedings of the 11th International Conference on Service Systems and Service Management (ICSSSM), S. 1–5.

Wang, Z.; Nelson, M.R. (2014): Tablet as Human: How Intensity and Stability of the User-Tablet Relationship Influences Users' Impression Formation of Tablet Computers. In: Computers in Human Behavior, 37, S. 81–93.

Wannenwetsch, H. (2010): Integrierte Materialwirtschaft und Logistik. 4. Aufl. Berlin, Heidelberg: Springer.

Wasesa, M. (2017): Agent-Based Inter-Organizational Systems in Advanced Logistics Operations. Diss. Rotterdam, Niederlande.

Wecker, R.; Wirtz, B.W. (2007): Erfolgswirkung des Internetbasierten Supply Chain Managements. In: Zeitschrift für Betriebswirtschaft, 77(9), S. 911–954.

Wernerfelt, B. (1984): A Resource-Based View of the Firm. In: Strategic Management Journal 5(2), S. 171–180.

Wessel, M.; Thies, F.; Benlian, A. (2017): Opening the Floodgates: The Implications of Increasing Platform Openness in Crowdfunding. In: Journal of Information Technology, 32(4), S. 344–360.

Wienholdt, H.; Schmidt, C.; Schweicher, B.; Walber, B. (2008): Grundlagen der überbetrieblichen Auftragsabwicklung. In: Schuh, G. (Hrsg.): Effiziente Auftragsabwicklung mit myOpenFactory. München: Hanser, S. 6–30.

Wiesche, M.; Yetton, P.W.; Krcmar, H. (2017): Grounded Theory Methodology in Information Systems Research. In: MIS Quarterly, 41(3), S. 685–701.

Wildemann, H. (2010): Logistik- und Supply Chain-Architekturen – Leitfaden für die Gestaltung von kundenwertschaffenden Servicenetzwerken. 4. Aufl., München: TCW Transfer-Centrum.

Williams, M.D.; Dwivedi, Y.K.; Lal, B.; Schwarz, A. (2009): Contemporary Trends and Issues in IT Adoption and Diffusion Research. In: Journal of Information Technology, 24(1), S. 1–10.

Williamson, O.E. (1981): The Economics of Organization: The Transaction Cost Approach. In: American Journal of Sociology, 87(3), S. 548–577.

Williamson, O.E. (1973): Markets and Hierarchies: Some Elementary Considerations. In: American Economic Review, 63(2), S. 316–325.

Winter, K. (2013): Logistikdienstleistungen. In: Clausen U.; Geiger, C. (2013): Verkehr- Und Transportlogistik. 2. Aufl., Berlin, Heidelberg: Springer, S. 55–60.

Wolff, B. (2018): Informationsökonomik. Verfügbar: https://wirtschaftslexikon.gabler.de/definition/informationsoekonomik-40012/version-263407 (Letzter Zugriff am: 06.09.2018).

Wong, C.W.Y; Lai, K.H.; Ngai, E.W.T. (2009): The Role of Supplier Operational Adaptation on the Performance of IT-Enabled Transport Logistics under Environmental Uncertainty. In: International Journal of Production Economics, 122(1), S. 47–55.

Wright, R.T.; Roberts, N.; Wilson, D. (2017): The Role of Context in IT Assimilation: A Multi-Method Study of a SaaS Platform in the US Nonprofit Sector. In: European Journal of Information Systems, 26(5), S. 509–539.

Xin, Y.; Li, P.; Li, S. (2010): Research on Data Exchange between Heterogeneous Data in

Logistics Information System. In: Proceedings of the 2nd International Conference on Communication Systems, Networks and Applications, S. 127–130.

Yaseen, S.G.; Al Omoush, K.S. (2008): The Critical Success Factors of Web-Based Supply Chain Collaboration Adoption: An Empirical Study. In: Abu-Taieh, E.M.O.; El-Sheikh, A.A.; Abu-Tayeh, J. (2008): Utilizing Information Technology Systems Across Disciplines. Hershey: IGI Global, S. 110–129.

Yigitbasioglu, O.M. (2010): Information Sharing with Key Suppliers: A Transaction Cost Theory Perspective. In: International Journal of Physical Distribution & Logistics Management, 40(7), S. 550–578.

Yin, M.; Wang, X.; Zhang, R. (2007): Study on Standardization and Optimization of Information System in Container Logistics. In: IEEE International Conference on Wireless Communications, Networking and Mobile Computing, S. 5–8.

Yin, R.K. (2014): Case Study Research - Design and Methods. 4. Aufl., Thousand Oaks: Sage.

Yoo, Y. (2010): Computing in Everyday Life: A Call for Research on Experimental Computing. In: MIS Quarterly, 34(4), S. 213–231.

Young-Ybarra, C.; Wiersema, M. (1999): Strategic Flexibility in Information Technology Alliances: The Influence of Transaction Cost Economics and Social Exchange Theory. In: Organization Science 10(4), S. 439–459.

Yu, C. (2011): Research and Design of Logistics Management System Based on Internet of Things. In: 2nd International Conference on Artificial Intelligence, Management Science and Electronic Commerce (AIMSEC), S. 6314–6317.

Yu, L.; Chaturvedi, A. (2001): Competition between B2B Electronic Marketplaces: Differentiation, Pricing Strategy, and Industrial Structure. In: Proceedings of Americas Conference on Information Systems, S. 12–31.

Zainuddin, E.; Staples, S. (2016): Developing a Shared Taxonomy of Workaround Behaviors for the Information Systems Field. In: Proceedings of 29th Hawaii International Conference on System Sciences (HICSS), S. 5278–5287.

Zhang, M.; Pel., A.J. (2016): Synchromodal Hinterland Freight Transport: Model Study for the Port of Rotterdam. In: Journal of Transport Geography, 52, S. 1–10.

Zhang, X.; Van Donk, D.P.; van der Vaart, T. (2016): The Different Impact of Inter-Organizational and Intra-Organizational ICT on Supply Chain Performance. In: International Journal of Operations and Production Management, 36(7), S. 803–824.

Zhang, G.P.; Hill, C.A.; Xia, Y.; Liang, F. (2010): Modeling the Relationship between EDI Implementation and Firm Performance Improvement with Neural Networks. In: IEEE Transactions on Automation Science & Engineering, 7(1), S. 96–110.

Zhao, K.; Xia, M.; Shaw, M.J.; Subramaniam, C. (2009): The Sustainability of B2B E-Marketplaces: Ownership Structure, Market Competition, and Prior Buyer-Seller Connections. In: Decision Support Systems, 47(2), S. 105–114.

Zhong, R.Y.; Newman, S.T.; Huang, G.Q.; Lan, S. (2016): Big Data for Supply Chain Management in the Service and Manufacturing Sectors: Challenges, Opportunities, and Future Perspectives. In: Computers and Industrial Engineering, 101, S. 572–591.

Zhou, H.; Benton, W.C. (2007): Supply Chain Practice and Information Sharing. In: Journal of Operations Management, 25(6), S. 1348–1365.

Zhu, F.; Liu, Q. (2018): Competing with Complementors: An Empirical Look at Amazon. In: Strategic Management Journal, 39(10), S. 2618–2642.

Zhu, K.; Kraemer, K.L. (2005): Post-Adoption Variations in Usage and Value of E-Business by Organizations: Cross-Country Evidence from the Retail Industry. In: Information Systems Research, 16(1), S. 61–84.

Zhu, K.; Kraemer, K.L.; Gurbaxani, V.; Xu, S.X. (2006): Migration to Open-Standard Interorganizational Systems: Network Effects, Switching Costs, and Path Dependency. In: MIS Quarterly, S. 515–554.

Zhu, K.; Kraemer, K.L.; Xu, S.X. (2006): The Process of Innovation Assimilation by Firms in Different Countries: A Technology Diffusion Perspective on E-Business. In: Management Science, 52(10), S. 1557–1576.

Zijm, H.; Klumpp, M.; Clausen, U.; ten Hompel, M. (2016): Logistics and Supply Chain Innovation - Bridging the Gap between Theory and Practice. Berlin, Heidelberg: Springer.

Zuber, C.; Pfohl H.C.; Theobald, D. (2010): Logistikstudie der IHK Darmstadt Rhein Main Neckar. Verfügbar: https://www.darmstadt.ihk.de/blob/daihk24/produktmarken/standortpolitik/branchen/verkehr_logistik/downloads/2544582/2ca38d5fa1f1d696acd808f3abad432a/Logistikstudie_Darmstadt_Rhein_Main_Neckar-data.pdf (Letzter Zugriff: 27.12.2018).